"十四五"职业教育国家规划教材

融合型·新形态教材
复旦社云平台　fudanyun.cn

U0730979

幼儿园课程概论

（第三版）

主　审　朱家雄

主　编　胡　娟

副主编　张云亮　陈菲菲　杨梦萍

编　写（按姓氏笔画排列）

马静娴　朱佳慧　李　娟　陈菲菲　杨梦萍

张云亮　张晓岚　胡　娟　夏玲玲　蔡　盈

融合型·新形态教材
复旦社云平台　fudanyun.cn

复旦大学出版社

内容提要

本教材从《幼儿园教师专业标准（试行）》中所明确的专业能力出发，以《幼儿园教育指导纲要（试行）》《幼儿园保育教育质量评估指南》等文件为依据，对接幼教行业发展新趋势、新要求，紧密结合幼儿园真实工作内容和过程，凸显了课程思政、理实一体、岗证融合的编写特色。本教材系统介绍了幼儿园课程的特点、要素、编制模式等基础理论，在阐述幼儿园课程目标制定、课程内容选择与组织、课程实施、课程评价四大要素基本原理的基础上进行主题活动设计与实施，并结合国内外典型幼儿园课程方案进行拓展延伸。

本书共分为九章，分别论述幼儿园课程概述、幼儿园课程编制模式、幼儿园课程目标、幼儿园课程内容的选择和组织、幼儿园课程的实施、幼儿园课程评价、幼儿园常见教育活动的设计、我国幼儿园课程方案及课程改革方向、西方当代早期教育课程及其发展趋势。

本书配有课件、微课、课程标准、教学计划、实训手册、学生主题设计案例、拓展阅读等资源，可扫码浏览，也可以登录复旦社云平台（www.fudanyun.cn）查看、获取。

复旦社云平台
数字化教学支持说明

为提高教学服务水平，促进课程立体化建设，复旦大学出版社建设了"复旦社云平台"，为师生提供丰富的课程配套资源，可通过"电脑端"和"手机端"查看、获取。

【电脑端】

电脑端资源包括PPT课件、电子教案、习题答案、课程大纲、音频、视频等内容。可登录"复旦社云平台"（fudanyun.cn）浏览、下载。

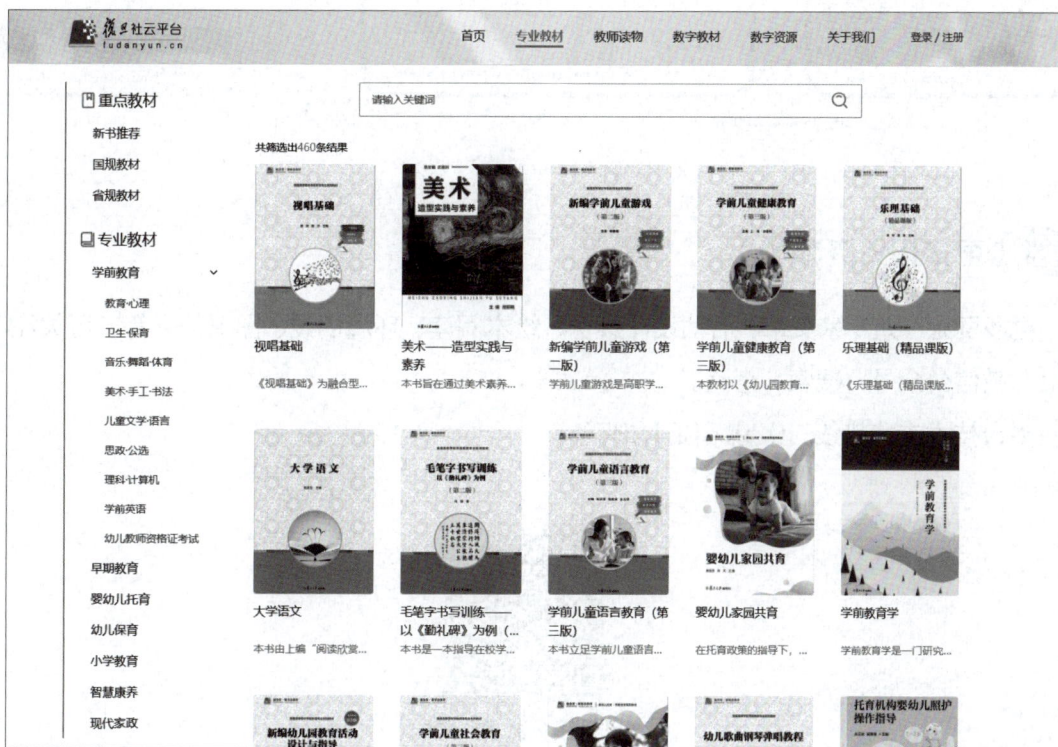

Step 1 登录网站"复旦社云平台"（fudanyun.cn），点击右上角"登录/注册"，使用手机号注册。

Step 2 在"搜索"栏输入相关书名，找到该书，点击进入。

Step 3 点击【配套资料】中的"下载"（首次使用需输入教师信息），即可下载。音频、视频内容可点击【数字资源】，搜索书名进行浏览。

📱 **【手机端】**

PPT 课件、音视频、阅读材料：用微信扫描书中二维码即可浏览。

扫码浏览

📖 **【更多相关资源】**

更多资源，如专家文章、活动设计案例、绘本阅读、环境创设、图书信息等，可关注"幼师宝"微信公众号，搜索、查阅。

平台技术支持热线：029-68518879。

"幼师宝"微信公众号

▶ **【本书配套资源】**

教学计划　　　　　课程标准　　　　　实训手册　　　　学生主题设计案例

第三版修订说明

随着教育理念的不断进步和幼儿教育实践的深入发展，《幼儿园课程概论》作为学前教育专业核心课程的教材，面临着与时俱进的挑战。

党的二十大报告提出"育人的根本在于立德。全面贯彻党的教育方针，落实立德树人根本任务"，全国优秀教师代表座谈会提出的教育家精神，强调牢记为党育人、为国育才的初心使命。这些不仅对教师队伍建设和教育工作者提出新要求，也强调教材要契合新时代教育理念和要求，为培养德智体美劳全面发展的社会主义建设者和接班人奠定基础。学前教育领域的政策法规在不断调整和完善，从《幼儿园教育指导纲要（试行）》《3—6岁儿童学习与发展指南》到《幼儿园工作规程》《幼儿园保育教育质量评估指南》，再到《中华人民共和国学前教育法》（以下简称《学前教育法》）的正式颁布，这要求教材要体现政策法规的发展，确保学生所学内容符合国家政策要求，依法依规开展教育教学活动；社会对学前教育的期望和需求不断提高，更加注重培养幼儿的综合素质、创新能力和社会适应能力，这要求教材要适应社会需求的转变，鼓励师生创新教学方法和手段；学前教育研究的不断深入与拓展，在课程理论、课程设计、课程评价等方面取得了新的研究成果，这要求教材要体现研究进展和实践经验积累，及时纳入优秀研究成果，以保持学科知识的系统性、先进性，提高教材的实用性和可操作性。同时，在前两版的使用过程中，我们也听取了教师和学生提出的各种意见和建议。为了进一步提高教材质量和教学效果，对教材进行第三版修订。

一、特色亮点

（一）延续前两版的特色

1. 理论简要易懂、文句简洁易读。教材中涉及的概念讲解充分考虑学生的思维和学习特点，理论阐述简明扼要，文句和措辞简洁易读，学生一看就懂。

2. 实践易懂好操作。教材编写者根据学生的学习特点和需求，在编写教材中突出教材的实践性，让学生在理论学习中切实体会"在教育实践中去做什么"。

3. 形式灵活又多样。教材编写中采用多种形式调动学生阅读的积极性，使版面、内容等"活"起来，通过呈现大量实际教学的案例增加学生对学习内容的理解等。

（二）凸显修订版的亮点

1. 课程思政体系化。紧密结合中国共产党第二十次全国代表大会报告中关于把"立德树人""素质教育""德智体美劳全面发展"等思想贯彻到具体的教学活动乃至每一堂课、每一天课后服务、每一个教学环节中去的论述和《学前教育法》对"幼儿园教师应当爱护儿童，具备优良品德和专业能力，为人师表，忠诚于人民的教育事业"的要求，通过创设"思政引航""政策窗"等栏目为课堂教学提供主导性思政视角，为学生知识、能力、素质的协调发展创造条件，实现知识传授和价值引领的统一。

2. 教材内容时代化。引入最新的学前教育政策法规和研究成果，强调课程内容符合《学前教育法》关于"坚持最有利于学前儿童的原则"及"科学实施符合学前儿童身心发展规律和年龄特点的保育和教育活动"的精神和要求；增加了"课程游戏化""游戏课程化""园本课程""项目活动"等幼儿园课程改革发展的主要动向，帮助学生理解体会"幼儿园应当以学前儿童的生活为基础，以游戏为基本活动，发展素质教育，最大限度支持学前儿童通过亲近自然、实际操作、亲身体验等方式探索学习，促进学前儿童养成良好的品德、行为习惯、安全和劳动意识，健全人格、强健体魄，在健康、语言、社会、科学、艺术等各方面协调发展"。

3. 理实一体深度化。注重理论与实践的结合，每章增加了"情境导入"和"项目实训"，使学生在学习过程中有明确的方向和目标。从情境中的兴趣激发和问题提出，到理论学习，再到实践应用和技能提升，最后通过反思和总结巩固所学，形成一个完整的学习循环，不仅可以激发学生的思考能力，培养他们的批判性思维，还可以挑战学生的行动能力，增加他们的成功体验，有助于培养学生的综合素质，包括知识、技能、态度和价值观等方面。同时引入大量幼儿园课程实践的案例和分析，帮助学生实现从理论到实践的转换，提高他们解决实际问题的能力，最终实现"职业综合素质和行动能力"的提升。

4. 岗证融合精准化。对接《幼儿园教师专业标准》要求，结合学前教育专业学生学习特点，采用原理阐述和案例评析相结合的方式，在帮助学生理解课程基本概念的基础上，重点掌握幼儿园课程设计的原理，领悟幼儿园教育活动设计与实施的规律与方法，从而具备《幼儿园教师专业标准》要求的幼儿教师创设环境、观察幼儿、组织游戏等基本能力。同时融合教师资格考试中的要点重点，在实现教学资源和教学手段的丰富性和多样性的同时，助力学生获得幼儿园教师资格证。

二、修订版教材框架的调整

结合前两版使用院校给予的反馈和建议，我们查阅了当今学前教育的相关文献，参考了有关幼儿园课程的教学成果奖获奖项目等，将第七章"幼儿园主题活动的设计与实施"调整为"幼儿园常见教育活动的设计"，在呈现幼儿园主题互动的设计与实施内容的同时，增加了幼儿园项目活动的设计与实施，帮助学生在学习、设计、组织实施主题活动的同时，关注幼儿深度探究的学习方式，注重幼儿的主动性和探索精神，引导幼儿在自主学习和合作交流中获得全面发展。将第九章与第八章的内容进行调换，同时在第八章"我国幼儿园课程方案及课程改革动向"的第二节增加了"我国幼儿园课程改革的主要动向"，补充了"课程游戏化""游戏课程化""园本课程"等幼儿园课程发展进程中的热点，引导学生了解其内涵和价值，掌握实施的要点和重点，知道建设和实施中可能出现的问题，从而反思进一步改进的策略和方法。教材还对介绍课程四大要素的第三章、第四章、第五章、第六章的框架进行了统整，先通过概述帮助学生了解课程要素的概念、功能、取向等，再借助具体的操作让学生具备确定目标、选择组织内容、实施课程和评价课程等能力。

在第二版编写的基础上（第一章、第七章、第八章由苏州幼儿师范高等专科学校胡娟编写；第二章、第三章由苏州幼儿师范高等专科学校杨梦萍编写；第四章、第五章由苏州幼儿师范高等专科学校张云亮编写；第六章、第九章由苏州幼儿师范高等专科学校陈菲菲编写），张云亮负责项目活动、园本课程等内容的编写，胡娟负责课程游戏化、游戏课程化等内容的编写，朱佳慧负责全书思政引航和政策窗栏目的编写，蔡盈负责全书情景导入和项目实训栏目的编写，胡娟负责全书框架调整与统稿。感谢我的导师华东师范大学朱家雄教授对本书的指导和把关，感谢张云亮、陈菲菲、杨梦萍、朱佳慧、蔡盈、李娟、夏玲玲、马静娴、张晓岚等老师为本书做出的努力，感谢复旦大学出版社的编辑夏梦雪女士为本书出版做了大量细致的工作。

再版的教材还会有不足之处，仍需不断修订。

苏州幼儿师范高等专科学校

胡　娟

目 录

第一章
幼儿园课程概述

学习目标

1. 了解课程的概念与类型，掌握幼儿园课程的概念。
2. 理解幼儿园课程的性质和特点，掌握幼儿园课程的类型。
3. 掌握幼儿园课程要素，了解幼儿园课程的基础。
4. 能根据课程结构化程度评价标准判断幼儿园课程结构化程度。
思政目标：树立正确的儿童观、教育观和教师观，形成科学的课程观。

知识框架

```
                                        ┌── 1. 课程的概念
                        ┌── 课程概述 ──┤
                        │               └── 2. 课程的类型
                        │
幼儿园课程概述 ──────────┤               ┌── 1. 幼儿园课程的概念
                        │               │
                        │               ├── 2. 幼儿园课程的性质和特点
                        └── 幼儿园课程概述 ┤
                                        ├── 3. 幼儿园课程的要素
                                        │
                                        └── 4. 幼儿园课程的基础
```

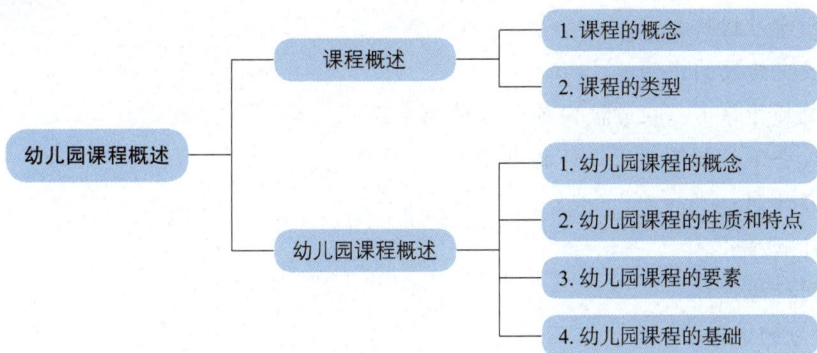

　　课程是教育中最重要，也是最繁、最难以把握的问题之一；课程是关于教育目标、内容、方法和评价的一个系统；课程也是把教育思想、教育理论转化为教育实践的中介或桥梁。

情境导入

　　第一天专业见习结束回来，同学们就七嘴八舌地提出了自己的困惑：
　　"为什么幼儿园小朋友每天都在'玩'，而不用'上课'？"
　　"为什么幼儿园老师除了带孩子们活动、游戏，还要关注他们'吃喝拉撒玩'的生活琐事，这些不应该是保育老师该做的事情吗？"
　　"我们指导老师还特别强调我们不要带任何首饰，包括耳饰，这有什么影响吗？"
　　你觉得同学们所谓的"上课"指的是什么？幼儿园的课程是什么？"活动""游戏""吃喝拉撒玩"，这些属于幼儿园课程的范畴吗？为什么幼儿园不建议老师带配饰？

第一节 课程概述

一、课程的概念

微课
课程
是什么

关于课程，存在着多种定义，每一种定义都试图从某种立场解释课程。在探讨课程的本质内涵时，学者们所持的哲学观、社会学观、教育信念等各不相同，这也就导致了对课程界定的众说纷纭。事实上，"每一种课程定义都隐含着某种哲学假设和价值取向，隐含着某种意识形态以及对教育的某种信念，从而表明了这种课程最关注哪些方面"。对课程的词源进行追溯，可以发现中文中"课程"一词始见于唐代，我国唐代学者孔颖达为《诗经·小雅·巧言》中"奕奕寝庙，君子作之"句注疏："教护课程，必君子监之，乃得依法制也。"宋代学者朱熹在《朱子全书·论学》中多次运用课程一词，如"宽著期限，紧著课程""小立课程，大做功夫"等。这里所谓的课程，指的是功课及其进程，其含义与当今人们对课程的理解已经接近。

小知识

美国学者奥利瓦（Oliva, P. F.）曾对课程本质内涵的诸多限定作过分析与归纳，提出了13种具代表性的课程观：

（1）课程是教材；

（2）课程是一系列的学科；

（3）课程是系列学习材料；

（4）课程是学校中传授的东西；

（5）课程是在教师指导下，在学校内外所传授的东西；

（6）课程是学校全体教职员工所设计的事情；

（7）课程是学习计划；

（8）课程是科目顺序；

（9）课程是系列行为目标；

（10）课程是学习的进程；

（11）课程是学习者在学校所经历的经验；

（12）课程是学习者在学校所获得的一系列经验；

（13）课程是在学校中所进行的各种活动。

有人曾对课程本质内涵的多种限定作过统计，认定被不同学者用以界定课程这一术语的定义不下百种。归纳起来，具有代表性的主要有以下四种。

（一）课程是教学科目

"课程"的这种定义，在历史上由来已久。我国古代的礼、乐、射、御、书、数六艺，就有将这些科目当作课程的含义。同样，在中世纪初的欧洲，学校有文法、修辞、辩证法、算术、几何、音乐、天文学七艺，西方现代学校的课程体系就是在此基础上逐渐建立起来的。因而，这种定义其实也是一种比较传统、影响力比较深远的观点。

课程科目观把课程看成是学科内容的总和，认为课程即教学内容，注重教材体系，依据科学和学问的逻辑，根据学习者的发展特征和认识水平编制成一定体系的教材，让学习者进行"系统的"学习。这种观点认为，课程的表现形式是各科目的教学大纲和教科书、教材等，强调的是学校向学生传授学科知识体系，容易忽视学生情感、经验与个性发展；把课程视为外在于学习者的静态的东西，课程往往凌驾于学习者之上；割裂了知识的整体性以及知识与社会生活的联系[1]。

（二）课程是教学计划

这一观点倾向于从计划的维度来定义课程。例如，美国著名课程论专家塔巴（Taba, H.）将课程定义为"是一种学习计划"[2]。奥利瓦（Oliva, P. F.）也将课程定义为"学习者在学校指导下所获得全部经验的计划和方案"[3]。

教学计划观认为，课程是教育的蓝图与方案，必然包括对培养什么样的人、提供什么样的学习经验和如何组织这些经验才能培养出这样的人、如何检验育人的意图是否达到等一系列问题的思考与决策。其表现形式有课程（教学）计划、教学大纲（课程标准）、教科书。这种观点强调课程的计划性、预成性与社会目标，可能忽视学生的实际需要与经验，忽视课程的灵活性、生成性，从而和"教学科目观"殊途同归。课程成为静态的、既定的、外在的东西，将教育者关注的重点引向外在于学生的"计划"或"方案"，最终导致有教无学。

（三）课程是学习者经验

以经验的维度界定课程，起源于杜威的进步主义教育思想。美国著名教育家杜威认为："教育是在经验中，由于经验、为着经验的一种发展过程。"[4]他主张："把各门学科的教材或知识各个部分恢复到原来的经验。"[5]他认为唯有儿童实际经历、理解和接受了的经验，才能称为儿童学习到的课程。

学习者经验观强调以儿童的主体性活动的经验为中心组织课程，"以开发与培养主体内在的、内发的价值为目标，突出地将生活现实和社会课题，或者说是以社区、经验、活动、劳动等等作为内容编成，旨在培养丰富的具有个性的主体。经验课程的基本着眼点是儿童的兴趣和动机，以动机为教学组织的中心"[6]。现在幼儿园课程领域中经常讲的生活课程、活动课程、儿童中心课程就是属于这种经验课程。学习者经验观把课程的重点从教材转向个人，强调学生在活动中获得的真实体验，凸显了学习活动对学生的意义，是课程领域的一个"哥白尼式的革命"。但是，由于学习经验的模糊性、主观性、个人性和内隐性等特点，这一观点容易忽视知识的系统性，不利于学生形成完整的文化知识结构。此外，"经验"一词过于宽泛，使得课程设计无从下手。[7]

（四）课程是活动

这一观点认为课程是一种教育活动，是学习者各种自主活动的总和。学习者通过自身的主体活动而获得发展。在此观点下，活动对于教学而言，不是点缀，而是根本。教学与活动具有高度统一性，没有学生的自主活动，也就没有教学的发生，课程的目标就无法实现。

课程活动观的本质和经验观是一样的。经验依赖于活动，活动产生经验。因为学生与教育情境互动的活动是学生获得优异经验的必经之路，活动观就避免了经验说的内在性、无标准性。学校活动的进行，既有计划又可生成，从预设的活动内容、方法、环境设置中既可判断是否有利于学生经验的获得，又可判断活动的生成走向。正因为活动观和经验观两者思想渊源的同一性，很多研究者并不把课程的"经验观"和"活动观"视为两种不同的观点，而将其统一为"经验—活动观"。

[1] 潘洪建，刘华，蔡澄 . 课程与教学论基础［M］. 镇江：江苏大学出版社，2012：36.
[2] Taba, H., Curriculum Development: Theory and Practice［M］. New York: Harcourt, Brace, Jovano Vich, 1962: 10—11.
[3] Oliva, P. F., The Secondary School Today［M］. New York: Harper and Row, 1972: 81.
[4][5] 杜威 . 杜威教育论著选［M］. 赵祥麟，王承绪，编译 . 上海：华东师范大学出版社，1981：89，351.
[6] 钟启泉 . 现代课程论：新版［M］. 上海：上海教育出版社，2003：186.
[7] 潘洪建，刘华，蔡澄 . 课程与教学论基础［M］. 镇江：江苏大学出版社，2012：36.

活动观和经验观又有所区别，经验观着眼于结果——学生的"所得"；活动观着眼于过程——学生的"所做"。从"所做"的角度定义课程可能会把研究者的注意力引向表层——活动的形式，从而造成本末倒置的状况，视活动本身为目的，忘却活动为课程服务的目标，出现为活动而活动的"活动主义"倾向和追求表面繁华而无思维实质的现象。我们期望的是可以提升学生经验或提升学生的思维与学习品质的活动。[1]

从上述四种典型的课程观中我们可以看出，每一种有代表性的课程定义的出现，都是指向当时特定社会历史背景下课程所出现的问题，而且都隐含着倡导者各自不同的立场和价值取向。因此，尽管各种课程定义都有明显的缺陷或局限，但也都有其积极、合理的一面。对于教育工作者来说，重要的不是确认这种或那种课程定义，而是要意识到各种课程定义所要解决的问题，以及随之出现的新问题，以便根据课程实践的要求，做出明智的决策。

二、课程的类型

从不同的角度出发，课程可以区分为以下三种不同类型。

（一）以课程内容设计方式为标准，将课程划分为学科课程与活动课程

学科课程的主导价值在于传承人类文明，使学生掌握人类积累下来的文化遗产；活动课程的主导价值在于使学生获得关于现实世界的直接经验和真切体验。

1. 学科课程

学科课程是一种以人类各门科学的知识体系为基础，按照学科内在逻辑加以组织而形成的课程。学科课程是一种古老的课程类型。西周时期学校设置的"六艺"：礼、乐、射、御、书、数，就是我国学科课程的雏形。古希腊学校的"七艺"：文法、修辞、辩证法、算术、几何、天文、音乐，可看成是西方学科课程的原初形态。时至今日，学科课程在各国学校仍占据主导地位。这是因为学科课程具有逻辑性、系统性和简约性特点，有利于知识的学习和巩固，同时也便于教学设计和管理。但是，学科课程有其明显的不足：由于学科课程的"分科"是人为的，因而缺乏内在的整合性，忽视知识的联系性，从而割裂了儿童的理解力；学科课程忽视儿童的动机和已有经验，容易脱离儿童的兴趣和生活实际。

2. 活动课程

活动课程又称经验课程，是从学生的兴趣和需要出发，以学习者为中心，按照各种实践活动类型和特定活动方式而设计的课程类型。其主要倡导者是美国教育家杜威和克伯屈。他们认为学科教材将成人的东西强加给学生，窒息了学生的活力，主张打破学科界限，根据学生的需要、经验和问题组织学习内容，让学生"从做中学"。今天许多国家的课程中仍保留了此类课程，如澳大利亚中学开设木工课、戏剧课、烹饪课，我国中小学开设劳技课等。活动课程能较好地照顾学生的兴趣和爱好，密切联系生活实际，调动学生学习的积极性，丰富学生的经验，培养学生的实践能力。但是，活动课程过分夸大了学生的经验，忽视知识本身的逻辑顺序，忽视教育中的社会目标，不利于人类文化遗产的传授，学生难以获得系统的科学文化知识。[2]

学科课程与活动课程的区别如表1-1-1所示。

（二）根据学科课程知识分化的程度，将学科课程划分为分科课程和综合课程

分科课程的主导价值在于使学生获得逻辑严密和条理清晰的文化知识，而综合课程的主导价值在于通过相关学科的整合，促进学生认识的整体性发展并形成把握和解决问题的全面的视野与方法。

1. 分科课程

分科课程实际上就是学科课程，因为学科课程是分门别类进行设置的。分科课程注重将科学知识加

---

[1] 王春燕.幼儿园课程概论［M］.3版.北京：高等教育出版社，2020：5.
[2] 潘洪建，刘华，蔡澄.课程与教学论基础［M］.镇江：江苏大学出版社，2012：36.

表1-1-1　学科课程与活动课程的区别[1]

	学科课程（学科中心课程）	活动课程（经验中心课程）
1	教师中心	学生中心
2	教材中心——知识系统	问题中心——直接体验
3	课堂中心——教师系统讲授为主	实践活动中心——学生主动学习为主
4	注重学生知识和智力发展为主	注重学生个性全面发展
5	注重训练教育	注重养成教育
6	注重教育结果	注重教育过程
7	注重知识获得	注重问题解决
8	客观定性评价为主	主观综合评定为主

以系统组织，将教材按一定的逻辑顺序加以编排，注重学生在学习过程中对知识和技能的掌握，有利于学生获得系统的知识。但是，分科课程也存在一些问题：忽视学科之间的内在联系，不同学科之间彼此隔绝，缺乏沟通，影响学生综合素质与创造能力的发展；过细的分科割裂了知识的内在联系，造成知识学习的片面、孤立、呆板；科目过多容易加重学生的学业负担。因此，设置综合课程或课程综合化是一种必要方式。

2. 综合课程

综合课程采用合并相邻学科的方法，把几门学科的教学内容组织在一门科目之中，如将物理、化学、生物合并为科学，将音乐、美术合并为艺术等。一方面，设置综合课程是科学发展的结果。因为科学本来就是一个统一体，学科的划分是人为的，分科过于精细，会妨碍科学研究的视野，不利于科学的发展。事实上，科学研究的许多突破往往是不同学科协作的结果。另一方面，综合课程的设置也有助于克服分科课程的局限。综合课程强化了学科间的联系，有助于学生从整体上认识世界，形成合理的知识结构，发展学生综合运用知识解决问题的能力。

综合课程通常有以下三种形式：① 相关课程。这是在分科基础上确定科际联系点，加强学科之间联系的课程。例如，在语文与历史或数学与物理等相邻学科之间确立科际联系点，使学科之间保持横向联系。② 融合课程。这是将相邻学科合并在一起，构成新的学科的课程。例如，中国历史、世界历史合并为历史，或将历史、地理、政治科目融合为"社会研究"。③ 广域课程，又称合科课程。它是突破原有学科界限，合并数门相邻学科，形成范围更广的课程。它比融合课程更具有综合性。例如，将学校课程分为普通社会科、普通理科、普通技能等。采用广域课程可减少分科数目，增加课程间的内在联系，克服知识的零碎性，使教学内容更加贴近生活。但是，怎样把不同学科的知识综合在一起，在教材编写、师资配备上存在一定困难。

（三）以课程影响学生的方式为标准，将课程划分为显性课程和隐性课程

显性课程的主导价值在于对学生的发展产生直接的影响；隐性课程的主导价值在于对学生的发展产生熏陶作用。在传统教育中比较注重显性课程的设置和实施，忽略隐性课程的存在，如今人们愈来愈认识到，只有当显性课程和隐性课程相互补充、和谐配合时，课程的育人功能才会达到最佳效果。

1. 显性课程

显性课程是一种以直接的、明显的方式呈现的课程，它包含一整套以教学计划、课程标准和教材的

---

[1] 高峡，康健，丛立新，等 . 活动课程的理论与实践［M］. 上海：上海科技教育出版社，1997：40.

形式存在的知识技能、价值观念和行为规范。学校课程表给我们呈现的一门一门的课程就是显性课程，它包括教师有目的、有计划地组织实施的那些学科和活动。

2. 隐性课程

隐性课程也称为隐蔽课程、潜在课程。它是"这样一些教育实践及成果，它们在学校政策、课程计划上并没有明确规定，然而又是学校经验中常规的、有效的一部分"[1]。

思政引航

党的二十大报告指出要"加强师德师风建设，培养高素质教师队伍，弘扬尊师重教社会风尚"。在中共中央、国务院印发的《关于弘扬教育家精神加强新时代高素质专业化教师队伍建设的意见》中也提出要"加强师德师风培养。把学习贯彻习近平总书记关于教育的重要论述作为教师培养的必修课，作为教师教育和培训的重要任务，使广大教师把握其深刻内涵、做到知行合一。将师德师风和教育家精神融入教师教育课程和教师培养培训全过程。开发教育家精神课程教材资源。用好国家智慧教育公共服务平台，开展师德师风和教育家精神专题研修。有计划地组织教师参加革命传统教育、国情社情考察、社会实践锻炼，引导教师在理论与实践中涵养高尚师德和教育家精神。"

请思考：结合你对隐性课程的理解，谈谈幼儿园加强师德师风建设的重要意义。

一般来说，隐性课程会在三方面发挥作用：（1）在物质空间方面，校园的建筑、活动场地、绿化、设施设置等物质条件会以潜移默化的方式影响学生心理；（2）在组织制度方面，学校的管理制度、生活制度、评价制度、奖惩制度与学生的发展紧紧相连；（3）在文化心理方面，包括学校文化价值观、师生关系，教师的教育观、儿童观与行为表现。学校文化、教师行为态度对学生发挥的影响从某种意义上说，大大超过学校、教师向学生开设的正规课程。

西方学者曾从三个方面区分显性课程和隐性课程，具体如下：

① 学习的计划性。显性课程是有计划、有组织的学习活动，学生有意参与活动的成分很大；隐性课程是无计划的、无组织的学习活动，学生在学习活动中主要获得的是隐含于课程中的经验。

② 学习的环境。显性课程主要是通过课堂教学而获得知识和技能，隐性课程则主要通过学校环境（包括物质环境、社会环境和文化影响等）而得到知识、态度和价值观。

③ 学生的学习结果。学生在显性课程中获得的主要是预期性的学术知识，而在隐性课程中学生获取的主要是非预期性的东西。

显性课程和隐性课程虽然有所不同，但是两者之间也存在着内在联系。

在显性课程实施的过程中常常伴随着隐性课程，特别是当显性课程的实施过程能充分发挥师生双方的自主性和创造性时，那么课程实施中就一定会出现更多非计划的、非预期的教育影响。

隐性课程也在课程实施的过程中不断地转化为显性课程，这就是说，当在显性课程实施中发生了隐性课程的影响时，如果是发生了不好的影响，那么就会引起对隐性课程所产生的影响的控制；如果是发生了好的影响，那么隐性课程就有可能转化为显性课程，而这些新的显性课程在实施过程中又会产生新的隐性课程。

分类标准的不同造成了课程类型的繁杂多样。这些客观存在的各种课程类型之间，存在某种逻辑关系，我们可以把课程形态大体整理如图1-1-1所示。

图1-1-1中的核心课程是一种介乎于学科课程和活动课程之间的课程类型。核心课程在教育大词典里有两种释义：一是指最主要的学科即主干科目；二是指一种课程原型，体现了一种特有的教育观。核心课程

---

[1] 威特罗克（M.C. Wittrock）语。转引自江山野编译：《简明国际教育百科全书·课程》，第92页，教育科学出版社出版，1991。

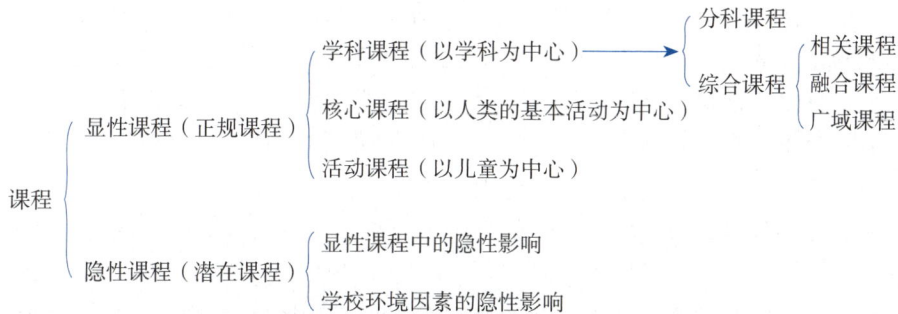

图 1-1-1　课程类型示意图

既不以学科为中心，也不以学生为中心，而是以个人或社会生活的现实问题为核心并将其他学科组织起来的课程，如社会健康、人口控制、能源保护、贫困问题等课程。在理论上，核心课程可以避免学科课程脱离生活实际、活动课程过分迁就学生直接兴趣的偏向，它以社会为中心，由近及远，逐步扩展，使学校课程同社会生活联系起来，有利于调动学生解决问题的积极性；缺点是对教师要求高，课程内容难以整合。

第二节　幼儿园课程概述

一、幼儿园课程的概念

1928年5月在南京召开的全国第一次教育会议上，著名教育家陶行知先生针对当时国内幼稚园各行其是，没有一个基本的标准，以及多半的课程与教材是舶来品，不符合国情的情况，提出了一个《审查编辑幼稚园课程与教材案》。这一提案促成当时的教育部聘请了以陈鹤琴先生为首的有关专家负责拟定国家《幼稚园课程标准》，并于1932年10月正式颁布。

关于幼儿园课程的定义，我国著名的幼儿教育家们明确给出了他们的观点。

张雪门在1929年出版的《幼稚园的研究》一书中提出："课程是什么？课程是经验，是人类的经验。用最经济的手段，按有组织的调制，用各种的方法，以引起孩子的反应和活动。"同时明确指出："幼稚园的课程是什么？这是给三足岁到六足岁的孩子所能够做而且欢喜做的经验的预备。"[1]1966年他出版了《增订幼稚园行为课程》一书，明确提出行为课程的概念。他说："生活就是教育，五六岁的孩子们在幼稚园生活的实践，就是行为课程。"

陈鹤琴先生尽管没有给幼儿园课程下一个明确的定义，但他将"大自然、大社会都是活材料"概括为"活教育"的课程论，强调幼儿园应该给儿童一种充分的经验，这种经验的来源有二：一是与实物的接触；二是与人的接触。应该把儿童能够学而且应该学的东西有选择地组织成系统，应该以儿童的两个环境——自然环境和社会环境为中心组织幼儿园课程，学前儿童应该在这样的环境中获得发展。

张宗麟对课程本质的理解更为宽泛："幼稚园课程者，由广义的说之，乃幼稚生在幼稚园一切之活动也。"[2]它包括"一切教材、科目、幼稚生之活动"[3]。关于幼稚园课程的划分，他认为有两种情况。一种是按照儿童的活动划分，课程包括五个方面：（1）开始的活动，即幼稚生初入园时必须养成的习惯，也就是人生最基本的习惯，如放手巾、认识教师和同学，以及初步的礼节等；（2）身体活动，即强健身体的习惯与技能，如各种卫生习惯、跑步、跳、爬等；（3）家庭的活动，如反映家人之间的关系、礼仪，以及家

[1]　张雪门.幼儿园课程［A］.见：戴自庵.张雪门幼儿教育文集（上卷）［C］.北京：北京少儿出版社，1994：24.
[2][3]　张沪.张宗麟幼儿教育论集［C］.长沙：湖南教育出版社，1985：31.

庭事务的活动；(4)社会活动，即养成公民素质的教育活动，包括各种节日、同伴关系的活动等；(5)技能活动，是培养儿童适当表现自己的活动。另一种是按学科划分课程。具体划分为音乐、游戏、故事、谈话、图画、手工、自然、常识、读法、识数十个科目，其中每一个科目又包括一些小项目，如音乐包括听琴、唱歌、节奏动作、弹奏乐器，游戏包括个人游戏和团体游戏，故事包括听、讲和表演，图画包括自由画、写生画和临摹画，手工包括纸工、泥工、缝纫及竹木，读法包括认字、短句故事等。"总之，无论以儿童活动分类或以科目为课程之单位，教师决不可拘泥于某时当教何种课程，致使贻削足适合履之讥也。"[1]

以上几位幼教前辈对幼儿园课程的定义和解释表明，我国幼教理论界从一开始就把幼儿的经验、幼儿的活动、幼儿的生活视为课程关注的重点。但是，由于历史的原因，他们提出的在今天看来仍十分先进的幼儿园课程观，并没有被幼教工作者贯彻到幼儿园教育实践中去。这导致长期以来，幼儿园课程被视为以传授知识技能为主要任务的各种"课"的"集合"。因此，正确界定幼儿园课程在今天依然十分必要。

随着幼儿园课程改革的深入，幼儿园教育工作者不断总结我国幼儿教育的理论与经验，并从学习国外先进的儿童心理、教育理论和课程理论入手，转变教育的观念，对我国的幼儿园课程进行了全面、整体的改革，从而出现了多样化的课程定义：

(1)1988年出版的《幼儿教育百科辞典》在"幼儿园课程"的条目下写道："广义指为实现幼儿园的教育目标而组织安排的全部教育活动，或指规定的全部教学科目及其目的、内容、范围和进程的综合。狭义指每一学科课程，主要包括教育目标、教育内容、教育方法、评价等内容。"

(2)幼儿园课程是指"幼儿园整体教育或某一科目教学的教学内容、教学过程及时间安排等。"(卢乐山，1991年)

(3)幼儿园课程是"幼儿园中幼儿的全部活动或经验。"(王月媛，1995年)

(4)幼儿园课程是"幼儿在幼儿园教育环境中进行的，旨在促进其身心全面和谐发展的各种活动的总和。"(冯晓霞，1997年)

(5)幼儿园课程是"幼儿在幼儿园有目的、有计划地安排与教师指导下，为达到幼儿教育目标而进行的各种有程序的学习活动。"(傅淳，1997年)

(6)幼儿园课程是"实现幼儿园教育目的的手段；是保证幼儿获得有益的学习经验，促进其身心和谐发展的各种活动的总和。"(李季湄，1997年)

(7)幼儿园课程是"从幼儿身心发展的特点和特定的社会文化背景出发，有目的地选择、组织和提供的综合性的、有益的经验。"(虞永平，2001年)

目前我国幼儿园课程主导的定义依据的是活动论，即幼儿园课程的定义是"幼儿园课程是实现幼儿园教育目的的手段，是帮助幼儿获得有益的学习经验，促进身心全面和谐发展的各种活动的总和"[2]。这里所谓的各种活动，也就是《幼儿园工作规程》(以下简称《规程》)里所说的"有目的、有计划地引导幼儿生动活泼、主动活动的多种形式的教育过程"。

用活动来解释课程有它的优越之处："活动"具有主体性(谁在活动)和对象性(用什么活动，和什么相互作用)，因而有利于课程工作者同时注意学习对象(教学内容)和学习主体(幼儿)；"活动"是一种存在方式，教师看得见，也比较容易把握和控制，课程工作者可以通过活动了解幼儿的兴趣、需要、已有经验和发展水平，也可以通过创设活动情境、提供活动材料、引发活动主题、指导活动方式等策略"控制"幼儿的活动，从而影响他们的学习经验；"活动"更能反映幼儿学习的本质和特点，因而也更适合解释幼儿园课程。对于处在"人之初"阶段的幼儿来说，由于其认识活动的具体形象性特征，使得他们的学习明显具有直接经验性，难以离开对客观事物的直接感知，难以离开与客观事物的相互左右——活动。

[1] 张沪.张宗麟幼儿教育论集 [C].长沙：湖南教育出版社，1985：44.

[2] 王春燕.幼儿园课程概论 [M].3版.北京：高等教育出版社，2020：5.

因此，用活动来定义幼儿园课程，突出了幼儿学习的本质特征，更能体现课程为学习服务的基本职能。

在肯定"活动"的同时，我们又在"活动"的前面加上"帮助幼儿获得有益的学习经验""促进身心全面和谐发展"几个至关重要的词作为限定，这样就更加突出了课程的目的性，克服以活动来定义幼儿园课程可能导致的过于注重活动外在形式和过程而忽视、忘却活动的目的的危险，可以起到进一步明确活动的指向性、目的性的作用，使过程与结果、形式和实质更加密切地融合为一体。

上述定义中"活动的总和"突出了幼儿园课程表现形式的多样性，指明凡是作为实现幼儿园教育目的的手段而运用的、能够帮助幼儿园获得有益的学习经验的活动，无论是"上课"，还是游戏甚至生活活动，都是幼儿园课程的有机组成成分。[1]

二、幼儿园课程的性质和特点

幼儿园课程与小学、中学等其他各级各类教育的课程同属于课程范畴，因此，幼儿园课程与其他各级各类教育的课程有着一定的相似之处。例如，它们都反映了一定的社会价值和文化知识，各种课程都注重将这些社会价值和文化知识整合到学习者的经验之中。

同时，幼儿园课程在许多方面又有别于其他各级各类教育的课程，"其最明显的差别表现在对教育对象的考虑方面，以幼儿为教育对象的幼儿园课程的决策，要求教育者更多地关注个体儿童的发展水平"[2]。著名苏联心理学家维果茨基指出，幼儿园的课程与教学中存在着若干个由儿童发展的年龄特征所制约的"极限点"，由于这种"极限点"的制约，3岁前儿童只能按"自己的大纲"学习，不像学龄儿童可以按"老师的大纲"学习，而3—6岁儿童的学习则由"把老师的大纲变成自己的大纲"的程度而定。因此，幼儿园课程不是以系统地传授知识技能为中心，而是以充分发展幼儿在德、智、体、美诸方面的潜能为目的，使其身心得到全面和谐的发展，为培养社会主义未来的建设者和接班人奠定基础。

明确幼儿园课程的性质和特点，有利于我们把握幼儿园课程的大方向。

（一）幼儿园课程的性质

一般认为，幼儿园课程具有以下基本属性：

1.基础性

从教育体制角度看，幼儿园教育是学制的最初环节。《规程》总则第二条指出："幼儿园是对3周岁以上学龄前幼儿实施保育和教育的机构。幼儿园教育是基础教育的重要组成部分，是学校教育制度的基础阶段。"这就非常清楚地指明了幼儿园教育在整个学校教育制度中的位置。如果说幼儿园、小学、初级中学同属于学制中的基础阶段的话，那么，幼儿园既是整个学制的基础，也是"基础"的"基础"。有人把幼儿园教育称为"向下扎根的教育"，十分形象地说明了它的奠基性。

从人的发展角度看，幼儿园课程的对象是3—6岁的幼儿。幼儿正处于人生发展的起始阶段，他们的身体迅速发育，心智逐渐萌生，个性开始发展。他们的自然生命正在接受人类社会文化的熏陶，进行着社会化过程。这一阶段所获得的学习经验不仅影响着他当时的发展，也对他今后的学习发展产生重要影响。为幼儿提供学习经验的幼儿园课程为儿童的一生成长奠定根基。

2.非义务性

幼儿园课程虽然是基础性课程，但是，由于学前教育的非义务性质，幼儿园课程也就具有了非义务性。也就是说，它不是适龄儿童必须学习和完成的"任务"，不具有强制性和普遍性。

非义务性决定了幼儿园课程的建构应着眼于未来课程的全局，做好入学准备以及和小学课程的衔接，更应关注幼儿的不断学习的欲望以及主动适应社会的态度和能力等基本素质。非义务性也使幼儿园课程具有更大的灵活性，课程工作者在以国家有关教育政策为指导的前提下，可以开展更多内容丰富、形式多样的符合幼儿发展规律和学习特点的活动。

[1] 冯晓霞.幼儿园课程［M］.北京：北京师范大学出版社，2001：14—16.

[2] Spodek, B., Saracho, O. N., Issues in Early Childhood Curriculum［M］. Teachers College Press, 1991: 5.

3. 适宜发展性

幼儿园课程的基本功能与价值，是直接体现在对幼儿身心全面和谐发展的适宜性上的。幼儿园课程要为儿童一生的发展奠定良好的基础，它必须以幼儿的健康和谐发展为目标，必须适宜于发展，有利于发展。

所谓适宜于发展，指的是幼儿园课程要适合幼儿身心发展的客观规律和特点。例如，保教并重的教育任务；身心全面和谐发展的课程目标；直观经验性的课程内容；游戏化、生活化、活动化的课程形式；通过环境潜移默化的教育方式等。这些无一不是幼儿发展规律和特点在幼儿园课程中的反映。

适宜发展并不表示要一味迎合、迁就幼儿现在的身心发展水平。课程是为幼儿服务的，因此必须努力促进幼儿更健康、更和谐的发展。适宜于发展课程不能停留于幼儿的自发活动和自由兴趣上，应帮助引导幼儿，使其经验系统化、兴趣深刻化、思维条理化、行动有意识，逐渐成为他们良好的社会性和个性品质。所以，适宜于发展是"手段"，有利于发展才是目的。

(二)幼儿园课程的特点

1. 全面性、启蒙性

学前教育是全面发展的教育，幼儿园课程是实现学前儿童全面发展目标的中介。幼儿园课程目标必须具有全面性特点，必须以实现幼儿在身体、认知、情感、个性、社会性等方面的全面、和谐发展为目标。

学前阶段是人生发展的开端阶段，是启蒙开智的阶段，幼儿园的课程应该在尊重幼儿身心发展的阶段性规律的基础上，对幼儿的体力、智力、情感、社会性和美感等方面进行初步的、有针对性的、科学有效的教育。幼儿园课程目标的启蒙性特点，决定了幼儿园的课程不在高深，而在于开启幼儿的智慧与心灵、萌发他们的优良的个性品质，使幼儿在原有发展水平的基础上得到与其发展水平相适应的发展和提高。

2. 生活性

幼儿感性直观的思维决定了他们最有效的学习是感兴趣的学习，最有效的学习内容是可感知的、具体形象的内容。对于幼儿来说，除了认识周围世界、启迪其心智的学习内容之外，一些基本的生活和"做人"所需要的态度和能力，如文明卫生习惯、生活自理能力、与人相处时应有的态度和能力等，都是需要学习的。幼儿的具体形象思维决定了幼儿只能在生活中学生活、在交往中学交往、在做人中学做人。因此，幼儿园课程带有浓厚的生活化特征，课程的内容应来源于儿童的实际生活，课程内容与现实生活的距离越近，就越能激发幼儿的学习兴趣，幼儿学习就越有效。同时，课程实施更应该贯穿于幼儿的生活，综合利用各种教育途径，科学、有效地利用一日生活的各个环节进行教育。

3. 游戏性

《规程》指出，幼儿园教育工作的基本原则之一是"以游戏为基本活动"。在幼儿园课程中，学习与游戏的关系是辩证统一的。幼儿的游戏中蕴含着丰富的教育价值，能使幼儿在其中生动活泼、积极主动地学习与发展，因此幼儿的游戏活动本身就是幼儿园课程整体结构中的重要形式。在幼儿园课程的定义中，游戏作为实现幼儿园教育目标的手段，作为帮助幼儿获得有益的学习经验，促进其身心全面和谐发展的主要活动形式，是实施素质教育的重要渠道。此外，即使是教师专门设计、组织和指导的学习活动，也要强调其"游戏性"，即要符合幼儿的兴趣，让他们在没有外在压力的情况下生动活泼、积极主动、富有创造性地学习，获得愉快的情感体验。

4. 活动性和直接经验性

幼儿主要通过各种感官来认识周围世界，只有在获得丰富的感性经验的基础上，他们才能理解事物，对世界形成相对抽象概括的认识。幼儿的这种具有行动性和形象性的认知方式和认知特点，使得幼儿与环境相互作用的活动成为其心理发展的基本条件，也使得幼儿园的课程必须以幼儿主动参与的教育性活动为其基本的存在形式和构成成分。《规程》指出，幼儿园教育工作的基本原则和要求之一是"寓教育于各项活动之中"。对于幼儿来讲，只有在活动中的学习才是有意义的学习，只有以直接经验为基础的学习才是理解性的学习。离开了幼儿与环境相互作用的各种具体活动及情境，幼儿园课程就没有了鲜活的生命力。所以，幼儿园课程实施的关键在于为幼儿创设丰富的活动情境、创设有利于幼儿自发主动活动的氛围，为幼儿提供各种互动的机会，使幼儿在一日生活活动中获得直接经验。[1]

5. 幼儿园课程的潜在性

虽然幼儿园教育的本质也是有目的、有计划的教育过程，其课程也有明确的目标和基本明确的学习领域，但由于幼儿知识经验贫乏，自我辨别与自我控制的能力较低，模仿力强，使得幼儿园的课程不是体现在课表、教材、课堂教学或"作业"中，而是蕴藏在环境、生活、游戏和各种活动中。幼儿园的一砖一瓦、一草一木，教师的一言一行、一举一动，无时无刻不影响着幼儿的发展。而且，即使环境怎样创设、活动怎么诱导启发，也都是教师根据幼儿园课程的目的、内容、要求而精心设计的，但这些目的、内容、要求等仅仅存在于教师的意识和行动中，幼儿并不一定能清楚地认识到，幼儿感受到的更多的是环境、材料、活动和教师的行为。也就是说，幼儿园课程是蕴含在环境、材料、活动之中，潜移默化地作用于幼儿，影响幼儿的发展，所以，对幼儿来说，幼儿园更像是一个大家共同生活、游戏、交往的地方，而不是学校。和学校课程相比，突出的潜在性是幼儿园课程的重要特征。

📁 政策窗

第五十六条　幼儿园应当以学前儿童的生活为基础，以游戏为基本活动，发展素质教育，最大限度支持学前儿童通过亲近自然、实际操作、亲身体验等方式探索学习，促进学前儿童养成良好的品德、行为习惯、安全和劳动意识，健全人格、强健体魄，在健康、语言、社会、科学、艺术等各方面协调发展。

幼儿园应当以国家通用语言文字为基本保育教育语言文字，加强学前儿童普通话教育，提高学前儿童说普通话的能力。

第五十七条　幼儿园应当配备符合相关标准的玩教具和幼儿图书。

在幼儿园推行使用的课程教学类资源应当经依法审定，具体办法由国务院教育行政部门制定。

幼儿园应当充分利用家庭、社区的教育资源，拓展学前儿童生活和学习空间。

——摘自《中华人民共和国学前教育法》

三、幼儿园课程的要素

每一种幼儿园课程都是一个庞大的体系，在这个体系下必然包含着教育理念、课程目标、课程内容、课程实施和课程评价等要素。

👥 思政引航

在教育部出台的《关于大力推进幼儿园与小学科学衔接的指导意见》中指出："针对长期以来存在的幼儿园和小学教育分离、衔接意识薄弱、过度重视知识准备、衔接机制不健全等问题，提出了一系列有针对性的重要举措。主要包括：国家修订义务教育课程标准，调整一年级课程安排，合理安排内容梯度，减缓教学进度。强化小幼协同，通过实施幼儿园入学准备和小学入学适应教育，为儿童搭建从幼儿园到小学过渡的阶梯，帮助儿童顺利实现幼小过渡。通过建立联合教研制度、完善共育机制、加大综合治理力度，强化科学导向，形成良好教育生态，推动科学衔接、有效衔接。"

请思考：该文件背后的课程观是什么？

---

[1] 王春燕. 幼儿园课程概论［M］.3 版. 北京：高等教育出版社，2020：6.

（一）幼儿园课程的最核心要素——教育理念

幼儿园课程最为核心的方面是该课程所依据的教育哲学观及其所反映的教育目的，这是幼儿园课程的价值取向也即教育理念之所在，幼儿园课程的其他成分都是在此基础上产生和发展的。因此，各种幼儿园课程之间的差异首先主要反映在所依据的教育哲学观和所确定的教育目标上的不同。

各种幼儿园课程的教育哲学观和教育目标的差异主要表现为：相对强调两种目标导向中的一种或者另一种，即或者强调培养儿童的一般的社会性，或者强调进行某种学习，特别是在学业领域中的知识技能学习。此外，它们的差异还与强调教育为未来生活作好准备的解释有联系：一种解释主张要帮助儿童在未来的成人期获得成功，最为重要的保证是向他们提供以儿童为中心的生活经验，因此课程计划应起始于对儿童发展特征的分析，并与儿童的需要和兴趣相一致，这就意味着中、小学的课程应与幼儿园课程相适应；另一种解释则主张学前教育应为儿童在成人以后的成功打下基础，幼儿园课程应与当今教育制度保持连续性，特别强调要为儿童提出有序的教育要求，为儿童进入小学作好准备，这意味着幼儿园课程应与中、小学课程相衔接和贯通。

如果运用简化的方法反映幼儿园课程所持有的基本教育理念，那么，任何幼儿园课程都可以在一个"连续体"上找到一个合适的位置，如图1-2-1所示。

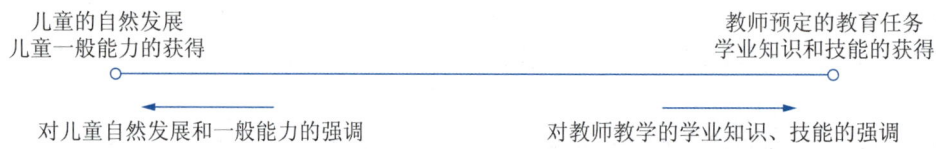

图1-2-1　各种幼儿园课程的教育理念构成的"连续体"

（二）幼儿园课程的基本要素——幼儿园课程目标、幼儿园课程内容、幼儿园课程实施、幼儿园课程评价

从动态的视域看，幼儿园课程是从目标到内容选择与组织，到课程实施，再到课程评价的不断循环；从静态看，幼儿园课程是由幼儿园课程目标、幼儿园课程内容、幼儿园课程实施和幼儿园课程评价四个要素组成（如图1-2-2所示）。

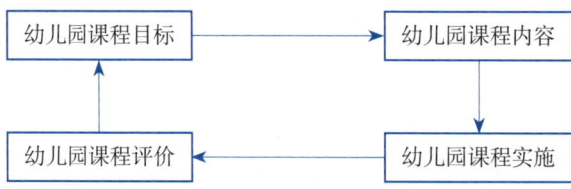

图1-2-2　幼儿园课程的基本要素

幼儿园课程目标是幼儿园教育目标在幼儿园课程领域的具体化，体现了幼儿园课程开发与教育活动的价值取向；幼儿园课程内容是实现幼儿园课程目标的手段，课程内容要为实现课程目标服务，课程目标指导着课程内容的选择与组织；幼儿园课程实施是把幼儿园课程计划付诸实践的过程，它是达到预期的课程目标的基本途径；幼儿园课程评价是针对幼儿园课程的特点和组成要素，收集相关信息，对幼儿园课程的价值、适宜性、效益等作出判断的过程，课程评价有助于调整和改进课程，从而提高教育质量，使幼儿园课程更有效地为每个幼儿发展服务。

（三）幼儿园课程的核心要素和基本要素的关系

由于幼儿园课程的教育理念是决定性的因素，决定着课程四个基本要素的内容，因此幼儿园课程的教育理念一旦确定，课程的目标、内容、方法和评价等课程的各种成分就有可能在教育理念的统合之下

形成一个协调的整体，并发挥其总体的功能。教育理念不同，对课程四个要素的理解也不同。

1.幼儿园课程的教育理念强调儿童的自然发展，强调儿童一般能力的获得

幼儿园课程常被看成儿童在幼儿园中所获得的全部经验，课程的目标会以儿童在活动过程中获得的经验为主要取向，课程的内容会围绕儿童的生活经验而展开，课程的实施多以个体或者小组的方式进行，课程的评价则以教师的自我评价为主而得以实施。有时，虽然这种价值取向的幼儿园课程也会以学科或领域的方式呈现，但是其所谓的"学科""领域""方面"等也只是表面形式，其本质还是强调儿童为中心展开的活动，强调儿童在其原有水平的基础上得到发展。

以强调儿童的自然发展和一般能力的获得为主要价值取向，那么幼儿园课程必然会注重儿童本身的活动，注重幼儿园环境的创设，注重教师对儿童发展和儿童学习规律的把握，并注重运用自然评价为主的方式评价幼儿园的教育质量。

2.幼儿园课程的教育理念强调教师预定的教育任务，强调学业知识和技能的获得

幼儿园课程常被看成是学科或科目，课程的目标以儿童获得预期的行为变化为主要取向，课程的内容以学科的逻辑体系加以选择和组织，课程实施以集体的、传递的方式进行，课程的评价则以客观的结果为标准。有时，虽然这种价值取向的幼儿园课程不是以学科的方式呈现，但是其所谓的"综合""整合""主题"等只是表面形式，而其本质还是强调教师为中心展开的教学，强调儿童达到社会或教师预定的行为标准。

以强调教师预定的教育任务和学业知识与技能的获得为主要价值取向，幼儿园课程必然会注重课程标准的制定，注重教科书的编写，注重教师专业技能的训练，并注重按统一的标准评价幼儿园的教育质量。表1-2-1呈现了两种教育理念下的差异。

表1-2-1 幼儿园课程教育理念与四大要素关系

教 育 理 念	儿童一般能力的获得	学业知识、能力的获得
幼儿园课程目标	获得经验的过程	知识学习的结果
幼儿园课程内容	幼儿经验	客观知识
幼儿园课程实施 （教育方法）/（教育形式）	幼儿自主活动 （启发、诱导）/（个别、小组）	教师的教 （传递、灌输）/（小组、集体）
幼儿园课程评价	活动过程评价	学习结果评价

课程的魅力在于张力状态，过分倾向某种理念都会有失偏颇。坚持儿童一般能力获得的理念，也必须考虑和利用好知识这一手段，才能真正达到获得有效经验；坚持学业知识和能力获得的理念，也要充分调动作为主体的幼儿的主动性和积极性，否则也会导致幼儿掌握的知识有限。

四、幼儿园课程的基础

课程的基础，指的是影响课程目标、课程内容、课程实施和课程评价的基础领域。研究课程的基础，实际上就是要确定课程的基础学科，要考察这些基础学科对课程的含义，以及与课程的关系等问题。了解课程的基础，有助于我们对课程问题作出更为系统、深入的思考，从而在实践工作中少走弯路。

对于课程的基础，存在着不同的看法。一般认为，课程的基础学科是心理学、社会学和哲学，这在幼儿园课程领域也同样如此。

要指出的是，幼儿园课程与作为其基础的每一个学科都存在着复杂的关系。每一个学科在不同的社会历史背景下，以不同的方式，影响着不同的幼儿园课程。这些学科"本身都不能用来论证一项课程的

正确与否，或者说，都不能用来作为课程设计的唯一基础"[1]。所以，幼儿园课程的发展是与这些基础学科的发展及其共同影响密切关联的。

（一）幼儿园课程的心理学基础

促进学龄前儿童发展是对学龄前儿童实施教育的基本出发点之一。在幼儿园课程编制的过程中，必然会涉及对个体儿童的发展和学习过程的本质等问题的思考，心理学对幼儿园课程的影响不言而喻。诚如斯波代克所说，"对20世纪早期儿童课程具有最主要影响力之一的是儿童发展理论"[2]。

心理学在发展过程中流派繁多，当代对幼儿园课程产生过重大影响作用的心理学流派主要是认知心理学、成熟理论、精神分析理论和行为主义心理学等。

1. 认知心理学与幼儿园课程

（1）认知发展理论的主要内容

认知发展理论是20世纪最具有影响力的心理学理论，对幼儿园课程影响很大的是该理论中的皮亚杰理论和维果茨基理论。

皮亚杰的主要贡献在于创立了知识建构理论，揭示了认识的发生和发展的过程、结构及其心理起源。皮亚杰认为，智慧的本质从生物学来说是一种适应，是同化和顺应之间的一种特殊的平衡。同化是新经验被纳入已有经验的过程，它表示的是感受外部刺激的主体，通过对刺激输入的过滤或改变，将它们纳入原有图式之内的过程；顺应则是主体调节自身内部结构，建立新的图式，或者调节原有图式，以适应特定刺激环境的过程。同化与顺应之间的不均衡状态会激活平衡化的过程，而平衡的连续发展，就是整个认知发展的过程。

皮亚杰还认为，任何知识都发源于动作，动作是联系主客体的桥梁，动作发展了，主客体各自的联系就得到了发展，它们分别演化成为关于客体的物理知识结构和关于主体的逻辑数理结构。物理知识是物理经验通过经验抽象的机制而形成的。所谓物理经验，是由主体动作所产生的有关客体位置、运动和性质的经验，它是从主体个别动作中所获得的，是关于客体本身的经验，即主体对客体固有特性的反映，因而是一种外源性的知识。逻辑数理知识则是由逻辑数理经验通过反省抽象的机制而形成的。逻辑数理经验涉及一系列动作，因为一系列动作的参与，主体就会对这些动作之间的关系进行协调，而逻辑数理经验的主要特征就是主体对自身动作协调的反省。反省抽象涉及的是物体之间关系的建构，这种关系在客观世界中不存在，仅仅存在于那些能在物体间创造这些关系的主体的头脑之中，因而通过反省抽象而产生的知识是一种内源性的知识。

皮亚杰的贡献还在于他创造了儿童发展的阶段论，他将认知发展分成感知-运动阶段、前运算阶段、具体运算阶段和形式运算阶段这四个按不变顺序相继出现、不可逾越，同时又具有质的差异的阶段，并由此揭示了儿童认知发展的规律。在儿童认知发展的过程中，物理知识和逻辑数理知识的相对重要性是不同的。在感知-运动阶段（0—2岁），儿童作用于物体和人的动作有两个不同的端点：其一，儿童的注意力是针对每个物体的特殊性的；其二，儿童的注意力是针对物体的一般性的。儿童动作的前一个方面演化成了物理知识，而后一个方面演化成了逻辑数理知识。在这个阶段中，儿童从推、拉、摇等具体感知动作中获得了一些经验。在前运算阶段（2—7岁），动作的物理和逻辑数理方面仍然是不分化的，儿童主要的兴趣集中于其动作的结果。当儿童的动作作用于物体，使物体发生了一些可被观察到的变化，这些变化逐渐被儿童所理解。在此阶段，儿童动作的逻辑数理方面似乎依赖于物理方面。在具体运算阶段（7—11岁），由于动作的协调，动作的逻辑方面逐渐从物理方面分离出来，儿童协调了动作的关系，形成了运算系统。这个系统能使儿童进行逻辑推理，儿童不再局限于去观察动作的结果，而能够根据需要去进行演绎。到了形式运算阶段（11岁开始一直发展），逻辑数理这一端成了独立的内容，而物理这一端越来越依赖于逻辑数理结构。由上可以看到物理知识对于学龄前儿童的重要性，因为处于这个阶段的儿童

[1] 丹尼斯·劳顿，等. 课程研究的理论与实践［M］. 张渭诚，等译，北京：人民教育出版社，1985：15.
[2] Spodek B.. Handbook of Research on the Education of Young Children［M］. MacMillan Publishing Co., 1993: 95—97.

有对物体感兴趣的强烈动机，并在活动和动作中创造和协调了后来成为运算系统的基本关系。

以维果茨基为代表的理论流派重视社会文化对儿童发展的作用，反映了认知心理学从强调个体到强调情境的发展趋向。

维果茨基和皮亚杰一样也相信儿童是建构自己的知识，而不是被动地接受别人传递给他们的东西。与皮亚杰不同的是，维果茨基虽然没有否定儿童操作材料在儿童认知建构中的作用，但他认为认知建构主要是受现在和过去的社会交往影响的。例如，教师的想法经常影响着儿童学习什么，以及如何学习。

维果茨基认为发展与社会背景不可分离，相信社会背景比态度和信念等更多地影响学习，社会背景造就了认知过程，而它本身也是发展过程的一部分。所谓的社会背景，指的是全部的社会环境，包括直接或间接受文化影响的所有一切。

维果茨基提出了"最近发展区"概念。"最近发展区"是指儿童实际心理年龄与其依靠帮助解决问题所能达到的水平中间的差异。维果茨基认为，儿童的任何一个行为是有两个水平的。较低水平的行为是儿童的独立行为，即儿童能独自完成的或自己知道的事物；较高水平的行为是儿童在帮助之下能够达到的行为，因此被称为帮助行为。这两个行为水平之间构成了一个区域，在这个区域之间有若干程度的行为水平，这个区域就是最近发展区。维果茨基运用了"区"说明儿童的学习与发展之间的关系，这意味着他不是把发展看成刻度尺上的一个点，而是成熟的行为和程度的一个连续体；而把区域描述成"最近的"，则是想表达这个区域被即将要成熟的行为所限制，即指向某时最先出现的那个行为。因此，最近发展区内表达的技能和水平是动态的，是一直变化着的。儿童今日的某个帮助行为在明日可能就是独立的行为，现在需要大量的帮助才能完成的工作可能不久就只需要很少的帮助。维果茨基认为，教育要针对儿童认知发展的这两种水平，不要只关注儿童发展的过去，更应关注儿童发展的未来，只有走在发展之前并能指引发展的教学才是良好的教育。

维果茨基还提出了"鹰架教学"概念。"鹰架教学"是指为儿童提供教学，并逐步转化为提供外部支持的过程。有效的"鹰架教学"必须发生在儿童的最近发展区之内，即独立行为水平和帮助行为水平之间。整个的教学过程，事实上是成人与儿童之间的"责任迁移"。在学习过程的开始，成人的责任是为儿童提供复杂的干预和大量的鹰架，给予儿童一定的指导，包括：为儿童提供正确的示范；提醒儿童的遗忘；减少或简化解决问题的步骤，使儿童能够操作；保持儿童追求目标的兴趣；指出儿童的现实行为和理想行为之间的差别；控制挫折，演示儿童正在进行的行为的理想状态；等等。在这个过程中，儿童开始的角色是一个观察者，后来变成了一个参与者，成人的行为则是确定什么时候移走鹰架，扩大儿童的最终独立行为。当儿童学习时，随着儿童在活动中发挥了更大的作用，责任开始迁移。对于儿童而言，学习的过程是人际间的相互作用内化成为儿童自己的技能，即最近发展区的帮助行为转变为独立行为。可见，最近发展区内的"鹰架教学"并没有使任务变得简单，但是帮助的数量却发生了变化。随着帮助的减少，行为的责任转移了，或者说是成人把任务移交给了儿童。例如，如果一个孩子要数到10，在最高鹰架的水平，教师抓住儿童的手指，和儿童一起大声地数，并扳着儿童的手指，这时，当儿童跟着教师行动时，教师承担了几乎所有的数数责任；以后，教师逐渐地减少对儿童的帮助，这就像一所建筑的鹰架，当墙壁能够独立站立时就把鹰架逐渐拆掉一样，这时，当儿童数数时，教师不再和他一起数，而是帮助他一起扳手指；最后，教师既不再与孩子一起数数，也不再扳着儿童的手指，而是让儿童自己独立行为，这就像将鹰架完全拆除一样。

（2）认知发展理论对幼儿园课程的影响

由于皮亚杰自认为自己是一个发生认识论者，而不是教育家，因此他没有系统地提出过他的理论在教育中应用的可能性。当被问及他的理论如何被用于教育实践时，他只是很勉强地对教师提出了三条相互关联的建议：为儿童提供实物，让儿童自己动手去操作；帮助儿童发展提出问题的技能；应该懂得为什么运算对于儿童来说是困难的。对这三条建议又做进一步解释：儿童的智慧来源于动作，所以应让儿童在主动的活动中自主地建构知识；帮助儿童学会提出各种问题的技能是非常重要的，因为能提出问题就说明儿童的认知发生了冲突，而这正是儿童智慧发展的动力；运算结构的形成是一个长期的过程，不应急于去"教"儿童运算。从皮亚杰理论中得到启示后，许多学前教育工作者开始强调儿童的自主活动，强调为儿童提供实物让儿童自己动手去操作，强调在活动过程中鼓励儿童的自我调节和反省抽象，强调为儿童提供有待解决的问题情境，强调为儿童创造反思的机会。皮亚杰理论使许多学前教育工作者主张教育应适合不同发展水平的儿童的发展，教育要促进儿童自主建构知识的过程。将皮亚杰理论加以演绎，许多学前教育工作者还认定在学前教育机构中应以同化为主的游戏活动作为儿童学习的根本。

维果茨基的最近发展区理论对幼儿园课程的理论和实践具有特别重要的指导意义。它强调四点：① 幼儿园课程应该既能适合儿童的发展，又能对儿童的认知具有挑战性；幼儿园课程的设计和实施应在最近发展区的独立行为水平和帮助行为水平之间使儿童通过各种类型的互动，包括与相同水平同伴的互动、与不同水平同伴的互动，以及与各种成人的互动等，促进儿童的发展。② 幼儿园课程的设计和实施应不仅只是去评价儿童的独立行为水平，而是能够发现儿童在各种帮助水平下的能力，这就是说，教师应该使用一种更具弹性的动态性评价技术和方法去评价儿童，包括鼓励儿童表述他们的所知，注意儿童是这样使用为他们所提供的帮助，明确怎样的暗示是最有效的，等等。③ 幼儿园课程的设计和实施应在强调教师与儿童之间互动的同时，特别强调教师在互动中应起到的作用，特别强调鹰架教学就是一种关注教师为儿童提供帮助，促使其在最近发展区内的发展的教学手段。为了提高鹰架教学的实效，应在儿童已有的认知水平的基础上扩大教学，以在没有超越儿童最近发展区的前提下拓展儿童的发展空间。扩大，并不是加速，而指的是教师通过使用各种类似提示、重复、为儿童提供实物等手段，以最近发展区内的已有的受帮助行为为基线的扩展，帮助儿童发展位于发展边缘的行为。④ 幼儿园课程的设计和实施应能正确地组织情景，创造儿童的最近发展区。也就是说，课程应有足够的弹性，要根据儿童的实际情况，能及时地变化课程内容和方法，而不是武断地将材料或某些抽象的信息强加给儿童。

近些年来，认知心理学的研究不断取得新的进展，特别是对于认知的领域特殊性（domain-specific）、发展的认知神经科学和认知行为遗传学方面有了许多新的发现，产生了一些新的认知发展理论，如多元智能理论等。这些理论都反映了认知心理学理论工作者已从皮亚杰时代的强调儿童认知的普遍性转变为开始强调学习的特殊性，这些理论认为：认知能力是领域特殊的，它因具体内容的不同而不同。在不同内容领域之间，推理模式、知识结构和知识获得的机制都存在重大差别。例如：美国哈佛大学心理学家加德纳倡导多元智能理论，他认为所有的个体具有不同程度的八种（现增加到九种）相对独立的智能领域（语言智能、数理逻辑智能、视觉-空间关系智能、音乐智能、肢体运动智能、人际交往智能、自我反省智能、自然观察智能和存在智能）。他认为："每个个体有不同于他人的智能，在各个领域中各种智能不是均等的。……我们的观点也被用于发展的过程。我们认为，个体的环境以及个体与环境之间的交互作用是多向的和动态的，是以领域特殊性的方式影响个体的。"[1]

认知心理学的这一发展新动向已经开始影响幼儿园课程的编制和实施，并将对幼儿园课程产生更大的影响作用。近年来，一些认知心理学家和学前教育家们正在将他们的注意力集中在领域特殊性方面，强调各领域中儿童知识形成的特殊性和差异性，这些研究对当今幼儿园课程中的语言教育、数学教育和科学教育等领域正在产生越来越大的影响。例如，"光谱方案"就是一种根据加德纳的多元智能理论和塔夫茨大学心理学家费尔德门（Feldman, D.）的认知发展的非普遍性理论而发展起来的课程方案。

2. 成熟理论与幼儿园课程

（1）成熟理论的主要内容

成熟理论主张人类发展过程主要是由遗传决定的，人类的基因以系统的方式按一定的规律发展，虽然环境会影响自然的发展，但是不可能根本改变这些发展模式。

被称为儿童研究运动之父的霍尔（Hall, G. S.），在儿童发展方面所作的研究，反映了发展是基于遗传的这一观点。霍尔的研究继承了达尔文进化论的观点，他认为"个体发展复演种系发展的过程"。霍尔被

[1] Granott N., Gardner, H.. When Minds Meet: Interactions, Coincidence, and Development in Domains of Ability. Mind in Context: Interactsonist Perspectives on Human Intelligence [M]. Cambridge: Cambridge University Press, 1994: 197.

认为是建立以儿童为中心的教育理念的先驱，以儿童为中心的教育理念主张教育应顺应儿童的天性和发展规律，而不是去遵循来自外部的规则。

格塞尔（Gesell, A.）继承了霍尔的主张，并将现代的研究技术运用于他的研究。格塞尔详细地描述了从新生儿到10岁儿童的发展情况，确定每一特定年龄儿童的典型特征，以此作为该年龄儿童正常发展的指标。格塞尔认为，儿童的学习取决于成熟，而成熟的顺序取决于基因决定的时间表；在儿童生理成熟（即达到准备状态）之前的早期训练是不会产生显著效果的。

（2）成熟理论对幼儿园课程的影响

根据成熟理论，幼儿园应在不施加不适当压力的情况下让儿童得到发展，教师应基于儿童的兴趣和需要设计课程和创设环境。教师应重视儿童学习的"准备状态"，当儿童尚未达成"准备状态"时，应耐心等待儿童的成熟，而不要人为地去促进儿童的发展。在教育机构中，教师的作用是为儿童提供支持其成长和发展的环境和气氛，让儿童能感受到快乐和满足。

许多年来，成熟理论深深地影响着幼儿园课程的编制和实施。许多学前教育机构重视材料和活动的选择，而选择的主要依据是儿童的兴趣。通常，在这类学前教育机构中，教师为儿童安排多种活动区角，让儿童自己选择，如若没有儿童选择某一区角，那么这一区角内的活动材料就会被更换，或者整个活动区角会被撤换。教师有责任积极地指导儿童的行为，从而影响儿童的社会化，使他们适应自己所处的社会和文化。

3. 精神分析理论与幼儿园课程

（1）精神分析理论的主要内容

精神分析理论是弗洛伊德首创的一个心理学流派。精神分析理论的产生源于有关无意识的早期推断。弗洛伊德将人的心理分为意识、前意识和潜意识三个区域，并在此基础上提出了人格结构说。弗洛伊德认为，人格是由本我、自我和超我三部分构成：本我是潜意识的结构部分，它急切地寻找出路，要求尽快得到满足；自我是意识的结构部分，它主要是对本我的控制和压抑；超我则是人格的最高层，它指导自我，限制本我。

新精神分析学派是在修正弗洛伊德精神分析理论的基础上发展起来的派别，其中，埃里克森（Erikson, E. H.）的人格发展阶段理论对包括幼儿园课程在内的学龄前儿童教育产生过重要影响。埃里克森将人生分为8个阶段，他认为，发展是依照渐成原则进行的，每个阶段都有一个由生物学的成熟与社会文化环境、社会期望间的冲突和矛盾所决定的危机，人格发展的过程就是危机不断解决、各阶段不断转化的过程。危机顺利解决有助于发展健康的人格，否则，便会形成不健全的人格。埃里克森认为，每一发展阶段，各有其特定的、带有普遍性的心理社会任务有待解决，例如，0—1岁半阶段的发展任务是培养信任感，2—3岁阶段的发展任务是培养自主性，4—5岁阶段的发展任务是培养主动性，等等。

（2）精神分析理论对幼儿园课程的影响

精神分析理论对幼儿园课程，特别是对一些强调早期儿童人格培养，强调学龄前儿童心理健康重要性的幼儿园课程方案的编制和实施产生过重要的影响。

精神分析理论对学龄前儿童教育的一个重要影响是在幼儿教育机构中开展表现和表达活动得到了认可，儿童早期心理冲突的解决，以及情感和思想的表达都被看作对于维护其心理健康具有重要的作用。根据精神分析理论，学龄前儿童能够通过游戏，在自己的水平上处理和解决心理冲突。游戏，特别是角色游戏，能为儿童提供应对消极情感和解决情绪、情感冲突的途径，而这些在儿童的现实生活中是不可能做到的。因此，游戏是幼儿教育机构的最为主要的活动。此外，艺术也可被用作允许儿童表现和表达其情感和思想的工具。由于游戏和艺术被看作是儿童表现和表达情绪、情感的重要途径，那么教师不应去干预儿童的创造性活动，而应该去观察儿童的游戏，记录他们在观察中所见到的儿童的行为。对儿童游戏和艺术活动的干预会使儿童活动的性质发生变化，成为成人意志的表达，而不是儿童情绪、情感的表达。

运用精神分析理论作为课程的理论基础的教育方案并不少见。例如，斑克街（Bank Street）早期教育方案的理念主要来源之一就是弗洛伊德及其追随者的精神分析理论，特别是诸如安娜·弗洛伊德（Freud,

A.)、埃里克森等一些将儿童发展放置于社会背景中的学者的理论，该方案将其关注点集中在两个更广泛意义的概念上，它们是进步主义和心理健康。该方案的设计者们认为，学校应是促进儿童心理健康的机构，应为儿童提供创造性的和让儿童感到满意的工作的机会。

全美早期儿童教育协会也声称，他们倡导的"发展适宜性课程（DAP）"除了皮亚杰理论和维果茨基理论外，埃里克森理论也是该课程的一个理论基础。

4. 行为主义理论与幼儿园课程

（1）行为主义理论主要内容

拓展阅读
小艾伯特
实验

行为主义理论家反对内省，否认意识，认为对人的心理研究应当集中于可观察的行为，主张运用实验方法进行研究。

行为主义学派的创始人华生（Watson, J.）宣称，行为主义是唯一彻底而合乎逻辑的机能主义，他认为，即使像思维这样的高级心理活动，也可归结为行为，用客观的刺激-反应进行论述。

新行为主义的代表人物斯金纳（Skinner, B. F.）在许多方面坚持华生的早期行为主义立场，认为行为科学家的任务就是在实验者所控制的刺激条件和有机体的反应之间建立函数关系。斯金纳提出了操作性条件作用的原理，并根据强化原理设计了各种应用性技术。斯金纳认为，人的行为大部分是操作性的，任何习得的行为都与及时强化有关，因此可以通过强化塑造儿童的行为；练习之所以重要，是因为它在儿童行为形成中为重复强化的出现提供了机会。

（2）行为主义理论对幼儿园课程的影响

拓展阅读
斯金纳的
强化理论

在20世纪六十年代以前，行为主义理论在世界范围内曾是心理学界的主流，它曾对包括学前教育在内的教育产生过重要影响。例如，幼儿园课程编制的目标模式依据的就是行为主义心理学，从行为目标、课程内容到课程的评价，构成目标模式的经典性程序，特别是行为目标的确立成为目标模式的逻辑起点。又如，有些幼儿园课程中运用的程序教学，应用小步渐进、及时强化和及时反馈等原则和方法，也吸收了行为主义理论中的许多合理成分。

根据行为主义的理论，在编制幼儿园课程时，对儿童学习任务的分析、确认儿童原有的知识水平、以小步递进的方式施教复杂的学习任务，以及在教学中运用强化的手段等都是最为基本的。

例如，在以行为主义为基础的学校里，有这样一个案例。

案例 1-1

杨女士是一位学前学校的教师，她注意到4岁大的珍妮弗在为毛线衣和夹克扣扣子时遇到困难，杨女士与其父母都认为扣扣子是一个有价值的教导目标，珍妮弗在解扣子或穿毛线衣和夹克上并无困难，并且已正常地发展了精细运动技巧；她的先决（prerequisite）技巧看来对该任务是合适的，杨女士分析并记录了珍妮弗扣扣子所需的步骤（**任务分析**）：

- 找到并用左手抓住最上面的扣子（如扣子在左侧的话）。
- 找到并把右手食指指尖穿过最上面的扣孔。
- 移动扣子使其边缘碰到右手食指。
- 用左手食指把扣子推过扣孔。
- 用右手抓住扣子并拉它穿过扣孔。
- 固定并抓住上面第2个扣子。

如果教师发现珍妮弗难以理解上述说明，可把这些步骤中的每一步分解成更少的部分。儿童通常需要把一件任务分解成简单步骤，正像大人对复杂任务所做的那样。例如，组装玩具时如能提供专门印刷的说明书将会有帮助，否则可能难以解决。

杨女士决定在衣帽间附近教珍妮弗，使她能在实施所需行为的环境中练习该技巧（**刺激物控制**）。教师或一位专业人士和珍妮弗一起在衣帽间附近的一张桌子上开始工作，而教师事先接触了珍妮弗的父母，并让他们送来了一件扣子最大的毛线衣，以减少动作协调问题。教师决定珍妮弗每成功扣好一个扣子，就给她一个特殊设计的并对她有很高动机价值的回报，如一个拥抱和一句赞美——她是多么好的一个女孩（**正向强化，为改进技巧备用的**）。[1]

……

在幼儿园课程中，运用行为主义理论作为课程的主要理论基础的教育方案并不少见。例如，作为美国"开端计划"（Head Start，该项目是为出生于贫困家庭的孩子服务的）一种课程模式的"算术和阅读直接教学系统"（Direct Instructional Systems for Teaching Arithmetic and Reading，简称为DISTAR，迪斯塔模式），其理论依据就是行为主义理论，这种课程模式致力于发展孩子的读、写、算等基本技能，教学是说教式的。此外，传导方案课程（Portage Project Curriculum，传导方案是美国政府为发展残障的幼儿提供以家庭为基础的早期介入服务的一个项目）和行为分析课程（Behavior Analysis program）等课程方案，也都在不同程度上吸取了行为主义理论的要旨，作为编制课程的理论基础。

5.人本主义理论与幼儿园课程

（1）人本主义理论的主要内容

20世纪后半叶才兴起的人本主义心理学，重视人的理性，强调人的价值，尊重人的需要，发展人的潜能，认为心理学应着重研究人的价值和人格发展。

人本主义代表人物马斯洛提出了需要层次理论和自我实现理论。他认为，人的需要由低到高分为生理的需要、安全的需要、爱与归属的需要、尊重的需要和自我实现的需要。每一种需要都是在前一种需要获得满足的基础上发展的，同时又是后一种需要的基础。自我实现的需要是人的最高需要。

人本主义代表人物罗杰斯则认为人类具有一种自我导向的潜能，个人不但依赖此潜能维持生存，也依赖此潜能获得发展和充分实现。自我实现具有三种特性：对经验、内在和外在的刺激均能采取坦率的态度；具有比较强的适应性；对自己充满信心，是具有创造性的、社会化的人。罗杰斯提出的以学生为中心的教育观等，对包括幼儿园课程在内的学前儿童的教育都产生重大影响。

拓展阅读
马斯洛需求层次理论

（2）人本主义理论对幼儿园课程的影响

人本主义关注的是儿童学习的情感、信念和意图等。幼儿园课程如果对儿童没有什么个人意义的话，学习就很难在儿童身上发生。因此，幼儿园课程应帮助儿童觉察自我，应以儿童为中心，教师的任务主要是帮助儿童增强对变化的环境和对自己的理解，儿童在幼儿园的学习应是一个愉快的过程。在当今的教育形式下，人本主义理论所倡导的"自由学习"也只能在幼儿园这种特殊的教育领域才能得以实施。

总之，心理学作为幼儿园课程的基础之一，为课程的编制提供了儿童心理发展的原因和规律，以及儿童的学习动机和学习过程等方面的有关信息，幼儿园课程的理论，以及整个幼儿园课程的编制过程与这些信息有关。例如，在确定幼儿园课程目标时，心理学原理可为课程目标与儿童本身的内部条件的一致性提供依据；在选择和组织幼儿园课程内容时，心理学原理为课程内容与儿童心理水平的适应性，以及课程内容组织方式的合理性等提供依据。要注意的是心理学理论不等同于教育理论，把心理学理论当作幼儿园课程的唯一理论基础，不仅在理论上是有局限性的，而且在实践中也是难以行得通的。

因此，幼儿园课程在考虑心理学基础的同时，还必须考虑社会学和哲学这两个基础。

（二）幼儿园课程的社会学基础

幼儿园课程作为社会文化的一个组成部分，会受到各种社会因素的影响和制约，同时也会因其保存、传递或重建社会文化的职能而对社会发展和人类文明产生作用。即使是为学龄前儿童编制的课程，其背后也隐含着与社会文化、政治和经济制度等相适合的基本假设和价值取向。

---

[1] 约翰·T·尼斯沃思、托马斯·J·布斯.早期儿童教育中的行为分析及原理［A］.贾珀尔等.学前教育课程［M］.黄瑾，裴小倩，柳倩，等译.上海：华东师范大学出版社，2005：174—175.

社会学作为一门独立的学科还较为年轻，在此之前，一些思想家和教育家已在社会观的背景下考察课程的问题了。在社会学成为一门独立的学科，特别是20世纪初教育社会学从社会学中分化出来以后，研究者们开始在社会背景下从不同的角度透析社会与课程的关系，形成了功能理论、冲突理论、解释理论等不同的流派。社会学提供社会发展、政治经济变革、意识形态等方面的思想，社会学的研究指出，课程是受社会各种因素影响，并受不同社会观支配的。

1. 社会政治、经济与幼儿园课程

幼儿园课程与社会政治、经济有着生生不息的关系。社会上占支配地位的阶级总是要通过课程内容来维护自己的既得利益，甚至包括幼儿园这一特殊的教育领域，社会的政治制度和经济制度等社会因素时时刻刻在影响着幼儿园课程，如政治制度在很大程度上决定了幼儿园课程的基本价值取向。因而，幼儿园课程设计时不得不考虑当时的政治经济的需要，恰当地选择课程的内容，培养幼儿一些社会所需要的基本知识、技能和政治态度等。

2. 社会文化与幼儿园课程

在幼儿园课程领域，有一个影响较大的理论是布朗芬布伦纳（Bronfenbrenner, U.）的人类发展生态学理论，它有助于我们更加清晰地认识到社会因素与课程之间的关系。不少幼儿园课程方案都以布朗芬布伦纳的人类发展生态学理论（也被称为雀巢理论）作为依据，如新西兰就把该理论明确地作为国家幼儿园课程指南的依据之一。

布朗芬布伦纳从人类发展生态学的立场出发，研究人的发展问题，将人的行为和发展放置于一个相互联系、相互影响和相互作用的稳定的生态系统之中，探究生态系统中的各种生态因子对人的行为和发展的作用，以及人与各种生态因子的交互作用。布朗芬布伦纳所谓的生态系统包括小环境（microsystem）、中间环境（mesosystem）、外环境（exosystem）和大环境（macrosystem），这些不同层次、不同性质的环境相互交织在一起，构成一个具有中心又向四处扩散的网络，前者逐个地被包含在后者之中（参见图1-2-3）。

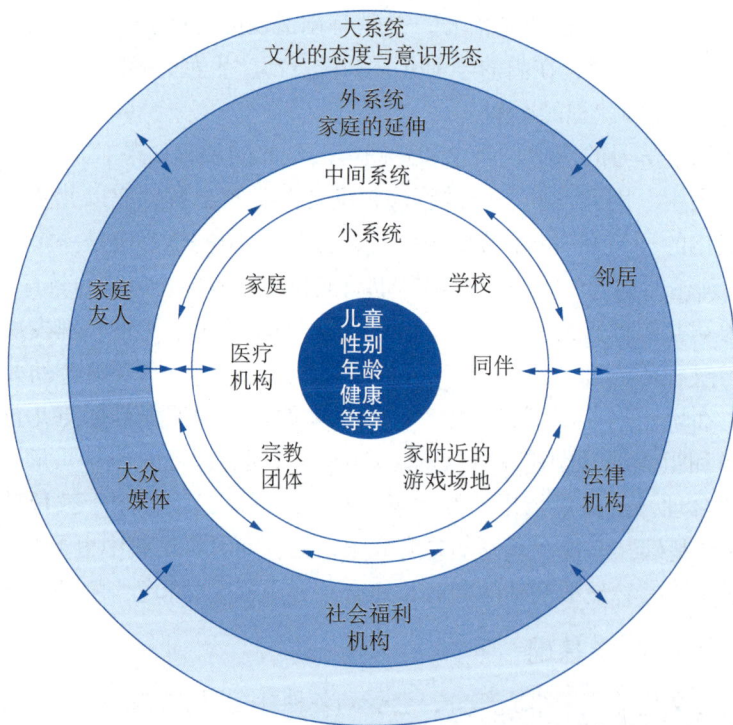

图1-2-3　以儿童作为发展的有机个体所编制的布朗芬布伦纳的生态系统模型[1]

----

[1]　J. Garbarino. Sociocultural Risk: Dangers to Competence［A］. In C. B. Kopp and J. B. Krakow (Eds.), The Child: Development in a Social Context (Fig. 12-1 from p. 648), Reading［C］. MA: Addison-Wesley, 1982.

布朗芬布伦纳所谓的小系统是指"发展着的人在具有特定物理和物质特征的情景中所体验到的活动、角色和人际关系的一种样式"[1]。这个定义中的关键概念是"体验",它不仅涉及任何科学意义上环境的科学特征,还包含在环境中的人对这些特征的感受方式。例如,从学前儿童的角度来说,他们在幼儿园中所体验的活动、角色和人际关系等是一个小系统,他们在家庭中所体验的活动、角色和人际关系等则是另一个小系统。

中间系统是指"由发展的人积极参与的两个或多个情景之间的相互关系(例如,对儿童来说,学校、家庭和社会生活之间的关系)"[2]。布朗芬布伦纳认为,中间系统是小系统的系统,只要当发展的人进入一个新的情景,中间系统就形成或者扩展了。

布朗芬布伦纳所谓的外系统是指"发展的人并没有参与的、但又影响或受其中所发生的一切所影响的一个或多个环境"[3]。例如,从家庭方面考虑,父母的职业状况、社会地位、经济收入和受教育程度决定了他们所承担的角色、所从事的活动和所建立的人际关系,从而间接地影响了他们抚养子女的方式、对待子女的态度和教育子女的方法。从幼儿园的角度考虑,师资水平影响到教师的活动范围、处事方式、承担的社会角色,以及所建立的人际关系,从而影响到教师的儿童观、教育观、教学方法、角色感和事业心;幼儿园在社区的地位也会间接影响教师对儿童的态度、情感和方式;幼儿园所在的社区文化水平、经济状况以及社区中人们的交往方式和习惯也会潜移默化地影响幼儿的言语方式和交往特点等。

"大系统是指各种较低层次的生态系统(小系统、中间系统和大系统)在整个文化或者亚文化水平上存在或可能存在的内容上和形式上的一致性,以及与此相联系并成为其基础的信念系统或意识形态。"[4]在整个文化或者亚文化及其所包含的较低层次的生态系统中,具体的方方面面的表现可能差距很大,但却具有内部的同源性。布朗芬布伦纳相信,发展主体在各级较低层次的生态系统中所表现出来的行为特征,实际上也是大系统对人的发展的影响的具体表现。布朗芬布伦纳坚信,任何关于人的发展的研究都必须考察大系统的影响作用。基于这个道理,幼儿园课程是不得不考察大系统(社会文化、政策等)的影响的。

从布朗芬布伦纳提出的人类发展生态学立场看,幼儿园课程与社会文化有着密切的联系。社会文化不仅决定了个体的发展方向,也决定了培养人的教育机构的发展方向。课程以及构成课程的教育目标、内容、方法和评价体系等,在每个社会中都是由社会文化衍生出来的。教育必须完成把儿童培养成合格的社会成员,使其继承所在国家的传统文化这样一个基本目标。儿童的成长,部分地在于他不断接受文化价值的灌输,在于他确认的社会符号和观念,并了解社会制度及其功能。教育应该明确地反映社会文化的价值观,而文化的价值则是五花八门的,对一种文化来说是神圣的东西,对另一种文化来说却可能是无足轻重的,而对第三种文化来说甚至可能是令人憎恶的。社会文化不仅与幼儿园课程编制中涉及的"教什么"和"如何教"等问题有关联,而且在很大的程度上影响着甚至决定着幼儿园课程编制中的"为什么教"的问题。

由此可见,不存在一种最好的能适应不同社会文化背景中的所有儿童的教育方案,而各种不同教育方案能很好地适合不同社会文化背景中的儿童。幼儿园课程的价值取向在很大的程度上取决于社会文化,这是因为包括幼儿园课程在内的"各级生态系统所包含的情景类型、各情景内部所存在的活动、角色和人际关系,各情景之间联系的性质和范围,以及靠价值观念维系和支持的人的行为和组织等等,都与大系统是同源的,是受其制约的"。因此,脱离社会文化去探讨幼儿园课程是没有意义的。研究者们相信,家庭文化上的差异与儿童的学习背景、发展变化和社会调整是紧密相联的,为儿童编制的课程是不可能脱离这些文化背景的。

即使是强调儿童发展的早期教育家们,近些年来,他们对社会文化在编制课程过程中的强调似乎也有所增强。例如,基于对全美早期教育协会对发展适宜性课程早期陈述的反思和对多元文化教育的思

---

[1][2][3][4]　Bronfenbrenner, U.. The Ecology of Human Development［M］. Harvard University Press, 1979: 22.

考，海韫（Hyun, E. 1996, 1997）等人提出了发展和文化适宜性课程的概念（Development and Culturally Appropriate Practice, DCAP），以使文化适宜性课程能促进全体儿童的发展。[1]

在对社会文化强调的呼声中，全美早期教育协会在1997年新版的指南中，对于在知识体中充分考虑儿童生活和学习所处的社会文化背景作了强调，并将这一点与修改以前的"发展适宜性课程"的另两个方面（适合年龄和适合个体差异）并列，作为该组织对发展适宜性课程概念的基本陈述：[2]

① 关于儿童发展和学习的知识，即与人类年龄特征相连的知识，允许人们在儿童的年龄范围里对什么样的活动、材料、交互作用或经验是安全的、健康的、儿童对此有兴趣的、可完成的、并对儿童有挑战性的等做出一般的预测。

② 关于群体中每一个个体儿童的长处、兴趣和需要的知识能被用于适合个体差异和对个体差异做出反应。

③ 关于儿童生活所处的社会文化背景的知识能保证儿童的学习经验对儿童本人及其家庭是有意义的、有关联的和受到尊重的。

（三）幼儿园课程的哲学基础

哲学命题上的差异，会造成课程观上的差异。影响课程研究的一个重要的哲学问题是知识观的问题，其主要观点可集中表现为两种形式，即经验论和唯理论。在对"知识"的解释上，经验论将重点置于学习者的经验和活动方面，认为一切知识都来源于感觉，唯有通过人与外部世界的相互作用才能掌握知识，因此幼儿园课程就应该注重儿童的体验与发现，重视环境创设并引导幼儿与环境的相互作用；唯理论将重点置于知识内容本身，认为理念是永恒的，知识是早就存在于人的内心世界的，因此幼儿园课程应关注如何把儿童的先天观念引导出来，注重儿童的理性活动。简言之，哲学基础主要解决的是幼儿园课程中"教什么"的问题，即主要能帮助幼儿园课程回答"知识是什么"等问题。

围绕着认识的起源和知识的来源，经验论者与唯理论者长期以来争论不休。自19世纪末20世纪初以后，出现了实用主义、逻辑实证主义、日常语言分析和批判理论等哲学流派，它们也都在一定程度上影响着幼儿园课程的发展。

1. 经验论与幼儿园课程

经验论者的观点是，经验是人的一切知识或观念的唯一来源。强调知识是由后天的经验产生的，通过个体感官的经验形成个体的知识。

英国近代哲学家洛克被认为是经验论的主要代表人物之一。他提出了彻底经验论的"白板说"，提出儿童的心灵就像"一张白纸或一块蜡，是可以随心所欲地做成什么式样的"[3]，他认为，全部知识是建立在经验之上，知识归根到底是来源于经验的。

经验论曾影响过为学龄前儿童编制的课程。例如，对学前儿童教育机构的课程产生过很大影响的蒙台梭利课程就反映了相当强烈的经验主义色彩。蒙台梭利认为，年幼的儿童通过感官和运动探索环境，他们所具有的同化周围环境的独特能力使得他们以一种有力和直接的方式吸收每一种经验，正是通过这种吸收过程，智力自身得以形成。基于这种哲学观点，蒙台梭利强调儿童的感官训练和肌肉练习，她设计了一整套训练感觉活动的教具和发展动作的器械、设备，让儿童在教师创造的环境中实现自我教育。

2. 唯理论与幼儿园课程

唯理论的根源，可以追溯到毕达哥拉斯的神秘的"数"的观念和柏拉图的"理念论"，但是，作为与唯物主义经验论和"白板说"相对立的唯理论，则主要是由笛卡尔（Descartes, R.）、莱布尼茨（Leibniz, G. W.）和康德（Kant, I.）加以继承和发扬的。

[1] Hyun, E.. New Directions Early Childhood Teacher Preparation: Developmentally and Culturally Appropriate Practice (DCAP) [J]. Journal of Early Childhood Teacher Education, 1996, 17(3).

[2] Bredekamp S. & Copple, C.. Developmentally Appropriate Practice in Early Childhood Program (rev. ed.) [M]. Washington, D.C.: National Association for the Education of Young Children, 1997: 7.

[3] 洛克. 教育漫话 [M]. 傅任敢，译，北京：人民教育出版社，1986：209.

笛卡尔认为，人的观念有三个来源，这就是天赋的、外来的和虚构的。天赋观念是人的一种能力，来自自己的本性。在笛卡尔看来，认识自然的唯一途径是理性的演绎，而演绎要求以一些普遍的概念或公理作为其出发点，这些概念和公理是天赋的。笛卡尔关于"天赋观念"的论述在莱布尼茨的哲学中得到了进一步的发展，莱布尼茨继承了笛卡尔的"天赋观念"，又提出了"内在观念"，与洛克的"白板说"相抗衡。他说他赞成笛卡尔主张的对于上帝的天赋观念，但是，他按照这个新体系走得更远了，他"甚至认为我们灵魂的一切思想和行为都来自它自己内部，而不能是由感觉给予它的……"[1]，换言之，"观念和真理就是作为倾向、禀赋、习性或自然的潜能天赋在我们的心中"[2]。

总而言之，唯理论强调知识是绝对的、永恒的和普遍的，理性先天存在于个体之内。学习是对头脑中原有知识的回忆，是潜在思想的再现，因而学习是由内而外的。演绎到教育上，教师的任务就是把潜在的知识转变为有意识的，教育的目的就是启发理性。

唯理论同样也对学前课程产生过重要影响。幼儿园的创立者福禄贝尔就是唯理论教育理论的倡导者。福禄贝尔的教育思想带有宗教的神秘色彩，他认为，宇宙是一个统一体，其中心是神，人和宇宙万物普遍具有神的本原。他认为，儿童具有活动、认识、艺术和宗教四种本能，其中活动的本能随着年龄增长而发展为创造的本能，教育就是要促进这种本能的发展。他强调教育游戏是儿童早期教育的基础，他为儿童设计的名为"恩物"的游戏材料均具有象征意义，他旨在通过"恩物"开发儿童的发展潜能，使儿童天生的创造性潜能得到自然发挥。

3. 实用主义哲学与幼儿园课程

实用主义反对把主体与对象、经验与自然人为分割开来的"二元论"，主张任何知识都包含有行动的因素，这就是说，没有行动就没有知识，反之，知识也因为能指引行动而具有价值。实用主义的这种以行动为核心的知识观，对课程产生的影响是重大的，受其影响，活动课程受到了关注，儿童在行动中获得的实际经验与课程联系在一起了。

实用主义的代表之一杜威（Dewey, J.）站在经验论和唯理论之外，把经验看作是一个统一的整体，看作是主体与客体之间不断相互作用的产物。他认为，各门类的学科是科学的产物，而不是儿童经验的产物，儿童的生活是一个整体，而教育机构为他们提供的各种学科却将他们的世界割裂和肢解了。他主张将课程与儿童的经验结合起来，让儿童"在做中学"，通过活动，使教育机构成为儿童生长的地方，而不是学习现成的教材的地方。杜威批评传统的教育只关注符号的记忆和对别人意见和经验的消化，而不是关注儿童自己想法的建立。杜威也批评福禄贝尔的"恩物"，认为它们是福禄贝尔设计的，而不是儿童自己真正的经验。

实用主义哲学对幼儿园课程产生过重要影响，许多早期儿童教育方案和课程都受实用主义哲学的影响。例如，方案教学的教育实践依据于杜威的实用主义哲学；当今，意大利瑞吉欧学前儿童教育实践也将其理论的渊源之一归为是杜威的实用主义理论。

由以上三个主要哲学流派对幼儿园课程的影响的分析，我们可以看出，幼儿园课程观与哲学观存在着密切的联系。作为幼儿园课程的基础之一，哲学为课程提供有关知识的来源、知识的性质、知识的类别、认识的过程和知识的价值取向等方面的理性认识，所有这一切对于幼儿园课程的理论和实践，特别是对幼儿园课程的价值取向的判断、幼儿园课程设计模式的确定、幼儿园课程内容的组织和选择等都会起到直接的指导作用。从不同的哲学立场出发，就会有不同的知识观，就会对儿童早期生活和未来生活的成功需要知道一些什么持不同的看法，从而对如何编制幼儿园课程有不同的做法。尽管在考察幼儿园课程基础时，似乎有偏重于心理学的倾向，然而，正如埃尔金德所言，"考虑儿童发展理论对于确定我们如何去教儿童是重要的，但是，儿童发展理论不可能单独就为我们应该教些什么提供指导"[3]。

拓展阅读

没有最好的，只有最合适的课程

---

[1][2]　莱布尼茨．人类理智新论［M］．陈修斋，译，北京：商务印书馆，1980：36.

[3]　Elkind, D. Developmentally appropriate practice: Philosophical and practical implications［M］. In Persky, B., et al: Early Childhood Education, University Press of America, 1991: 101—102.

就学科而言，心理学和社会学都是从哲学分化而来，而且每一种心理学或社会学思想的背后都有其哲学假设为其支撑点。哲学的基础性和终极性，使其对幼儿园课程的影响也许不会像心理学和社会学那么直接，或者使其对幼儿园课程的影响是通过心理学或社会学而得以产生。

本章小结

本章主要介绍了幼儿园课程的一些框架性问题，包括幼儿园课程的概念、幼儿园课程的特点、幼儿园课程的要素和幼儿园课程的基础等，使学习者对幼儿园课程有一个宏观的、整体的认识。

幼儿园课程虽有其特殊之处，但仍然属于课程范畴。为了在更为清晰的框架下理解幼儿园课程的其他问题，首先了解课程的基本含义和类别是非常有必要的。当今，对课程的定义种类繁多，仁者见仁，智者见智，将其归类，则主要可围绕学科、经验、目标、计划四个维度来界定课程，这四种定义同样存在于幼儿园课程领域。为了便于说明问题，课程还可依据不同的议题，区分为一元化课程与多元化课程、分科课程与活动课程、显性课程与隐性课程等，这些课程类型在当今的幼儿园课程领域中经常被提及。幼儿园课程与其他各级各类教育的课程相比，更加关注它的教育对象，即3—6岁幼儿的个体发展，则具有目标的全面性、启蒙性，内容的生活性、浅显性，结构的整体性、综合性，实施的活动性、经验性以及特殊性、不可替代性和潜在性等特点。从抽象意义的要素方面看，幼儿园课程具有教育理念、目标、内容、实施和评价等要素，其中教育理念是最核心的也是具有决定性的要素。幼儿园课程的发展与心理学、社会学、哲学等基础学科的发展密切关联，相互影响。

思考

1. 什么是幼儿园课程？如何理解幼儿园课程的内涵？
2. 幼儿园课程的基础是什么？他们分别解决了幼儿园课程中的什么问题？
3. 论述维果茨基的理论对幼儿园课程的影响。

项目实训

请查阅相关资料，小组合作完成一份幼儿园课程方案。

课程方案名称：	
课程理念	
课程目标	
课程内容	
课程实施	
课程评价	

项目支持 可到各幼儿园公众号平台或现场调研，了解、借鉴各幼儿园园本课程方案。

第二章
幼儿园课程编制模式

本章课件

学习目标

1. 了解目标模式的特点与评价，理解目标模式对幼儿园课程编制的影响。
2. 了解过程模式的特点与评价，理解过程模式对幼儿园课程编制的影响。
3. 能结合幼儿园教育实际，判断并分析幼儿园课程编制过程。

思政目标：具有批判性思维，能够正确看待幼儿园课程编制的不同模式，坚持理论联系实际，理解不同的课程编制模式在实践中的运用。

知识框架

```
                                            ┌─ 目标模式的理论基础及发展
                              ┌─ 目标模式 ──┼─ 目标模式的特点及评价
                              │             └─ 目标模式对幼儿园课程编制的影响
                              │
                              │             ┌─ 过程模式的理论基础及发展
幼儿园课程编制模式 ──────────┼─ 过程模式 ──┼─ 过程模式的特点及评价
                              │             └─ 模板模式对幼儿园课程编制的影响
                              │
                              │                  ┌─ 从目标出发
                              │  幼儿园课程编制  ├─ 从兴趣、需要、经验出发
                              └─ 的实际过程 ─────┼─ 从现有材料、内容出发
                                                 └─ 从设计好的教育活动方案出发
```

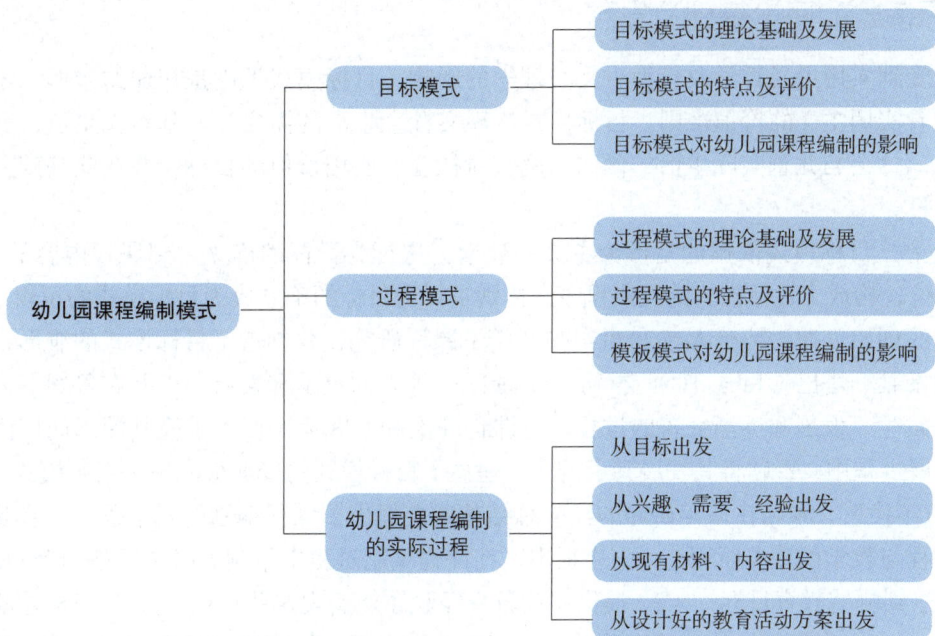

　　幼儿园课程编制是包括幼儿园课程目标的确定、课程内容的选择、教育活动的组织，以及课程评价的实施在内的整个过程。在课程编制的过程中，不同的课程模式会以不同的方式展开。在各种课程编制模式中，目标模式和过程模式对幼儿园课程的编制所产生的影响较大。

情境导入

近年来，随着教育理念的不断进步，幼儿园课程设计的两种主要模式——目标模式和过程模式，在园内教师团队中引起了广泛的讨论和不同的看法。

甲老师认为，"目标模式强调课程应预先设定清晰、具体、可衡量的学习目标，教师根据这些目标来设计教学活动，可以确保每个孩子都能在既定的知识、技能和态度上达到预定的水平"。

乙老师认为，"过程模式强调过程的价值，鼓励孩子通过体验学习，培养其创造力、批判性思维和解决问题的能力。这种模式更能激发孩子的内在学习动机，促进孩子的全面发展。"

于是，园长决定围绕"在幼儿园教育中，目标模式和过程模式哪一种更能有效促进幼儿的全面发展？如何构建最适合本园特色的课程体系？"进行深入研讨。

作为研讨会的一员，你会给出什么建议？

第一节 目标模式

目标模式是以对社会有实用价值的目标作为课程开发的基础和核心，并在此基础上选择、组织和评价学习经验的课程编制模式。目标模式作为20世纪前期课程开发科学化运动的产物，通常被看作是课程开发的经典模式、传统模式。

一、目标模式的理论基础及发展

目标模式受到实用主义哲学及行为主义心理学的影响。目标模式无论是初期的雏形，还是后期的完形，始终遵循着实用主义的价值准则。目标模式以现实社会生活的需要为其基本立足点，反对"形式训练说"严重脱离社会与儿童实际生活的倾向，确定对社会有实用价值的目标，并在此基础上选择、组织和评价学习经验。

在方法论上，目标模式依据的是行为主义心理学，从行为目标的确立，到课程内容的选择与组织，再到课程的评价，构成了目标模式的经典程序，特别是行为目标的确立成为目标模式的逻辑起点。

目标模式的创始人博比特等人在20世纪初开始了课程研究，并创造了目标模式的雏形，后来经由美国课程论专家泰勒、塔巴（Taba, H.）、惠勒（Wheeler）等人的继承和发展，以及布鲁姆等人的应用，目标模式经历了发生、发展和逐渐完善的过程，对课程理论和实践运用产生了极其深远而广泛的影响。在目标模式的发展过程中，泰勒将其发展到了极致，建立了目标模式的经典形态——泰勒模式。

20世纪30年代后，泰勒在多年研究的经验总结基础上提出了课程编制的基本程序、步骤和方法。在其代表作《课程与教学的基本原理》一书中提出，在课程编制过程中编制者必须回答四个问题，它们是：（1）学校应该达到哪些教育目标？（2）提供哪些教育经验才能实现这些目标？（3）怎样才能有效地组织这些教育经验？（4）我们怎样才能确定这些目标正在得到实现？[1]这四个基本问题，被后人称为"泰勒原理"，如何回答这四个问题，解决的正是课程目标的确立、学习经验的选择、学习经验的组织和学习结果的评价这四个问题。确立课程目标是最为关键的一步，其他步骤都被置于课程目标的下位，围绕或紧随目标这个中心而展开课程编制的整个过程（见图2-1-1）。显然，这是一种目标导向的课程设计模式。

---

[1] 泰勒. 课程与教学的基本原理［M］. 施良方，译. 北京：人民教育出版社，1994：17.

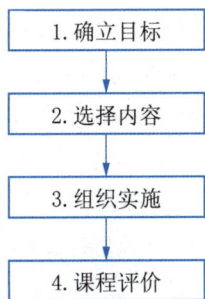

图2-1-1　泰勒的直线型的目标模式

这种模式的本质是：课程或教育方案的设计以儿童将要表现的具体行为为依据，为此，泰勒被人们称为"行为目标之父"。

自20世纪六七十年代以来，泰勒建立的目标模式被不断地修正和改造。例如，英国课程论专家惠勒认为，泰勒的目标模式以直线的方式安排课程编制的顺序，当评价的结果与预设的目标不相符合时，就会因为缺少反馈这一环节而难以检讨课程编制中的问题。根据这一想法，惠勒对泰勒模式的课程编制程序的排列方式予以改造，将直线式的目标模式修改为圆环式的目标模式（见图2-1-2），即确定目标——选择学习经验——选择学习内容——组织、统合学习经验与内容——评价——调整目标、确定新一轮目标，强调与突出了评价的反馈作用，当评价结果与预期目标不符时，能够有所反馈。

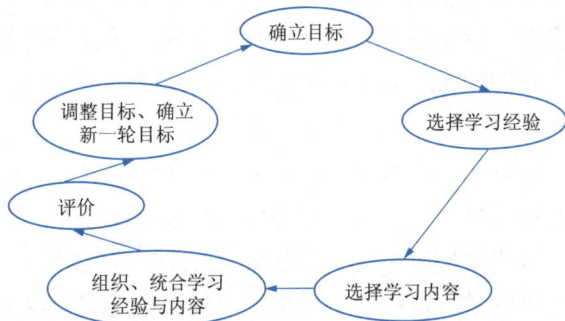

图2-1-2　惠勒修改的圆环型的目标模式

二、目标模式的特点及其评价

（一）目标模式的特点

目标模式提出并发展了一种至今最具权威的、系统化的课程设计理论，为课程设计的探究奠定了基础，也为随后的课程设计开发提供了明确的方向和指南。经由近一个世纪的发展，已经成为现代课程论中最具影响力的理论形态之一，几十年来对教育实践产生了重要的影响。主要特点可以归纳为以下三个方面：

（1）关注确定性，忽略偶然性。目标模式强调应根据预期的行为确定课程目标，然后依据这些目标设计课程学习过程，运用教育的力量将这些行为"塑造"出来，从而忽略了幼儿学习过程中发生的偏离事先确定的教育目标的、预料之外的现象。

（2）关注分解性，忽略整合性。目标模式的设计者批评过去的目标叙述太模糊、不明确，因此开发能明确叙述的目标，以引领课程设计与教学，测量预定的行为是否达到，由此评价课程与教学的成效，从而提高教学的效率，从而忽略了幼儿主要是从自身已有经验出发，整体地学习知识与获得经验的特点。

（3）关注外显性，忽略内隐性。目标模式把课程目标按其不同的心理领域、不同水平，作进一步的分解和细化，以形成一个意义明确、层次分明的目标体系，以便课程实施，从而忽略那些难以转化为行为的方面，如情感、态度、价值观等，这些内隐的东西，对幼儿而言恰恰是非常重要的。

以"幼儿认识植物"为例，为了出现可被观察到和可以被测量到的"实质性"的行为变化，教育者制定的行为目标就必须是十分具体和详尽的。例如：为了实现认识植物的各种属性的目标，教育者应通过一些下一级目标来实现之，如"植物的多样性、植物的组成、各组成部分的功能、植物的繁殖方式、植物生长与环境条件的关系、植物与人类的关系等等"；为了让幼儿掌握植物多样性的知识，教育者又应该通过更下一级的目标来实现之，如"认识形体较小的植物（如小草）、形体高大的植物（如大树）、生长在水中的植物（如绿藻）、生长在陆地的植物（如代草）等"。

显然，评价者也必然要去检查或测量儿童是否掌握了上述知识，并将儿童的掌握程度作为是否发生了"实质性"的行为变化、是否达到了行为目标的判断标准。

（二）对目标模式的评价

1. 目标模式的优点

目标模式最大的优点就是它的条理性和简易性。目标模式提供了教育成功与否的准则——目标的达成，这引导教师在教学中分析性地思考他们力图达到些什么，为了达成这些可以做些什么，从而使教师的教育行为有据可依，使教育评价变得相对简单明了，使课程编制成为一个"理性"的过程。

2. 目标模式的局限性

目标模式虽已成为现代课程论中最具影响力的理论形态之一，几十年来对包括学前教育在内的教育实践，特别是对课程和教育方案的设计及教材的编写产生了巨大影响，但由于受实用主义哲学和行为主义心理学的影响，其基本的目标-手段、效率-控制、预期-检验思想和技术机制却始终如一，因此目标模式也存在着一些难以克服的问题。

首先，由课程编制者确定的课程目标，往往难以与发展中的儿童相融合。目标模式的课程目标是由课程编制者确定的，这种模式将教育简化为类似科学生产的活动，把学校比作加工厂，教师就像工人操作某些原材料一样，根据预先设计好的蓝图去"加工"和"塑造"学生的心理，将课程开发、教学设计、儿童的学习过程变为一个可以预先决定和操纵的机械过程，忽略了课程开发和教学设计过程中教师的创造性，也忽略了幼儿学习的主体性、自主性。迄今为止，人们对儿童的发展水平、学习规律、儿童的兴趣和需要还认识甚少，特别是儿童的富有创造性的行为在更大程度上具有不可预知性，因此由课程编制者事先确定好的课程目标，很难完全契合幼儿的兴趣和需要，特别是难以照顾到每个幼儿的特点。此外，幼儿在学习过程中还会产生很多与事先确定的课程目标不相符的、预料之外的现象，而这些在目标模式中不被重视，甚至认为是应该尽量避免的。但是，幼儿园课程目标应更多根据幼儿发展水平和需要加以确定，否则会使课程目标成为强加于教师和儿童的东西。

其次，根据幼儿行为确定课程目标，容易不同程度地忽略那些难以转化为行为的方面。课程目标以儿童行为来确定，课程就会很自然地强调那些可以用儿童行为明确识别的方面，而忽略那些难以转化为行为的方面。事实上，真正有教育价值的东西，并非都是能由行为标明的，更不都是能由即时行为的变化所能标明的。例如，儿童的许多高级心理素质（如价值观、理解、情感、态度、审美情趣等）是很难用外显的、可观察的行为来预先具体化的，因为这些高级心理素质不只是行为，更主要的是意识问题。试图把这些心理素质完全用可观察的行为来具体化，所掩盖的东西恐怕要比揭示出来的东西多得多。即使某些价值观和态度能够被结合进显性课程来培养，但更多的价值观和态度是通过隐性课程来培养的，这些通过隐性课程来培养的价值观和态度是不可能被预先具体化的。目标模式以"输入-产出"这种机械式的、技术化的方式运作课程，使该模式非人性方面的问题表现得更为突出，而那些难以被转化为行为的方面对于学龄前儿童而言本身却更为重要。

最后，按行为目标的方式确定课程目标，与学龄前儿童整体地学习知识和获得经验之间存在矛盾。从根本上看，目标模式强调的是分解，将课程目标分解成为了各个独立的部分，这种将儿童的学习经验分割成"碎片"的做法，强调的是通过训练而达成预期的目标，与学龄前儿童从其自身已有的经验出发，整体地学习知识和获得经验的学习方式之间存在距离。虽然，泰勒并不主张将目标过分具体化，但是在按此模式进行操作时，行为目标往往被层层分解，具体化到每一个细节，儿童的学习过程变为一个可预先决定和操纵的机械过程，这样，该模式的弊病在幼儿园教育的教学过程中就更趋明显了。

三、目标模式对幼儿园课程编制的影响

目标模式的课程编制对幼儿园课程的编制产生过重要的影响。在幼儿园课程编制过程中，强调课程目标的制定，强调课程目标的层层分解并落实于具体的教育活动，强调根据课程目标是否落实和达成来评价教育的结果，可以说，这些指导思想和做法都来自课程编制的目标模式。将幼儿园课程按照总目标、年龄阶段目标、学期目标，及每月、每周、每天的课程目标和教育活动计划组织安排的模式就是遵循了目标落实的模式。目标模式采用行为目标的方式设置课程目标，并以此为出发点来编制课程，使整个课程的运作具有一个具体化和结构化的操作程序，这样就能提高幼儿园教育教学的计划性、可操作性和可控性。

案例 2-1

目标模式在幼儿园课程编制中的具体应用

1. 主题：家庭用品
2. 课程内容：让幼儿说出下列用品的名称和用途
➢ 家具：床、桌、椅、镜、柜
➢ 饮食用具：杯、碗、碟、汤勺、筷子、水壶
➢ 厨具：炉、锅、铲
3. 具体体现
家具：
➢ 床、桌、椅的用途各有不同
➢ 家中的椅子有硬有软
➢ 镜能照出镜前景物的影像
饮食用具：
➢ 杯、碗、碟、汤勺、筷子、水壶能盛放流质物体，因为底部密封
➢ 吃饭可以用汤勺，也可以用筷子
厨具：
➢ 使用气体燃料的炉和使用煤的炉
➢ 锅的形状是圆形

拓展阅读

幼儿园课程目标的实现

第二节 过程模式

微课

幼儿园课程编制的过程模式

过程模式是把课程设计看成一个不断发展的过程，主张应关注具有内在价值的课程内容及儿童实际的活动过程的课程设计模式。

一、过程模式的理论基础及发展

结构主义哲学强调认识事物的基本结构，反对单纯研究外部现象；强调整体性的研究，反对孤立的局部性研究；强调从系统、功能、关系中把握事物，反对单纯性的经验描述。在学科结构上，结构主义认为，任何学科中的知识都可以引导出结构，这种结构就构成了该学科的概念、原则与方法。课程编制

应从分析学科的基本结构入手，寻求一种能够及时反映学科基本结构的方式进行课程编制。

认知派心理学认为人不是被动的刺激接受者，人脑中进行着积极的、对所接收的信息进行加工的过程，这个过程就是认知过程。认知心理学研究高级的心理过程，它在感觉登记的基础上，进行编码、译码、存储和提取，也就是知觉、记忆、思维、推理、概念形成和问题解决等过程。

20世纪五六十年代后，英国著名的课程理论家斯坦豪斯（Stenhouse）立足于教育的内在价值及实践，针对目标模式在课程编制中存在的缺陷，建构起过程模式的理论框架，被公认为是继目标模式之后出现的一个重要的课程编制模式。

斯坦豪斯认为，目标模式所依据的假设存在两个致命的弱点：其一是误解了知识的性质，其二是误解了改进实践的过程的性质。[1]他认为，知识不是现成的、确定的、外在的、需要儿童接受的东西，而是要儿童进行思考的对象，因此它不应成为必须达成的目标而去限制儿童，相反，应通过教育过程促使儿童思考知识，从而解放儿童。目标模式把知识视为一种统治与控制的工具，因此它歪曲了知识的本质。他还认为，改进实践的过程应依靠教师发现自己教育实践中的问题，并提出解决问题的办法而得以实现，而不是通过教师去执行远离实践的专家所设计的方案而实现。针对目标模式的不足，过程模式把课程设计看作是一个不断发展的过程，主张应关注具有内在价值的课程内容及儿童实际的活动过程的课程设计模式。

二、过程模式的特点及评价

（一）过程模式的特点

过程模式的最大特征是把课程设计看成是一个不断发展的过程。它认为：课程内容本身有着固有的内在价值和优劣标准，教育应关注具有内在价值的课程内容和活动，不必用目标预先指定所希望达到的结果。课程设计的逻辑起点是内容的选择而非目标的预设。课程内容的选择应以教育本体功能和知识本身固有的价值为标准，而不是以预期的儿童行为为依据。

教育是一种过程。在这个过程中，学习不是直线式的、被动的反应过程，而是一个主动参与和探究的过程，在探究的过程中实现儿童多方面的发展。因此，要重视开放的、非形式化的学习环境，教育环境的设计，要鼓励儿童自由选择、自由探究。教室不是讲堂，而是儿童探究、讨论、交流的场所，提倡主动的学习和建构。

教师重要的是明确教育过程中内在的价值标准与总体要求，而不是指向于对课程实施的最后结果的控制。因此，教师的角色必须改变：教师不仅是课程方案的执行者，还应是课程方案的设计者、研究者；教师不仅是知识的传授者，还是儿童学习的引导者、解释者、咨询者、环境的创设者和材料的提供者。

课程是一个开放的而不是封闭的系统，儿童的学习是主动参与和探究的过程。因此，在课程评价中，教师应是诊断者，而非评分者。评价应以教育本体功能和知识内在价值为标准，而不是以预设目标达成度为依据。

同样以"认识植物"为例，过程模式更趋向于为儿童设置那些能实现某些教育价值并符合某些教育原则的目标，如"让幼儿能够主动探索和发现植物的特征，促使幼儿的能力，如提出关于植物的各种问题的能力得到发展"。

显然，运用过程模式时，评价的标准并不是幼儿对植物知识的掌握程度，而是幼儿在探索过程中自身的能力得到了什么发展。

要指出的是，斯坦豪斯并没有绝对地反对目标，只是他所提出的过程模式的目标与目标模式的目标有着本质的区别：（1）过程模式的目标只是总体教育过程的一般性的、宽泛的目标，这些目标不构成评价的主要依据；（2）这些目标是非行为性的，可以以此为依据确定课程编制的指导性原则和方法，使教师明

---

[1]　斯坦豪斯.课程研究与课程编制入门［M］.诸平，等译.北京：春秋出版社，1989：98.

确教育过程中内在的价值标准及总体要求，而不是课程实施后的某些预期结果。因此，"过程模式"不是游离的、无目标的状态，而是根据幼儿经验、兴趣生成的，是不断调整目标的过程。

从过程模式的介绍中我们可以看出，与其说过程模式是一个详述编制步骤的"模式"，不如说它是一种编制思路，一种编制思想。在这种"模式"中，编制过程究竟如何展开恰恰是需要在实践中研究和探索的。

📅 案例 2-2

海伊斯科普（High/Scope）课程方案的宗旨在促进儿童对学习的积极参与，从而促进儿童的学习过程。[1]此教育方案的目标有：

1. 培养儿童做决定和做选择的能力。

2. 培养儿童解决问题的能力。

3. 培养儿童在集体中合作、分享和参与活动的能力。

4. 培养儿童用语言、文字和绘画等形式，表达自己的经历、感情和思想的能力。

5. 培养儿童好问的精神。

6. 培养儿童多方面的兴趣和自我价值感。

从上列的目标中，我们可以看到过程模式的目标所具有的那些基本特征。

（二）对过程模式的评价

1. 过程模式的优点

相较于目标模式而言，过程模式对培育受教育者的目的性、创造性及健全人格更有优势，主要体现在以下两个方面。

第一，过程模式强调学习是一个学习者主动参与、探究和建构的过程，在很大程度上彰显了学习者的主体性，学习者的需要、兴趣、已有经验等受到尊重。

第二，斯坦豪斯提出的"教师即研究者"，使教师从课程的被动执行者转化为主动的反思者和实践者，是"和学生一起学习的学习者"，教师的主体性得到了尊重和彰显。

2. 过程模式的局限性

斯坦豪斯论证了课程编制的基本原则和方法，却没有提出明确且具体的程序以及方案，因此有人说他"对过程模式本身的构建远比他对目标模式的批判逊色"。他在克服一些目标模式的局限性的同时，不可避免地表现出了如下一些局限性。

第一，过程模式编制的课程往往缺乏科学性、计划性和系统性，对教育的评价往往因缺乏客观标准而带有过多的主观色彩。

第二，过程模式在很大程度上依赖于教师的素质，对教师提出了更高要求与挑战。然而，从总体来看，我国目前的幼儿园师资水平与过程模式对教师素质的要求存在一定差距，从某种程度上需要更加强调教师的专业成长，但从另一方面来看，也可能由于教师难以达到这样的高度而使过程模式不易推广，或者即使被推广和运用，却在本质上受到扭曲甚至异化。

三、过程模式对幼儿园课程编制的影响

与目标模式不同，过程模式只有较短的发展历史，对教育实践的影响作用也没有目标模式那么广泛。但是，由于它所倡导的一些思想和原则，与当今学前教育领域中人们对教育价值判断所发生的变化比较

---

[1]　姚伟.美国以皮亚杰认知发展理论为基础的早期教育方案［J］.学前教育研究，1996（5）.

接近，因此许多观点得到了人们的认同。

过程模式对幼儿园课程编制也产生了很大的影响，主要表现在：淡化课程目标的预设，强调教育和知识内在的、本体价值，强调儿童活动的过程和在教育过程中对具体情境的诊断；强调"教师即研究者"所应发挥的作用，淡化教师在教育活动组织中的计划性和控制性，强调根据儿童的兴趣和需要组织活动，尊重儿童的选择和创造；淡化根据客观标准对幼儿园教育进行评价，强调过程性评价，强调教师自我在教育评价中的作用。所有这些主张对于儿童主体精神和创造性思维的培养，对于在教育中更多体现民主精神和人文精神都是十分有益的。近几年在幼儿园课程领域中，广为了解的意大利瑞吉欧教学方案就体现了过程模式的基本特征。

案例 2-3

过程模式在幼儿园课程编制中的具体应用

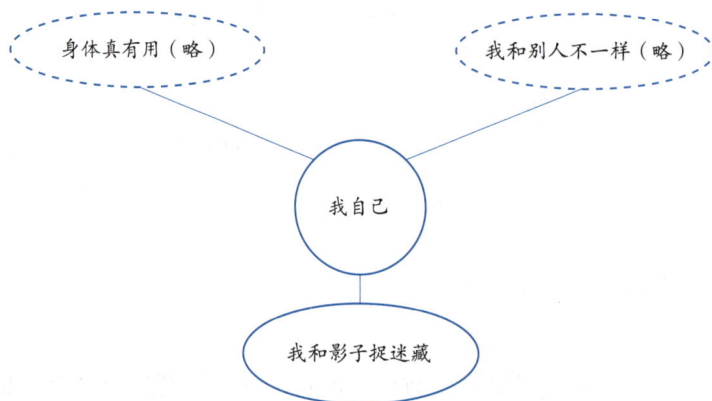

```
  身体真有用（略）          我和别人不一样（略）
            \              /
             \            /
              我自己
                |
          我和影子捉迷藏
```

主题活动"我自己"

分主题"我和影子捉迷藏"的编制

分主题活动目标：

1. 对身体的影子及其变化感到好奇。

2. 在比较中，感知和探索影子的基本特性。

活动与指导：

1. 会变的影子。

• 在不同的情况下找自己的影子，如：阳光明媚的天气里，操场上，夜色下的社区里，灯光下。

• 谈论对影子的体验，如：什么情况下有影子？影子是什么颜色、什么样子的？你还看见过哪些影子？

• 二三人自由结伴，设法把一个人的影子用粉笔画在场地上。换一个时间换一种颜色的粉笔，在同一个地方再去画同一个人的影子。看看影子有什么变化，想想如果再换个时间，影子还能不能再变。设法用不同颜色的笔，把影子记录下来。

2. 影子有多长。

• 自由结伴，互画影子。

• 用多种方法（用手、脚或自然物）尝试进行测量，量量自己的影子有多长？并把测量的结果进行记录。换个地方测量自己的影子有多长？

• 交流：采用什么方法可以量得正确（请会用自然物首尾相接测量的幼儿进行过程重现，注意手的动作，以及首尾相接的测量方法）。

• 调换方法为同伴测量影子的长短，比较一下结果是否相同。

3. 影子的谜语。

• 猜谜语并说说理由：

"有个好朋友，天天跟我走，有时走在前，有时走在后，我和他说话，就是不开口。"

- 填词谜语："有个（黑宝宝），从（头）黑到（底），踩他（不怕疼），叫他（他不理），（十二个大汉）也抬不起"（括号内的语言可由幼儿创编）。体会编谜语要编出特征，但是不能说出谜底。唱唱、猜猜："总是和我在一起。"
- 结伴创编谜语：共同挑选和修改，编成自己想出的"影子"谜语。
- 结合猜手影，描述自己猜到的是什么（不能说出名称）。

4. 和影子做游戏

- 玩手影——二三个幼儿对着墙做不同造型的手影，并想办法画出来。
- 看谁跑得快：和自己的影子或与同伴的影子比赛跑，看谁跑得快，试试转换方向跑，看看又是谁跑得快。
- 踩影子：场地上画大圈，幼儿分成两队，一对站在圈上做裁判，另一队在圈内互相追影子，被踩着影子的人就算输，并站在圈上。

5. 影子戏

- 将教室里的窗帘拉上，使其光线黑暗。在灯光前面挂上幕布。
- 一幼儿站在幕布和光线之间，猜猜他是谁？是男孩还是女孩？猜猜影子像什么？猜猜他在干什么？
- 二三人结伴，在幕布后面用动作表现一个有情节的内容，说说他们在表演什么。

开放性问题：

1. 人有影子，其他东西有影子吗？
2. 影子有什么用？
3. 同一个人的影子怎么会不一样呢？有什么办法使影子变长或变短？

……

第三节 幼儿园课程编制的实际过程

在理论上，目标模式和过程模式是两种十分对立的模式，但是在幼儿园课程编制的实践中，课程编制者完全可以根据具体的情况，吸取这两种课程模式各自的长处，补偿其各自的短处，在它们之间建立互补关系，以求课程在总体设计思路上的科学性与艺术性、课程目标的预设性与生成性、课程评价的终结性与形成性之间达到平衡。

下面，我们以幼儿园具体教育活动设计为例，具体来看看怎样根据具体情况，灵活采用不同的设计模式来设计课程。

幼儿园教育活动的设计过程可以简化为一个基本公式，如下图2-3-1所示：

目标＋兴趣、需要、经验＋内容、材料→活动

图2-3-1

上述公式中的四种要素（目标，兴趣、需要、经验，内容、材料，活动），均可以作为教育活动设计的出发点，且无论以哪个要素为出发点进行活动设计，其他要素的作用也是必不可少的，只要充分考虑各个活动要素，最终都可以设计出有价值的教育活动来。

一、从目标出发的幼儿园课程编制过程

以目标为出发点进行课程设计的过程大家较为熟悉。例如,《指南》中指出,应该创造条件和机会,促进幼儿手的动作灵活协调,基于此,确定目标为发展幼儿的小肌肉动作,并以此为出发点,进行课程设计,具体如图2-3-2。

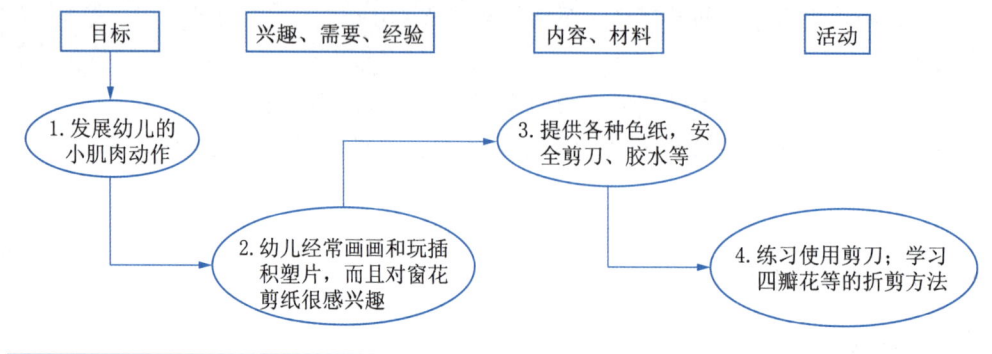

图2-3-2　从目标出发的课程设计

二、从兴趣、需要和经验出发的幼儿园课程编制过程

幼儿感兴趣的事物中可能包含有丰富的教育价值,教师可以从中挖掘,抓住幼儿感兴趣的事物中所具有的"内在价值",在幼儿园课程目标的指导下,设计教育活动。比如,影子是幼儿几乎每天都能见到的,影子时大时小、时隐时现等各种各样的变化,都能引起幼儿强烈的好奇心和探究欲望,教师敏感地捕捉到其中的意义,如图2-3-3所示。

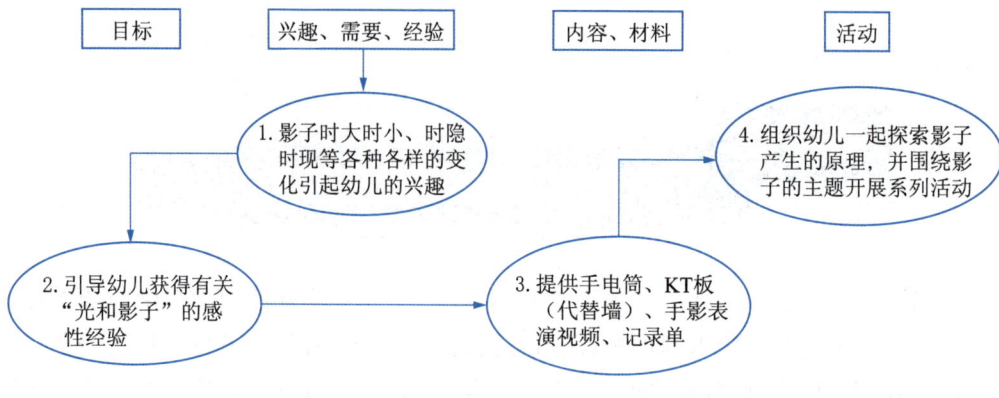

图2-3-3　从兴趣、需要、经验出发的课程设计

📁 政策窗
....

第三部分　组织与实施

五、教育活动内容的选择应遵照本《纲要》第二部分的有关条款进行,同时体现以下原则:

(一)既适合幼儿的现有水平,又有一定的挑战性。

(二)既符合幼儿的现实需要,又有利于其长远发展。

(三)既贴近幼儿的生活来选择幼儿感兴趣的事物和问题,又有助于拓展幼儿的经验和视野。

六、教育活动内容的组织应充分考虑幼儿的学习特点和认识规律,各领域的内容要有机联系,相互渗透,注重综合性、趣味性、活动性,寓教育于生活、游戏之中。

——摘自《幼儿园教育指导纲要（试行）》

三、从现有的材料、内容出发的幼儿园课程编制过程

一年四季的变化、与儿童密切相关的节日、传统的优秀教材、必要的学习内容、生活中的偶发事件等都可以作为教育活动设计的起点，发掘其中的教育价值，具体的设计过程如图2-3-4所示。

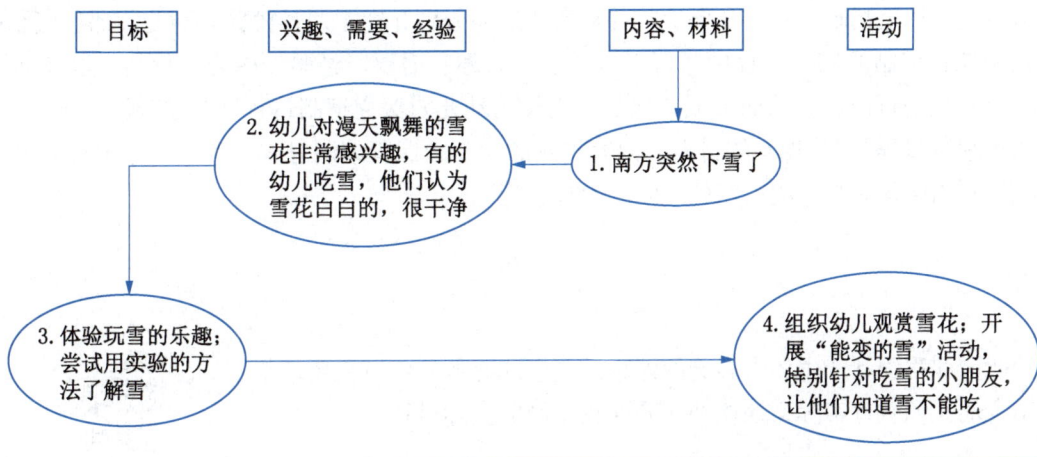

图2-3-4　从材料、内容出发的课程设计

四、从已经设计好的教育活动方案出发的幼儿园课程编制过程

目前，有各种版本的教学活动设计，教师自己在多年的教育过程中也积累了一些成功的教学活动案例，因此在开展教学活动时，既可以采用现成设计好的教育活动案例，也可以采用自己认为比较成功的教案。然而，无论是哪一种情况，都不能不加选择地照搬，因为这样既不利于幼儿的成长，也不利于教师专业发展。因此，不管是别人已经设计好的活动方案，还是自己以前积累的活动方案，教师都需要思考以下一些问题，并尝试回答：

这个活动幼儿会喜欢吗？符合幼儿的兴趣和需要吗？

这个活动蕴含哪些教育价值？可能有助于达成哪些教育目标？

这个活动的可行性如何？它所需要的材料容易获得吗？

这个活动与之前开展过的活动之间有关联吗？和之前获得的经验有否衔接或关联？

这些问题考虑清楚后，接下来要考虑的就是是否需要修改，以及如何修改。如图2-3-5所示。

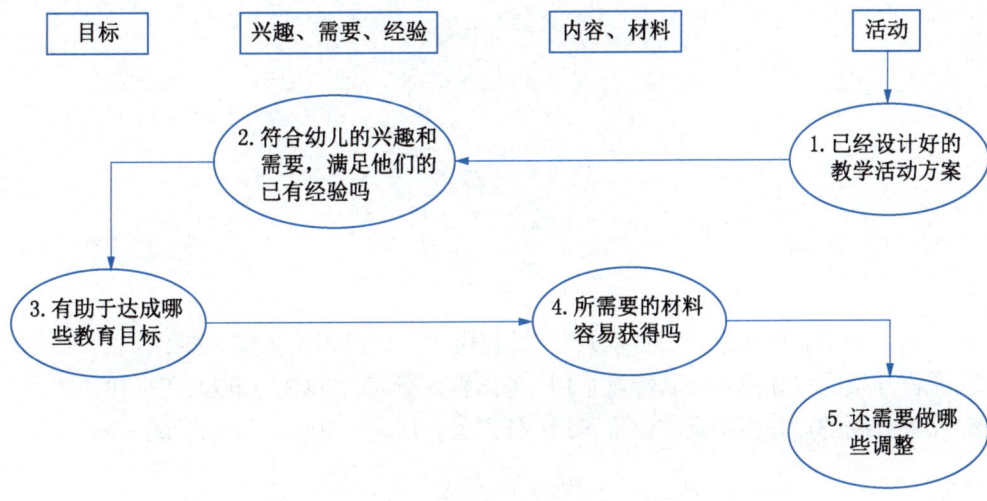

图2-3-5　从活动方案出发的课程设计

本章小结

本章主要探讨了两个问题：幼儿园课程编制的模式；幼儿园课程编制的实际过程。

在各种课程编制模式中，目标模式和过程模式对幼儿园课程编制的影响较大。本章主要介绍了这两种课程编制模式的理论基础、发展及评价，并从实践层面分别介绍了两种模式对幼儿园课程编制的影响。

在幼儿园课程编制的实际过程中，可以以目标，兴趣、需要、经验，内容、材料，以及活动的任何一种要素为出发点进行设计，从而形成"从目标出发的幼儿园课程编制过程""从兴趣、需要和经验出发的幼儿园课程编制过程""从现有的材料、内容出发的幼儿园课程编制过程"和"从已设计好的教育活动方案出发的幼儿园课程编制过程"四种不同的设计过程。

思考

1. 对幼儿园课程编制产生较大影响的课程编制模式有哪些？试简要评析。
2. 请结合幼儿园教育实际，谈谈幼儿园课程编制的实际过程。

思考
提示

项目实训

辩论赛："目标VS过程"

请围绕本章学习的目标模式与过程模式的相关知识，就"课程编制目标模式和过程模式谁更具优势"展开辩论，并进行观点记录。

目 标 模 式	过 程 模 式
一辩：	一辩：
二辩：	二辩：
三辩：	三辩：
四辩：	四辩：
你的感悟：	

项目支持 可到中国知网搜索"目标模式""过程模式"查找相关文献。如：

[1] 汪霞.课程开发的目标模式及其特点［J］.外国教育研究，2002，（06）：9—13.
[2] 汪霞.课程开发的过程模式及其评价［J］.外国教育研究，2003，（04）：60—64.

第三章
幼儿园课程目标

本章课件

学习目标

1. 了解幼儿园课程目标的内涵，掌握幼儿园课程目标的来源与依据。
2. 理解幼儿园课程目标的取向，能够根据课程目标层次结构分析幼儿园课程目标。
3. 掌握幼儿园课程目标的表述要求，能正确撰写幼儿园课程目标。

思政目标：坚持走中国特色社会主义教育发展道路，自觉将立德树人理念贯穿于幼儿园课程目标中。

知识框架

```
                                        ┌─ 幼儿园课程目标的概念
                        幼儿园课程目标概述 ─┤
                                        └─ 幼儿园课程目标的功能

                                        ┌─ 幼儿园课程目标的体系
幼儿园课程目标 ─┤  幼儿园课程目标体系、  ─┤─ 幼儿园课程目标的层次
              │  层次和结构           └─ 幼儿园课程目标的结构
              │
              │                        ┌─ 幼儿园课程目标的来源和依据
              └─ 幼儿园课程目标的制定 ───┤─ 幼儿园课程目标的取向
                                       └─ 幼儿园课程目标制定的原则
```

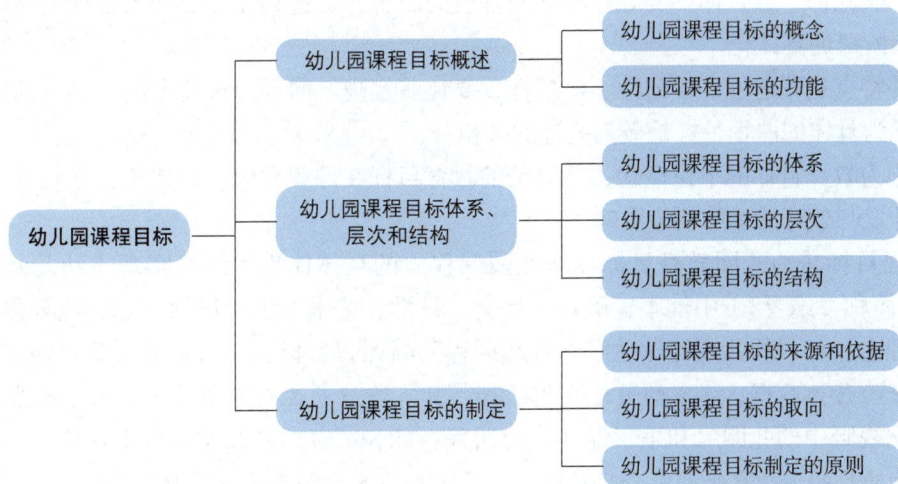

幼儿园课程目标在学前教育目的与幼儿园课程之间起了衔接作用，使学前教育的特定价值观在课程中得以体现。幼儿园课程目标的确定，使幼儿园课程编制的方向能得以明确，使课程内容的选择、组织、实施和评价等与课程目标成为一个有机的整体。

情境导入

在一次幼儿园家长开放日活动中，张老师向家长介绍："我们的课程不能忽视孩子们天生的好奇心和探索欲，刚才各位家长看到的是老师围绕孩子们的兴趣与需求设计的活动，目的就是让孩子们在快乐中学习成长。"

一位爸爸说："社会在快速变化，孩子们未来面临的竞争与挑战要求我们为他们提供必要的知识与技

能准备,以适应社会需求。"

一位妈妈接着说:"作为家长,我当然希望孩子既能快乐成长,同时又能具备未来社会所需的竞争力。"

作为幼儿园教师,应如何平衡社会需求与幼儿需求在课程目标中的分量?在快速变化的社会背景下,幼儿园课程如何既保证幼儿个性与兴趣的充分发展,又为其未来社会生活做好准备?

第一节 幼儿园课程目标概述

一、幼儿园课程目标的概念

课程目标与教育目的、教育目标是有内在联系的,从教育目的到教育目标再到课程目标,既是从宏观到中观再到微观,也是从概括到具体的过程。在教育系统中,教育目的、教育目标、课程目标、教学目标等构成了一个有机的整体。

教育目的是对受教育者的质量和规格的总体要求,即解决把受教育者培养成什么样的人的问题,它构成了教育实践活动的第一要素和前提。教育目的规定了教育的总体方向,指导和支配整个教育过程,体现的是普遍的、终极的教育价值追求。例如:我国颁布的《中华人民共和国教育法》(2021年修正),对教育目的的规定是"教育必须为社会主义现代化建设服务、为人民服务,必须与生产劳动和社会实践相结合,培养德智体美劳全面发展的社会主义建设者和接班人"。

教育目标是教育目的的下位概念,它体现的是不同性质的教育和不同阶段的教育的价值。例如:《规程》中所规定的幼儿园的任务"贯彻国家的教育方针,按照保育与教育相结合的原则,遵循幼儿身心发展特点和规律,实施德、智、体、美等方面全面发展的教育,促进幼儿身心和谐发展",是国家规定的教育目的在幼儿园阶段的具体化。

教育目标的特点是普遍性、模糊性、概括性,要让其实现,需要经过复杂的、多方面的努力,其中,把教育目标转化为具体的课程目标是极其关键的一步。

课程目标作为教育目标的下位概念,是一定的教育目标在课程领域的具体化,在教育目标的制约下,具体体现课程开发与教育活动的价值取向。

幼儿园课程目标是幼儿园教育目标在幼儿园课程中的具体体现,既要实现《幼儿园教育指导纲要(试行)》(以下简称《纲要》)中健康、语言、社会、科学、艺术五大领域的目标,也要体现幼儿园的办园理念和课程理念。如"幼儿园篮球适宜性游戏课程"的课程目标为"培养具有健康的身体、优秀的社会性品质、良好的行为习惯、丰富的篮球文化认知、具有浓厚的运动兴趣的自由且全面发展的幼儿"。[1]又如"传统文化视野中幼儿园'和乐'课程"的课程目标为"帮助幼儿掌握社会的道德行为规范与社会行为技能,提升幼儿的道德水平和社会交往能力,促进幼儿人际关系和谐发展"。[2]

教学目标是指某一具体的教育活动所要达到的结果,或所引起的幼儿行为的变化,它是一种具有操作性的目标。只有将教育目标转化成具体的教学目标,才能贯彻到具体的教育过程中,才能落实到幼儿的发展上。

二、幼儿园课程目标的功能

幼儿园课程目标在整个教育体系中扮演着至关重要的角色,它们不仅指导着教学活动的设计与实施,还确保了教育效果的评估与反馈。幼儿园课程目标主要具有导向功能、激励功能、评价功能和调节功能。

---

[1] 杨泽森.我国幼儿篮球适宜性游戏课程体系构建研究[D].东北师范大学,2024.
[2] 胡婷.传统文化视野中幼儿园"和乐"课程研究[D].华中师范大学,2017.

导向功能体现在：幼儿园课程目标为教学活动提供了明确的方向，确保教育内容、方法和手段都紧密围绕目标展开。它帮助教师理解教育活动的目的和意义，从而在教学过程中做出更加合适的选择和决策。

激励功能体现在：幼儿园课程目标能够激发幼儿的学习兴趣和积极性，使他们明确自己要达到的标准和期望。通过设置具体、可衡量的目标，幼儿能够感受到自己的进步和成就，从而获得学习动力。

评价功能体现在：幼儿园课程目标为教育评价提供了基准，使教师能够客观地评估幼儿的学习效果。通过与目标进行对比，教师可以了解幼儿在哪些方面达到了预期水平，哪些方面还需要进一步努力。

调节功能体现在：在教育过程中，幼儿园课程目标可以作为调节器，帮助教师及时调整教学策略和方法。当发现幼儿在某些方面存在困难时，教师可以根据目标调整教学内容和活动设计，以更好地满足幼儿的学习需求。

课程编制者应充分认识到幼儿园课程目标的重要性，在课程目标制定过程中充分体现这些功能，以促进孩子们的全面发展。

第二节 幼儿园课程目标的体系与层次结构

思政引航

习近平总书记在2024年全国教育大会上强调："紧紧围绕立德树人根本任务，朝着建成教育强国战略目标扎实迈进"。2024年11月8日，第十四届全国人民代表大会常务委员会第十二次会议通过的《中华人民共和国学前教育法》，其中也明确指出："学前教育应当落实立德树人根本任务，培育社会主义核心价值观，继承和弘扬中华优秀传统文化、革命文化、社会主义先进文化，培育中华民族共同体意识，为培养德智体美劳全面发展的社会主义建设者和接班人奠定基础。"

请思考：幼儿园课程目标中如何体现"立德树人"的理念？

微课

幼儿园课程目标的层次

一、幼儿园课程目标的体系

目前幼儿园课程体系概括起来主要有两种：以学习内容领域为结构框架的目标体系和以儿童发展领域为结构框架的目标体系。

（一）以学习内容领域为结构框架表述的课程目标体系

这种目标体系包括如中国、日本等东方国家的幼儿园课程目标。

1. 中国《幼儿园教育指导纲要（试行）》中以学习领域为框架结构的目标体系[1]

该目标体系具体包括以下五大领域。

- 健康

① 身体健康，在集体生活中情绪安定、愉快；

② 生活、卫生习惯良好，有基本的生活自理能力；

③ 知道必要的安全保健常识，学习保护自己；

④ 喜欢参加体育活动，动作协调、灵活。

- 语言

① 乐意与人交谈，讲话礼貌；

---

[1] 教育部基础教育司. 幼儿园教育指导纲要（试行）解读［M］. 南京：江苏教育出版社，2002：30—35.

②注意倾听对方讲话，能理解日常用语；

③能清楚地说出自己想说的事；

④喜欢听故事、看图书；

⑤能听懂和会说普通话。

- 社会

①能主动地参与各项活动，有自信心；

②乐意与人交往，学习互助、合作和分享，有同情心；

③理解并遵守日常生活中基本的社会行为规则；

④能努力做好力所能及的事，不怕困难，有初步的责任感；

⑤爱父母长辈、老师和同伴，爱集体、爱家乡、爱祖国。

- 科学

①对周围的事物、现象感兴趣，有好奇心和求知欲；

②能运用各种感官，动手动脑，探究问题；

③能用适当的方式表达、交流探索的过程和结果；

④能从生活和游戏中感受事物的数量关系并体验到数学的重要和有趣；

⑤爱护动植物，关心周围环境，亲近大自然，珍惜自然资源，有初步的环保意识。

- 艺术

①能初步感受并喜爱环境、生活和艺术中的美；

②喜欢参加艺术活动，并能大胆地表现自己的情感和体验；

③能用自己喜欢的方式进行艺术表现活动。

2. 日本的幼儿园课程目标体系

该目标体系具体包括以下五大领域。

- 健康

①使幼儿在心情舒畅、轻松愉快的活动中，体验到生活的充实感；

②使幼儿的身体得到充分的活动，并积极主动地参加力所能及的体育活动；

③使幼儿掌握健康安全生活所必需的行为习惯和态度。

- 人际关系

①使幼儿体验到在幼儿园生活的乐趣以及靠自己的能力行动的充实感；

②使幼儿主动同周围的人们交往相处，以培养对他人的友爱之情和信赖感；

③使幼儿逐步养成社会生活中的良好习惯和态度。

- 环境

①让幼儿熟悉周围环境，在大自然的接触中，培养对各种事物和现象的关心与兴趣；

②让幼儿自主地同周围环境发生联系，并能从中发现、思考，应用到生活中；

③在观察、思考和处理周围事物与现象中，丰富幼儿对物质的性质、数量、文字等的认知。

- 语言

①让幼儿用语言表达自己的思想，体验与别人交流感情的乐趣；

②让幼儿能认真听别人的讲话，愿意讲述自己的经验及所想到的事；

③让幼儿理解日常生活用语，喜欢图书和故事，丰富他们的想象力。

- 表现

①通过提高幼儿对各种物品的审美能力，培养幼儿丰富的感受性；

②让幼儿用各种方法将自己的感受和思想表现出来；

③让幼儿丰富生活经验，并乐意进行各种各样的表现活动。

（二）以儿童发展领域为结构框架表述的课程目标体系

这种目标体系包括美国等西方国家的幼儿园课程目标。该目标体系具体包括以下四大领域。

- 社会与情绪发展

① 形成积极的自我概念（自信和自我价值）；

② 建立对父母及其他成人的社会依恋；

③ 发展对自己行为的内在控制力；

④ 与其他儿童共同游戏和工作；

⑤ 了解他人的需要和情感；

⑥ 表达并尝试创造。

- 知觉和动作发展

① 喜欢并成功地用自己的身体表达情感；

② 发展写字与绘画所需要的肌肉控制；

③ 增进感觉与动作系统的协调；

④ 增进平衡与律动的活动能力；

⑤ 利用各种感官探索世界。

- 认知发展

① 发展批判性、创造性思考和问题解决能力；

② 开始理解符号的意义；

③ 探索外表与实质之间的关系；

④ 发展计划、执行与评价的能力；

⑤ 增进对因果关系的理解；

⑥ 发展对人对物的各种相似及相异的认识；

⑦ 扩充对社会与自然环境及其意义的认识。

- 语言发展

① 增进运用语言规则的能力；

② 发展运用语言表达需要、情感和思想的能力；

③ 利用语言引导思想和行动；

④ 扩大词汇范围和复杂性；

⑤ 发展对词汇意义及发言的兴趣。

二、幼儿园课程目标的层次

幼儿园课程目标的层次是指幼儿园课程目标的纵向结构，无论是以学习内容为结构框架的课程目标还是以儿童发展领域为结构框架的课程目标，都可以从上到下分为四个层次（如图3-2-1），从时限上看，从远目标到近目标；从表述上看，从概括到具体。从上往下看，操作性越来越强，从下往上看，每一层目标都受到上一层目标的制约。

第一层次：幼儿园课程总目标

这类目标一般比较宏观，表述得也很概况。如"幼儿园生命教育园本课程"将其课程总目标定为"乐生长、悦生活、爱生命"，进一步展开其课程目标为"帮助幼儿感受生命生长的快乐，在体验与探究生命的过程中，了解不同生命变化成长的过程，

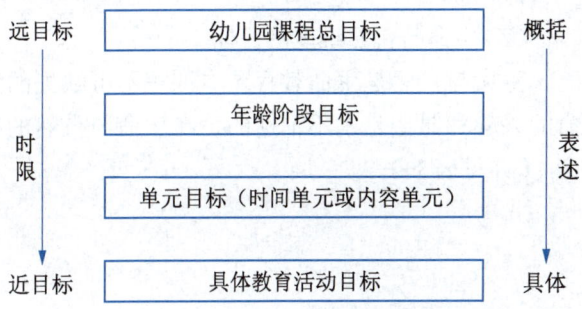

图3-2-1 幼儿园课程目标层次示意图

41

积累丰富的生命体验；帮助幼儿通过生命教育了解生活中常见的生命现象，感受生命的独特和奇妙，并拥有幸福生活的动力；帮助幼儿热爱生命，萌发爱护自我生命、关爱他人生命与喜爱自然生命的情感。"[1]

第二层次：年龄阶段目标

年龄阶段目标是将幼儿园课程目标落实到幼儿园三个不同的年龄阶段，因此幼儿园的年龄阶段目标是由相互连接、逐渐递进的三个不同的年龄目标组成的。以内容为结构框架的年龄阶段目标，不仅要考虑课程的几个内容维度，还要考虑幼儿年龄发展的维度，从这两个维度确定年龄阶段目标。

如"幼儿园生命教育园本课程"将课程分为"生命与自我""生命与他人""生命与自然"三个内容维度，其年龄度目标分别为：

（1）生命与自我维度的目标

自我是幼儿认识生命的起点，幼儿是在探究自我生命的基础上，继而向他人和自然生命的维度扩展和延伸。在生命与自我的维度上，总体来说，幼儿要能够基本认识、保护和完善自我生命。（详见表3-2-1）

表3-2-1　生命与自我维度的年龄段目标

年 龄 段	对 应 目 标
3—4岁	1. 知道姓名、性别、年龄都是自己独特的标志 2. 能够探究自己身体外部的特征及功能，感受身体的重要性 3. 知道人有着不同的情绪，能够感受自己的情绪变化 4. 了解自己性别的基本特征，有初步的性别意识 5. 在一日生活中，在他人帮助下，能开展锻炼并初步尝试照顾自我 6. 知道人在不断地成长，了解自己从出生至今的成长过程
4—5岁	1. 知道并能介绍自己的基本信息，初步了解自己的优点和不足 2. 能够进一步探究身体，有初步保护生命的意识 3. 能够尝试表达情绪，保持较为稳定的情绪，萌发积极乐观的情感 4. 了解不同性别在身体上的差异以及行为上的差异 5. 知道在生活中保护自己，较为主动开展锻炼，有基本的自理能力 6. 初步认知生命不同的成长阶段，开始接触死亡话题 7. 初步萌发不怕困难和面对挑战坚持不懈的意志品质
5—6岁	1. 能够欣赏自己的优点，尝试接纳自己的不足，感受自我的独特 2. 能够探究内部器官及其特征，有较强的保护生命的意识，初步掌握在危险情况下自我保护的方法 3. 感受自己情绪的变化，用合理的方式来舒缓和表达情绪 4. 有基本的性别意识和相应的行为，清楚地知道男女性别差异 5. 初步形成较为规律的生活习惯，养成每日锻炼身体的习惯 6. 较为清晰地了解自身生长发育的过程，对死亡有正确的认知 7. 对成长抱有期待，在服务他人和树立理想愿望的过程中初步感受自我生命的价值和意义

（2）生命与自然维度的目标

生命与自然是生命教育园本课程不可缺失的一个维度，幼儿喜爱自然、亲近自然，对于探究自然生命的兴趣和愿望是永不消逝的。在生命与自然的维度，总体来说，幼儿要能够认识、关爱和敬畏自然生命。（详见表3-2-2）

[1]　罗紫琳.幼儿园生命教育园本课程建构的行动研究［D］.湖南师范大学，2021.

表3-2-2 生命与自然维度的年龄段目标

年 龄 段	对 应 目 标
3—4岁	1. 喜欢接触并愿意了解身边的动植物 2. 能观察动植物的生长变化过程，初步感知动植物也有生命 3. 在他人的帮助下能尝试照顾动植物 4. 对自然生命产生好奇心和探究欲望
4—5岁	1. 了解生活中常见的动植物，主动探究自然生命 2. 知道动植物生命的来源，了解动植物成长需要经历的基本阶段 3. 能够主动照顾和记录动植物的生命变化，关注动植物成长的需求，想办法解决动植物成长过程中出现的问题 4. 初步认知并正确看待动植物生命的消逝和死亡 5. 知道自身行为与自然生命息息相关，萌生保护和关爱自然生命的意识
5—6岁	1. 主动扩大对自然生命的认知范围，如认知一些野生动物 2. 了解自然生命的不同特征，感受自然生命的多样性，掌握探究自然生命的多种方法 3. 欣赏自然的美，感受自然生命的变化，对自然生命萌生敬畏之情 4. 知道死亡是自然生命必经的过程，能够主动保护自然生命 5. 感受人与自然生命的相互依存，在生活中用行动保护自然

（3）生命与他人维度的目标

幼儿社会生命的发展离不开他人，幼儿与他人接触的过程中就是其社会生命发展的过程。在生命与他人的内容维度上，总体来说，幼儿要能够认识、尊重和感恩他人生命。（详见表3-2-3）

表3-2-3 生命与他人维度的年龄段目标

年 龄 段	对 应 目 标
3—4岁	1. 在与同伴的交往中感受与他人交往带来的快乐 2. 与身边亲近的人，如家人与老师建立亲密关系 3. 感受父母对自己的爱和父母的生命变化 4. 理解人与人之间存在着差异 5. 尝试关注他人的需要，尝试为他人提供帮助
4—5岁	1. 尝试在班级和社区结交不同的朋友，喜欢和同伴交往 2. 和父母保持融洽的关系，有较为稳定的朋友，能够主动发起交往并关心父母与朋友 3. 欣赏他人的优点，感受他人生命的变化与流逝 4. 能够在他人需要帮助时，为他人提供力所能及的帮助 5. 初步认识群体之间的差异，知道与他人交往要遵守平等与爱的原则，在群体中能够遵守约定的规则
5—6岁	1. 主动扩大与他人的交往，在实际交往中掌握和他人相处的方法，文明礼貌待人 2. 能用言语和实际行为表达对他人的感恩和爱 3. 了解他人所处的生命阶段，初步理解人的死亡 4. 了解特殊生命的存在，尊重和包容差异，主动地关心和照顾他人，能够与他人分享合作，帮助他人解决问题 5. 与他人建立友善的生命共同体，主动维护群体中的秩序，承担自己在群体中的责任，并萌发集体荣誉感，尝试用自己的力量服务社会

第三层次：单元目标

单元目标是年龄阶段目标的再分解，是年龄阶段目标的具体化，一般有两种划分单元目标的方式。一种是以内容单元的形式划分，根据教育目标及相关的教育内容的特点，把某一组目标及其相关的内容有机组织起来，构成主题或单元；一种是以时间单元的形式划分，根据教育目标及教育内容的特点，把年龄目标划分为学期目标、月目标、周目标、日目标等。

《幼儿园生命教育园本课程》不仅要支持幼儿形成正确的生命认知，更要帮助幼儿掌握生命行为和形成积极的生命情感，因此其以内容单元的形式在主题目标包含关于生命的认知、行为和情感三个方面，详见表3-2-4。

表3-2-4　生命与他人维度的年龄段目标

主 题 名 称	主 题 目 标
小班上学期认识生命：这就是我	1. 较为完整地认识自己的外部身体组成部分及其功能 2. 有基本的性别意识 3. 有初步的自我保护意识 4. 能够通过表情初步了解情绪，知道情绪没有好坏之分，尝试表达自己的情绪
小班下学期理解生命：我的家人朋友	1. 理解自己与家人的关系，感受家人对自己的关心 2. 能够用言语和行动表达对家人的爱 3. 能表达对朋友的理解 4. 在与朋友的交往中初步形成分享、友善、礼貌等社会性品质
中班上学期关爱生命：我们在长大	1. 在亲身种植中，感受植物也有生命，了解植物成长所需条件，了解植物生命成长与变化的过程 2. 喜爱并主动参与探究植物生命的活动，细心照顾、观察并记录植物的生命变化
中班下学期珍惜生命：我们都要好好的	1. 有较强的自我保护意识，初步掌握自救和求救的办法，能够珍惜自己的生命，不做危险的事 2. 主动关心身边的人，为他人做力所能及的事，了解人之间的差异，能够尊重和接纳特殊的生命
大班上学期尊重生命：生命真可贵	1. 清楚自己的生命来源，通过对比自己的变化了解自我成长的历程，感受生命成长的奇妙与不易 2. 初步认识身体的器官及作用，有较强的性别意识，能积极尝试不同的方法来探究和保护自己的生命
大班下学期感悟生命：生命的力量	1. 体会到随着年龄的增长，自己能做的事情也增加了，愿意在生活服务自我，并尝试为他人服务 2. 能够感受自己的独特性，了解自己的长处，初步树立理想和愿望，在实践中初步形成毅力等品质，对自己、对家庭、对社会萌发责任与担当

又如某幼儿园以时间单元的形式将目标划分为月目标、周目标等。如表3-2-5。

表3-2-5　幼儿园月目标和周目标

月 目 标	周 目 标
1. 在锻炼中增强体质，提高对环境的适应能力 2. 在生活中学会体验规则的作用，初步养成遵守规则的意识	第一周： 在接抛物中锻炼动作的灵敏性，享受运动肢体乐趣； 认识大与小的概念，初步尝试从大到小排序； 初步认识节奏，感受音乐旋律并有节奏地走或跑步； 体会有朋友的快乐感受 第二周： 学习独立入厕，知道饭前便后要洗手，学习正确的洗手方式； 学唱歌曲并尝试用乐器演奏歌曲，感受歌曲中断顿和连续的两种节拍

月 目 标	周 目 标
3. 初步感知数字和大小 4. 初步感知颜色、感受节奏，并在生活中运用	第三周： 了解保护小手和小脚的一些方法，注意倾听和学习自我保护的方法； 学习穿脱衣服，长裤和鞋子技能，懂得自己的事情要自己做； 学习"手指点画"的方法进行绘画创作，初步感受色彩搭配的美； 认识3以内的数字并能其表示物品的数量，在生活中辨认与运用数字
	第四周： 通过手指游戏理解传统民间儿歌的内容，尝试用手指表演儿歌，享受愉快亲切的情感交流； 边说儿歌边做动作，锻炼跳跃、自转、钻洞等多种动作，提高身体的灵活性； 初步认识彩虹这一自然现象，尝试用彩虹的七种颜色进行绘画

第四层次：具体活动目标

这是微观层次的课程目标，是指某一具体的教育活动所期望达到的结果，或所引起的幼儿行为的变化，它是单元目标的具体化，是一种具有操作性的目标，一般要求制定得具体、清晰。

如"幼儿园生命教育园本课程"小班"认识生命：这就是我"主题活动中，社会活动"男孩女孩不一样"的活动目标为：1. 知道自己的性别；2. 学习判断他人性别的方法；3. 感受男女的不一样，萌发初步的性别意识。健康活动"我的眼睛"的活动目标为：1. 认识眼睛的组成部分；2. 能够积极表达眼睛的作用并通过蒙眼体验感受眼睛对人的重要性；3. 初步了解保护眼睛的方法。

一般来说，第一、二层课程目标由课程研究人员负责制定，第三、四层目标由幼儿园教师参与制定，但有时候教师也要参与第二层目标的制定。

三、幼儿园课程目标的结构

如果说，课程目标的层次是从纵向的角度来探讨课程目标体系的构成问题，那么，这里的"结构"则是对课程目标体系的横向分析。关于课程目标的横向结构问题，美国著名教育心理学家布鲁姆等人在《教育目标分类学》中以人的身心发展的整体结构为框架，为建立教育目标体系提供了一个比较规范化、清晰化的形式标准，被人们广泛接受和采用。这个框架中教育目标分为认知、情感、动作技能三大领域：

① 认知领域，主要包括知识的掌握和认知能力的发展。

② 情感领域，主要包括兴趣、态度、习惯和价值观等方面的发展。

③ 动作技能领域，主要包括神经肌肉协调的操作技能、动作技能和行动等方面的发展。

每一领域又按其性质由简到繁、由易到难、由具体到抽象、由低级到高级分为若干层次。例如：认知领域分为知识、领会、应用、分析、综合、评价六个层次；情感领域分为接受（留意）、反应、估价、组织、性格化五个层次；动作技能领域则分为反射动作、基本动作、知觉能力（动觉、视觉、听觉、协调）、体能（耐力、韧性、力量）、敏感性、技巧技能（各种适应能力）和有意沟通（表现动作、创造性动作等）。布鲁纳等人提出的教育目标分类标准体现了对人的发展价值的重视。

由于儿童年龄小，身心发展迅速，建立幼儿园课程目标体系，必须考虑以下三个方面：

① 幼儿的心理发展结构，即认知、情感、动作技能三个方面的发展。

② 幼儿园课程的内容和结构，如健康、科学、社会、语言、艺术或其他分类方式。

③ 幼儿的心理发展水平。

只有三大维度全面兼顾，才能制定出适宜的幼儿园课程目标，即幼儿园课程目标体系的理论建构模式应该是一个由上述三个方面综合构成的三维立体模型（见图3-2-2）。

然而，在实际操作过程中，发展水平（心理年龄）可以通过教育内容的深浅不同和发展要求的高低不一而间接反映出来，因此可以将这一维度"隐藏"在另外两个维度之中，将三维立体建构模式用两维

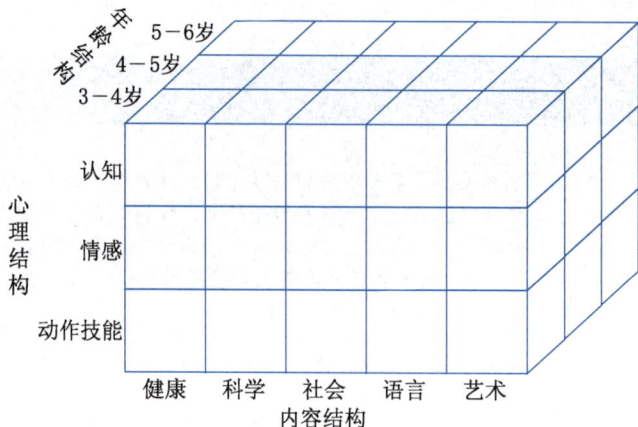

图 3-2-2　幼儿园课程目标体系的三维立体模型

平面模式表示出来（见表3-2-6）。

从表3-2-6中可以看出，任何内容领域的学习都应促进幼儿情感、认知、动作技能三种发展内容；同样，情感、认知、动作技能任何一方面的发展都要借助于幼儿期的基本学习内容。

表 3-2-6　建立幼儿园课程目标结构的二维思考图

	情　感	认　知	动作技能
健　康			
科　学			
社　会			
语　言			
艺　术			

微课

幼儿园课程目标的内涵与依据

第三节　幼儿园课程目标的制定

一、幼儿园课程目标的来源和依据

课程目标的制定需要考虑各种依据，一般认为，儿童发展、当代社会生活以及学科知识是制定课程目标的依据，同时也是课程目标的"来源"。就科学地制定幼儿园课程目标来说，必须研究儿童、研究社会、研究学科知识。

（一）对幼儿的研究

原因：幼儿园课程是为支持、帮助、引导幼儿学习，促进幼儿身心全面和谐发展而设置的，因此必须关注幼儿发展。

研究内容：儿童身心发展规律，尤其是关注儿童的发展需要。

这里所谓发展需要，指的是"理想发展"与"现实发展"之间的距离。研究幼儿的发展需要：一要了解相关儿童发展心理学所揭示的幼儿应该和可能达到的理想发展程度，这方面的知识可以通过学习儿童发展心理学中的知识获得；二要了解幼儿的现实发展状况，这需要实际观察研究自己的教育对象，即通过幼儿的行为表现判断幼儿的发展水平和特点。

维果茨基的"最近发展区理论"认为学生的发展有两种水平：一种是学生的现有水平，指独立活动时所能达到的解决问题的水平；另一种是学生可能的发展水平，也就是通过教学所获得的潜力。两者之间的差异就是最近发展区。教学应着眼于学生的最近发展区，为学生提供带有难度的内容，调动学生的积极性，发挥其潜能，超越其最近发展区从而达到下一发展阶段的水平，然后在此基础上进行下一个最近发展区的发展。

案例 3-1

材料：儿童发展心理学的研究成果表明，人所具有的各种感觉知觉能力在幼儿期都相对比较发达，其对周围世界的认识能力和认识兴趣大大提高，另外由于初步掌握了本民族的基本口语，因此十分乐意与人交往和分享经验。由于各种原因，我国不少幼儿却对事物缺乏敏感性，主动认识事物、发现问题、寻找答案、相互交流的积极性不高。

可确立的目标：

1. 培养正确运用感官和运用语言交往的基本能力；

2. 增进对环境的认识；

3. 培养有益的兴趣和求知欲望，培养初步的动手探究能力。[1]

（二）对当代社会生活的研究

原因：幼儿园课程的基本职能之一是让儿童在度过快乐有意义的童年的同时，为积极适应未来的社会生活作准备。因此，在考虑幼儿园课程的目标时，必须研究社会对儿童成长的期望和社会生活的需求。

研究内容：社会对儿童成长的期望和要求。

所谓社会对当代儿童成长的期望和要求，既体现在家庭的要求中，也体现在社会的经济、政治和文化中，还体现在政府的教育方针、政策法规和各种有关文件中。如何把握这些需要并将其转化为有效的课程目标也是需要考虑的。

案例 3-2

材料：我国文化与社会价值观中比较关注幼儿的道德品质的培养；未来的世界是一个"地球村"，人与人之间的交际、合作比较频繁。

可确立的目标：

1. 萌发幼儿爱家乡、爱祖国、爱集体、爱劳动的情感；

2. 发展幼儿与他人之间的交往、合作品质。

---

[1]　冯晓霞.幼儿园课程［M］.北京：北京师范大学出版社，2000：27.

(三)对学科知识的研究

原因:幼儿园课程的一个重要职能是传递社会文化知识,知识可以帮助儿童更好地认识自然、认识社会、认识自己。因此,知识是课程必不可缺的内容。

研究内容:各学科领域的知识与幼儿身心发展有什么关系?各学科领域知识能促进幼儿哪些方面的发展?

案例 3-3

材料:当把"美术"作为幼儿园课程的内容时,我们可设置哪些目标?

可确立的目标:

1. 感受和体验生活和艺术作品中的美,逐渐形成对美的敏感性;

2. 发展观察、比较、抽象、符号化、组合、想象能力;

3. 增强对形状、颜色等的认识,发展时间空间定向的能力;

4. 运用图像语言自由地表达自己的理解与感受,体验自我,增强自我价值感等。

二、幼儿园课程目标的取向

课程目标总是体现着一定的立场,对儿童发展、社会需求、知识的性质以及这三者之间关系的不同理解,使课程目标存在不同的价值取向。在幼儿园课程中,较为常见的目标取向有行为目标(behavior objectives)、生成性目标(evolving purposes)和表现性目标(expressive objectives)等。

(一)行为目标

1. 行为目标的代表人物及基本含义

行为目标在课程领域中的确立始于博比特,他在1918年出版的《课程》中提出了课程科学化的问题,认为课程目标必须科学化、标准化。在他1924年出版的《怎样编制课程》一书中,他曾用"活动分析法"对人类经验和职业进行了系统分析,由此提出了10个领域中的800多个目标,为行为目标在课程领域的确立奠定了最初的基础。

泰勒在1949年发表的《课程与教学的基本原理》一书中系统发展了博比特等人的行为目标理念。泰勒认为,课程目标应根据对社会的研究、对儿童的研究和对学科的研究而得出,并要通过教育哲学和学习理论的筛选,一旦确定,应运用一种最有助于学习经验的选择和教学过程的指导的方式来陈述,这种方式应该是"既指出要使学生养成的那种行为,又指明这种行为能在其中运用的生活领域或内容"[1]。也就是说,目标实际上包括"行为"和"内容"两个方面,前者指的是要求儿童表现出来的行为,后者指的是这种行为所使用的领域,这样就可以明确教育的职责。泰勒克服了博比特等人把课程目标无限具体化的倾向,主张在课程目标的概括化与具体化之间找到一个"度","倾向于把目标看作是形成的一般反应模式,而不是要学习的非常具体的习惯"。后来泰勒又指出,课程应关注儿童学会一般的行为方式,"目标应该是清楚的,但不一定是具体的"[2]。泰勒的这些主张对行为目标的健康发展打下了坚实的基础。

20世纪五六十年代,布卢姆(B. S. Bloom)等人继承并发展了泰勒的行为目标的理念,他们借用生物学中"分类学"(taxonomy)的概念,在教育领域建立了"教育目标分类学",从而把行为目标发展到新的阶段。

20世纪六七十年代,梅杰(R. F. Mager)、波法姆(W. J. Popham)等人总结并发展了前人的行为目

---

[1][2] 泰勒.课程与教学的基本原理[M].施良方,译.北京:人民教育出版社,1994:136—137.

标理念，领导发动了"行为目标运动"（behavioral objectives movement），该运动将行为目标取向的发展推到了顶峰。

2. 行为目标的表述

行为目标的基本特点是目标的精确性、具体性和可操作性。行为目标的表述要包含：① 表现学习者达到目标的行为，即儿童外显的行为表现；② 学习者能达到这种行为表现的条件；③ 可接受的最低的熟练水平。有人认为，上述三个要素中，①②是行为目标基本的部分，而③是可选择的部分。因此，典型的行为目标应该这样表述："能在户外的树木、花草、土里寻找小虫""能和同伴一起利用放大镜观察不同昆虫的身体"。在这里，"寻找小虫""观察不同昆虫的身体"是儿童外显的行为表现；"在户外的树木、花草、土里"和"能和同伴一起利用放大镜"是行为表现的条件与表现的准则。一般认为如"爱惜公物""能集中注意力""对自己所做的事有信心"等这样的陈述不是行为目标，因为该目标没有行为表现的条件和具体化的可观察的行为。

案例 3-4

以"兔子"为课题的教学目标：

（1）增加幼儿对兔子的认识。

（2）描述出兔子外形的特征。

（3）说出兔子喜欢进食的食物。

（4）做到每天轮流喂兔子进食。

（5）培养幼儿对兔子的感情和爱心。

（6）触摸兔子时，能做到轻轻抚摸，不让它受惊吓。

只要细心想想，便不难指出（2）（3）（4）（6）都属于幼儿行为目标。它们具体地阐明期望幼儿做到什么，幼儿能不能做到目标所要求的，可以从他们的行为观察到。至于（1）和（5），它们没有指出要怎样认识兔子，或从哪些方面去判断幼儿对兔子有感情有爱心，只是概括地提出了一般的要求而已。

可见，行为目标的表述要做到以下两点：

第一，要具体明确，能观察得到。配合幼儿的年龄、能力，依据教学活动的内容和性质，订出明确和详细的目标，写明期望幼儿通过该项活动能做到的具体行为。目标能不能达到，可以通过幼儿的行为观察到。行为目标的表述一般有如下句式："说出/指出/描述/复述/辨认/画出/数出……""用自己的话来……""把……配对/分类"等，而不应采用"培养""启发""认识""了解""知道""促进"等抽象的动词。

第二，要明确写出达到目标的条件。对不同年龄的幼儿，会期望他们能从不同的层次去认识和理解事物。有些活动需要明确写出期望幼儿在怎样的条件下达到目标。例如，同是有关分辨水果的活动，对3岁的幼儿，可能要求他们从众多食物中辨认出水果；对4岁的幼儿，则要求他们闭上眼睛，单凭味觉分辨出水果；对5岁的幼儿，则要求他们从众多名词中，分辨出哪些是水果的名称。"从众多食物中""单凭味觉""从众多名词中"就是达到目标的条件。明确写出达到目标的条件，便能依据幼儿的年龄对他们的学习提出合理的期望。

案例 3-5

某幼儿教师在课题为"水"的教案上写出如下的教学目标：

（1）让幼儿通过感官去感受水的特性；

（2）让幼儿认识水的各种用途；

（3）让幼儿知道水和来源。

显然"感受"、"认识"、"知道"都是抽象的词，教师无法确切地了解幼儿"已经感受到""认识了"或"知道了"多少，因此也就无法去评估教学的成效。

在教案中只写出概括性的目标，是不够的，必须有幼儿行为目标，以定出一节课的教学重点和方向，并作为评估教学效果的依据。因此，在写教案时，应把上述目标改写成：

（1）幼儿通过观看和触摸，能说出水的特性，例如水是透明、湿润、向下流动、冷或暖等（要说出哪一种特性，视所安排的教学活动内容而定，下同）；

（2）幼儿能说出水可用作清洗、饮用、栽种等；

（3）幼儿能指出水来自雨水或水塘等。

3. 对行为目标的评价

行为目标是课程目标科学化的一个重要里程碑，它的主要贡献是：克服了以往课程目标的模糊性和不确定性，使目标的表述具有精确性、具体性、可操作性，提高了对教育活动的影响力。当教师以行为目标作为导向时，首先，教师对教学任务更为明确，对教学过程的把握比较清晰，一定程度上提高了教学的有效性；其次，行为目标的精确和具体便于教育评价的进行，因为它是以具体行为的方式呈现，所以很容易判断目标是否达成。理想的行为目标是与总的教育目的相匹配的，教育目的的价值能通过行为目标的达成而得以实现。

📅 案例 3-6

《幼儿园生命教育园本课程》中的中班"关爱生命：我们在长大"主题中的科学活动"我想这样种"的目标：

（1）知道大蒜可以有水培和土培两种种植方法；

（2）初步了解豆芽和大蒜的种植过程；

（3）能够表达和选择自己想要的种植方式。

其中目标（1）和目标（3）都属于行为目标，活动结束后都可以立竿见影的判断目标是否达成。

但是，由于行为目标具体而明确地表述了可以识别的要素，那些很难转化为行为的、一些不容易直接观察以及不是教育后"立竿见影"的内容就容易被忽略了。可以看出，有关基础知识和基本技能方面的目标采用行为目标比较有效，不仅指导性强，而且容易评估学习效果；而情感态度之类的目标，很难用外显的、可观察的行为来预先具体化，就难以用行为目标表述。

此外，行为目标为了有效地控制教育过程，它将目标层层分解，使之尽可能具体、精细，这样易把学习分解成各个独立的部分，使教师只见目标不见儿童，这对儿童的整体发展是不利的。

（二）生成性目标

1. 生成性目标的代表人物及基本含义

生成性目标是在教育过程中生成的课程目标。如果说，行为目标关注的是结果，那么生成性目标关注的则是过程。以生成性目标为取向的学者认为，教育是一个演进过程，课程目标反映的应是此过程的方向的性质，而不是此过程的某些阶段的或外部东西的性质。生成性目标反映的是前者，它反映的是儿童经验生长的内在要求，反映的是问题解决的过程及其结果。

生成性目标这一取向可以追溯到杜威。杜威提出"教育即生长"的命题，根据这一命题，教育目的就是促进儿童的生长。杜威明确反对把外在的目的强加于儿童，他认为，目的是在教育过程中内在地决定的，是教育经验的结果。

英国课程论专家斯坦豪斯在"过程模式"中，对生成性目标做了比较充分的诠释。由于目标模式存在的缺陷并由此而招致了太多的批评，斯坦豪斯放弃了"目标"一词，而借用彼得斯的"过程原则"（principles of procedure）表述他的生成性目标取向。他认为，教育主要包括"训练""教学"和"引导"三个过程，"训练"和"教学"可以用"行为目标"来陈述，而"引导"则不能用"行为目标"加以表达，因为"引导"的本质恰恰在于它的不可预测性。他特别指出，教育的本质是"引导"，即引导儿童进入知识之中的过程，教育成功的程度即是它所导致的儿童不可预期的行为结果增加的程度。

生成性目标取向在人本主义课程理论中发展到了极点。例如，人本主义心理学家罗杰斯认为，凡是可以教的东西，相对而言都是无用的，对人的行为基本上不会产生什么影响，而真正能够影响人的行为的知识，只能是自己发现并加以同化的知识。因此，课程要为儿童提供有助于个人自由发展的学习经验，应强调儿童个人的成长、个性的完善，而不是关注如何界定和测量课程本身。持生成性目标取向的人坚持"过程"这一类有些模糊的术语，而不采用比较可操作的方式界定目标，因为他们认为，如若他们这样做，就会破坏生成性目标取向的原本意图。

2. 生成性目标的表述

与行为目标关注的是活动的结果不同，生成性目标注重的是活动的过程。因此，生成性目标的本质是过程性，儿童可以对自己感兴趣的问题进行深入的探究，因而产生对结果的新的设计，"尝试……"是生成性目标较为典型的表达方式之一。但是，生成性目标在实践中是较难确定的，因为有时无论教师还是幼儿都不知道学习什么是最好或者最合适的。

3. 对生成性目标的评价

生成性目标取向追求的是"实践理性"，强调在儿童、教师与教育情境的交互作用过程中产生课程的目标。这体现了对儿童学习特点的尊重，因为只有在具体的教育情境中，儿童的学习动机才会被激发，由于被自己的活动目标所吸引，他会越来越深入地去探索、去发现。随着问题的解决和兴趣的满足，儿童会产生新的问题，进行新的探索。儿童真实的学习发生之际，就是教育引导儿童发展之时，因而基于生成性目标的课程有利于促进儿童有意义的学习和教师主动性的调动和发挥。

当课程不以事先规定的目标为中心，而要以过程为中心，教育活动要视具体的教育情境、儿童的表现为基础展开时，教师也从目标中解放出来，成为儿童行为的观察者、解读者、引导者；在儿童的主动性得到实现时，教师的主动性也得到了调动和发挥，教育不是机械刻板的，而是富有想象和创造空间的。

但是，生成性目标也受到了一些批评和质疑，批评者认为其在理论上是诱人的，但是在教育实践中却显得过分理想化了。因为在实践层面上这样做，对教师有相当高的要求，即不仅要求教师能够熟悉儿童身心发展的特征和各种可以运用的教育资源，而且需要有相当强的研究能力，还要愿意花费大量的时间和精力去做额外的计划和工作，这些对于教师而言，都是勉为其难的。此外，生成性目标取向的课程具体实施时也是有操作难度的，教室内众多的儿童各有特点与要求，一个教师很难在有限的时间里与所有的儿童对话并生成课程目标。

在西方国家，以生成性目标为取向的早期儿童教育课程和教育方案并不少见，这与早期儿童教育课程相对强调儿童发展有关联，特别是自20世纪以来，早期儿童教育课程的设计和实施出现了以儿童发展理论为其主要依据的倾向，强调儿童游戏，强调儿童主动的活动，强调活动的过程，强调儿童、教师和教育环境的交互作用，等等，更促使生成性目标取向在早期儿童教育课程中得以被采用。

例如美国，自20世纪六十年代发展以来，在全世界范围有数以千计的学前教育机构已经采用的High/Scope课程，只是列出了数十条关键经验作为教师在组织和实施教育过程的提示，而没有设置特定的课程目标，这样做的目的就在于把教师从对工作手册和工作程序表的服从中解脱出来，在教育过程中更好地发挥儿童和教师双方的主动性和积极性。

又如，另一个颇具影响力的、由凯米（Kamii, C.）和德弗里斯（DeVries, R.）建立的早期教育方案，以皮亚杰理论为其主要理论基础，在这个课程中，目标包括社会情感和认知两个方面。

（1）社会情感目标

①让儿童与成人保持一种非强制性的关系，逐渐增加自主性。

②要求儿童尊重他人的情感和权利，并开始与人合作。

③让儿童养成机敏和好奇，并主动地去满足好奇心，具有解决问题的自信能力，并能自信地表达自己的思想。

（2）认知目标

①让儿童提出种种想法和问题。

②让儿童把事物放在关系中去考虑，注意其相似性和差异性。[1]

在这一课程中，第一个认知目标被杜克沃斯（Duckworth, E.）称作是"了不起的主张"，因为这个目标与记住成人所要求的正确答案的目标是背道而驰的。第二个认知目标是第一个目标的必然结果，强调这个目标，旨在强调教师要有意识地鼓励儿童去建构知识，因为如果儿童能够将事物放在关系中加以考虑，那么运算就会发展，它将最终对其他方面的学习有用，而社会情感方面的三个目标能保证认知目标的顺利实现。

从上述两个有影响力的早期儿童教育课程中可以看到，课程目标并不是课程开发者和教师强加于儿童的东西，儿童有权利通过自己的自主活动，去学习他们认为值得学习的东西，在自己已有的水平上主动建构知识。从课程目标的取向上，两者都强调过程，相比较而言，后一种课程似乎与理想化的生成性目标取向更接近。

凯米和德弗里斯接受了皮亚杰对发展的基本观点，即"发展是基本的过程，而每一个学习成分仅仅作为整个发展的一个功能而出现，并不能作为说明发展的一个成分"[2]。以此作为开发课程的基本导向，凯米和德弗里斯制定的课程目标，不论是远期目标还是近期目标，其指向性都不十分特化。在凯米和德弗里斯看来，教育的目的不是去教儿童特定的任务，也不是去推动儿童向下一个阶段发展，因此每一个活动也无须一定要有特化的目标和特别的材料，每一个儿童都有可能在活动过程中获取与自己发展水平相适合的经验。

凯米和德弗里斯的课程受到了与一般生成性目标取向的课程所受到的同样的批评。德弗里斯后来在反思这一问题时，也不得不承认，尽管这些目标都很有价值，但是，由于它们太一般化了，以致使它们与儿童的建构活动缺少了内在联系，也使它们对教师的行为缺乏导向作用。

（三）表现性目标

1. 表现性目标的代表人物及基本含义

表现性目标是由美国课程论专家艾斯纳（E. W. Eisner）提出的一种目标取向，流行于20世纪80年代之后的课程领域。这种目标取向的提出，与艾斯纳受其所从事的艺术教育的启发有关。艾斯纳在他的研究中发现，在艺术领域里预定的行为目标不适用，因此提出了表现性目标作为补充。

艾斯纳认为，在编制课程时，存在有两种不同的教育目标，它们是教学性目标（instructional objectives）和表现性目标。教学性目标是课程中预先规定好的，规定儿童在学习活动结束后所应该习得的知识、技能等，它适合于表述文化中已有的规范和技能，它通常对于大部分儿童而言是共同的。表现性目标与教学性目标不同，它强调的是个性化，目标指向的是培养儿童的创造性。它适合于表述复杂的智力活动，已有的技能和理解是这种活动得以进行的条件。表现性目标追求的不是儿童反应的同质性，而是儿童反应的多元性。

---

[1] Kamii, C. & DeVries, R. *Physical Knowledge in Preschool Education: Implication of Piaget's* Theory［M］. NJ: Prentice-Hall, Inc., 1978: 40.

[2] 皮亚杰. 皮亚杰教育论著选［M］. 卢濬选，译. 北京：人民教育出版社，1990：19.

艾斯纳提出表现性目标这一概念，其用意并非在于替代教学性目标，而在于完善教学性目标。艾斯纳认为，如果教师希望儿童富有想象力地运用技能和观点，希望儿童能建立某种完全属于自己的行式或观点，那么表现性目标极为合适，而表现性目标是以表现技能为基础的。艾斯纳说："表现不仅仅是感情的发泄，而是感情、意象与观点转化成某种材料的表达，一旦转化了，这一材料就成为表达的媒介。在此种转化中，技能是必需的，因为没有了此种技能，转化就不会发生。"[1]艾斯纳在阐述教学性目标和表现性目标的关系时指出，教学性目标针对的是表现所必需的某种技能的发展，这些技能一旦得到，便可用于表现活动之中。表现性目标则是鼓励儿童运用已有的技能，拓展并探索自己的观点、意象和情感。

由此可见，表现性目标是指每一个儿童在具体教育情境的各种相互作用中所产生的个性化表现。表现性目标多用于艺术领域中，不规定儿童在完成学习活动后应该获得的行为，它强调的是个性化，指向每一个儿童在教育情境的种种"际遇"中所产生的个性化表现及反应的多元性。

2.表现性目标的表述

表现性目标追求的不是儿童反应的同质性，而是反应的多元性。表现性目标比较适合表述中远期目标，也可以表述难以用行为来表述的情感态度类目标。

案例 3-7

"参观动物园并讨论那儿有趣的事情。"

"观赏花，谈谈自己的发现。"

"听《七个小矮人》的故事，谈谈自己的感受，并用自己喜欢的方式表达对故事的感受。"

"知道水的通途和重要性，能节约用水。"

"适应幼儿园的团体生活，情绪稳定、愉快。"

上述这些表述都属表现性目标。表现性目标对儿童活动及结果是一种鉴赏式的评价，它不同于行为目标，无法追求结果与预期目标的一一对应关系。

3.对表现性目标的评价

表现性目标本质上是对"解放理性"的追求，强调儿童的个性发展和创造性表现，尊重个性差异，指向人的自由与解放。这种目标取向与当代人本主义的教育价值观是相契合的，它具有唤起性和激发性、开放性和生成性、个体性和多元性、主体性和创造性等特点。

但是，目前在幼儿园教育实践中，与生成性目标一样，如何确定和实现表现性目标依然是一个难题，主要原因在于教师长期以来习惯于运用行为目标模式设计幼儿园课程，同时中小学传统应试教育也在一定程度上制约着广大幼教工作者自身创造性的发挥。

（四）课程的各种目标取向在幼儿园课程中的互补

各种课程目标取向各有其长处，也各有其短处，每种目标取向都有其存在的价值，他们是相互补充和联系的。应该说，从行为目标取向发展到生成性目标取向，再发展到表现性目标取向，体现了课程发展对人的主体价值和个性解放的追求，反映了时代精神的发展方向。但是，这并不是说，后者可以取代前者，每一种目标取向都有其存在的价值。在幼儿园课程的编制中，应兼容并蓄各种课程目标取向，以每种课程目标取向的长处，弥补他种课程目标取向的短处，为达成学前教育的目的服务。

行为目标具体、明确，便于操作和评价，在幼儿园课程中，某些知识和技能的传授，行为习惯的训练，可以运用行为目标的方式表述课程目标，以期望通过课程的实施，全体儿童或大部分儿童都能够发

---

[1]　艾斯纳.儿童的知觉与视觉的发展［M］.孙宏，等译.长沙：湖南美术出版社，1994：150.

生行为目标所规定的行为变化。应该看到，对于一些非高智能性的认知活动、一些文化传递性质的活动及一些养成性的习惯等，采用行为目标取向编制课程，往往能收到较为直接的、理想的效果。

要注意的是，生成性目标或表现性目标创导者也并不主张完全取消行为目标，或者说都注意吸收行为目标中的合理成分，只是他们认为行为目标只能指向人的较低层面的教育要求，而不能反映高层次的教育要求。

斯坦豪斯创导的生成性目标取向和艾斯纳创导的表现性目标取向都反对行为目标取向把人作为物而将课程目标技术化的倾向，而以人的自主发展和个性化发展作为课程目标取向的根本。由于这些高层次目标具有不可预测性和不可控制性，因此这两种目标取向在目标的表述方面都采用了开放的形式，即一切依据儿童、教师和具体教育情境而确定，而不设统一的标准。

但是，斯坦豪斯的生成性目标取向与艾斯纳表现性目标取向也存在明显的区别。如果说，生成性目标的本质是对"实践理性"的追求，把课程看作是一种动态生成的师生互动过程的话，那么，表现性目标本质上是对"解放理性"的追求，把课程看成为儿童个性发展和创造性表现的过程。基于这两种不甚相同的教育价值观，斯坦豪斯以课程实践为出发点提出课程的价值取向，甚至提出以"过程原则"替代"目标"这样的词汇；而艾斯纳则从课程评价为出发点提出课程的价值取向，沿用了"目标"一词，以利于课程评价的可操作性。

三、幼儿园课程目标制定的原则[1]

课程目标在整个教育教学过程中起着导向作用，因此课程设计的第一步也是非常关键的一步，就是确定课程目标。幼儿园课程目标直接影响幼儿园活动的开展、幼儿园教师对幼儿教育与引导以及孩子在一定目标的教育引导下获得的发展。为了更科学有效地制定出幼儿园课程的目标，课程编制者要遵循幼儿园课程目标制定的原则。

（一）全面性与整体性的原则

幼儿园的教育任务是：对幼儿实施德、智、体、美诸方面全面发展的教育，促进其和谐发展。全面发展的教育，首先就应体现在全面发展的课程目标上。所以在制定幼儿园课程目标时首先应遵循的一个原则就是全面性与整体性这一原则。

这一原则要求设计者在制定课程目标时，一定要做到课程目标的涵盖面尽量周全，应指向幼儿的全面发展。这里全面发展的含义，一是指：幼儿园课程目标应包括德、智、体、美各个方面的发展目标；另一方面是指：德、智、体、美的每一方面都要尽量涉及情感态度、认知、动作技能等方面的培养、形成与发展，甚至具体到某些教育活动课程领域还要考虑到每一领域的各个涵盖面。这也意味着最终制定出的课程目标具有全面性与整体性的特点。

例如，在制定幼儿园课程总目标中，我国明确地从德、智、体、美几个方面提出了对幼儿全面发展的规格要求。又如，从新的《幼儿园教育指导纲要（试行）》中的幼儿科学教育目标的表述中，我们可以看出：一方面科学教育的目标是从培养幼儿探索科学的兴趣与态度、形成一定的科学经验及探索与表达的方法、技能与能力等多方面提出的；另一方面考虑到过去幼儿园进行的数学教育活动课程已纳入科学教育领域中，而数学又是科学教育中最为基础而重要的课程内容，因此，基于上述全面而整体的考虑，在科学教育目标中特别列出了"能从生活和游戏中感受事物的数量关系并体验到数学的重要和有趣"这一目标，由此可见，在制定幼儿科学教育目标时，制定者充分考虑到了目标制定的全面性与整体性的原则。

（二）连续性与一致性的原则

幼儿园课程总目标要靠各个层次目标的层层落实最终才能得以实现，所以在制定课程目标时，应遵

---

[1] 张玉梅，周素珍.详论幼儿园课程目标制定的原则［J］、内蒙古师范大学学报（教育科学版），2006，10.

循课程目标制定的连续性与一致性的原则。

所谓目标的连续性与一致性是指：第一，各年龄阶段的目标要相互衔接，体现心理发展的渐进性与连续性；第二，下层目标与上层目标之间，局部目标与整体目标之间要协调一致，每层目标都应该是上一层目标的具体化，这样以保证通过每一层、每个阶段及每一个具体教育活动目标的实现从而最终实现总的大目标或长远宏观的目标。这一原则的实质就是要求制定课程目标者要防止目标之间的脱节现象，确保总目标得到科学而准确地落实。

例如，在制定"幼儿园健康教育的年龄阶段目标"时，我们既要考虑到健康领域总目标的整体要求，又要考虑到小、中、大班幼儿的心理发展水平的渐进性特点，从而制定出的不同年龄阶段的目标；既要体现出不同层次目标之间的相互协调一致性，又要体现出各年龄阶段目标要求之间的渐进性与连续性。

（三）可行性与可接受性的原则

教育者所从事的一切教育活动都是为了现实生活当中的每一个孩子的健康成长与发展而进行的。而每一个孩子又生活在不同的地区、不同的环境下，每一个孩子又有其自身发展的特点，因此，我们在制定幼儿园课程目标的过程中，一定要考虑到现实的多方面的具体情况，从实际出发来制定幼儿园的课程目标，从而使我们制定出的目标具有可行性与可接受性。

所谓"可行性与可接受性"的原则的内涵应是：第一，幼儿园课程目标的制定应考虑到本国或本地区、本幼儿园、本班幼儿的实际，所制定的目标应该是通过各方面教育者的努力最终引导幼儿能够达到的目标，这样保证目标的实现具有可行性；第二，目标的制定要考虑到幼儿的可接受能力，其中高层次课程目标的制定，要以我国3—6岁幼儿身心发展的一般特点为依据，而对于低层次或单元与具体活动目标的制定，设计者应根据所在幼儿园的幼儿或自己所带班级的幼儿实际发展水平出发来考虑目标的确定，这样一来，使课程目标具有可接受性，即：目标锁定在幼儿的"最近发展区"内，进一步说：就是要使课程目标要求既不低于幼儿已有的发展水平，又不是高不可攀，课程目标是经过教师、家长的帮助与引导，经过幼儿自身的努力完全可以达到的目标。

例如，在我国《幼儿园教育指导纲要（试行）》中的第三部分组织与实施中的第三条明确提出："教育活动的组织与实施过程是教师创造性地开展工作的过程。教师要根据纲要，从本地、本园的条件出发，结合本班幼儿的实际情况，制定切实可行的工作计划并灵活地执行。"这一特别的提示足以说明：我国在制定幼儿园课程目标时已充分考虑到我国不同地区、不同幼儿园的条件及不同班级幼儿的实际情况，在目标制定中及组织与实施中充分考虑到了目标的可行性与可接受性这一问题。

（四）社会性与时代性的原则

教育是一种社会现象，是一种培养人的活动。不同国家、不同时代的教育都必然要反映出那个社会、那个时代政治、经济、文化等方面发展变化对教育的要求、对人才规格的要求。基于教育的这样一个特点，我们在制定幼儿园课程目标时，要关注社会的发展，预测未来社会的发展变化，并在目标的确定中充分反映社会与时代对人才素质培养的一般要求。

《幼儿园教育指导纲要（试行）》指出，"幼儿园教育是基础教育的重要组成部分，是我国学校教育和终身教育的奠基阶段"，那么，我们在制定幼儿园课程目标时就要关注社会与时代的发展变迁，面对当今社会的发展及预测未来社会发展对人才的规格所需，在充分考虑到社会与时代对人才所需的基础上，根据幼儿园教育的性质、根据全面发展的教育理念以及幼儿身心发展的特点与水平等制定出吻合社会与时代要求的、幼儿可接受的课程目标。

时代的发展变化势必影响对人才的素质要求，进而要求我们的教育目标及课程目标进行相应的变化与调整。未来社会的发展与巨变，使每个人都要生活在一个富于挑战、多变的世界中，每个年轻人都要有面向世界、面向未来的眼界、胸怀与素质，要有自信心、责任感，要具备善于捕捉信息、获取信息、处理信息和创造信息的意识与能力，要有自主、开拓、创新和应变能力，有合作、竞争的精神及具备处理人际关系和组织协调的能力等。面对时代的发展与变迁，联合国教科文组织也提出教育要培养学生四种基本学习能力——学知、学做、学会共同生活和学会发展。为此，根据社会发展对人才规格所需，我国在制定幼儿园课程目标时，充分考虑到了社会与时代变化对人才素质的要求，在目标的表述中充分反映了培养幼儿责任感、创新能力、应变能力、处理人际关系和组织协调的能力、有合作精神等方面的素质要求。

例如，在"社会"领域目标中提出："能主动地参与各项活动，有自信心""乐意与人交往，学习互助、合作和分享，有同情心""能努力做好力所能及的事，不怕困难，有初步的责任感"。在"艺术"这一领域的要求中也提出："……尊重每个幼儿的想法和创造，肯定和接纳他们独特的审美感受和表现方式，分享他们创造的快乐。"这些目标与要求的提出，充分反映了社会与时代对人才素质的规格要求。幼儿园课程目标只有突出这些基本素质的培养，才能使幼儿将来真正适应未来社会的需要。

（五）缺失优先与长善救失的原则

幼儿园课程的总目标与课程各领域目标为幼儿园具体教育活动的开展指明了方向，课程总目标与课程各领域目标是幼儿园教育的理想目标，理想目标的实现一方面需要设计者通过设计越来越具体的下级目标加以落实，另一方面在设计下级层次的目标中，特别是在确立单元课程目标和具体活动目标中，设计者还要考虑现实生活中幼儿个体发展状况与理想目标要求之间的差距，尤其每个幼儿园在设计单元目标与具体活动目标时，要善于分析本幼儿园及本班幼儿在素质发展上的优势方面与相对发展薄弱的方面，对那些发展相对落后的方面给予高度重视，考虑在教育活动中进行补偿性的教育，这也就是说，在制定操作性强的目标中，应把那些总目标中要求的、而幼儿在此方面发展距离理想目标要求差距大的作为教育活动中重点要达到的目标，这也意味着要"缺失优先""长善救失"，以保障幼儿全面发展或幼儿各方面素质都得到发展与有效提高。

例如，在我国《幼儿园教育指导纲要（试行）》中的第三部分组织与实施中的第四条明确提出："教育活动目标要以《幼儿园工作规程》和本《纲要》所提出的各领域目标为指导，结合本班幼儿的发展水平、经验和需要来确定。"这一特别提示可以说明：我国在制定幼儿园教育目标时，已考虑到不同幼儿园、不同班级幼儿在各方面发展上的实际差异。《纲要》要求我们教育者要根据幼儿实际水平、根据幼儿身心全面发展的需要来有针对性地提出目标要求，而哪些方面是需要幼儿发展的？或需要优先发展什么？这需要我们仔细分析与全面衡量。对于幼儿那些发展相对落后的、甚至发展严重不足的方面，就更应该是急"需要"发展的，也就是在确立幼儿园具体教育活动目标时着重要优先考虑的发展目标，这样考虑的原因是：如果幼儿发展上的不足点没有引起我们足够的重视，而只是关注在幼儿的优势点上的再发展，最终只能造成幼儿的片面发展。

（六）辩证统一性的原则

在制定幼儿园课程目标的过程中（特别是制定高层次课程目标时），课程编制者通常要考虑多方面的因素，如，考虑社会的发展对人才的素质的规格要求、考虑幼儿身心发展的水平与需要、考虑各学科领域之间的关系等，要把这些多方面的因素统一在一起，经过多方面的分析与权衡从而最终确定出幼儿园课程的目标要求。在权衡过程中有时会遇到矛盾与冲突的问题，比如：应该更多从社会角度考虑目标的制定还是要多从幼儿的角度来考虑目标的制定？侧重社会要求还是优先考虑幼儿的发展？这时我们就需要从辩证统一的角度来考虑目标的确立问题。就这一问题而言，我们应该明确的一点是：社会的发展和人的自身的发展是辩证统一的，我们要确立的目标完全可以在这种辩证统一的关系中找到最恰当的表达方式，那就是：根据幼儿发展的可能性，降低社会要求的难度，这样提出的教育目标既做到了二者兼顾，又能保证所提出的目标要求得以实现。如，社会要求每个公民要有社会责任感，幼儿虽然不具有承担社会重大责任的能力，但我们提出"能努力做好力所能及的事，不怕困难，有初步的责任感"这一目标要求，是幼儿在教育影响下完全可以达到的目标。

其实在国家制定宏观的幼儿园课程目标时要辩证统一处理好各方面的要求及各方面的因素，所以我们幼儿园在制定具体活动目标时也要辩证统一的处理好具体目标之间的关系，如，在活动中，我们既要求幼儿"独立",又要求幼儿"交流""合作"与"互助";既要求"谦让",也要幼儿知道"维护自己的权利"等,这些充满辩证性的目标要求既是社会的要求,又是幼儿发展所需,同时也是"科学""社会"等知识教育领域活动中要求幼儿所要达到的目标要求。"辩证统一性的原则"就是要求设计者在制定幼儿园课程目标时,以辩证统一的观点处理好各方面要求与各方面因素的关系。

总之,教育是有目的、有计划的行为,幼儿园课程目标的制定关系到幼儿园课程内容、课程组织方式和教学策略的选择,关系到课程评价的标准以及幼儿是否能得到身心全面发展的问题,为此,我们在制定幼儿园课程目标时,不可随心所欲,要考虑多方面的因素,要依据科学的原则和方法确定出科学的课程目标。

本章小结

本章主要围绕幼儿园课程目标探讨了以下问题:① 幼儿园课程目标的概念和功能;② 幼儿园课程目标的体系、层次和机构;③ 幼儿园课程目标的制定。

幼儿园课程目标在学前教育目的与幼儿园课程之间起了衔接作用,使学前教育的特定价值观能在课程中得以体现。课程目标与教育目的、教育目标是有内在联系的,从教育目的到教育目标再到课程目标,是一个从宏观到中观再到微观,从概括到具体的过程。在教育系统中,教育目的、教育目标、课程目标、教学目标等构成了一个有机的整体。

课程目标总是体现着一定的立场,对儿童发展、社会需求和知识的性质以及这三者之间关系的不同理解,使课程目标存在不同的价值取向。在幼儿园课程中,较为常见的目标取向有行为目标、生成性目标和表现性目标。

幼儿园课程体系主要有两种:以学习内容领域为结构框架的目标体系和以儿童发展领域为结构框架的目标体系。幼儿园课程目标的层次指其纵向结构,可从上到下分为四个层次,即幼儿园课程总目标、年龄阶段目标、单元目标、具体教育活动目标。幼儿园课程目标的结构是对课程目标体系的横向分析,参照布鲁姆对教育目标的分类,将幼儿园课程目标分为认知、情感、动作技能三大领域。

幼儿园课程目标的制定要遵循全面性与整体性、连续性与一致性、可行性与可接受性、社会性与时代性、缺失优先与长善救失以及辩证统一性的原则。

思考

1. 什么是课程目标?它和教育目的、培养目标和活动目标之间各自有什么关系?
2. 幼儿园课程目标的来源和依据是什么?
3. 幼儿园课程目标的取向有哪些?如何评价不同的目标取向?

提示

项目实训

A学生撰写的小班语言活动"谁咬了我的大饼"目标如下:
感受故事内容的诙谐,并能理解故事内容。
能通过倾听故事、看图、游戏等形式匹配动物嘴型与牙印。
尝试模仿故事中的对话。
请撰写你的小班语言活动"谁咬了我的大饼"的目标,并与A同学的目标进行比较。

你撰写的活动目标：

对比分析：

项目支持　可从目标的取向、目标的维度、目标的表述等方面进行分析。

第四章
幼儿园课程内容的选择和组织

学习目标

1. 了解幼儿园课程内容的概念，理解幼儿园课程内容选择的范围。
2. 掌握幼儿园课程内容选择的原则，并能分析幼儿园课程内容选择的实际案例。
3. 理解幼儿园课程内容组织的方式，掌握幼儿园课程内容的组织原则。

思政目标：做到理论联系实际，在幼儿园课程内容选择中能体现地方特色，彰显本土文化。

知识框架

```
                                    幼儿园课程内容概述 ──┬── 1.幼儿园课程内容的概念
                                                      └── 2.幼儿园课程内容的范围

幼儿园课程内容 ───── 幼儿园课程内容的选择 ──┬── 1.幼儿园课程内容选择的原则
的选择与组织                              └── 2.幼儿园课程选择中容易出现的问题

                                    幼儿园课程内容的组织 ──┬── 1.幼儿园课程内容组织的含义
                                                        ├── 2.幼儿园课程内容组织的方式
                                                        └── 3.幼儿园课程内容组织的原则
```

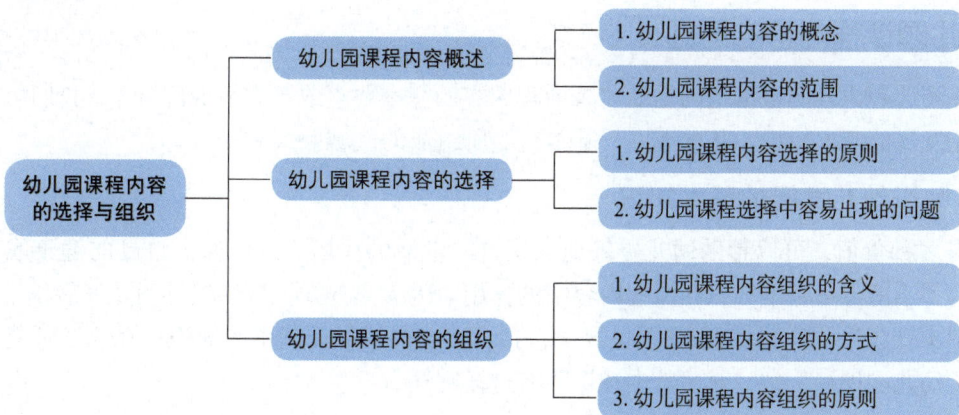

幼儿园课程内容是实现幼儿园课程目标的手段，课程内容必须为实现课程目标服务，课程目标指导着课程内容的选择与组织。对于教师和幼儿而言，主要解决的分别是"教什么"和"学什么"的问题，这个问题可以说是课程设计中的关键。课程内容的选择始终被认为是课程设计中的一个难点，幼儿园课程内容与幼儿园课程目标相符合的程度，是与幼儿园课程设计者所持有的价值取向能否被实现有着直接联系的。

情境导入

在一次幼儿园班本课程审议中，甲老师汇报她们班计划开展"无人机"课程。理由是，甲老师个人特别喜欢无人机，而且她觉得现在无人机在社会上很多领域都有用到，小朋友们能通过无人机的课程学到很多内容。

你赞成甲老师的"无人机"课程计划吗？幼儿园课程编制的出发点是什么？应该如何编制幼儿园课程？

第一节　幼儿园课程内容概述

一、幼儿园课程内容的概念

对幼儿园课程内容的理解取决于怎样理解课程，第一章我们提出，幼儿园课程是实现幼儿园教育目的的手段，是帮助幼儿获得有益的学习经验，促进其身心全面和谐发展的各种活动的总和。从这一课程定义出发，我们认为，幼儿园课程内容是指依照幼儿园课程目标选定的、通过一定的形式表现和组织的基本知识、基本态度、基本行为。[1]

在理解幼儿园课程内容的概念中，我们需要把握以下三点：

第一，幼儿园课程内容是实现幼儿园课程目标的手段。幼儿园课程内容与幼儿园课程目标紧密相连，课程目标指导着课程内容的选择与组织，课程内容必须为实现课程目标服务。

第二，幼儿园课程内容应包括基本知识、基本态度、基本行为三个方面，这既是对幼儿园课程内容在价值上所作的判断，又是对幼儿认知心理结构认识的结果。无论认为幼儿园课程内容是教材、学习活动或者学习经验，确定幼儿园课程内容时应全盘考虑取其长处。同时，从幼儿的认知心理结构看，认知过程包含情感、认知、动作技能几个方面，撇开任何一个方面都不利于幼儿的发展。因此，幼儿园课程内容必须涵盖知识、态度、行为三个方面。

第三，幼儿园课程内容应具有系统性与组织性。幼儿园课程的内容不是分散、堆积、支离破碎的，而是应相互联系、有机组织、协调有序的，只有具有系统性与组织性的课程内容才能保证幼儿获得全面发展。

二、幼儿园课程内容的范围

所谓幼儿园课程内容的范围指的是幼儿园课程内容的基本要素或基本组成部分。[2]我们可以将此理解为有助于幼儿发展的基本知识、基本态度、基本行为所组成的区域。

（一）有助于幼儿发展的基本知识

知识具有多种价值，可以帮助幼儿更好地认识自己生活的环境，进而保证自己的健康成长。在任何情况下，我们都不能忽略基本知识在课程内容中的作用，因为离开知识奢谈促进幼儿发展是毫无意义的。

所谓"基本知识"，指的是关于周围世界（包括自己）的浅显而基本的知识。在北京师范大学冯晓霞教授所著的《幼儿园课程》中，对"基本知识"有这样阐述：

生命活动必需的知识，如与幼儿的健康、安全有关的知识。

有利于幼儿解决基本的生活、交往问题的知识，如基本的社会行为规则、规则的意义等。

帮助幼儿认识自己生活环境的知识，如自然和社会环境中常见事物的名称、属性、幼儿能理解的事物之间的关联等。

为今后学习系统的学科知识打基础的知识，如基本的数、量、形、时间、空间概念等。

为成长为未来社会的高素质公民奠基的知识，如简单的环保知识等。

要注意的是，在对待基本知识的时候，不能走向两个极端：① 过分注重知识。其主要表现是强调死记硬背的知识，由成人规定幼儿必须接受的东西，而不一定是幼儿需要的和感兴趣的东西，强行灌输幼儿不需要也不能理解的知识。这样的知识尽管幼儿也能鹦鹉学舌地背下来，但往往因为缺乏理解，无法

---

[1]　虞永平.学前课程价值论［M］.南京：江苏教育出版社，2002：196.
[2]　冯晓霞.幼儿园课程［M］.北京：北京师范大学出版社，2000：50.

应用，或者很快就会忘记。这种知识不仅不具有促进幼儿发展的意义，还会给幼儿带来很大的学习压力，降低幼儿学习的兴趣，甚至造成自信心的丧失。② 忽略必要的知识学习。其主要表现是选择课程内容完全基于幼儿的兴趣，既不考虑幼儿应该学习哪些知识，也不考虑怎样帮助幼儿整理、扩充、提升其自然的、零散的日常经验，从而使之概括化、系统化。

思政引航

2024年7月，党的二十届三中全会通过的《中共中央关于进一步全面深化改革、推进中国式现代化的决定》中提出"必须增强文化自信，发展社会主义先进文化，弘扬革命文化，传承中华优秀传统文化，加快适应信息技术迅猛发展新形势，培育形成规模宏大的优秀文化人才队伍，激发全民族文化创新创造活力。"

请思考：分析中国传统节日融入幼儿园课程的价值。

（二）有助于幼儿发展的基本态度

这里的态度指的是对人、对事、对己的一种倾向性，它构成行为的动机，影响人的行为。态度不是"教"出来的，是伴随着活动过程而产生的体验，它的形成是潜移默化的结果，更多属于隐形课程。但是，这不等于说课程无法对幼儿的态度倾向施加影响，我们可以依据研究揭示的教育规律，选择有趣而适当的内容，将基本态度的相关内容贯穿于幼儿园的课程内容之中。

所谓"基本态度"，可以理解为人作为一个社会成员所应该具有的心理品质，如基本的情感和个性品质方面的内容。幼儿阶段应着重培养幼儿的兴趣、自我价值感、责任感、归属感、关心、友好、尊重、同情等基本态度。

在培养幼儿基本态度的过程中，应注意态度形成的基本途径。心理学的有关研究表明，态度一般可以通过以下三种途径形成：① 环境的同化作用。周围人对某事的评价会不知不觉影响幼儿，使他/她也持有同样的观点。例如，某幼儿教师组织幼儿进行"沙池寻宝"的活动，可可坚持不参与，她说进入沙池会弄脏衣服。教师和家长沟通后发现，可可的妈妈经常会叮嘱女儿，不能玩沙、玩泥土等，要注意卫生，不能把衣服弄脏，久而久之，使可可也持有同样的观点。② 经验的情绪效应。对使自己体验到愉快、满意的事物会形成积极的态度，如喜好；对使自己感到痛苦的事物则形成相反的态度，如厌烦。例如，对于自信心来说，成功感是关键性的情感体验。③ 理智分析。当人们认识到并真正理解了某种事物或特定行为的真正含义时，会根据这种认识对它们形成"好"或"恶"的态度。

案例 4-1

幼儿认为自己吃得很干净，所以不愿意饭后漱口。基于此，某幼儿园一名老师与幼儿一起做小实验，用杯子接小朋友的漱口水，另外几个杯子盛清水，分别贴上标签，让幼儿去观察这两种不同的水。

一开始，幼儿观察发现两者区别不是很大，隔几天后发现有漱口水的杯子里很脏……，当孩子们发现了这一现象以后，该幼儿教师请幼儿园医生为幼儿解释这种现象。

慢慢地，老师发现孩子们能够自觉坚持饭后漱口了！

【案例分析】

案例中教师的目的是改变孩子对饭后漱口的态度，使他们愿意漱口。教师主要通过让幼儿认识到并真正理解饭后漱口对自我身体健康的实际含义，来形成对饭后漱口的良好意愿。这实际上就是采用了理智分析的方法来帮助幼儿发展基本态度，很明显其课程内容属于有助于幼儿发展基本态度这一方面。

（三）有助于幼儿发展的基本行为

行为是指受思想支配而表现出来的活动，人无时无刻不在活动，活动是人存在的形式，也是人发展的方式。

所谓"基本行为"，指的是关于基本活动方式方法的知识和经验，即所谓"做"的知识，或程序性知识。

幼儿日常生活中的活动很多，如自我服务、身体锻炼、游戏、观察、交流、探索等。每一种活动都包含一些基本的方式方法、技能技巧，如社会交往的技能、语用技能、解决问题的技能等。因此，掌握基本的活动方式、方法，自然有利于幼儿的日常生活顺利进行。

游戏是幼儿园的基本活动，游戏最符合幼儿身心发展的特点，能满足幼儿的需要，能有效促进幼儿发展，具有其他活动不能替代的教育价值。通过游戏，幼儿习得相应的活动方式、方法。

📅 案例 4-2 [1]

小雪希望加入"过家家"的游戏。她提出"让我和你们一起玩"的请求，但被以"人够了"的理由拒绝了。之后，她又几次提出这样的请求，甚至说"求求你们了，让我参加吧，让我干什么都可以"，但仍然无效。这时，一个男孩走过来，用手做敲门状，嘴里同时发出"咚咚"声。"谁呀？""我，煤气公司的！公司让我来检查一下你们的煤气灶有没有问题！""啊！师傅，快请进来吧！"……男孩顺利地参加到游戏小组中去了。教师把这一切都看在眼里。她让小雪讲一讲男孩采用的办法，启发她也想一想别人难以拒绝的方式。后来，小雪以送生日礼物的"朋友"的身份加入了游戏。受到这件事的启发，教师还专门组织了一些在交往技能方面需要帮助的小朋友，请男孩、小雪和他们一起讨论怎样参加到别人的活动中。

从上面这个例子中可以看出，幼儿在游戏中掌握了基本的活动方式和方法，由此，我们也受到这样的启发：可以在一日生活中，随时抓住教育的时机，指导幼儿的学习。

第二节 幼儿园课程内容的选择

幼儿园课程内容具有很大的自主选择性，目前我国根据《幼儿园教育指导纲要（试行）》编写的教材琳琅满目，幼儿园应该根据本园的需要自主选择。强调多元化和自主性选择并不等于随意性选择，课程内容是实现课程目标的手段，课程目标回答的是"是什么""为什么教"的问题，而课程内容则解决的是"教什么"的问题，它在教育理念与教育实践之间架起了一座桥梁。可以说，课程内容选择是整个课程要素的核心，直接影响教育教学效果和目标的达成。

从之前的论述中，我们了解了幼儿园课程内容的范围，然而如何从这些范围中选择具体的课程内容？什么内容是适宜的？这就需要明确课程内容选择的原则。

---

[1] 冯晓霞.幼儿园课程［M］.北京：北京师范大学出版社，2000：52—53.

一、幼儿园课程内容选择的原则

（一）目的性原则

所谓目的性，指的是选择的课程内容必须符合并有助于实现课程目标。因为课程内容是实现课程目标的手段，内容必须围绕目标来选择，否则将会偏离方向，造成课程的无效。也就是说，课程目标一旦确定，就要求选择与之相符的内容来保证它的实现。

按照这一原则，在选择课程内容时需要注意以下三点[1]。

1. 有目标意识

进行课程内容选择时，首先要思考选择这个内容是为了实现什么目标，基于此，对准备选择的内容可能包含的教育价值进行基本分析，衡量一下这项内容是否与目标有关联，是否还有关联更密切的内容等。

2. 正确理解目标与内容之间的关系

课程内容与目标并不是一一对应的关系，一项目标往往需要多项内容的学习才能达到，一项内容也可以达成多项目标。因此，在围绕某一个目标来选择课程内容时，应该考虑"有哪些内容可以实现这一目标，还存在哪些内容可以促进这一目标的实现"，例如：针对"能进行简单的分类"这一目标，就可以通过多种多样的内容逐渐达成，包括颜色的分类、动植物的分类、几何形状的分类等。同样，在选择某一内容时应考虑："这一内容还可以达到哪些目标？"例如，针对"幼儿园的树木"这一写生画活动，不仅可以发展幼儿的绘画表现能力，还有利于他们的观察能力，同时激发幼儿对幼儿园的情感。

因此，正确理解目标与内容之间的关系，会使课程中的学习变得有效、自然。

3. 考虑目标达成所需要的"关键学习经验"

针对一些没有内容与之直接相对应的目标，很难保证通过特定的内容实现这些目标。例如：培养幼儿的自信心，而自信心来源于多次的成功经验，我们无法通过"教"或"学"让幼儿获得这种经验，只能通过控制内容的难易程度，指导学习方法等，为幼儿创造获得成功经验的有利条件。

案例 4-3

生命教育园本课程内容的选择[2]

结合"乐生长、悦生活、爱生命"的总目标，"幼儿园生命教育园本课程"将内容的选定及主题预设确定为"幼儿的年龄特点""幼儿对生命的已有经验""幼儿对生命的问题和发现"以及"教师对幼儿的生命兴趣与需要的发现"（见图4-2-1）。

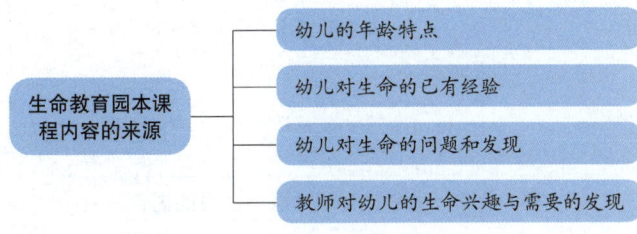

图4-2-1　生命教育园本课程内容的选择

（二）适宜性原则

适宜性原则指的是课程内容既要符合幼儿已有的发展水平，又能促进其进一步的发展，即难度水平

---

[1] 冯晓霞.幼儿园课程［M］.北京：北京师范大学出版社，2000：57—58.
[2] 罗紫琳.幼儿园生命教育园本课程建构的行动研究［D］.湖南师范大学，2021.

处在幼儿的"最近发展区"之内。

因此，了解幼儿是选择课程内容时遵循适宜性原则的关键，了解幼儿需要注意以下两点。

1. 掌握不同年龄阶段幼儿的一般特点

目前大量的学前心理学研究已经揭示了幼儿在认知、语言、社会性等方面的年龄特征和一般发展趋势，这为课程内容的选择提供了重要的心理学依据，对于我们深刻把握当前幼儿的年龄特点又是至关重要的。

2. 精心观察现实中的每一个幼儿，确保个体适宜性

由于每一个幼儿自身特点不一样，所处的环境不一样，幼儿与幼儿之间表现出很大的差异。只有精心观察每一个幼儿，针对不同幼儿的特点选择课程内容，才能确保课程内容的适宜性。

因此，了解本地区、本园、本班幼儿的一般发展和特殊需要，是选择适宜的课程内容所必需的前提。

案例 4-4

生命教育园本课程预设的内容[1]

"幼儿园生命教育园本课程"编制过程中，在"幼儿对生命问题的实录"中发现，小班幼儿对生命问题的兴趣主要集中在：对外部身体的关注、对性别之间的差异表现产生好奇；而在小班下学期，幼儿对生命的关注逐渐从自我转向他人。因而将小班上学期生命教育主题初步确立为生命与自我维度下的"认识生命：这就是我"，并预设了"我的身体""我的心情"两个基本内容；小班下学期生命教育主题初步确定为生命与他人维度下的"理解生命：我的家人朋友"，并预设"我爱家人""我会交朋友"两个基本内容（见图4-2-2）。

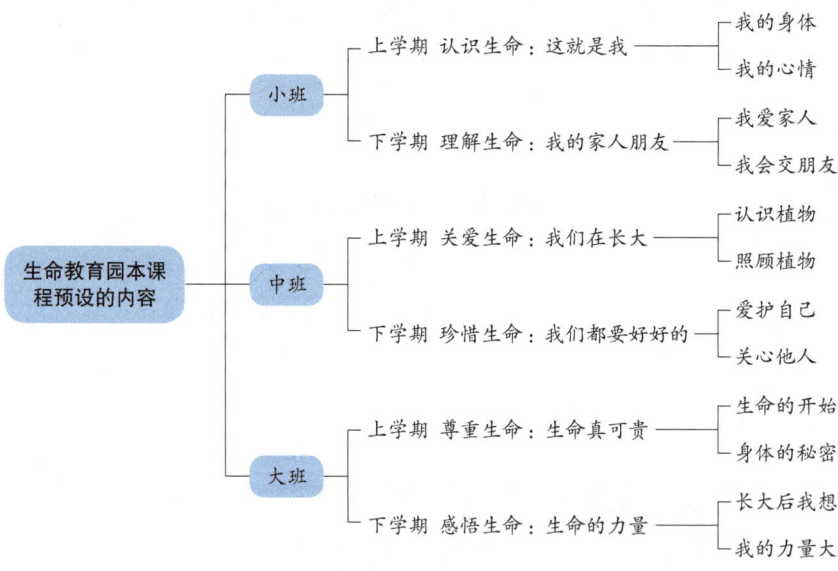

图4-2-2　生命教育园本课程预设的内容

（三）生活化原则

幼儿园课程内容是提供给3—6岁的幼儿学习的，幼儿学习不同于成人学习，最突出的特点就是无意学习、直接学习，对于幼儿来说，最有效的学习内容就是他们能直接感知的、具体形象的内容，而这种

---

[1] 罗紫琳.幼儿园生命教育园本课程建构的行动研究［D］.湖南师范大学，2021.

学习内容主要来源于幼儿周围的现实生活。

生活是幼儿获得直接经验的最理想的场所、最便捷的方式，选择的课程内容，与幼儿熟悉的现实生活越接近，越能引起幼儿的学习兴趣，学习效果就越好；如果脱离幼儿的生活经验，幼儿的学习就会事倍功半，《纲要》第三部分组织与实施也明确规定："教育活动内容的选择要贴近幼儿生活来选择幼儿感兴趣的事物和问题。"因此，幼儿园课程内容选择应充分体现生活性原则，让大自然、大社会成为幼儿的活教材，从贴近幼儿的生活中选择内容，具有直观性、情境性和活动性，使幼儿能够通过直接感知、操作和体验，进而在直接感知的基础上获得基本态度和基本行为方面的发展。

从贴近幼儿生活中选择内容，需要注意以下两点：

① 贴近幼儿生活并不是对幼儿生活简单的重复，不能等同于生活本身，而是要在生活中挖掘课程内容，让幼儿亲身感受，自然学习，然后再通过生活化的课程内容，帮助幼儿整理、提升经验，促使他们进一步发展，即"既来源于生活，又高于生活"。

② 不能对"贴近生活"作过于狭隘的理解。随着电脑、电视等大众传媒的普及，幼儿的经验获得不再局限于传统意义上的生活，如许多幼儿对早已绝迹的恐龙很感兴趣，因此教师可以带领幼儿探讨恐龙灭绝的原因，这同样可以看作是从幼儿的生活中发掘出来的有价值的课程内容。

案例 4-5

香香韭菜饼[1]

一个天气晴朗的餐后时间，我带着小朋友们进行餐后散步活动，走到了幼儿园的种植地，小朋友们对种植地产生了强烈的兴趣，一个个兴高采烈地讨论了起来，种植地里的蔬菜大家基本上都认识，有玉米、黄瓜、西红柿、茄子、山芋等，可是走到一片韭菜地时，小朋友发生了争执，佳佳说："这是韭菜。"乐乐说："这种的是葱！韭菜的叶子比这个大。"明明说："这是大蒜。"……大家都不确定这块地里究竟种了什么。于是，小朋友就去请教种植园的管理员伯伯，得知这里种的是韭菜，小朋友们都很惊讶，也很疑惑，韭菜和葱、大蒜究竟有什么不同？有的小朋友说："韭菜臭臭的，我不喜欢吃。"

正是因为这么一个餐后散步发生的争执，以及大部分孩子由于不喜欢韭菜的气味，而不吃韭菜。为了让孩子们了解韭菜、愿意吃韭菜，知道韭菜对身体的益处，韭菜蛋饼炊事活动应运而生。

炊事活动"韭菜蛋饼"的最终目标是通过洗、择、剪、搅拌等技能，融合观察、讨论等形式，学会制作韭菜蛋饼，了解韭菜蛋饼的营养价值。幼儿在自己洗菜、择菜、打蛋、制作面糊的劳动过程中，形成积极的情感和良好的合作精神。具体流程如下：

认识韭菜		菜场买菜		制作韭菜蛋饼		延伸活动
◆ 外形特征 ◆ 营养价值 ◆ 韭菜制品	→	◆ 挑选韭菜 ◆ 买韭菜	→	◆ 处理韭菜 ◆ 制作面糊 ◆ 品尝韭菜蛋饼	→	◆ 炊事成长日记 ◆ 点心店

（四）兴趣性原则

兴趣具有一种动机力量，是个体力求认识某种事物或从事某种活动的心理倾向，人们对感兴趣的事物总是愉快地、主动地探究它。孔子说的"知之者不如好之者，好之者不如乐之者"就是这个道理。现代心理学研究也充分证明了兴趣的高低会直接影响课程内容的学习效果。也可以说，遵循兴趣性原则是基于幼儿学习成效的一种考虑。如果幼儿的兴趣与我们所选择的内容相一致，兴趣就会大大促进内容的学习。

---

[1] 来源于苏州幼儿师范高等专科学校附属花朵幼儿园.

在选择课程内容的时候，要从幼儿感兴趣的事物中寻找富含教育价值的内容，可以说，幼儿感兴趣且富含教育价值的内容，自然就是课程的内容。[1]

课程内容的选择考虑幼儿的兴趣，要注意以下两点：

1. 关注幼儿兴趣，从幼儿感兴趣的事物中选择具有教育价值的课程内容

幼儿感兴趣的事物中，有很多蕴含着丰富的教育价值，教师要善于发现、分析，及时将它们纳入课程，例如：

教师注意到幼儿在区角"动物乐园"中喜欢根据绒毛玩具的外形、色彩等特征猜动物名，于是教师在设计教学活动"动物的尾巴"时，设计了教学环节：看尾巴猜动物。

2. 关注必要的课程内容，使之转化为幼儿的兴趣

有些课程内容幼儿不感兴趣，但是从幼儿长远的发展来看是有必要的，那么，就需要教师巧妙地引导，使之转化为幼儿的兴趣。

案例 4-6[2]

这段时间班上几个孩子对插枪特别感兴趣。只要有空，就立即跑进操作区用积塑粒插起来，对其他区域的材料，尤其是美工区用来折叠的纸张理也不理。投放这些纸张的主要目的，是希望孩子们在折纸的过程中潜移默化地获得有关几何图形的变化、组合、等分等数学方面的直接经验，这是积塑拼插所不能代替的。怎么办？老师苦思冥想，突然想到了一条妙计。下班后，她精心用纸折了一把手枪。

第二天，当那几个男孩子又在津津有味地用积塑材料插枪的时候，老师一下亮出了自己的"秘密武器"。

"啊！这么棒的枪！""老师！让我玩一会儿！""让我玩一会儿！""不行，我自己也要玩呀！""怎么办？"几个孩子的胃口被吊得高高的……"老师，你教我们做好不好？""好！可是有点难啊！""难点也没关系！"简直是异口同声！

于是，孩子们心甘情愿地来到了曾经不屑一顾的美工区，全神贯注地投入了折纸活动。

案例 4-7

有趣的玻璃窗

清明时节，雨水多，气压低，空气湿度大，幼儿园长廊的玻璃窗上经常泛潮。自由活动时，孩子们经常喜欢趴在窗边用手指在玻璃上画画。爱思考的辰辰好奇地问："为什么这几天玻璃窗上总是有水？""大概下小雨的时候，风把它吹进来的。"大家互相猜测着、争执着，"让我们一起去查找资料"。于是，孩子们纷纷从《知识百科》《十万个为什么》中寻找答案，回家向爸爸妈妈请教。

总而言之，贯彻兴趣性原则，要求教师做到"心中有目标，眼中有幼儿"，关注、分析幼儿的"表现"，与教育目标巧妙联系，着眼于幼儿的发展。

（五）基础性原则

幼儿园的课程内容应该立足于幼儿基础素质的全面发展，并为其一生的可持续发展奠定坚实的基础。

---

[1] 王春燕.幼儿园课程概论［M］.北京：高等教育出版社，2007：79.
[2] 冯晓霞.幼儿园课程［M］.北京：北京师范大学出版社，2000：61—62.

因此，幼儿园课程内容应该涉及人生发展最基本的问题。

判断所选内容是否具有"基础性"的参照标准可以看它是否与幼儿现在的生活、学习有直接关系；是否必须现在学，以后再学就失去了最佳时机；是否是文化或人类知识中的最基本成分，而且是今后学习所必需的基础；是否具有最大的应用性和迁移性等。[1]

二、幼儿园课程选择中容易出现的问题

（一）课程目标缺失

课程目标缺失突出表现在以下两个方面。

① 选择课程内容时，德、智、体、美诸方面不完全，偏重智育。我国20世纪80年代的幼儿园课程内容就偏重认知，非常注重学科知识的获得。与80年代相比，目前的幼儿园课程已经有了很大变化，认知内容已不占绝对优势。但是，目前许多幼儿园为了迎合家长"不让孩子输在起跑线上"的心理需求，经常选择读、写、算、英语、电脑等学科知识作为课程的主要内容，为了满足家长对外语、计算机、艺术等更精深的要求，甚至直接打出"双语"幼儿园、"艺术"幼儿园等招牌，以吸引家长，扩大生源。这种做法造成一部分目标缺失，使课程内容背离了课程目标的要求，从长远来看，并不利于幼儿发展。

② 课程选择具体各方面内容时，又偏重基本知识与技能的比重，较少有情感、态度方面的内容。知识与技能虽然有很强的工具价值，但情感、态度、习惯等对儿童的终身持续发展才具有更大的价值。从幼儿发展的规律来看，幼儿期是学习态度、习惯及良好个性的关键时期，正如陶行知先生所言："凡人生之态度、习惯、倾向，皆可在幼稚时代立一适当的基础，倘使培养得不好，那么习惯养成了就不易改，倾向定了不易移，态度决了不易变。"

为防止课程目标缺失，应注意以下两点：

① 在选择课程内容时，遵循目的性原则，从课程目标出发，全面选择课程内容。

② 将课程内容与课程目标进行比照，看看课程内容是否兼顾了课程目标，查漏补缺。

（二）课程内容超载

课程内容超载是我国当前幼儿园课程内容选择中的突出问题，表现有以下三种情况：

① 内容易、浅，没有构成对幼儿智力上的挑战，导致幼儿的学习是在重复自己已有的经验，没有适宜地提升和发展，容易造成幼儿对学习的"无聊感""枯燥乏味"，使幼儿失去学习的兴趣。

② 难度适中，容量过大，在有限时间不能保证有质量的完成，导致要么"走过程"，无法让幼儿真正的学习，要么使得幼儿沉重地"奔跑"，剥夺了他们应有的自由游戏和自主活动的时间，往往压得幼儿气喘吁吁。

③ 难度过大，超出幼儿可接受水平，导致幼儿学起来非常吃力，结果就是机械记忆，会严重挫伤幼儿学习的积极性，造成幼儿对学习的厌倦。

总之，量大质不优，是课程内容超载的突出问题，造成这种状况的原因有很多。其中，知识总量不断增加，新的学习领域不断涌现，是客观原因。然而，课程设计者在选择课程内容时，对内容适宜性的思考不足是主要原因。因此，课程设计者应该意识到，在课程发展的过程中，新内容的"吸收"是必要的，但要明确哪些内容的确是需要吸收，哪些可能安排在之后的教育阶段中更好。

为了防止课程内容超载，必须注意以下三点[2]：

① 课程内容的选择必须遵循适宜性原则。对课程内容融会贯通，在幼儿已有水平的基础上，对幼儿进行点拨，以利于幼儿完善经验、迁移经验。

② 掌握课程内容的整合技巧。整合课程内容，将各学科或各领域的内容融会贯通，在有限的时间里提高幼儿的学习效率。

[1]　冯晓霞.幼儿园课程［M］.北京：北京师范大学出版社，2000：58.

[2]　王春燕.幼儿园课程概论［M］.北京：高等教育出版社，2007：84.

③ 课程内容的增加要有听证制度。邀请课程专家、主管部门、幼儿园教师、家长等组成联席会议，对要增加的课程内容听证、表决，集中多方面的意见，为幼儿选择和设计更有益于他们健康成长的内容。

📁 政 策 窗

2024年11月，全国人民代表大会常务委员会审议通过了《中华人民共和国学前教育法》，其中明确规定："幼儿园不得采用小学化的教育方式，不得教授小学阶段的课程，防止保育和教育活动小学化。"

你觉得幼儿园教育的"小学化"主要表现在哪里方面？如何可以有效避免幼儿园教育的"小学化"？

（三）课程内容选择脱离幼儿生活和兴趣

课程内容选择脱离幼儿生活和兴趣，主要表现在以下两个方面：

① 按照成人的经验选择内容，不是幼儿的兴趣和需要所在。

② 课程的选择局限于各种版本的教材内容，与幼儿实际所处的生活环境存在差距。

生活性、兴趣性是幼儿园课程内容选择的重要原则，《纲要》明确指出教育活动"要贴近幼儿生活来选择幼儿感兴趣的事物和问题，有助于拓展幼儿的经验和视野"，要"寓教育于生活、游戏之中"，可见课程内容不能脱离幼儿的生活。幼儿园课程内容与现实生活越接近，越能引起幼儿的学习兴趣，越容易使学习内容与幼儿经验产生共鸣，学习效果就越好。总之，课程内容脱离幼儿的生活，不利于幼儿身心全面和谐发展。

避免课程内容远离幼儿生活，应注意以下三点：

① 正确认识幼儿学习的特点，明确幼儿的生活就是他们的学习来源。在选择课程时，须明确我们在为谁选择课程？他们有怎样的学习特点？他们需要什么？他们的生活背景是什么？对于幼儿来说，应该以无意学习为主，越接近他们生活的内容，越容易引起他们的兴趣。

② 关注幼儿的生活，从幼儿感兴趣的事物中，引出有价值的学习内容。

③ 课程是动态发展的，课程内容应该随幼儿生活经验的变化而变化。

第三节　幼儿园课程内容的组织

幼儿园课程内容选择完成之后，就要对所选择的内容进行组织，以产生适合幼儿学习特点与规律的课程内容的呈现方式，保证高效地实现从课程向幼儿的学习经验转化。

关于课程内容组织的问题，早在20世纪四五十年代泰勒就曾提出过三个基本准则，即连续性、顺序性和整合性。连续性是指课程内容如何直线式地陈述；顺序性是指课程的后继内容如何既以前面内容为基础，又为以后的内容打下基础；整合性是指各种课程内容之间的横向联系。在涉及幼儿园课程内容的组织时，必然会涉及这三个基本准则。

一、幼儿园课程内容组织的含义

课程组织是指将构成课程的各种要素科学地加以安排、联系和排列的方式[1]。在这个概念中，要弄清

---

[1] 江山野.简明国际教育百科全书课程［M］.北京：教育科学出版社，1991：73—74.

楚：课程要素包括哪些？如何联系、安排这些要素？不同的课程观念会导致对课程组织的不同理解。

在课程即学科知识的观念下，"教学内容—知识技能"被视为课程的基本要素。在这一观念下，课程组织被理解为把知识技能顺序化、结构化，加入时间流程，构成比较可行的教学方案或计划的过程。

在课程即学习经验或学习活动的观念下，学习经验以及经验产生的直接源泉——活动主体、活动对象（客体）、活动方式、活动情景等都成为课程的核心要素。在这一观念下，课程组织不仅应考虑如何把需要学习的知识技能结构化、顺序化并使之相互联系，还应考虑学习者的需求、对学习情境的要求，以及课程在向学习者的学习经验转化的过程中所涉及的所有因素。因此，在课程即学习经验或学习活动的观念下，"准备加以组织的课程比各学科或领域的大纲内容要丰富得多：它是学习的环境、教师的目标与价值观，以及学生的学习经验"[1]。

对幼儿园课程内容组织的定义，需要根据幼儿园课程本身的含义进行界定。由于我们把幼儿园课程界定为"帮助幼儿获得有益的学习经验，促进其身心全面和谐发展的各种活动的总和"，因此相应地把幼儿园课程内容组织理解为：创设良好的课程环境，使幼儿园课程活动兴趣化、有序化、结构化，以产生适宜的学习经验和优化的教育效果，从而实现课程目标的过程。[2]

二、幼儿园课程内容的组织方式

（一）逻辑顺序与心理顺序

以逻辑顺序组织课程内容，还是以心理顺序组织课程内容，这是历来很有争议的问题。

1. 逻辑顺序

逻辑顺序指的是根据学科本身的系统及其内在的联系组织课程内容。主张以逻辑顺序方式组织课程内容者，强调学科本身的逻辑顺序，而不是主要考虑这种逻辑顺序与幼儿有何联系。

在幼儿园课程中，所谓"分科教育"，常是一种以逻辑顺序组织幼儿园课程内容的方式。"分科教育"将课程内容分成各种学科，如语言、计算、科学、音乐、美术、体育等，并按每门学科内在的逻辑顺序组织课程内容，使这些内容保持连续性和顺序性。这种课程内容的组织方式往往是以学科专家对学科本身的理解而确定的。

以逻辑顺序组织课程内容，优点体现在以下三个方面：

① 有利于学习者获得系统知识。

② 有利于学习者做较严密的思维训练。

③ 计划性相对较强，教师容易把握。

缺点表现在：

① 过分强调知识本身的系统性和逻辑性，很难照顾幼儿的兴趣和需要。

② 与生活联系不密切。

③ 很难照顾幼儿学习能力方面的差异。

2. 心理顺序

心理顺序指的是以适合幼儿心理特点的方式组织课程内容。主张以心理顺序方式组织课程者，强调根据幼儿发展特点，以及幼儿的兴趣、需要和能力组织课程，而较少考虑学科逻辑顺序。

在幼儿园课程中，所谓"综合教育"，常是一种以心理顺序组织幼儿园课程内容的方式。"综合教育"打破学科界限，以幼儿心理顺序的方式组织课程内容，使各种课程内容之间保持整合性。这种课程内容的组织方式往往是课程编制者根据对幼儿心理特征的理解而确定，并在课程实施过程中根据幼儿对课程内容的反应而加以调整的。

以心理顺序组织课程内容，优点体现在以下三个方面：

[1] 江山野.简明国际教育百科全书课程［M］.北京：教育科学出版社，1991：74.

[2] 冯晓霞.幼儿园课程［M］.北京：北京师范大学出版社，2000：72.

① 适合幼儿身心发展规律。

② 有利于调动学习者积极性。

③ 灵活性较强。

缺点表现在:

① 教师很难把握。

② 较少考虑学科特点。

在实践中,无论是按逻辑顺序组织课程内容,还是按心理顺序组织课程,都存在相当的困难和问题。即使是学科专家,也很难就某一学科本身的逻辑顺序达成一致的意见,这就是说,迄今为止,人们对许多学科的基本结构的认识尚缺乏深度。根据幼儿心理特征组织课程内容的做法存在更多的问题,这不仅是因为人们对幼儿心理特征的认识还很肤浅,而且还因为每个幼儿都是一个独立的个体,课程内容要适合每一个心理特征各不相同的幼儿就更为困难。

事实上,所谓"分科教育"或"综合教育"只是形式,而究竟是按学科逻辑顺序组织课程内容,还是以心理顺序组织课程内容,这才是实质。例如,打破学科界限只是"综合教育"的外显形式,如若在组织课程内容时,仍然过多地顾及每个学科的逻辑顺序,那么,即使学科的界限被打破了,课程内容组织的实质却依然与"分科教育"没有差异,而且还可能因为对学科逻辑顺序考虑的削弱,而使这种"大拼盘"式"综合教育"显得低效或无效。

按逻辑顺序或心理顺序组织幼儿园课程内容各有其长处和弱点,使两者取长补短,以达到和谐的统一是幼儿园课程内容组织的一种发展趋向,不管其外部表现形态是"分科"的还是"综合"的,但是其内在的实质却应是逻辑顺序与心理顺序的和谐统一。

(二)纵向组织与横向组织

在幼儿园课程中,纵向组织与横向组织课程内容的做法都很常见。

1. 纵向组织

纵向组织指的是按照课程组织的某些准则,以先后顺序排列课程内容。

纵向组织方式强调知识和技能的层次性,即幼儿学习较为复杂的、抽象的知识是以较简单的、具体的知识为基础的,而纵向组织的方式有益于这种从简单到复杂,从具体到抽象的过程的依次推进。

2. 横向组织

横向组织指的是按"广义概念"组织课程内容,即打破传统的知识体系,使课程内容与幼儿已有经验联为一体。

横向组织强调的则是各种知识的融合,强调知识的运用,强调知识与幼儿成长的联系,而不是知识本身,这种组织的方式似乎与学龄前儿童的发展特征和学习方式更为接近。

(三)直线式组织与螺旋式组织

1. 直线式组织

直线式组织指的是将课程内容组织成一条在逻辑上前后联系的直线,使前后内容互不重复。在"分科教育"等一些课程类型中,也可以明显地看到直线式组织课程内容的方式。

直线式组织有益于幼儿有逻辑地思考问题,而且对于一些接受性知识和技能的传递,具有较高的效能。

2. 螺旋式组织

螺旋式组织指的是在不同的阶段,课程内容会重复出现,但是这些重复出现的内容在深度和广度上都有所加强。学龄前儿童的思维是以直觉思维为主的,因此幼儿园课程内容的组织一般较多采用螺旋式组织方式,这种组织方式在"综合教育""单元教学""方案教学"等许多幼儿园课程类型中都能看到。

例如,浙江省《幼儿园课程指导》是浙江省组织编写、北京新时代出版社出版的一套教师参考用书,主题内容编制采用了螺旋式组织的方式,相应主题内容的出现在深度和广度上都逐渐加强,如图4-3-1所示。

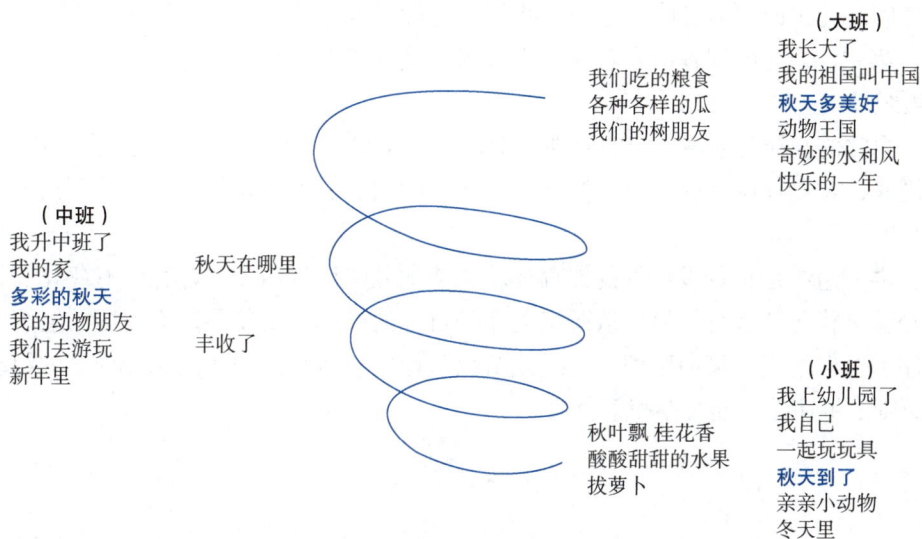

（大班）
我长大了
我的祖国叫中国
秋天多美好
动物王国
奇妙的水和风
快乐的一年

（中班）
我升中班了
我的家
多彩的秋天
我的动物朋友
我们去游玩
新年里

秋天在哪里

丰收了

我们吃的粮食
各种各样的瓜
我们的树朋友

秋叶飘 桂花香
酸酸甜甜的水果
拔萝卜

（小班）
我上幼儿园了
我自己
一起玩玩具
秋天到了
亲亲小动物
冬天里

图4-3-1　螺旋式组织的主题内容（浙江省《幼儿园课程指导》）

螺旋式组织有益于幼儿在与环境交互作用的过程中逐步获得经验，有益于幼儿创造性思维的发展。

直线式组织与螺旋式组织对幼儿思维方式有不同的要求，前者要求逻辑思维，后者要求直觉思维。这两种组织方式也各有其长处和弱点。在幼儿园课程内容组织过程中，这两者也可以根据需要而相互结合，取长补短。

三、幼儿园课程内容的组织原则[1]

幼儿园课程内容的组织形式尽管十分不同而且多样，但所有不同的形式仍有需要共同遵循的基本原则，这些原则是由幼儿学习与发展的规律所决定的。幼儿园课程内容的组织应遵循以下三项基本原则。

（一）顺序性

顺序性原则是组织学习内容的时间次序。根据幼儿认识和学习内容的特点，幼儿园课程内容的组织安排应该由浅入深、由易到难、由近至远、由简单到复杂、由已知到未知、由具体到抽象。

（二）连续性

连续性原则强调的是后续的学习与先前的经验之间的关系，也就是说，幼儿园课程内容的组织应当使每一后续的学习内容都是建立在前面学习经验的基础之上，使前学习的终点成为后学习的起点和认识基础。同时，后续的学习又是原先经验的扩展与加深。

（三）整合性

整合性原则是指加强幼儿园课程内容之间、内容和幼儿的学习经验之间的有机联系，以帮助幼儿把从各领域所学到的知识和先后获得的各种经验加以统整和贯通。整合性的目的在于增强幼儿对所学内容的理解，提高学习效率和应用知识的能力。

📰 本章小结

本章主要讨论了三个问题：（1）幼儿园课程内容的概念与范围；（2）幼儿园课程内容的选择；（3）幼儿园课程内容的组织。

幼儿园课程内容是指依照幼儿园课程目标选定的通过一定的形式表现和组织的基本知识、基本态度、

[1]　冯晓霞.幼儿园课程［M］.北京：北京师范大学出版社，2000：77.

基本行为。在理解幼儿园课程内容的概念中,我们要把握三点:第一,幼儿园课程内容是实现幼儿园课程目标的手段;第二,幼儿园课程内容包括基本知识、基本态度、基本行为;第三,幼儿园课程内容应具有系统性与组织性。

幼儿园课程内容的选择要遵循一定的原则,即目的性原则、适宜性原则、生活化原则、兴趣性原则、基础性原则。同时,在选择课程内容时要注意容易出现的问题:课程目标缺失、课程内容超载、课程内容选择脱离幼儿生活和兴趣。

幼儿园课程内容组织是指创设良好的课程环境,使幼儿园课程活动兴趣化、有序化、结构化,以产生适宜的学习经验和优化的教育效果,从而实现课程目标的过程。幼儿园课程内容的组织方式包括逻辑顺序与心理顺序、纵向组织与横向组织、直线式组织与螺旋式组织。幼儿园课程内容的组织过程中应遵循一定的基本原则:顺序性、连续性和整合性。

思考

1. 在出产西瓜的地区,组织"认识西瓜"的集体活动,让幼儿看着、尝尝、说说(形状、颜色、味道),你认为,课程内容选择得如何?

2. 幼儿园课程内容的组织应遵循哪些基本原则?应如何理解这些基本原则?

思考

提示

项目实训

请基于本章学习,选取一所幼儿园,收集其大班本学期教育活动清单,并分析其课程内容要素。

××幼儿园大×班第二学期教育活动清单
(可按照月份或活动类型进行分类记录)
课程内容要素分析:
基本知识:*认识时钟(例)*
基本态度:
基本行为:

项目支持 课程内容要素可以从班级月活动计划、周活动计划、日活动计划中挖掘。

第五章
幼儿园课程的实施

学习目标

1. 了解课程实施的概念，掌握课程实施的取向，并能分析幼儿园课程实施的实际案例。

2. 掌握幼儿园课程实施的基本途径，理解幼儿园课程实施中游戏活动、教学活动和日常生活活动的关系。

3. 掌握幼儿园课程实施的影响因素，并能分析幼儿园课程实施中常见问题。

思政目标：积极参与教育实践，树立正确的幼儿教育观、游戏观和课程观。

知识框架

```
                           课程实施的概述 ─── 1. 课程实施的概念
                                        └── 2. 课程实施的取向

                                        ┌── 1. 幼儿园课程实施的基本途径
幼儿园课程的实施 ─── 幼儿园课程实施的途径 ─── 2. 幼儿园课程实施中游戏活动、教学活动和日常生活活动的关系
                                        └── 3. 幼儿园课程实施的结构化程度

                  幼儿园课程实施的影响 ─── 1. 幼儿园课程实施的影响因素
                  因素与常见问题        └── 2. 幼儿园课程实施中的常见问题
```

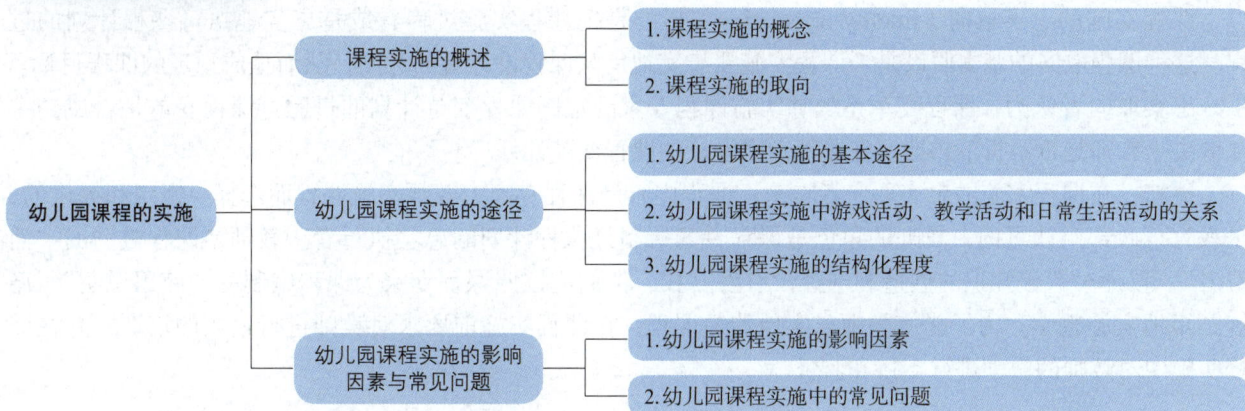

课程实施在课程编制中占据重要地位，它是将设计蓝图转化为实际教学活动的关键环节，既关乎教学目标的达成，还直接影响到学习者的学习体验与成效。课程实施并非孤立存在，与课程设计、课程评价等环节紧密相连，共同构成了一个完整的课程开发体系。

情境导入

幼儿园大班正在筹备"秋天的秘密"主题活动。李老师计划通过集体教学讲解树叶变色原理，准备科学实验材料；王老师则主张带孩子们到校园捡落叶、制作拼贴画，在游戏中自然探索。活动当天突降大雨，原定的户外游戏环节被迫取消。

你是如何理解幼儿园的"教"与"玩"的？若你是主班老师，会如何调整活动方案？能否设计融合"教"与"玩"的创新形式？

第一节 课程实施的概述

一、课程实施的概念

课程实施（curriculum implementation）是指把一项课程计划或方案付诸实践的过程，即教师根据课程计划组织课程活动的过程，它是达到预期的教育目的和课程目标的基本途径。

课程实施存在于不同层面，大到国家、地区，小到幼儿园、班级，每个层面都存在着表现形式不同的课程计划。国家层面的课程计划常以"课程纲要""课程标准"等形式存在；幼儿园、班级层面则以学期计划、月计划、周计划以及一次具体的教育活动计划（教案）形式呈现。本章主要探讨幼儿园及班级层面的课程实施。

对课程实施的研究，关注的是课程计划在教育过程实践中所产生的情况，以及课程实施的各种影响因素。课程实施的研究有益于课程编制者了解、分析和评定课程计划与教育实际之间的契合度，以及导致契合度高低的原因，理解课程变革失败或成功的原因，从而及时调整计划，完善课程编制的过程。

二、课程实施的取向

课程实施的取向是指对课程实施过程本质的认识，以及支配这些认识的相应的课程价值观。课程实施的取向集中表现在对课程计划与课程实施过程关系的不同认识上。[1]美国课程专家辛德尔、波林和扎姆沃夫将课程实施归纳为三个取向：忠实取向、相互适应取向和课程创生取向。

（一）忠实取向

课程实施的忠实取向（fidelity orientation）指的是把课程实施过程看成是忠实地执行课程计划的过程。这种课程取向的基本假设是：课程实施要忠实地反映课程设计者的意图，从而达成预定的课程目标。

忠实取向者认为，课程变革是教师实施课程专家制定的课程变革计划的过程，课程变革是否成功主要取决于教师是否不折不扣地实施课程专家设计的课程变革计划。

显然，在课程实施的忠实取向者看来，课程内容是课程专家为教师实施课程而选择、组织和提供的，是教育行政部门认可的，教师的角色是课程专家所制订课程计划的忠实执行者。教师是课程被动的"消费者"，教师对课程知识的创造和选择没有发言权，他们应按照课程专家为课程编制的"使用说明"，循规蹈矩地实施教学。为了能使教师忠实地传递课程，在课程实施前要求对教师进行适当的培训，并在课程实施中对教师的教学进行支持和监督。

（二）相互适应取向

相互适应取向（mutual adapting orientation）将课程实施的过程看作是课程计划者与实施者之间通过协商而相互作用的过程。这种取向的基本假设是：课程实施不可能预先规定精确的实施程序，课程实施的过程应由实施者自己把握和决定，由实施者根据自己的实际情况做出最为适当的选择。

相互适应取向者认为，课程实施不是要求教师按照课程专家的课程计划不折不扣地去做，而是既要考虑课程实施者的兴趣和需要，还要考虑教育现场中的各种条件和状况，并对专家的课程计划做出调整。

在相互适应取向中，教师是课程专家所指定课程计划的主动、积极的"消费者"。教师对课程专家编制的课程计划的积极改造，是课程实施成功的基本保证。

---

[1] 张华.课程与教学论［M］.上海：上海教育出版社，2018：327.

（三）课程创生取向

课程创生取向（enactment orientation）指的是把课程看成是教师与幼儿联合创造的教育经验的过程。这些经验是教师和幼儿在实践中体验到的，是情景化的和人格化的。这种取向的基本假设是：课程实施是在具体教育情境中创生新的教育经验的过程，而已有的课程计划只是为这个经验创生过程提供的平台而已。

也就是说，尽管教师可以运用由课程专家设计的课程和建议，但是真正创生课程并赋予课程意义的还是教师和幼儿，因此教师和幼儿不是知识的接受者，而是课程知识的创造者。

有人把课程创生取向比喻为"作品的创奏""现场创作"，教师的角色是课程开发者，课程创生过程是教师与幼儿共同成长的过程，教师是创生课程共同体中具有活力的成员。

第二节 幼儿园课程实施的途径

在本书第一章关于"幼儿园课程概念"的介绍中提及目前我国幼儿园课程主导的定义是活动论。"幼儿园课程是实现幼儿园教育目的的手段，是帮助幼儿获得有益的学习经验，促进身心全面和谐发展的各种活动的总和。"幼儿园课程的实施主要借助于课程中各种教育活动，包括游戏活动、教学活动和日常生活活动等。

一、幼儿园课程实施的基本途径

（一）游戏活动

1. 对幼儿园课程中游戏的界定

正如格莱维所说，并非那些幼儿在一起所做的事都可被看作游戏。[1]因此，要确定游戏在幼儿园课程中的地位，其前提就是要明确什么活动才能称之为幼儿的游戏。

有些学者建议在定义游戏时，应分析游戏活动的多种特征，认为应该建立一系列标准来确定幼儿的游戏行为，而不只是去关注幼儿游戏活动时的单一行为。他们的这个建议得到较为广泛的认同。

鲁宾等人（Rubin, K. H. et al., 1983）曾根据以下标准确定幼儿的游戏[2]：

① 游戏是孕育在活动中能引起满意的个人动机而发起的，而不是由基本需要和动机或者社会要求所控制的。

② 游戏者更多考虑的是活动本身，而不是目的，即目的是自己的，游戏者的行为是自发的。

③ 游戏发生在游戏者熟悉的对象上，或发生在对不熟悉的对象进行探索以后，幼儿给予游戏他们自己的意义，并由自己控制游戏。

④ 游戏可以是不实在的。

⑤ 游戏不受外界规则的约束，若有规则存在，可由游戏者加以修改。

⑥ 游戏需要游戏者的积极参与。

又如，福劳姆伯格（Fromberg, D., 1987）也曾以类似的方式陈述幼儿的游戏行为的特征[3]：

① 象征性的，即在游戏中以"似乎"或"如果"表征现实。

---

[1] Gravey C. Play［M］. 2nd ed. London: Fontana, 1991.

[2] Rubin, K. H., Fein G. & Vandenberg, B.. *Play*［A］. In P. Mussen & E. M. Hetherington (Eds.), Handbook of Child Psychology: Socialization, Personality, and Social Development (Vol.4)［C］. New York: Wiley, 1983: 698—774.

[3] Fromberg, D. Play. Looking at Children's Play［M］. New York: Teacher's College Press, 1987: 36.

②赋予意义的,即在游戏中联系幼儿自己的经验。

③愉快的,即使幼儿在游戏时很严肃、认真。

④自愿的和动机来自内部的,不论动机是幼儿的好奇性、展现其优势、参与性或其他动机。

⑤有规则控制的,不论规则是含蓄的还是明确的。

⑥偶发的,以幼儿自发产生和改变目的为其特征。

由上可见,具有以下特征的幼儿活动通常可被认定为游戏:非真实性、源于内在动机、过程导向、自由选择、积极情绪等。

2. 游戏在幼儿园课程中的作用

在编制和实施幼儿园课程时,可以至少从以下三个不同的层次去理解游戏、学习和发展之间的关系,从而在此基础上去产生课程计划。

(1)游戏能促进幼儿认知、情感和动作技能的发展

在最一般的意义上,游戏被看作对"整个儿童"的发展有重要的作用,这包括幼儿发展的三个主要方面,即认知、情感和动作技能,而促进幼儿在这些方面的发展正是幼儿园课程所要解决的问题。

在认知方面,涉及幼儿学习、思维和理解的所有技能和过程。游戏能促进幼儿认知的发展。认知过程和技能包括参与、理解、观察、认识、辨别、模仿、探索、研究、归纳、记忆、知识和经验的整合、分类、做出选择、决策、想象、创造、假设等等。与认知有关的还包括学习态度等方面,如好奇性、动机、兴趣、热情、独立性、应对挑战和失败的能力等。

在情感方面,包括幼儿学习适当行为、建立关系、社会交往、表达和控制情绪、发展自我感觉,以及理解别人需要的所有技能和过程。游戏能促进幼儿情感的发展。

在动作技能方面,包括身体结构和功能发展的所有方面,如粗大动作、精细动作和运动能力的发展。游戏能促进幼儿动作技能的发展。

(2)游戏有益于幼儿进行幼儿园课程各学科(领域)的学习

许多研究已经证明,学龄前儿童的游戏能力与语言学习领域中的阅读能力有关。例如:戏剧性游戏就如同阅读,是一种象征性活动。在这种游戏过程中,幼儿以物体和人物表征其他事物,就如同成人用声音或文字表达他们的思想一样,幼儿在游戏中所获得的符号意义,会增加他们口语或书面语言的能力。

游戏也能为幼儿提供社会领域的学习机会。例如,在戏剧性游戏中,幼儿能将他们在家庭、学校和社区中所见所闻的各种角色表演出来,这对于他们探索真实的社会是有益的。此外,戏剧性游戏也能让幼儿发展社会交往技能,在游戏中学习如何与人交换意见,如何维持友谊以及如何解决纠纷等。所有这一切,都与幼儿的社会学习是联系在一起的。

又如,游戏也是一种很好的科学学习。在游戏过程中,幼儿经常探索事物的性质,依据自己已有的经验提出问题,并努力寻找问题的答案,这样的过程有益于幼儿学到很多科学方面的知识,以及科学探究的能力。

📅 **案例 5-1**
....

为什么你的泡泡吹得大?

(洪洪5岁,亮亮5岁4个月)

这天洪洪和亮亮一起玩吹肥皂泡的游戏。他们俩每人手拿一小瓶肥皂水,一根麦管,蘸着肥皂水吹起泡泡来。

亮亮对洪洪说:"你看我吹的泡泡那么大。"洪洪不甘示弱,用劲吹起来,但怎么使劲也吹不出泡泡来。

亮亮说:"我来帮你吹。"于是他们交换了瓶子和麦管,结果洪洪吹出了大泡泡,而这次亮亮吹不出来了,亮亮连忙要求把东西换回来。

洪洪说："可能是我的管子不好。"于是他去放麦管处换了一根，可还是吹不出大泡泡。

亮亮说："你的瓶子里肥皂水太少了吧?"于是两个人比了比瓶子的水，果然洪洪的水少，他赶快去加了一点，结果还是不行。

洪洪说："我的管子与你的比比看。"一看自己的太长，于是赶紧比着亮亮的管子，剪了一截，结果吹出的泡泡还是不如亮亮的大。然后他又比了比管子的粗细，结果依然是一样的。

突然洪洪提出要看看亮亮的管子的端头。"啊，我知道了，你的管子一头是斜的呀。"于是他赶紧也去把管子的一头剪成斜的。这下，洪洪果真吹出了一个大泡泡。他高兴地说："剪成斜的，洞洞眼大，泡泡就吹大了。"

分析:

这个案例中的洪洪出于游戏的动机，花了很长时间去解决"吹不出泡泡"的问题。很明显，他解决问题的方法是通过一次次提出假设，一次次通过操作来验证自己假设的过程。最终的成功使他非常高兴，因为他获得了一个经验："管子斜剪，可以使洞眼变大，吹出的泡泡也变大。"尽管这不是一个准确的科学概念，但游戏中的探索，其意义就如同一些科学的实验。

事实上，幼儿在某个游戏活动中往往是能够获得多种学习领域的经验的，而不仅仅是某一领域的经验。

（3）游戏有益于幼儿园课程各学科（领域）的整合

既然游戏能与幼儿各学科（领域）的学习和发展相联系，而幼儿园课程的目的也是为了促进幼儿各方面的学习和发展，因而，在教师想促进幼儿各领域发展，幼儿也需要获得各方面发展的情况下，同时在幼儿既要应付现实、需要获得各方面知识技能，又要能在想象和游戏世界中自由表达和自主创造的情况下，游戏可以起到重要的整合作用。

于是，在编制幼儿园课程时，很多课程方案都将游戏作为幼儿园课程的一个基本成分，把游戏活动作为孩子主动活动的情况下获得各领域学习和发展的一种途径。

案例 5-2

根据玛丽莲所在区的幼儿园数学课程安排，她要教孩子们数数，并识别1到20的数字。为了让孩子有机会学习数数和识数，她决定将幼儿班的戏剧游戏中心装饰成一个商店。她找到了一个天平，还有幸找到了一个老式的悬挂式秤，以及一个日期可以改动的印章。另外，她还搞到了几个计算器，并从大班的老师那里借来了一个老式加法器。她还准备了一些小物品作为商店的销售物。她的一些过期的购物券和当地超市寄来的一些周广告单也可用上，其中的图片和数字可以让"顾客"更易理解商店的购物信息。一切准备就绪，"商店"终于可以开业了！开业那天，"商店工作人员"和"顾客"看到新的材料，很高兴地玩了起来，但他们发现玛丽莲忘了一件重要事情：他们需要"钱"！于是大家一起玩起了制作"钱"的活动。

在这个案例中，教师玛丽莲试图将数学领域的课程目标通过幼儿游戏的形式来实现。她设计了一个能让幼儿有机会识别数字和数数的游戏环境，她利用这个游戏活动替代了较为传统的集体教学方式。由于数字和数数与有趣的游戏结合在一起，幼儿就会对数学产生积极的态度，游戏具有内在的驱动性。在这个活动中，不仅幼儿有机会在和同伴的互动中主动获得自己的数学知识，同时又能与课程帮助幼儿学习科学方面的目标一致起来。

(二)教学活动

1. 对幼儿园课程中教学的界定

对教学的界定相对比游戏容易一些。教学是师生双边的共同活动,构成这种活动的基本成分是教师的传授、幼儿的学习和教学所运用的材料。教学承担着向幼儿传递人类和民族文化遗产的任务。

教学主要是一种有目的、有计划的由教师对幼儿施加影响的活动,教学由教师立足于教学目标、教学任务和教学内容来组织和实施教学活动,就教学本身而言,它更多强调的是教师的作用,强调的是教学的"结果"。

2. 教学在幼儿园课程中的作用

对于教学与幼儿的发展,各种理论有不同的观点,从而导致对教学在幼儿园课程中的作用的认识有所不同,进而会导致在编制幼儿园课程时有所不同。

例如,行为主义的学习理论将教学看作是刺激-强化-反应的过程,认为通过教师对预设任务的教学,幼儿即可获取教师期望他们学得的知识和技能。

皮亚杰反对行为主义的学习理论,他认为幼儿的知识不是刺激-强化-反应的过程,因此他反对灌输式的教学,他认为,当幼儿尚未发展完善同化外部世界的内在机制时,再完美的外部刺激也无济于事。皮亚杰认为,从教育学的或教学的应用的观点而论,涉及整个发展和整个学习的基本关系是一种同化,同化是把各种现实统合在一个结构之中,同化是学习的根本。在皮亚杰看来,学习的主体是主动的,应把重点放在自我调节的观点上,放在同化上,放在主体自身的活动上,"没有这一活动,就不可能有使受教育者发生明显转变的教学法和教育学"[1]。因此,皮亚杰认为,教学的作用是为形成主体动作图式创设必需的情境,教学效果取决于外部条件与发展水平相一致的程度。

苏联心理学家维果茨基认为,皮亚杰将教学和发展看作是两个互不依赖的过程,这种观点有其一定的合理成分,因为教学应该依赖幼儿心理某些已经完成的发展程序。然而,这种依赖关系不是主要的,而是从属的。"教学和发展不是两个互不依赖的过程,也不是同一过程,教学与发展之间存在着复杂的关系。"[2]

维果茨基提出了这样的假设,即交往和它的最有计划性、系统性的形式——教学——造就了发展,创造着新的心理形成物,发展着心理生活的高级过程,因此教学是发展的决定性动力。能够体现教学与发展内部关系的"最近发展区"概念在维果茨基的理论中占有特别的地位,因为它强调了教学在发展中的主导性、决定性作用,揭示了教学的本质不在于训练或强化业已形成的内部心理机能,而在于激发、形成目前还不存在的心理机能。维果茨基认为,只有指向最近发展区的教学才是好的教学。维果茨基的观点与皮亚杰主张的教学服从于发展规律,而不是发展规律服从于教学的观点正好相反,他认为,教学过程有其自身的结构、顺序和发展逻辑,而教学引起的心理机能的发展具有自身的内在规律,因此"发展过程跟随着建立最近发展区的教学"[3]。

与维果茨基一样,著名的美国心理学家布鲁纳也将幼儿看成是文化工具的继承者,而不是像皮亚杰那样把幼儿看成是年幼的科学家,这使他比皮亚杰更注重教学在幼儿发展中的作用。基于这样的观点,布鲁纳提出,应当把幼儿所处的文化背景和语言看作是在其智慧发展中起着极为重要作用的因素;应当用当代信息科学提供的方式模拟幼儿的智慧。布鲁纳还提出了一系列与幼儿发展有关的教育、教学建议:① 除了要传授特定的学科探究形式外,还应注重传授一般的表征形式;② 设计课程时,应力求做到从动作的表征形式到符号的表征形式;③ 要让幼儿真正掌握传授给他们的智慧工具,让他们依赖这些工具进行活动,以促进发现式的学习。

随着对教学本质、教学目标的制定、教学内容的组织和教学方法的选择等方面研究的深入,人们已

---

[1] 皮亚杰. 皮亚杰教育论著选 [M]. 卢濬, 选译. 北京: 人民教育出版社, 1990: 33.

[2] 维果茨基. 维果茨基教育论著选 [M]. 余震球, 选译. 北京: 人民教育出版社, 1994: 2.

[3] 维果茨基. 维果茨基教育论著选 [M]. 余震球, 选译. 北京: 人民教育出版社, 1994: 406.

经越来越多地关注到在教师和幼儿双边活动中充分发挥幼儿的主体精神的问题，摒弃了让幼儿处于被动、盲从地位的做法，尊重幼儿，发挥幼儿在学习活动中的主动性和自主性，积极引导幼儿的探索和发现活动。

在教师和幼儿双边教学活动中，存在着许多矛盾。例如，知识体系本身的矛盾，教师对知识的传递与幼儿认知结构之间的矛盾，教学进程与幼儿的发展水平、兴趣爱好之间的矛盾，等等。正是这些矛盾的存在，促使教师在教学目标的制定、教学内容和材料的组织和选择、教学手段和方法的运用等方面做出不断的改革和更新以使教学能够更好地适合幼儿的发展水平和需要。各种教育和心理学的理论为幼儿园课程中充分发挥教学的积极作用提供了多角度、多方面的视野，从而更为理智地去思考和解决幼儿园课程编制中有关教学的各种问题。

（三）日常生活活动

1.对幼儿园课程中日常生活活动的界定

如果从狭义来理解课程，那么幼儿园课程的教育活动主要是指游戏活动和教学活动。如果从广义来理解课程，即把课程理解为幼儿园所发生的一切活动，那么除了游戏活动和教学活动之外，日常生活活动也是幼儿园课程的一个重要组成部分。

这里所说的日常生活活动即指游戏活动和教学活动以外的、幼儿在园的其他活动，包括幼儿入园、进餐、喝水、盥洗、入厕、睡眠、起床、离园等与日常生活直接关联、满足幼儿基本生活需要的那些活动。

2.日常生活活动在幼儿园课程中的地位

日常生活活动在幼儿园课程中占据重要的地位，是幼儿园课程的一个重要特质。其原因在于以下各个方面。

首先，幼儿的年龄特点和身心发展需要，决定了幼儿园保育和教育二者合一的教育原则，因此也决定了幼儿园课程内容需要广泛地包括日常生活活动。

对于幼儿来说，除了认识周围世界、启迪其心智的学习内容之外，幼儿身体的健康发展、基本的文明卫生习惯、良好的生活习惯和生活自理能力等方面都是其成长的关键，也是需要在幼儿园得以培养的。因此，日常生活活动是幼儿园课程的重要组成部分，尤其是健康领域的课程内容（如个人卫生习惯、环境卫生习惯、生活方式教育、安全教育等）更多地是要在日常生活活动中得以实施的。

其次，幼儿的年龄特征和学习特点决定了幼儿园课程内容要与幼儿的生活相关联，而日常生活活动包含了潜在的、丰富的教育内容，具有对多领域课程内容的渗透和综合作用，因而是幼儿园课程设计和实施的重要背景和来源。

目前幼儿教育发展的趋势之一就是倡导"教育是生活"的主张，因而幼儿园课程带有浓厚的生活化特征。而且，日常生活活动除了是健康教育活动的重要途径，也往往蕴含了其他课程领域的教育契机，教育应该善于捕捉其中的教育契机，一方面既能调动幼儿的兴趣和积极性，另一方面也能渗透和融合其他课程领域的内容。

例如，在盥洗活动中，教师可以引导幼儿观察和体验到水的特征、水与人们的关系，引导幼儿养成节约用水的习惯。这就与科学和社会领域的课程内容结合起来了。

又如，幼儿午睡前后，需要穿脱衣服。这时幼儿经常需要面对的一个问题就是扣纽扣，那么其中就可以融合"一一对应"的数学问题。

再如，在幼儿进餐时，也可以捕捉到一些教育契机。如让幼儿帮助分发碗筷，这其中也涉及一一对应的数学问题。如在上午的点心时间，幼儿园常常为幼儿提供水果。有一次是吃香蕉，小朋友们开始争论香蕉里有没有籽。有一个小朋友说香蕉有籽，而其他小朋友一致认为他说的不对，他们认为没有籽，理由是他们没有吃到。这时教师便引导幼儿进行仔细的观察，之后也可以去查阅资料。幼儿经过自己的亲自探究，发现香蕉原来有籽，只是现在退化成里面的小黑点了。不难看出，在这里面就生发出了科学

区域活动的组织与实施

领域的活动。

二、幼儿园课程实施中游戏活动、教学活动和日常生活活动的关系

游戏活动、教学活动和日常生活活动是幼儿园课程实施的基本途径，三者对幼儿园课程目标的达成既发挥各自独特的作用，同时又相互融合、彼此支撑。

（一）日常生活活动与游戏活动、教学活动互相补充、互相融合

正如在上文所论述的，日常生活活动和游戏活动、教学活动一样，在幼儿园的课程中都是缺一不可的。日常生活活动和游戏活动、教学活动互相补充，共同构成了幼儿在幼儿园的一日活动。例如，下列某幼儿园小班的一日活动安排就是由这三者共同构成的（表5-2-1）。

表5-2-1　某幼儿园小班的一日活动安排简表

时　间	活　　　　动
7：30	入园、自由游戏
	盥洗、点心、整理
9：20	集体教学活动
9：50	户外活动（早操、教师组织的体育活动）
	整理、休息
10：25	盥洗、午餐、午睡、起床整理
14：45	户外运动（幼儿自选）
15：15	盥洗、点心
15：25	区角游戏
16：00	整理、离园

其实，在课程的实际实施过程中，日常生活活动和另外两类活动是经常互相融合和互相渗透的。就如前面所讲，日常生活活动中可以贯穿和渗透教学各领域（科目）中的一些内容。在日常生活活动中也可以混杂游戏，如在盥洗的时候，孩子经常会玩水，这其实已经是他们自己生发出来的一个游戏活动了。

由于日常生活活动更多的是作为一种常规性活动来进行，因而每个幼儿园对日常生活活动的安排都基本类似。对于幼儿园老师来说，理解、区分和实施日常生活活动不会有太多困扰，只要平时注意结合健康教育的目标对幼儿进行生活指导，并善于观察和捕捉日常生活活动中的其他教育契机、适当对于幼儿加以引导就可以了。在幼儿园教育实践中，真正困扰教师的课程问题更多的还在于占据幼儿园课程绝大部分内容的另外两类基本活动——游戏和教学。如何区分游戏和教学，如何处理游戏和教学之间的关系，是幼儿园教师一直在探讨的。下文就对游戏和教学的关系作详细分析。

（二）游戏活动和教学活动的优化结合

实现游戏和教学的最优化结合，其前提是充分认识游戏和教学这两类活动各自的性质及其价值，这样，才有可能在编制幼儿园课程时，以最小的代价，在最大程度上实现游戏和教学这两者各自的价值。

1. 游戏活动和教学活动的划分

在幼儿园教育实践中，游戏和教学的概念常被混淆，在许多场合，游戏成了有各级教学目标的、按教师的意志和计划进行的活动；而教学原本应该承担的任务却悄悄地被游戏所替代了。那么，究竟如何

来确定幼儿园课程中的哪些教育活动是属于游戏活动，哪些是属于教学活动呢？

事实上，幼儿在幼儿园的活动中所产生的行为，并非可以简单地区分为"游戏"或者"非游戏"，同样，在为学龄前儿童所编制的课程中，也并非可以简单地将活动内容和方式归为"游戏"或者"非游戏"。

裴雷格勒尼（Pellegrini, A. D., 1991）认为，可以将幼儿的活动分为"'更多的游戏'，或更少的游戏'，而非极端地界定为'游戏，或非游戏'。幼儿的行为符合所有的标准，可被界定为'纯游戏'，幼儿的行为有较少这样的成分，可认定为'较少纯游戏'。简而言之，幼儿的行为不应被界定为'游戏，或非游戏'，而应被看作是与一个从'纯游戏'到'非游戏'的连续体相关联的位置"[1]（如图5-2-1）。格莱维（1991）、撒拉库（1991）等人也有类似的论述，例如，格莱维认为，有不同行动、交互作用方式和交流方式的不同活动似乎是在一个从"游戏"到"非游戏"的一个连续体上来回移动，幼儿在其游戏和非游戏的活动状态中经常变化着他们自己活动的目的和目标。[2]撒拉库则认为，这些含义相对广泛的标准应被用于对幼儿复杂的活动进行区分，而这样的标准也有益于把教师从可能存在的将工作和游戏加以区分而带来的为难中解脱出来，因为他们也许太强烈地感到游戏对幼儿成长的益处。[3]

纯游戏　　较多的游戏　　较少的游戏　　非游戏

图5-2-1　裴雷格勒尼对幼儿活动的界定

与裴雷格勒尼、格莱维等人认定的可以将幼儿的活动看作是一个从"纯游戏"到"非游戏"的连续体相关联的位置的看法相类似，也可以将纯游戏和完全结构化的（完全按照教师计划实施的）教学看作两个极端，在这两个极端之间存在着无数种状态，它们反映的是游戏和教学的不同的结合程度。从幼儿园课程的整体价值取向，到幼儿园中除日常生活活动以外的每一个具体活动的性质，都可以在从游戏到教学的连续体上找到相应的位置（如图5-2-2）。

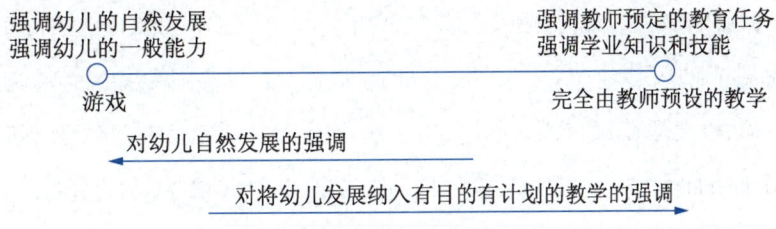

强调幼儿的自然发展　　　　　　　　强调教师预定的教育任务
强调幼儿的一般能力　　　　　　　　强调学业知识和技能
游戏　　　　　　　　　　　　　　　完全由教师预设的教学

对幼儿自然发展的强调

对将幼儿发展纳入有目的有计划的教学的强调

图5-2-2　游戏与教学不同程度的结合（1）

如若从活动的结构化程度对活动性质做出说明，可以看到幼儿园课程中除日常生活活动以外的各种活动，都可以在从纯游戏和完全结构化教学的连续体上找到相应的位置，表明了活动从无结构、低结构到高结构或完全结构化的不同特征，也表明了活动强调过程或强调结果的不同价值取向（如图5-2-3）。

如若再进一步细化，可以罗列出游戏和完全结构化教学这两类活动的主要特征，幼儿园课程中的所有低结构或高结构的活动都可以在两者之间找到相应的位置，反映出活动中不同含量的游戏成分和教学成分（如图5-2-4）。

还可以罗列出具有较多游戏特征的低结构化教学和具有较多完全结构化教学特征的高结构化教学两类活动的一些主要特征（如表5-2-2），从教学目标主要由谁确定、活动主要由谁发起、活动的动机是什么，以及强调活动的过程还是结果等方面，能将幼儿园课程中低结构化的教学与高结构化的教学区分开来。

[1]　Pellegrini A.D.. Applied Child Study: A Developmental Approach［M］. New Jersey: Lawrence Erlbaum, 1991: 215.
[2]　Gravey C.. Play［M］. 2nd ed. London: Fontana, 1991.
[3]　Saracho, O. The Role of Play in the Early Childhood Curriculum［M］//Spodek B, Saracho O.. Issues in early Childhood Curriculum. New York: Teacher's College Press, 1991.

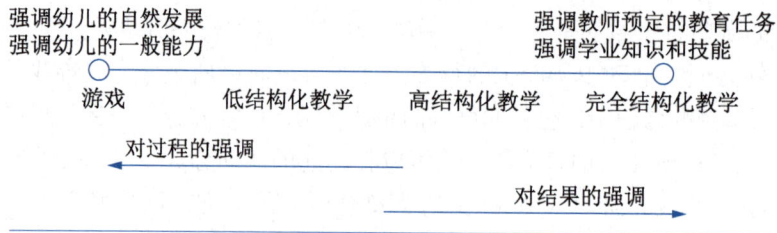

图5-2-3　游戏与教学不同程度的结合（2）

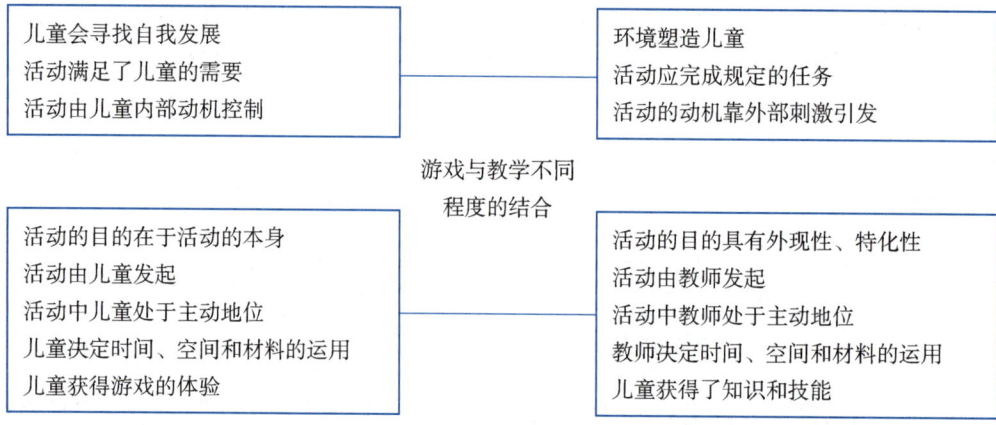

图5-2-4　游戏与教学不同程度的结合（3）

表5-2-2　低结构化教学和高结构化教学的一些主要特征

低结构化教学	高结构化教学
• 幼儿与教师共同确定学习的目标	• 学习的目标主要由教师预定
• 活动主要由幼儿发起	• 活动主要由教师发起
• 活动的动机主要是幼儿的需要	• 活动的动机主要是教师的奖惩
• 强调活动的过程	• 强调活动的结果

2. 游戏和教学相得益彰

幼儿园教育面对一个两难问题，即既要顺应幼儿的自然发展，又要将幼儿的发展纳入合乎社会要求的轨道。这个问题之所以很难解决，是因为在教育过程中，教师难以知道幼儿的需要和兴趣究竟是什么，难以把握幼儿发展的程序和规律；即使教师已经懂得了幼儿的一些需要，在一定程度上掌握了幼儿发展的程序和规律，教师也难以组织合适的活动去适合幼儿的发展规律，去真正满足幼儿的需要。而且，社会对幼儿的教育要求与幼儿的兴趣和需要并不一定保持一致，对幼儿实施的教育不能只是无条件地去适应幼儿的发展规律，无原则地去满足幼儿的需要。

在幼儿园教育中，游戏活动和教学活动分别强调顺应幼儿发展和将幼儿的发展纳入合乎社会要求的轨道这两个方面。在幼儿园课程中，处理好游戏活动和教学活动之间的关系，是解决幼儿园教育中的这一两难问题的关键，如图5-2-5所示。

幼儿园的游戏活动是没有社会功利目的的，它强调的是"过程""表现"和幼儿自主的活动，它能够在最大程度上顺应幼儿的自然发展。与游戏活动不同，幼儿园的教学活动主要是一种有目的、有计划的由教师对幼儿施加影响的活动，它承担着文化传递的任务，它更多强调的是教师的作用。

对于幼儿园"游戏活动"与"教学活动"的难题，朱家雄教授用"绿豆"跟"大米"的关系来举例说明，单独的绿豆会做出绿豆汤，单纯的大米能做出大米粥，绿豆与大米混合能做成绿豆粥；幼儿园的

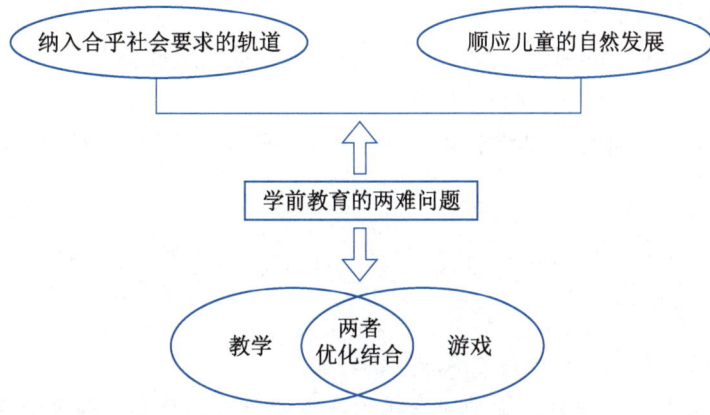

图 5-2-5 幼儿园教学和游戏的关系

"玩"与"教"要根据幼儿园的实际来确定，幼儿园如果强调活动过程就选择以游戏为主的活动，游戏占主体；如果强调活动结果就选择以教学为主的活动，教学占主体。

案例 5-3

妈妈带孩子玩沙漏

情景一：

一个孩子用小铲子把沙装在漏斗中，因漏斗会漏，沙装不满，小孩便把手指头塞到漏斗底去堵住漏口。当沙装满时便把它移到瓶子旁边，把手指放开，将沙漏放进瓶子中，但是沙漏的速度很快，从手指拿开到对准瓶口，沙便漏的差不多了。孩子锲而不舍，一点一点累积，手指移开的速度也越来越快。突然之间，孩子开窍了，他把漏斗直接对准瓶口再倒沙，瓶子很快就满了。这时孩子发出了胜利的笑声，高兴地回头看妈妈，妈妈微笑着拍手。

情景二：

一个孩子用小铲子把沙装在漏斗中，当孩子拿起漏斗时，沙从漏斗的底部流失掉。当孩子再次拿起沙漏时，妈妈立刻蹲下来说："来，妈妈教你，把漏斗对准瓶口，再把沙从这里灌下去。"

孩子很快就学会了使用漏斗，但他很快便不玩漏斗了，爬出沙坑要妈妈抱。

"玩沙漏"虽然不是幼儿园里的活动，但是从中可以体会"以'玩'为主体"和"以'教'为主体"的差异。

在幼儿园课程中，游戏活动和教学活动是有内在联系的。在幼儿园实施游戏和教学这两种形式的活动，是为了促进幼儿的发展，也是为了实现幼儿园教育所要追求的社会性价值。

然而，在幼儿园课程中，游戏和教学又是两种有本质区别的活动，两者不可相互替代。作为幼儿自发产生的游戏，与教师有目的、有计划的教学，永远不可能是同一的，或者是相互平行的。两者虽然可以相互影响，可以以各种方式相互结合，但是不会像"物体投下的影子"那样相互追随。

事实上，游戏活动和教学活动的不可替代性，正是它们能相互补充、相得益彰的前提。在幼儿园教育活动设计和编制中，实现游戏活动和教学活动的结合，不论是设计的教育活动，还是创设的游戏/教学环境，都能够反映教师为幼儿学习而设计的计划，同时也能反映幼儿的需要和兴趣。因此，需要将游戏和教学进行最优化的结合，使幼儿园课程变得更为完善，从而从根本上改变"放羊式"的或者"灌输式"的教育。

3. 实现游戏与教学的最优化结合

从幼儿园教育实践的角度考虑游戏与教学的最优化结合，其性质的考察指标主要是这两类活动的优

真题链接

势程度，包括它们的时间和频率的比例。

从形式上区分，游戏与教学的结合大致可以分为分离式、插入式和整合式三种类型。

（1）分离式

在幼儿园课程编制中，有时游戏和教学可以相对分离，即在幼儿园活动的某段时间内安排游戏活动，而在另一段时间内安排教学活动。

案例5-4

活动一：纯游戏活动（大班）——会"尿尿"的轮胎

早晨，孩子们到操场进行户外自由活动。在操场跑道的旁边，放着一些色彩鲜艳的废旧轮胎。由于前一天下了一场大雨，所以轮胎的沟槽里有些积水。

瑞瑞想玩轮胎，于是他走过去把一只轮胎扶了起来。这时，轮胎沟槽内的积水便从轮胎侧面的排水孔里流了出来，这让瑞瑞很兴奋。他大声地喊着："快来看，轮胎'尿尿'了！轮胎'尿尿'了！"其他孩子听到他的喊声，都纷纷围过来看。

同伴们的积极呼应让瑞瑞更加兴奋。他把立着的轮胎往排水孔所在的一侧倾斜了一些，这使得水流变得更大了。于是，围观的孩子们也一起大声喊起来："轮胎尿尿了！轮胎尿尿了！"有的孩子还帮忙扶轮胎，好让它保持一定的角度侧立着。

随着积水的排出，水流变小了、变细了，没了刚开始的那种势头，孩子们的喊声也渐渐变小。一旁的小杰见状，比瑞瑞还心急。为了让水流变大，他用力猛地推了一下轮胎。轮胎被推倒在跑道上，积水溅了出来，不少孩子因为躲避不及，鞋子都被溅湿了。他们的兴致受到影响，准备离开。

意犹未尽的瑞瑞又去寻找新的目标，他想继续让轮胎"尿尿"。他扶起另外一只轮胎，积水又流了出来，他又兴奋地喊起来："快来呀，轮胎尿尿了！"瑞瑞的喊声又一次使孩子们兴趣盎然地围了过来。和第一次一样，随着积水的排出，水流逐渐变小了。不过，这次瑞瑞吸取了上次小杰推倒轮胎的经验，他很小心地用手把轮胎往水流方向倾斜了一些，于是，水流变大了一些。不一会儿水流逐渐又变小了，他再把轮胎倾斜一些，水流又变大了，其他孩子的喊声也跟着大了起来，这让他更加努力地控制好轮胎的斜度，以保持水的流势。

这时，廷廷离开了围观的队伍，他自己一个人扶起了另外一只轮胎。这只轮胎的积水也流了出来，这让他发现，原来他也可以让轮胎"尿尿"。于是，他很大声地喊了起来："快来看，轮胎'尿尿'了！快来看呀！"在旁边玩跷跷板的孩子被他的喊声吸引过来，有几个在瑞瑞那边围观的孩子也跑了过来，他们发现，原来不止瑞瑞一个人可以让轮胎"尿尿"，廷廷也可以。

于是，不少孩子争相模仿起来，跑道上的不少轮胎都开始"尿尿"，孩子们开心的笑声更响了，喊声更大了。但是，不少孩子都犯了之前小杰犯过的错误，他们把轮胎弄倒在了地上，积水溅湿了跑道和他们的鞋子。不过，也有不少孩子学会了给轮胎安全地排积水，他们很小心地扶着轮胎、很小心地控制着轮胎倾斜的角度，直到轮胎把积水全部排完。

在孩子们的欢声笑语中，所有轮胎的积水都被排掉了。最后，轮胎又整整齐齐地排在了跑道边。

活动二：完全结构化的教学活动（大班）——孔雀

活动目标：

1.了解孔雀的基本特征。

2.学用油画棒点画的方法来表现孔雀羽毛的色彩和层次。

活动过程：

一、说一说：孔雀长啥样

1.教师出示画有孔雀的挂图，请幼儿说说孔雀的外形特征。

2.教师小结：孔雀很漂亮，它的尾巴颜色很鲜艳，像把五彩扇子，孔雀头上还长着三根漂亮的翎。

二、教师示范：逐步讲解示范孔雀的画法

1. 先画孔雀的头和身体：一个小一点的圆和一个椭圆。

2. 接着画上眼睛、嘴和脚。

3. 再画孔雀的尾巴与翎毛，尾巴是圆形或半圆形。

4. 用油画棒在孔雀尾巴上以点彩的方法来装饰孔雀。

三、幼儿操作：画孔雀

1. 幼儿作画，教师巡回指导。

2. 教师提醒幼儿：将孔雀身体画在纸的最下方，尾巴可以画大一些，占满纸，要注意色彩的明暗、冷暖对比，并将孔雀尾巴点满。

案例5-4中的活动一是一个纯粹的游戏活动，它发生于幼儿的自由活动时间，完全由幼儿自主发起和进行，没有教师预设和指导的任何成分。活动二则是一个完全结构化的教学活动，它发生于专设的集体教学活动时间，教师对其有着明确的教学目标和教学预设。在活动实施过程中，教师完全按照预设的内容组织活动，而幼儿完全按教师的要求和指示完成教师预设的学习任务。这两个活动分别在不同的相对分离的时间发生，没有任何交叉，因此属于分离式的结合方式。

分离式的结合方式操作简单，容易被教师掌握，评价直截了当，也容易被管理者运用。

（2）插入式

在教学中插入游戏，或在游戏中插入教学，这种结合方式常被运用。游戏可以是教学活动的先导，幼儿在游戏中获得的经验，可以通过教学加以理性化；游戏也可以是教学的后继活动，教学中幼儿习得的知识和技能可以在游戏中得到运用。在幼儿游戏时，教师在观察和理解幼儿的基础上，可以以个别或小组形式插入有益于幼儿学习和发展的教学和指导。运用插入式结合方式的原则是既要有益于提高教学的有效性，又要避免干扰幼儿自发、自主的游戏活动，在一种活动中插入另一种活动时，应自然而不要生硬。

案例 5-5

以插入式结合游戏和教学的活动：风车

活动过程：

一、欣赏风车

1. 教师出示自制的风车，幼儿观察风车的形状、构造等特点。

2. 教师请几个幼儿玩一玩风车。

3. 教师：想不想有自己的风车呢？我们一起来做一做吧，做好了再到外面去玩好吗？

二、做风车

1. 幼儿翻看幼儿手工《风车》上的风车制作图，分组观察和探索风车的制作方法。

2. 教师重点讲解剪纸的方法。

3. 幼儿用预设的材料制作风车，教师指导。

三、玩风车

1. 幼儿在户外自由玩风车。初步感知风车转动的快慢与风的大小、跑动速度之间的关系。

2. 比一比：谁的风车转得快？

四、集体讨论

教师组织幼儿讨论：风车转动的快慢与风的大小、跑动速度之间有什么关系？

在"风车"这个活动案例中，"欣赏风车"和"做风车"是教师有目的、有计划的教学活动。在其中，教师组织幼儿集体观察和讨论风车的形状、构造等，并组织幼儿按照高结构化的制作方法，用预设的材料制作风车，由此有效地让全体幼儿了解了风车的基本外形特征，并学会了通过折纸和剪纸制作风车的基本方法。之后，幼儿自由玩风车的游戏活动成为了教学活动的后继活动，幼儿在这个活动中自由游戏，并可以初步感知风车转动的快慢与风的大小、跑动速度之间的关系。在幼儿积累相关经验的情况下，再经由集体讨论的教学活动，引导幼儿进行比较和归纳，初步认识到风车转动的快慢与风的大小、跑动速度之间的关系。"教学到游戏，再到教学"，这句话能很好地说明这个案例的特征。

（3）整合式

整合式是实现游戏与教学优化结合的一种高级形式，它使两种性质不同的活动有机地融合成一体，有时已难以区分什么是游戏，什么是教学了。

案例 5-6

以整合式结合游戏和教学的活动：量量影子有多长

幼儿对"影子"非常感兴趣，于是教师支持幼儿对影子进行探索活动。幼儿对影子的长度感兴趣，于是教师准备了各种测量工具（如绳子、小棒、铅笔、粉笔等）。

活动过程：

一、画影子

幼儿在操场上相互帮助画下自己的影子。

二、量影子

幼儿从各种测量工具中选择一种，量一量自己的影子有多长？（在此过程中，教师予以个别指导，并鼓励幼儿互相帮助）

三、比一比

1. 幼儿与使用同样测量工具的同伴去比一比，看看谁的影子长，谁的影子短？

2. 幼儿互相交流测量时发现的问题。例如：幼儿发现自己身高比别人高，但为什么影子量出来却比别人短？

四、再量影子

1. 换一个地方再画下自己的影子。

2. 使用第一次测量时用的工具，量一量这次影子有多长，和第一次影子的长度比一比。

"量量影子有多长"这个活动源自幼儿的兴趣，教师根据幼儿的兴趣及时生成了这个活动。在整个活动过程中，已经很难绝对地区分什么是游戏活动，什么是教师的教学活动了，这两种性质不同的活动已经有机地融合成一体了。由于每个幼儿的经验不同，在画影子、量影子和比影子等活动中，有的完全沉浸在自我的游戏体验之中，有的则在教师的指导下进行活动，还有的是模仿别的幼儿进行活动，而且每个幼儿自身在不同的时间段和不同的情景中也会有不同的活动状态。

整合式的结合方式操作难度大，需要教师善于把握幼儿的所思和所感，灵活处理教育过程中所发生的教师计划与幼儿兴趣及其需要之间的矛盾。

以上这三种方式各有其适用的情况，因此不可简单地定论哪一种方式孰优孰劣，一切取决于幼儿园实践活动的需要。教学和游戏"最优化"的全部含义就在于，在一定的场合和情景下最适当地运用某种结合的方式。

三、幼儿园课程的结构化程度

课程和教育活动的价值取向直接反映在课程和教育活动的结构化程度上。结构化程度高的幼儿园课程和教育活动，注重课程预设的目标，强调教师规定的教学任务，强调按目标是否达成而进行评价；相反，结构化程度低的幼儿园课程和教育活动，注重的则是课程和教育活动的过程，强调儿童生成的学习任务，强调根据儿童的参与性、教师的满意度等因素进行评价。由此可见，提出"幼儿园课程结构化程度"概念的目的在于通过对幼儿园课程和教育活动的结构化程度分析，从而判断其课程的价值取向，为幼儿园课程评价提供良好的依据。

在课程结构化程度评价标准的基础上，课程文本的结构化程度评价标准有所细化：一是看课程文本设计的整体模式，即结构化程度低的课程文本往往强调活动的过程，弱化目标的设定，而结构化程度高的课程文本往往强调活动的目标和目标的整体架构；二是看课程文本采用哪种课程结构，即常见的幼儿园课程文本结构有单一教学活动、整合教学活动、单元教学活动、主题教学活动、方案教学活动等，它们的结构化程度是不断降低的；三是看活动设计本身，即从活动设计所制定的目标上看，高结构的教学活动，目标一般较明确具体，而低结构的教学活动，目标一般较宽泛。从活动设计所安排的内容来看，结构化程度高的教育活动，教育内容一般陈述详尽，活动材料具体，教师的可操作性强，相反，结构化程度低的教育活动，教育内容的开放性程度较高，生成空间较大，选择余地也很大。

幼儿园课程的结构化程度不仅体现在课程文本和活动设计中，更关键的是体现在课程实施的过程中。在相同结构化程度的文本指导下有可能出现不同结构化程度的活动实施。

案例 5-7

低结构化的课程文本指导下开展的高结构化的活动

文本：大班活动"影子游戏"

［活动目标］

1. 了解影子的形成条件及其变化。

2. 能细心观察与比较，敢于发表自己的看法。

［活动过程］

1. 发现影子。

在有阳光的日子里，带幼儿到操场上寻找影子，相互交流自己发现了哪些影子。

将一幼儿的影子用粉笔描画出来。

2. 影子的产生。

教室里看见过影子吗？怎样做出影子？

教师打开手电筒，观察墙上出现了什么？

鼓励幼儿一一上来尝试，将自己的剪影投到墙上。

教师和幼儿一起玩手影游戏。

教师关、开手电筒，提问：影子怎么不见了？怎样才能让影子回来？

引导幼儿发现影子的产生需要物体和光。

3. 影子的变化。

用手电筒从不同角度照动物玩具，比较它的影子是否相同？

影子一会儿长、一会儿短，一会儿左、一会儿右，影子怎样才会变呢？

再来玩一玩。从左面、上面、右面三个不同的角度照动物玩具，比较影子的变化。

4. 影子藏起来了。

影子会藏起来吗？（幼儿结合生活经验自由发言）

利用手电筒的光源验证幼儿的方法。(如：大手和小手叠在一起，书和橡皮叠在一起)

第二次到户外，尝试让自己的影子藏起来。(躲在树荫里，躲在楼房的影子里，躲在老师的影子里)

[活动延伸]

在中午和下午，分别带领幼儿来到操场，观察影子的变化。

将同一幼儿的影子用粉笔描画出来，比较影子的变化。

以下是一位教师参考"影子"活动案例后开展的活动过程。教师与幼儿一起玩手影游戏并教幼儿几种手影的玩法。教师提问："为什么会有影子呢?"请幼儿讨论影子形成的原因。接下来，教师让几名幼儿用手电筒从不同角度照在某物品上，观察影子有什么变化，请幼儿讨论"为什么影子会发生变化"。最后，教师用手电筒上下、左右、远近地照在活动室的某物品上，请幼儿说一说他们发现了什么。再请幼儿自己操作，玩一玩影子的游戏。教师创设了探索区游戏"有趣的影子"，提供了手电筒和一些材料，并提供了用于记录的表格，期待孩子们继续探索影子的秘密，发现光的远近、角度和影子之间的关系。区域提供的材料如2张图片所示（见图5-2-6）。整个活动过程是由教师设计和提供一系列活动，目的在于让幼儿掌握有关影子的知识。活动过程中幼儿生成的问题不多，基本按照教师预设的活动开展，具有较高结构化活动的特征。

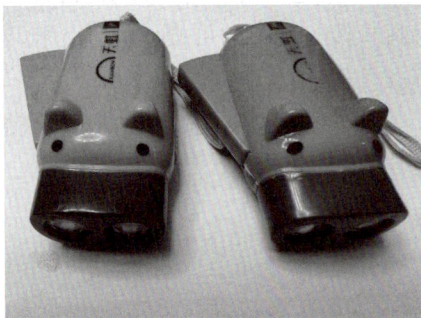

记录单（1）　　　　记录单（2）

图5-2-6　活动材料

案例 5-8

低结构化的课程文本指导下开展的低结构化的活动

文本：大班活动"影子游戏"（文本内容同案例5-7）

以下是教师在参考"影子"活动案例后开展的活动过程。阳光灿烂的午后，教师带着孩子们在幼儿园里散步，大家一会儿走在操场上，一会儿走在小树林中。教师问孩子们有没有发现什么有趣的事情，很快，孩子们注意到了自己的影子，并且对影子产生了浓厚的兴趣，他们边扭动身体边观察自己的影子发生了哪些变化，并围绕着"光和影子"展开了一番争论。

李晓竹："嘿！你们快点过来看呀！我的影子多听话，真有意思，我往哪儿去，它就跟我往哪儿去。"

张小希："我的影子也很听话，我做什么动作，它就跟着我做什么动作。"

潘晓安："为什么我们会有影子呢?"

邓小亮："它是怎么来的呢?"

林静静："因为影子是太阳光照的,我们午睡室里没有太阳光,所以就没有影子。"

高梅梅："对对对,晚上没有月光的时候,也见不到影子啊!"

"你们快看,我站到老师的影子里,我的影子就不见了。"

"我的影子也不见了,嘿!我用脚使劲地踩我的影子,怎么也不疼呢?"

"我的影子还会变化无穷呢!"……

孩子们对影子现象产生了兴趣。

"快看快看,我的影子比老师的影子还要长,我要量量我的影子有多长。"邓亮亮边说边到教室里拿了尺子到户外测量影子。

教师依旧在一旁观察。

过了一会儿幼儿又发现了问题:

"老师,尺子没那么长,怎么办呢?"

"你们想想有什么办法吗?"

"我们可以想办法让影子变短一点。"

"我们可以把几把尺子接到一块量。"

"不用不用,我们用一把尺子量就够了,只要量完做好记号就可以了"。

幼儿出了很多主意,教师请幼儿一一去尝试自己所提出来的方法,看可不可以用。幼儿分头忙开了,有人尝试着让影子变短,有人叫着同伴帮忙一起测量影子。活动过程中幼儿还生成了一些问题,教师始终采用请幼儿自己解决的方式。整个活动教师预设很少,全程以引导者和参与者的角色出现。活动内容以幼儿的探索为主,并由幼儿自主生成问题、解决问题,体现出较低结构化活动的特征。

案例 5-9

高结构化的课程文本参考下所开展的高结构化活动

文本:中班活动"痒痒树"

[活动目标]

1.在理解故事情节的基础上,学会较为连贯、完整地讲述故事主要内容。

2.懂得爱护和保护树木,萌发爱心和同情心。

[活动重点]

在理解故事情节的基础上,能较为连贯、完整地讲述故事主要内容,能感知痒痒树从快乐到难受再到快乐的过程。

[活动难点]

感知痒痒树从快乐到难受再到快乐的过程,并想办法帮助痒痒树。

[活动准备]

教育挂图《领域活动·语言·痒痒树》。

[活动过程]

1.提问引题。

"小朋友,你们知道哪些树?"

"你见过怕痒痒的树吗?"

"下面我们来听一个故事,故事的名字叫《痒痒树》。一起看看这棵痒痒树到底是什么样子,它究竟发生了什么事。"

2. 逐一出示教育挂图《痒痒树》，具体讲述故事。

出示教育挂图①，讲述故事的前两段。

"痒痒树在平时被小朋友挠了以后会怎么样？痒痒树落泪的时候霞霞为什么没有笑呢？（在别人难过的时候笑是很不礼貌的）小朋友猜一猜，痒痒树为什么会落泪呢？"

"小朋友猜得到底对不对呢？下面就听老师继续往下讲。"

出示教育挂图②，继续讲述故事。

"现在小朋友们知道痒痒树为什么掉眼泪了吗？"（被人划伤了）

"你受伤的时候是什么样的感觉？"（疼）

"痒痒树疼得直掉眼泪，你有什么好办法都助它吗？"（鼓励幼儿讲出各种疗伤的方法）

出示教育挂图③④，讲述故事的结尾。

"小朋友们是怎么样关心痒痒树的？包扎后的痒痒树怎么样了？"

"以后我们要怎么样对待树木呢？"（要爱护、保护它们）

3. 引导幼儿结合教育挂图较为连贯、完整地讲述故事的主要内容。

4. 丰富幼儿的生活经验。

"小朋友，你们觉得世界上真的有痒痒树吗？真的有！痒痒树的名字叫紫薇树，它的叶子是椭圆形的，它开出的花朵非常漂亮，有红色的、粉色的，还有紫色的。你只要轻轻地碰碰它的树皮，它的枝叶就会摇动起来，可有趣了！在全世界，我们国家的痒痒树最多，希望小朋友们有机会去看一看，摸一摸。"

5. 开展音乐游戏"挠痒痒"。

"小朋友们在平时开玩笑的时候喜欢挠别人的痒痒，下面我们就一边跟着音乐念儿歌一边做'挠痒痒'的游戏。"

6. 结束活动。

"今天听了这个故事，希望小朋友们在公园看见小树的时候能够爱护它们，和小树做好朋友，做个爱护花草树木的好孩子。"

[活动延伸]

1. 生活活动：在日常生活中，让幼儿做个爱护花草树木的好孩子。

2. 家园共育：请家长带幼儿到公园的时候引导幼儿爱护花草树木。

以下是一位教师在参考"痒痒树"活动案例后开展的活动过程。教师提问："你们见过什么样的树木？"请几位幼儿简单回答，引出故事"痒痒树"。教师边出示图片边讲述故事，之后提问："痒痒树为什么哭了？""为什么痒痒树哭的时候霞霞不笑？""你们受伤的时候是什么感觉？""你们可以怎样帮助它呢？""故事里小朋友是怎样帮助痒痒树的呀？"请幼儿一一回答问题。教师再次完整地讲述故事，适时引导幼儿跟着说故事。最后教师提问："你们喜欢这些小朋友吗？为什么？""如果你身边有人受伤，伤心难过了，你会怎么做？"幼儿自由讨论并回答，教师总结。教师全程参考了课程文本中的设计内容，整个活动过程教师以预设的内容为指导，一步步开展。目的在于让幼儿掌握故事内容，体现出高结构化活动的特征。

案例 5-10

低结构化的课程文本参考下所开展的低结构化活动

文本：小班活动"泥土里的秘密"

[活动目标]

1. 感受运土的快乐，培养幼儿爱劳动的情感。

2. 能运用工具进行挖泥活动。

3.感受在泥土中探寻各种小生物的乐趣。

[活动准备]

1.运土工具，寻找湿润、松软的泥土。

2.准备多种挖泥工具，如小铲子、自制挖土工具等，盛放小虫的容器。

[活动过程]

1.请幼儿到事先选择好的活动场地。

2.请幼儿选择需要的工具挖泥，鼓励幼儿在挖泥时仔细观察，玩运土游戏，把这边的泥运到另一边去。

3.用水弄湿泥土，再次让幼儿运土，请幼儿选择自己需要的工具挖泥。建议幼儿将找到的各种小生物放在带来的容器中。

4.引导幼儿向同伴介绍自己在挖泥中的发现，说说自己在寻找活动中感到高兴的事。

5.请幼儿说说湿的泥重还是干的泥重。

[活动结束]

小朋友集体排队回教室，一起进行探讨。

以下是一位教师在参考"泥土里的秘密"活动案例后开展的活动过程。教师将幼儿带到户外，找到一块泥巴地，说："小朋友们，这块泥巴地里有些什么呢？"教师提供一些挖掘工具和其他物品，让孩子们自己去探索哪些工具可以用来挖泥土。有幼儿拿树叶挖，发现挖不动，就有幼儿提醒他要用硬的东西去挖。过了一会儿，基本上所有幼儿都能用比较适合的工具挖泥土了。很多幼儿都从泥土里挖出了各种各样的东西，有小石头、垃圾、树叶、蚂蚁、小虫子……这时有个幼儿挖出了一条蚯蚓，吸引了大家的注意。有的幼儿不知道叫什么，教师告诉孩子是蚯蚓；有幼儿发现蚯蚓好像是断了一截的，但为什么还能动呢？这个问题引起了大家的兴趣。于是，大家商量把蚯蚓带回教室，仔细研究。回教室后，教师给幼儿提供了一些有关蚯蚓的图书阅读。在整个活动中，教师根据教案的要求设置了一些活动目标，但整个活动过程中他并未给孩子们过多的指导，以幼儿探索为主，提供给幼儿动手的机会，并关注探索过程中幼儿所生成的问题。活动更注重幼儿的兴趣和需要，具有较低结构化的特征。

美国项目课程专家赫尔姆和美国著名幼儿教育专家凯兹（Helm, J. H. & Katz, L., 2001）在将她们所倡导的方案教学与其他各种教学进行比较时，曾使用一张图，以表示在一些不同类型的、常见的教育活动中儿童发起活动的比重。为更明晰地说明问题，这里将原图稍作修改，以示这个由不同结构化程度的教育活动组成的连续体（见图5-2-7）。

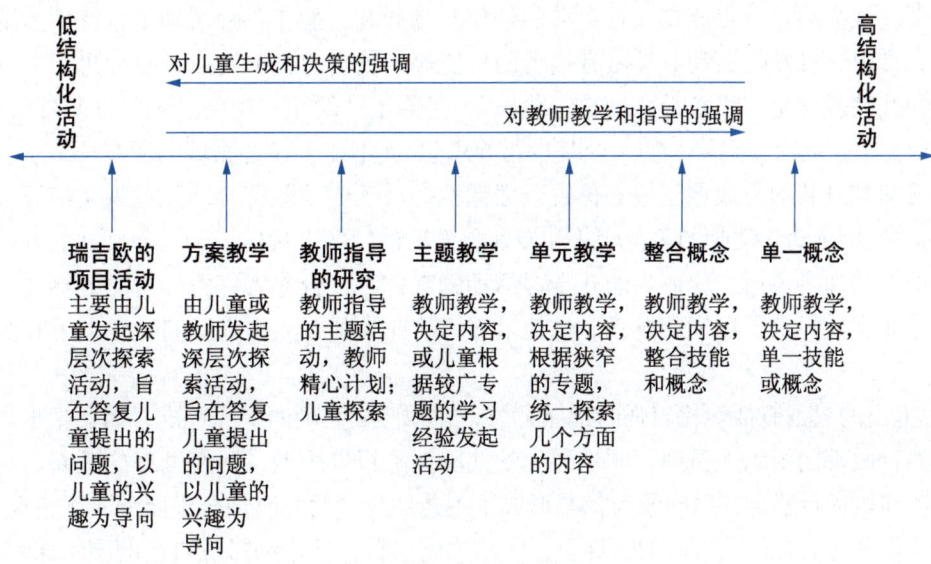

图5-2-7 不同结构化程度的教育活动组成的连续体

　　图5-2-7十分清晰地表现了各种教育活动在连续体上所处的位置。例如，以分科（领域）教学为主要形式的单一概念或整合概念教学，位于连续体的右侧，反映了以教师发起教学活动、教师决定教学内容和以完成教师预定教学目标为导向的高结构化教育活动的特征。又如，以主题网络的方式展开的方案教学，位于连续体的左侧，反映了以儿童或教师发起探索活动、儿童或教师在互动过程中展开学习活动，以及以关注活动过程为导向的低结构化教育活动的特征。

　　从这张反映不同结构化程度的教育活动组成的连续体的示意图中，能得出以下一些结论：

　　① 在幼儿园课程中，教育活动的设计和实施在结构化程度上由低到高，形成一个连续体，所有的教育活动都可以在此连续体上找到相应的位置。

　　② 一般而言，每种类型的教育活动本身的性质，决定了该教育活动结构化程度的基本状况，表现为每种类型的教育活动在此连续体上都可以找到相应的区域。

　　③ 尽管同种类型教育活动的结构化程度基本状况趋同，但是由于教育活动设计和实施等各方面原因，其结构化程度也会有所不同，表现为在连续体的较小范围内可以找到相应的位置。

　　④ 幼儿园课程的教育取向，即"过程"对"结果"、"儿童为中心"对"教师为中心"、"儿童兴趣和需要为导向"对"教师计划为导向"等等，主要反映在组成课程的系列教育活动在连续体的相对位置上。

第三节　幼儿园课程实施的影响因素与常见问题

一、幼儿园课程实施的影响因素

（一）国家有关幼儿教育政策对幼儿园课程实施进行宏观指导

　　2001年国家颁发了《幼儿园教育指导纲要（试行）》（以下简称《纲要》），全国的幼儿园开始了新一轮的改革，课程改革成为改革的关键，《纲要》中将幼儿学习的范畴按学习领域的维度相对划分为健康、语言、社会、科学和艺术五个领域。《纲要》中也提出了一些新的理念，如：建构主义的知识观，强调作为教育内容的知识的建构性、过程性，认为知识是动态变化的，是一个幼儿主动建构的过程。幼儿因其年龄特征、认知特征，所持经验的特征，其学习方式更多的是依靠"做中学"；看待幼儿"学习"的开放而宽广的视野，认为幼儿学习能在一日生活的任何时刻展开。能在各种活动中，特别是游戏中大量产生和有效进行。自由、自发的活动对学习有重要的价值等；终身教育的观点，这一思想在《纲要》中不仅直接表述：幼儿园教育是"终身教育的奠基阶段"，是为了"幼儿一生的发展打好基础"，而且还渗透在《纲要》的全文中，成为《纲要》的一个基本指导思想。《纲要》在各领域的所有环节中，一致地将培养幼儿终身学习的基础和动力放在了核心位置，强调教育活动要"既符合幼儿的现实需要，又利于其长远发展"。同时提出了幼儿教师的角色变化和专业化发展的问题，规定了幼儿教师在教育过程中的角色绝不仅仅是知识的传递者，而"应成为幼儿学习活动的支持者、合作者、引导者"。《纲要》的角色要求对幼儿教师的专业素质提出了极大的挑战，也把培养"幼儿教师专业水准"问题提上了我国幼教发展的日程。

　　《纲要》中提出的只是概括性比较强的指导思想，并未形成明确的课程标准，因此根据《纲要》的精神，各地方教育行政部门组织人员编写领域课程幼儿园教师指导用书，并经过理论研究与实践经验的总结，逐渐将各个领域进行整合，以问题为核心形成了主题课程。幼儿园结合本园的实际情况，在《纲要》精神的指导下，在各地教育行政部门的引导下，实施主题课程，并逐渐形成自己的园本课程。"课程"的理念很容易被接受，但由于其概括性，不具体性，不可操作性，将理念转变为教师的教育教学行为就有了一定的难度，这也影响到幼儿园在实施方案时的效果。

（二）社会和家长的价值取向对幼儿园课程实施有重要影响

教育与社会的关系是紧密相连的，教育以其自身特有的活动形式反作用于社会发展，对社会发展有着积极的推动和促进作用，同时教育的发展与变革也受制于社会的自然环境、人口状况、生产力、文化等。在上个世纪八十年代末，由美国学者 Joseph. Tobin 等人做的一项研究"幼儿教育与文化——三个国家的幼教实况比较研究"，探讨了如日本、中国和美国等不同文化背景下幼儿教育的意义。研究表明，不同文化背景下的幼儿教育在方方面面都表现出了很大的差异，这表现出了文化对幼儿教育的影响。同时代一批跨文化研究的学者们经过研究，相信文化上的差异与儿童的学习背景、发展变化和社会调整是紧密相连的，为儿童编制的课程是不可能脱离这些文化背景的。'美国教育人类学家斯宾格勒（G. D. Spindler）说过："一定社会特有的文化传递渗透于社会生活的各个方面，强烈地制约着教育过程的进行和人们养育子女的方式"。英国教育专家霍尔姆斯（Holmes, B.）等也曾对各国的课程进行研究比较，认为文化对课程有深厚的影响，他认为在中国"选择性考试不可能取消。而考试制度事实上意味着中学教育内容肯定被考试要求所左右。"多尔在《后现代课程观》中提出了"文化联系"的观点，他认为人们对课程"所有的解释都与地方文化相关，而且与其他文化及其通过全球模体而进行的解释相互联系。"而反映社会文化的价值取向对幼儿园课程实施有重要的影响。社会与家长的价值取向影响着园长与教师对课程目标的确定和对课程内容的选择，影响着幼儿园课程组织的形式和教师在教育教学中的角色。

👥 思政引航

在党的二十大上，习近平总书记指出："全面建设社会主义现代化国家，必须坚持中国特色社会主义文化发展道路，增强文化自信，围绕举旗帜、聚民心、育新人、兴文化、展形象建设社会主义文化强国，发展面向现代化、面向世界、面向未来的，民族的科学的大众的社会主义文化，激发全民族文化创新创造活力，增强实现中华民族伟大复兴的精神力量。"2023年6月习近平总书记在文化传承发展座谈会上的讲话中强调："坚定文化自信。自信才能自强。有文化自信的民族，才能立得住、站得稳、行得远。中华文明历经数千年而绵延不绝、迭遭忧患而经久不衰，这是人类文明的奇迹，也是我们自信的底气。坚定文化自信，就是坚持走自己的路。坚定文化自信的首要任务，就是立足中华民族伟大历史实践和当代实践，用中国道理总结好中国经验，把中国经验提升为中国理论，既不盲从各种教条，也不照搬外国理论，实现精神上的独立自主。要把文化自信融入全民族的精神气质与文化品格中，养成昂扬向上的风貌和理性平和的心态。"

请思考：如何理解中国特色社会主义文化对我国幼儿园课程实施的影响？如何在课程实施中引导幼儿树立文化自信？

（三）幼儿园条件对幼儿园课程实施有很大影响

幼儿园的自身情况也会影响幼儿园课程的实施。幼儿园的规模和性质对幼儿园的知名度、教师的素质和稳定性等都有影响，幼儿园教学机构的设置以及教研制度等会影响教师的教研活动的数量和质量，幼儿园的硬件条件会影响幼儿园为幼儿提供的活动空间和活动氛围的质量，幼儿园的园所文化又会影响教师工作中的合作、协商和支持程度，影响师幼互动的质量。所有这些都会对幼儿园课程实施产生影响。

（四）幼儿园园长的素质与管理理念对幼儿园课程实施起着决定性的作用

幼儿园园长是幼儿园的管理者，《幼儿园工作规程》中提出，幼儿园实行园长负责制，园长是幼儿园主要行政领导者，对幼儿园的工作全面负责，同时负责指挥控制全园各项工作和管理活动，包括对课程的管理。园长的素质影响到幼儿园各个方面工作的开展和质量，也影响幼儿园课程的实施。园长的管理理念，对教师的专业指导和支持，对教师培训的支持和倡导、对幼儿园资源的投入与利用、以及对课程评价的取向等，都会对幼儿园课程的实施产生影响。

（五）幼儿园教师和幼儿对幼儿园课程实施起着关键性的作用

任何一项课程改革方案、课程计划等最终都要经由教师来实施，教师是最直接的课程实施者，"从某种意义上讲课程计划最终都是通过教师的教案而得到实施的。"教师参与课程实施的积极性和主动性对课程实施起着至关重要的作用。联合国教科文组织在《教育——财富蕴含其中》的报告中曾指出："教师作为变革的因素，其重要性不仅体现在教师是改革不可或缺的力量，同时也来自于变革的时代导致教师本身也已经成为改革的对象"。可见教师对课程实施影响之重要。

在幼儿园的课程方案确定后，接下来就是课程的具体实施，从计划的制订、目标的确定、内容的选择到具体组织实施课程以及最后的评价，教师则发挥了关键性的作用。由于幼儿园课程没有国家统一颁发的课程标准，也没有国家组织编写的教材，幼儿园的课程实施，主要是教师按照《纲要》的精神，根据本班幼儿的实际水平，制订课程计划，确定课程目标，选择课程内容、方法等。教师在课程时间的安排、课程计划的制订、教育活动目标的确定、教学方法的选择、教育活动开展形式等方面有着相当大的自主性，这些会影响着师幼互动的质量，影响着幼儿园课程的实施。

而幼儿是教育的起点和归宿，从课程的设计到课程的具体运行到课程评价，始终要围绕着幼儿这个核心因素进行。教师的基本素质、教师的价值观、幼儿的兴趣、需要和年龄特征等，这些也都会影响幼儿园的课程实施。[1]

📁 政策窗

"四有"好老师：有理想信念、有道德情操、有扎实学识、有仁爱之心。

——2014年9月9日同北京师范大学师生代表座谈时的讲话，提出好老师的四个标准

四个"引路人"：做学生锤炼品格的引路人、做学生学习知识的引路人、做学生创新思维的引路人、做学生奉献祖国的引路人。

——2016年9月10日，习近平总书记在第三十二个教师节上的讲话

"四个相统一"：坚持教书和育人相统一、坚持言传和身教相统一、坚持潜心问道和关注社会相统一、坚持学术自由和学术规范相统一。

——2016年12月8日，习近平总书记在全国高校思想政治工作会议上的讲话

二、幼儿园课程实施中的常见问题

在幼儿园课程具体实施中，往往因没有处理好集体教学与游戏活动、课程的预设与生成以及显性课程与隐性课程之间的关系而出现了课程实施中的常见问题。

（一）重集体教学与重游戏活动

10多年前，我国幼儿园通常以集体教学活动为主，集体活动在一日生活中所占的比重最大，也最受教育工作者的重视，而一日生活中游戏活动时间较少，教师对游戏活动的重视程度也不高。产生这一问题的原因，根本在于知识为本位的课程观。在知识为本位的课程观中，集体教学活动看似能更为系统高效地传授必要的知识，而游戏活动对于幼儿学习文化知识的作用看似微乎其微，只能作为集体教学活动之余的放松休息。

在近10年课程游戏化进程中，教师从幼儿视角看待课程，越来越意识到游戏活动的重要性，意识到

---

[1] 王萍.幼儿园课程实施现状与特征的个案研究［D］.东北师范大学，2010.

游戏活动对发展幼儿主动性、独立性和创造性的重要意义。但由于一些教师不完全了解课程游戏化的内涵，出现将游戏与课程对立或用游戏代替课程等理解偏差。有的教师对"课程游戏化"中教师的观察和指导有误解，认为教师在游戏中对幼儿的指导即是对幼儿游戏的干预，为了表示对幼儿游戏中的"自由、自主"观念的重视，教师在幼儿游戏时间成了旁观者，任由幼儿自己玩游戏，她们认为只要每一个孩子手里有事做，教室里忙忙碌碌的状态就是幼儿自由游戏的良好状态，而老师只需要不断巡视，维持良好秩序就够了，因而对游戏中出现的状况一味地回避。这使得课程游戏化浮于表层，难以实现它真正的价值，获得深度、有意义的学习经验。以游戏为中心的课程并不是放任自流的课程，而是通过游戏的力量来促进儿童发展的课程。

教育认识和教育理念直接影响着幼儿教师的教育选择和教育行动，因此要先澄清课程游戏化理念指导下的教育活动中教育与游戏的关系，明晰课程游戏化的本体依然是课程，但要确保游戏作为幼儿的基本活动方式，且游戏精神能够贯穿幼儿教育活动始终。在幼儿园课程具体实施中，应该根据课程目标、内容与组织形式，合理地安排集体活动与自由活动的占比，做到既能发挥集体活动高效率的作用，又能发挥自由活动自主性的功能。

（二）重课程预设与重课程生成

10多年前，在幼儿园课程实施中，采用忠实取向的课程实施仍占比较多，教师强调教学预设的目的性、规定性、完整性，坚决按照课程计划实施。在实践中，不少教师固守预设，对于幼儿提出的问题和看法，符合预设的便给予回应，不符合预设的则一带而过。这种做法表面上看似达成了预设的目标，但实际上却使课程实施过程干瘪化，失去了课程实施过程中隐藏的诸多促进幼儿发展的机会。

在近10年课程游戏化进程中，很多幼儿园将努力的方向放在做幼儿喜欢的生成课程上，要求教师现场调整教学主题，凸显教学活动的灵活性、动态性和可变性，这样做对凸显幼儿主体性有一定积极作用，但不可否认，如果预设内容及活动不能引起幼儿兴趣，也会压抑幼儿创造性，削弱幼儿的好奇性和机敏性，降低幼儿兴趣。过度重视生成内容，会使得活动始终跟随幼儿不断变化的兴趣而改变，由于缺乏明确的活动主题，导致教育活动没有持续的、渐进性的学习内容。如此一来，生成课程也仅停留于表面，难以获得更深层次的提高。

在课程实施中，预设与生成应是个辩证统一体，预设体现了课程的目的性和计划性，生成则表明了课程的灵活性和针对性。预设与生成处理得当，两者会相得益彰，提升课程效果。当然，生成课程对于幼儿园教师的专业素养提出了更高要求，要求教师对于幼儿发展和教育目标非常熟悉，并能深入了解本班幼儿的种种兴趣和需要，对于幼儿共同生活中的矛盾冲突、幼儿身边的人和事、社会热点问题、意外或突发事件等可能生成课程的现象保持足够的专业敏感。

（三）重显性课程与重隐性课程

显性课程指一整套以教学计划、课程标准和教材的形式存在的知识技能、价值观念和行为规范，这是一种以直接的、明显的方式呈现的课程。隐性课程与有计划、有组织地实施的显性课程不同，是指学习者在学习环境（包括物质环境、社会环境、文化体系等）中学习到的非预期或非计划性的知识、价值观念、规范和态度。

在以往的幼儿园课程实施中，教师往往更多集中在显性课程的组织与实施中，对于隐性课程的开发不足。在课程游戏化进程中，不少教师认为每个幼儿都有事情做，整体气氛活跃，才是课程游戏化的良好状态。为了让幼儿都"忙起来"，教师见不得幼儿"闲着"，禁不住催促幼儿尽快进行自主活动。但事实上，这些偏重外显行为，忽视内隐发展价值的课程游戏化让幼儿的探索浮在表层，很难收获更加有深度、有意义的学习经验。

《3—6岁儿童学习与发展指南》中指出"幼儿在活动过程中表现出的积极态度和良好行为倾向是终身学习与发展所必需的宝贵品质。要充分尊重和保护幼儿的好奇心和学习兴趣，帮助幼儿逐步养成积极主动、认真专注、不怕困难、敢于探究和尝试、乐于想象和创造等良好的学习品质。忽视幼儿学习品质的培养，单纯追求知识技能学习的做法是短视而有害的"。可见，单纯依靠显性课程培养幼儿的情感、态度、价值观是远远不够的，隐性课程在幼儿这些方面的发展有着重要的促进作用，幼儿园应重视隐性课程的开发，特别是注重创设适宜的幼儿园物质、精神环境以及制度环境。

本章小结

本章主要讨论了三个问题：（1）课程实施的概念与取向；（2）幼儿园课程实施的途径；（3）幼儿园课程实施的影响因素与常见问题。

课程实施是指把一项课程计划或方案付诸实践的过程，即教师根据课程计划组织课程活动的过程。课程实施的取向有三种：忠实取向、相互适应取向和课程创生取向。幼儿园课程的实施主要借助于课程中各种教育活动，包括游戏活动、教学活动和日常生活活动等三种基本的途径。这三类活动既有各自独特的作用，同时又常常相互转化、彼此加强。

幼儿园课程实施的影响因素主要有：幼儿园课程与社会、文化的适应性，教育行政部门的推动和支持，幼儿园课程变革的需要，幼儿园课程计划本身的状况，幼儿园课程实施的管理和运行机制，幼儿园课程编制者与实施者之间的沟通，幼儿园课程实施者本身的水平和能力。在幼儿园课程具体实施中，往往因没有处理好"集体活动与自由活动""课程的预设与生成"以及"显性课程与隐性课程"之间的关系而出现了课程实施中的三类常见问题：集体活动为主，自由活动重视不足；课程预设为主，生成部分体现不足；显性课程为主，隐性课程开发不足。

思考

1. 课程实施有哪三种取向？请评析这三种实施取向。
2. 幼儿园课程实施中的三类常见问题是哪些？请结合实际谈谈如何避免这三类问题。

思考

提示

项目实训

请结合"案例5-1　为什么你的泡泡吹得大？"设计一个大班游戏活动"吹泡泡"

活动名称	吹泡泡
活动准备	
活动实施	
观察要点	

项目支持　可查找该游戏活动相关资料。

第六章
幼儿园课程评价

本章课件

学习目标

1. 了解幼儿园课程评价的含义、目的、作用，理解幼儿园课程评价的类型与原则。
2. 掌握幼儿园课程评价的基本要素，了解幼儿园课程评价的主要模式。
3. 能结合幼儿园实际分析幼儿园课程评价的过程。

思政目标：在幼儿园课程评价中具有批判性思维、系统性思维，树立科学的评价观。

知识框架

```
                              ┌─ 1. 幼儿园课程评价的含义
                              ├─ 2. 幼儿园课程评价的目的、作用
              ┌─ 幼儿园课程评价概述 ─┼─ 3. 幼儿园课程评价的类型
              │                 ├─ 4. 幼儿园课程评价的原则
              │                 └─ 5. 幼儿园课程评价的基本要素
              │
              │  幼儿园课程评价的   ┌─ 1. 幼儿园课程评价的方法
幼儿园课程的评价 ─┼─  方法及过程   ─┴─ 2. 幼儿园课程评价的过程
              │
              │                 ┌─ 1. 目标评价模式
              │  幼儿园课程评价的   ├─ 2. CIPP 评价模式
              └─   主要模式    ─┼─ 3. 档案袋评价模式
                                └─ 4. 外观评价模式
```

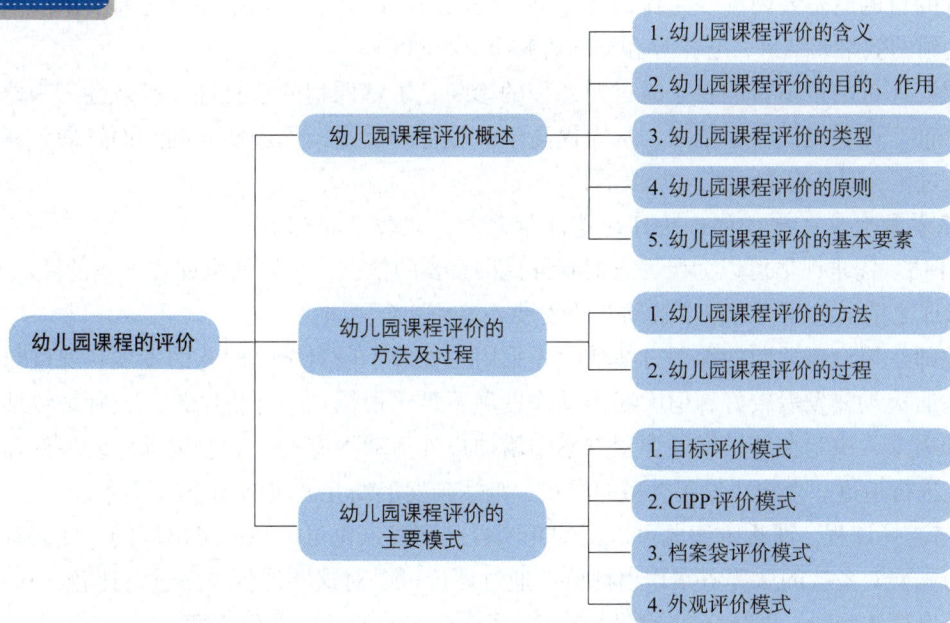

课程评价是对课程的价值做出判断的过程。评价课程的价值可以诊断课程、修正课程、对各种课程的相对价值进行比较、预测教育的需求，或者确定课程目标达成的程度等。

情境导入

园部通知周一要开年级组课程审议会，小王老师很不耐烦，她抱怨道："啥叫课程审议会啊，一会儿前审议、一会儿中审议、一会儿后审议，多浪费时间啊，一点用都没有。"

你认为幼儿园课程审议有意义吗？幼儿园开展课程审议的根本目的是什么？

第一节 幼儿园课程评价概述

课程评价诞生于美国著名的课程实验研究"八年研究（1934—1942）"的过程之中。课程评价之父拉尔夫·泰勒在课程研究过程中首次提出"课程评价"这一概念，标志着课程评价从教育评价中独立出来，成为专门的一个研究领域。课程评价是对课程的价值做出判断的过程。评价课程的价值，可以诊断课程、修正课程、对各种课程的相对价值进行比较、预测教育的需求，或者确定课程目标达成的程度等。

一、幼儿园课程评价的概念

幼儿园课程评价是评价者根据幼儿园课程的构成要素，收集、分析相关信息，对幼儿园课程的价值、适宜性、效益做出判断的过程。幼儿园课程评价的对象包括课程计划、课程实施的过程以及课程活动的结果，即幼儿和教师的发展。通过对幼儿园课程的评价，幼教工作者可以了解课程的适宜性、有效性。这些信息将有助于调整和改进课程，从而提高教育质量，使课程更有效地为每个幼儿的发展服务。可见，课程评价在幼儿园课程系统中占有十分重要的地位，是课程建构、生成与发展必不可少的环节。

二、幼儿园课程评价的目的、作用

（一）幼儿园课程评价的目的

所谓评价的目的就是要回答"为什么要评价"的问题，即人们在开始评价之前设想或规定的课程评价活动所要达到的效果或结果，它指导和支配着整个评价过程。

幼儿园课程评价的根本目的在于通过对课程的诊断，了解课程的适宜性、有效性，为修正、调整和完善课程乃至推广课程提供科学依据，从而提高学前教育的质量，促进幼儿的全面发展。评价伴随整个课程系统的全过程，具体有如下三个阶段的目的。

1. 在课程方案形成之前，评价的目的是评估需求，比较选择课程

① 需求评估。需求评估可以为课程方案制订提供重要的依据，可以增强课程方案的针对性和适应性。在课程方案形成之前通过评价可以了解幼儿的发展需求和社会需求。

例如，教师在拟订新学期的课程方案前，先采用测查等手段对全体幼儿的发展状况进行评价，了解到本班幼儿小肌肉动作发展较好，但大肌肉动作发展不足。根据这一评价结果，教师敏锐地把握了幼儿的发展现状和需求，决定在新学期的课程方案中增加户外活动中有利于大肌肉动作发展的器材数量和类型，鼓励幼儿进行追逐、奔跑、攀爬类型的游戏，以达到发展幼儿大肌肉动作的目的。

② 比较与选择课程。课程方案既可以由幼儿园自己开发，也可以在已经出版的一些课程方案中去选择。选择之前先要对备选的课程方案作出评价。通过评价可以对这些课程方案进行比较，从方案的目标、内容等方面做出整体判断，再结合本园的特点，选择适合本园的基本课程方案。

例如，幼儿园在做了需求评估后，对现在幼教界常见的"幼儿园快乐与发展课程""幼儿园渗透式领域课程""幼儿园活动整合课程"等方案进行了比较深入的分析，了解了几种课程方案的指导思想、课程结构、活动设计、教学资源、评价手段等方面的信息，根据本园身处北方的特点，最终选择了"幼儿园快乐与发展课程"作为本园的基本课程方案，而把"幼儿园渗透式领域课程"和"幼儿园活动整合课程"同时作为本园课程的重要参考和补充。幼儿园的这一课程评价的过程就是为了实现比较与选择课程的目的。

2. 在课程方案实施阶段，评价的目的是诊断与修订课程

通过课程评价，我们可以诊断原有课程的不足和问题，找出问题存在的原因和影响因素，为课程的进一步调整和改进提供充分的依据。诊断与修订课程是课程评价的基本目的。

　　例如，某幼儿园新开发了一套体育特色课程，经过一段时期的实施后，教师们感到幼儿普遍不喜欢该课程，每次活动都有畏惧心理。于是，教师们对课程进行了诊断，发现幼儿不喜欢的原因是该课程训练痕迹较重、动作难度较大，导致幼儿参与活动的兴趣不高，自信心不足，所以产生畏难情绪。于是，教师们对课程进行了一些调整。如变训练为游戏、让幼儿自主选择活动项目，降低难度，加强安全保护等。

　　3. 在课程方案实施结束后，评价的目的是了解目标的达成度并判断实施效果

　　① 了解课程目标的达成程度。课程方案实施结束后，进行课程评价可以帮助教师判定其结果，并通过与预定的目标作比较和对照，判断课程目标的达成程度。

　　② 判断课程的成效。课程方案实施后的成效如何，可以通过评价全面衡量，作出判断。这种判断不仅包括上述对目标达成程度的了解，也包括对那些预定目标之外的效果的把握。这些效果既包括正面的效果，也包括负面的效果。

（二）幼儿园课程评价的作用

　　幼儿园课程评价是针对幼儿园课程的特点和组成成分，分析和判断幼儿园课程的价值的过程，即评估由于幼儿园课程的影响所引起的变化的数量和程度。伴随着幼儿园课程运作过程的始终，幼儿园课程评价的作用大致有两个方面。

　　其一是可以满足一线教师、课程设计人员、幼儿园行政管理人员以及其他相关人员的需要，通过课程评价，检验或完善原有的幼儿园课程，或者开发新的幼儿园课程。

　　由于课程评价具有诊断功能，因此它能及时发现课程中所存在的问题，并以此为依据，调整和改进，使原有的课程更为完善；抑或从根本上改革课程，开发新的幼儿园课程。使用课程的教师、课程设计人员、幼儿教育行政管理人员或者其他相关人员，都有可能通过课程评价的过程，提高课程编制和使用的水准，从而更有利于原有课程的完善或新课程的开发和发展。

　　其二是可以满足幼儿教育政策制定者、幼儿园行政管理人员以及社会其他成员获得教育方面信息的需要，以便管理课程，制定出影响课程的各种决策。

　　在课程管理的层面上，幼儿园课程政策制定者、幼儿教育行政管理人员以及社会其他成员需要获得有关课程方面的信息，以此作为对幼儿园课程质量的鉴定或推广的依据。由于课程评价具有鉴定功能，因此可以通过对课程中各种成分以及它们之间的关系进行分析，或者可以通过对不同课程的比较，对课程的实际效果进行评定，对课程是否值得推广、在什么范围内推广以及如何推广等做出结论。

三、幼儿园课程评价的类型

　　根据不同的分类标准可以把课程评价划分为不同的类型。

（一）根据评价的功能和进行的时间的不同，可以把课程评价分为形成性评价与总结性评价

1. 形成性评价

　　形成性评价也称过程评价，旨在通过对课程发展过程中所获得的材料的分析和判断，调整和改进课程方案，使正在形成中的课程更为完善。形成性评价可以在课程设计阶段和早期试验阶段进行，通过评价，使课程设计和编制者获得有关信息，在教育理论探讨、课程框架构思、教育目标确立等方面发现问题和诊断问题，及时加以修正；形成性评价可以在课程实施阶段进行，通过评价，检查课程在实施中的有效性，逐步修正或改革，逐步使课程定型；形成性评价还可以在课程推广过程中进行，通过评价，使课程的示范和推广过程由于调整和巩固而更契合课程采纳者的教育实践。

2. 总结性评价

　　总结性评价也称终结性评价或结果评价，旨在对课程实施以后所获得的效果进行评价，以验证课程的成功程度和推广价值。

　　总之，"形成性评价关注的是课程问题的起因，总结性评价关注的是课程问题的程度；形成性评价的

结果主要是为课程编制者改进课程所用,总结性评价的结果主要是为课程决策者提供制定政策的依据;形成性评价关注的是课程计划的改进,总结性评价关注的是课程计划的整体效果"[1]。

但是,在幼儿园课程评价过程中,形成性评价和总结性评价并非是非此即彼的,例如,在为课程发展而进行的形成性评价过程中,可包含对某个阶段教育的短期效果做估计的总结性评价;在以评定课程效果而进行的总结性评价中,也可包含一些形成性评价,作为课程判断和决策的参考依据。

(二)根据评价主体的不同,可以把课程评价划分为自我评价和他人评价

1. 自我评价

自我评价又称内部评价,是指由幼儿园内部或教师本人对照课程评价标准,对园内或教师自己的课程实施状况与效果作出分析和判断的一种评价方式。自我评价可以使评价过程成为教师自我认识与提高的途径。

幼儿教师作为活动的设计者和实施者,既是评价的对象又是评价的主体,他们参与课程评价有利于发现问题,总结经验。教师对课程实施情况进行评价,也是自我认识的基本手段,能使教师对自己的专业素质、责任感有更清楚和正确的认识,有利于提高自我分析和自我反思的能力,总之,教师自我评价对自身发展起着重要的作用。

2. 他人评价

他人评价又称外部评价,是由有关人士或专门人员组成评价小组,对幼儿园课程的整体实施状况作出判断的一种评价方式。外部评价的作用通常是为教育主管部门有效管理课程提供决策信息。

(三)根据评价方法的不同,可以把课程评价分为量化评价与质性评价

具体见本章第二节,此处略。

四、幼儿园课程评价的原则

为了保证课程评价的效果,提高课程评价的质量,必须遵循课程评价的四项基本原则。

(一)科学性原则

为提高课程评价的科学性,需要从多方面努力。首先,应该加强评价者的职业道德修养,树立公正的评价观念和实事求是的工作态度,理解课程评价的目的。其次,需要有明确、一致的评价标准。根据美国心理学会(1980)规定,课程评价的标准应具有下列4个特征:① 准确性,即评价技术适宜,所获信息可靠;② 有用性,即评价结果具有实用价值,能向各类对象提供丰富的信息,并对课程的发展、应用和推广有一定的影响作用;③ 合法性,即评价过程应符合社会道德准则,尊重机构或个人的权益;④ 可行性,即切实可行,费用适宜有度;⑤ 程序性,应规定切实可行的评价程序,增加评价的透明度和对评价过程的监督。

然而,正如课程专家斯克里文(Scriven)所言,由于相对正规的学校(指小学及以上)教育而言,幼儿园的课程目标往往是朦胧的、笼统的,课程内容也常常定义不清,并无明确、严格的规定,加之缺乏评价工具,使得幼儿园课程评价的准确性受到相当的局限。对此,需要加以特别的关注,尽可能地追求科学评价的准确性。

(二)发展性原则

发展性原则指评价应有利于改进与发展课程,有利于促进幼儿的发展和教师的专业成长。如前所述,课程评价的目的在于调整和改进课程,因此要着重发挥其诊断、改进的作用,不宜把评价仅仅作为教师工作或幼儿发展水平的鉴定手段。幼儿园教育实践中的课程是开放的,课程应经过设计—实施—评价—研究—再设计这样循环往复的过程不断发展、不断完善。

---

[1] 施良方.课程理论[M],教育科学出版社,2020:154.

在2024年3月习近平总书记参加十四届全国人大二次会议江苏代表团审议时的讲话中指出："大国工匠是我们中华民族大厦的基石、栋梁。交通行业一步一步往前，走在国际的前头，这里面很重要的就是工匠，光图纸设计得好还不行，最后要落实到焊工手里，'没有金刚钻，揽不了瓷器活'。我们要把职业教育发展好，要树立工匠精神，把他们的待遇条件保障好。"

请思考：结合你对"工匠精神"的理解，谈谈在幼儿园课程评价过程中如何践行"工匠精神"。

（三）全面性原则

全面性原则指评价不应局限于课程的某一方面，而应涵盖课程的各个方面，据此作出完整的价值判断。因为学前教育课程是一个含义广泛的概念，它是指幼儿在幼儿园获得的各种经验，是幼儿园各种活动的总和。学前教育课程评价，就是针对学前课程的特点和组成要素，通过收集和分析比较全面的资料，科学地判断课程的价值。评价内容包括对课程理念、课程目标、课程内容、组织形式、教育环境等，特别是对教育教学过程的实际运行状况的评价，如师幼关系、师幼互动、教育资源的利用等。在以往的课程评价中，人们往往仅用幼儿的学习结果和对幼儿发展状况的测量及评价来判断课程的优劣，这是不够的。课程评价不仅要对幼儿发展结果作出评价，还要对教师的观念态度、活动组织形式、师幼互动质量作出评价，力求全面透视课程各方面的价值。

提高评价工作的全面性，关键要确定完整的评价目标和评价内容，多方面收集评价资料，广泛听取评价意见和建议，综合地、辨证地处理和解释评价资料。

（四）多样性原则

多样性原则指评价的方法和手段应广泛和多样。在课程评价中，为了使评价更具科学性，需要运用多种方法和手段：

一是量化评价和质性评价相结合[1]。量化评价科学客观，但量化评价不能测量许多难以量化的内容，如师幼关系、师幼互动质量、幼儿态度与情感方面的发展与变化等。质性评价能较好地弥补量化评价的不足，它能更为真实地反映课程实施的状况。因此，在课程评价中要把两种方法结合起来使用。

二是他评与自评相结合。他评是客观性的评价，自评是主观性评价。他评是重要的，它能以一个"局外"人的角度，专业的眼光对课程质量作出客观的评价；自评是课程评价不可缺少的方法，特别是教师参与课程评价有利于提高教师的积极性，有利于提高评价的效率，因为评价的效果如何，最终也取决于教师对评价结论的理解和认同状况。当然，自我评价是一个理性的过程，需要教师在自评时采取客观的态度，把别人的评价和自我分析统一起来，作出客观的判断。

三是形成性评价与总结性评价相结合。评价的真正意义是改善课程，促进幼儿的发展，促进教师的专业成长，所以评价应该是一项经常性的不间断的工作。形成性评价是过程式评价，通过形成性评价，不断改进和调整课程实施过程。总结性评价是回顾式评价，它是对课程所获得的效果进行评价。它们各有侧重和特点，两者有机结合，可以形成一个整体的评价系统，为课程的改善提供比较全面的资料和信息。

五、幼儿园课程评价的基本要素

课程评价的主体、课程评价的客体和课程评价的标准是构成幼儿园课程评价系统不可或缺的要素，每一个要素都在课程评价过程中发挥不同的作用。

微课

幼儿园课程评价的基本要素

---

[1]　量化评价和质性评价详见本章第二节，第103页。

(一)幼儿园课程评价的主体

课程评价的主体即评价者。教育行政管理人员、幼儿园园长、教师、幼儿、家长等均是幼儿园课程的评价者。在这里，要特别指出的是教师和幼儿既是课程评价的"对象"，又是评价的"主体"。

幼儿作为评价的主体不是通过语言，而是通过自己的行为反应和发展变化来发表对课程的看法，他们的行为表现和发展变化具有重要的评价意义。

(二)幼儿园课程评价的客体

评价客体即评价的对象，包括课程方案、实施过程、课程效果。

1.课程方案的评价

课程方案的评价是课程实施的开端，主要是为了考察和评定幼儿园课程所持有的基本理念，以及所强调的主要价值取向是否与幼儿园所在的社会文化背景相契合，是否与幼儿园教育实际状况相契合；考察和评定幼儿园课程的目标、内容、方法和评价等课程的各种成分是否在课程理念的统合之下形成一个协调的整体，并发挥其总体的功能。

2.课程实施过程的评价

课程方案的实施是整个课程系统运作的中心环节，主要是为了考察和评定课程实施过程中的诸多动态因素，如师幼互动的质量，幼儿和教师在课程运行过程中的态度和行为，幼儿园环境的创设和利用，以及动态变化中的各种因素之间的关系，等等。

3.课程效果的评价

课程效果的评价是一种终结性评价，是课程评价的一个重要功用，它是对课程实施后，在幼儿和教师身上所引起的发展变化作为分析和评判，是衡量课程方案和教师教育教学行为适宜性的最终环节。课程效果，有的是显性的，有的是隐性的；有的是长效的，有的是短效的；有的是预期的，有的是非预期的。对课程效果的考察和评定，会涉及什么是效果，以及如何去衡量效果的问题。

(三)幼儿园课程评价的标准和指标

在评价课程时，都需要有能衡量课程设计、课程实施状况和课程效果的标尺。课程评价的标准就是这种衡量的标尺，而评价指标则是评价标准的具体化。

从一般的意义上说，课程评价理当客观、公正和标准化，课程评价的标准和指标也应规范化。但是，课程评价是极为复杂的事，它是对课程的价值做出判断，而价值观是相对的，不同的价值观会对同样的课程做出不同的判断，由是，从不同的价值观出发，就有可能运用不同的评价标准和指标作为课程评价标尺；以不同的目的、用不同的方式所作的课程评价也会运用不同的评价标准和指标作为课程评价标尺。

作为幼儿园课程评价的标尺，评价指标的确定不是一件容易的事，这是因为评价指标一定要能够说明课程评价所需要解决的问题，否则，这些评价指标只能是一些多余的、形式化的东西。例如，将幼儿发展水平的测量标准作为评价幼儿园课程效果的主要指标，甚至是唯一的指标，那是不能理想地说明课程评价所需解决的问题的，因为这些指标所发生的变化主要不是由课程引起的。

第二节 幼儿园课程评价的方法及过程

一、幼儿园课程评价的方法

(一)幼儿园课程评价的方法

幼儿园课程评价的方法主要分为两大类，一类是量化评价方法，一类是质性评价方法。

1. 量化评价

量化评价方法又称定量评价方法，是一种以数字和度量来描述或说明教育现象、课程实践进而从数量及其比较中推断评价对象成效的方法。

量化评价是教育科学化运动的产物。量化评价方法的长处在于：① 量化评价的设计是预先确定的，比较概括和具体，易于控制和操作；② 量化的结果便于教学处理，有助于提高评价的精确性；③ 量化的指标往往是客观化的指标，有助于提高评价的客观性；④ 量化评价有助于对评价对象作出明确的等级区分。

数量具有简明、精确的特点，它能够减少人的主观推断，并且数量能够用现代化的工具加以处理，这曾使得人们误解，认为只有量化的评价才是科学的。随着评价研究的逐步深入，人们越来越感到，用量化的方式评价简单的教育现象是可以的。例如，直接教学课程的B-E模式和DI模式，课程的目标是让学习不利的小孩具备上小学时所需之程度，细化为15条具体的目标，其中包括一般说话时会用到的词汇与句型结构，如"回答问题时肯定句与否定句的使用能力""能正确地数到10""能分辨母音和至少15个字音"等，根据这些要求B-E模式和DI模式基本上采用了量化评价的方式，诸如此类。但是教育现象的全面量化评价是不可能的，一味的量化评价只能把复杂的教育问题简单化，它不仅无法保证教育评价的客观性、真实性和全面性，且往往会丢失教育中最有意义、最本质的东西。

对量化评价的批评主要有：① 预先设计的评价指标脱离了真实的教育现实。课程方案与教育情境是动态的，因而用静态的指标评价动态的教育过程，不适合教育实际，很难保证评价的客观性。② 量化评价方法窄化了评价的范围，它只关注可测量的因素，忽略了不可测量的重要方面。③ 量化评价方法依据统计结果作出判断，却忽略了个体之间的差异。

拓展阅读

直接教学模式

2. 质性评价

质性评价方法是"力图自然的调查，全面充分地提示和描述评价对象的各种特征，以彰显其中的意义，促进理解"。质性评价方法也称为自然主义的评价方法。

质性评价方法以自然情境为直接的资料来源，评价者就是一个评价工具，评价者需要在评价情境中进行观察、了解和交流。

质性评价是描述性的，评价资料的收集多以文字或图片加以说明，而不化为数字。即使采用统计数据，也是为了描述现象，而不是对数据本身进行相关分析。

质性评价方法坚持整体观，要求评价者注重现象的整体性和相关性，对评价对象进行整体的关联性的考察，任何现象都不能脱离其情境而被理解。

质性评价采用的是归纳的方法，评价者在收集和分析评价资料时走的是自下而上的路线，在原始资料的基础上建立分析类别。分析资料与建立资料同时进行。由于没有固定的预设，评价者可以识别一些事先预料不到的现象和影响因素。

目前幼儿园课程评价中质性评价方法已逐渐被采用，如观察记录、叙事故事、档案袋评价等。著名的瑞吉欧课程模式、银行街（Bank Street）课程模式即强调质性评价，通过收集幼儿的各种作品、老师的观察记录等资料，建立档案式的课程评价资料，评价资料是用来说明幼儿的成长、学习的情形，以及了解幼儿的需要、兴趣与长处，为调整和改善课程提供有价值的信息。

（二）幼儿园课程评价方法的运用

在幼儿园课程评价的实践中，量化评价比较科学、客观，也容易操作，但它也存在着一定的问题，如它不能测量许多难以量化的内容。质性评价方法较好地弥补量化评价方法的不足，是对量化评价方法的反思和革新。因此，在幼儿园课程评价过程中，可以将这两种方法结合起来运用。

例如，著名的海伊斯科普（High Scope）课程的评价方式是以观察记录方式为主，每天老师利用幼儿午睡的时间交换观察心得与问题，进而决定继续引导幼儿的方式与内涵。每隔一段时间，就用他们发展出来的，以主要经验为基础的评价工具——High Scope Child Observation（C. O. R）——去评价幼儿的学习情况。海伊斯科普（High Scope）课程的评价将量化和质性评价进行了有机的结合。

二、幼儿园课程评价的过程

在幼儿园课程评价中，人们对课程存在不同的价值取向，对课程评价的取向也有不同的看法，因此在评价过程中会运用不同的评价模式，采用不同的评价技术。这就是说，评价过程无法完全被规范化。

从较为宏观的层面上看，幼儿园课程评价的过程大致可分为以下5个阶段：

① 确定目的。课程评价人员要确定他们要评价什么，并由此决定如何设计评价方案。在这一阶段，课程评价人员要详细说明评价的目的，要识别评价是在哪些政策和限制条件下进行的，要决定评价在哪个课程范围（是整个课程计划，还是某个课程领域等）中进行，以及如何安排评价的时间，要认定在实施评价后所达成的决策程度，等等。

② 搜集信息。课程评价人员要认清评价所需的信息来源，以及能用于搜集这些信息的方法、途径和手段。

③ 组织材料。课程评价人员要对所搜集到的信息进行编码、组织、储存和提取，使之有效地运用于评价。

④ 分析材料。课程评价人员要选择和运用适当的分析技术，对经由处理的材料进行解释。

⑤ 报告结果。课程评价人员要根据课程评价的初衷，决定课程评价报告的性质，包括报告的阅读对象、报告的形式（是正式的，还是非正式的；是描述性的，还是以数据分析为基础的等）和有关报告的其他事项。

第三节 幼儿园课程评价的主要模式

在幼儿园课程评价中，有许多可供选择的评价模式和方法，如目标评价模式，CIPP评价模式，档案袋评价模式，外观评价模式，等等。

一、目标评价模式

幼儿园目标评价模式是一种基于教育目标的评价模式，旨在通过设定明确的教育目标，评估幼儿在各个领域的发展情况。这种模式强调目标的设定、实施和评估的一致性，确保教育活动的针对性和有效性。目标评价模式是一种结构化的评价方法，其核心在于设定具体、可测量的教育目标，并通过一系列活动来实现这些目标。

幼儿园目标评价模式的具体实施步骤如下：① 设定教育目标：根据《3—6岁儿童学习与发展指南》，设定具体、可测量的教育目标，涵盖健康、语言、认知、社会和艺术五大领域。② 实施教育活动：根据设定的目标，设计并实施相应的教育活动，确保每个目标都有相应的活动支持。③ 评估目标达成情况：通过观察、测试等方法，评估幼儿在各个目标上的达成情况，记录数据并进行量化分析。④ 反馈与调整：根据评估结果，及时调整教育活动和目标，确保教育过程的持续优化。

幼儿园目标评价模式具有明确性、可测量性和可控性等优点。明确性体现在目标具体、清晰，便于操作和评估。可测量性就是通过量化指标来评估目标的达成情况。可控性则体现在教师可以通过控制教育过程来确保目标的实现。

目标评价模式也存在一些缺点。因为过于依赖预设目标，可能忽略幼儿在活动中的创造性表现，导致灵活性不足。目标评价模式由于其可控性强，限制了教师和学生的创造性和自主性，从而使教师和学生可能成为被动的工具。

在实际应用中，幼儿园可以根据《3—6岁儿童学习与发展指南》设定具体的教育目标。如"能够识别并说出5种颜色"，并通过日常活动如颜色识别游戏来实施这些目标。通过观察和测试，评估幼儿对颜色的识别能力，并根据评估结果调整教育活动，确保每个幼儿都能达到预期的目标。

二、CIPP评价模式

CIPP课程评价模型是美国著名教育评价专家斯塔弗尔比姆在20世纪60年代提出的一种课程评价模式。它是一种以决策为中心的评价模式，也被称为决策类型评价模式。该模式由背景评价（Context）、输入评价（Input）、过程评价（Process）和成果评价（Product）四个要素组成。其中，背景评价是了解评估对象的背景情况，对当下环境中所包含的优势和劣势等条件进行分析，诊断课程建设可能面临的问题，在此基础上提出合理的课程建设目标。输入评价是评估为达成课程目标所投入资源的过程，即对课程方案的合理性、可行性以及实施课程方案时投入的人力、物力等进行分析。过程评价是通过收集课程过程的信息和数据并进行检核与分析，识别课程实施过程中的问题，并及时为实施决策提供反馈信息，以不断调整和改进课程实施的过程。成果评价是对课程实施效果的评析，了解课程实施的预期与非预期效果，明确课程方案满足需求的程度，为继续、停止或改进课程计划提供信息。总之，CIPP模型以决策导向、过程导向和持续改进为显著特征，把改进作为评价目的，重视评价过程和形成性功能，将诊断性评价、形成性评价、终结性评价完整地结合起来。

幼儿园课程改革以来，课程评价也更加强调形成性、过程性，强调将评价贯穿整个课程实施过程。尤其是幼儿园科学课程，更加强调将静态的结果评价和动态的过程评价相结合，提倡幼儿教师要多观察幼儿在探究过程中的表现，让评价变成科学课程教学过程的一个有机组成部分，这与CIPP模型的特征不谋而合。由此基于CIPP模型，幼儿园科学课程评价可以从背景、投入、过程和结果四个角度提供不同的有效决策信息，将教与学的过程相结合，从多维度、全过程对课程实施进行系统评价，进而发现优势与不足，明确优化科学课程建设的方向与策略，以实现促进课程持续改进的目标。[1]

📅 案例

中班主题活动"春天真美丽"[2]

（一）背景评价：诊断教育需求，明确主题活动教育目标

在开展主题活动"春天真美丽"前，我们首先采用CIPP评价模式的背景评价，尝试回答这个主题活动面对的需要是什么。为此，采用了一系列的评估方法。第一，审视与"春天"这个主题最为贴近的小朋友们的活动。通过观察小朋友们的一日活动，发现大家对种植角特别感兴趣。一方面是通过观察幼儿进入种植角的频次，另一方面是通过翻看幼儿的种植记录本，发现里面有许多记录。第二，发现种植角里幼儿的兴趣点何在。通过观察和交谈发现：花儿开了、花瓣掉了、多种多样的叶子和叶子的变化等是幼儿比较关注的。第三，了解幼儿在植物方面的已有经验。通过背景评价，我们明确了教育需求，确定教育目标。得出以下结论：① 植物是幼儿在春天这个主题下比较关注的事物。② 幼儿对于植物的认知比较多样，有对花、有对叶、也有对茎。③ 幼儿对花的认知有了一定的综合性，不仅关注花的颜色，还关注花的形状。④ 对于植物的认知水平差异比较大。进而，我们拟定出这个主题的活动目标：① 进一步了解植物的构造特征。② 在同时关注花朵的颜色的基础上，深入关注花朵的形态。③ 有持续关注植物、照顾植物的兴趣。

---

[1] 梁艺乔.基于CIPP评价模型的幼儿园科学课程评价实践以成都市新都区机关幼儿园"探·创"课程为例［J］.教育科学论坛，2024，6：31—35.

[2] 李小聪.CIPP教育评价模式在幼儿园主题活动中的运用［J］.当代/学前教育，2017秋：10—12.

（二）输入评价：围绕主题目标，甄选/建构适宜的课程

在有了背景评价的基础上，下一步就是输入评价，也就是对各种备选方案的相对优点加以识别和评定的活动，实质上是对方案的可行性、效用性的评价。我们首先找到了已有主题"春天真美丽"，通过分析发现，该主题的活动目标较为笼统，不能较好地满足本班幼儿的需要。其主题内的活动有些适宜班级幼儿的需求，因此，我们决定根据目标遴选和生成适宜的活动，以实现教学目标。在生成活动中，重点生成了两个活动，一个活动是美术写生：美丽的花朵。目标在于让幼儿在仔细观察的基础上尝试运用多种线条、图形及其组合再现花朵的美丽姿态。另一个活动是科学活动：植物的身体。我们形象化地将植物的各个部分演化为身体上的各部分，比如植物的茎就像小朋友的身体，植物的叶就像小朋友的头，而植物的根就像小朋友的手脚。不仅让幼儿较为全面地了解植物的构造，还将植物各个部分的作用也进行了了解。除了生成教学活动，我们还创设丰富了种植角，提供了观察记录本、发现本、问题本、种植工具等，促进幼儿对植物的探索兴趣。通过输入评价，我们围绕目标建构起了新的课程。

（三）过程评价及成果评价开展情况

在主题活动实施的过程中，我们对于过程评价和成果评价较少涉及。在成果评价中，我们主要使用了作品评价法。比如针对图片写生活动"美丽的花朵"，我们着重进行了作品分析，发现幼儿在细致观察的基础上对花朵的形态特征有了新的认识，绘画出的花朵形态更加丰富、多样。在两个月后，我们再次请幼儿来绘画花朵，结果发现，小朋友们对花朵形态的绘画呈现出丰富性，同时还表现出复杂性的特点。由此可见，活动目标较好地达成了。

三、档案袋评价模式

幼儿园课程档案袋评价模式是一种通过收集和整理幼儿在幼儿园中的各种表现和作品，以全面、客观地评价幼儿的发展状况的模式。这种模式强调真实资料的收集，包括幼儿的作品、文字记录、影音资料等，通过这些资料，教师可以清晰地看到幼儿在一段时间内的成长变化，从而更好地指导幼儿的发展。

幼儿园课程档案袋评价模式的具体实施步骤如下：① 收集资料：教师有计划、有目的地收集反映幼儿在一段时间内各种活动中的表现和作品。这些资料可以包括幼儿的绘画、剪纸作品、泥工作品等，以及相关的文字记录、照片、录音和录像等。② 整理和分析：将收集到的资料进行整理，形成幼儿的成长记录袋。教师可以对幼儿的作品进行技术处理，如拍照、标注日期、整理文字描述等，以便更清晰地展示幼儿的成长过程。③ 反馈和指导：通过档案袋中的资料，教师可以分析判断幼儿在各个领域的发展状况，并在今后的教育活动中有的放矢地进行指导。

幼儿园课程档案袋评价法具有全面性、客观性和互动性的优点。全面性体现在通过多种形式的资料收集，能够全面反映幼儿的发展状况；客观性体现在真实资料的收集减少了主观评价的偏差，使评价更加客观；互动性体现在教师可以通过档案袋与幼儿进行互动，促进教师和幼儿之间的沟通与理解。幼儿园课程档案袋评价法也存在工作量较大、技术要求较高的问题，它不仅需要教师花费大量时间和精力进行资料的收集和整理，还需要教师具备一定的摄影、录像和文字处理技能。

幼儿园课程档案袋评价法适用于评价幼儿在美术、语言、科学等多个领域的发展状况。通过档案袋中的作品和记录，教师可以清晰地看到幼儿在不同领域的发展变化。如，在美术活动中，教师可以收集幼儿的绘画作品、剪纸作品等，并记录下幼儿对自己作品的解释和描述，形成完整的成长记录袋，教师可以更好地了解幼儿在美术方面的发展状况。

四、外观评价模式

外观评价模式是由斯塔克提出的。斯塔克主张教育者要考察评价的全貌，倡导了教育评价的外观评价模式。

外观评价模式要求评价者从3个方面收集有关课程的资料：其一是前提因素，即在课程实施之前任何可能与结果有关系的条件或因素，如幼儿的年龄、知识和经验、智力状况、教育机构的资源、师资条

件、课程内容等等；其二是过程因素，即课程实施过程中评价对象的各类活动和交往，如教学活动、游戏、环境气氛以及有关的人际关系（师生关系、同伴关系、教师之间的关系、教师与家长之间的关系等）和人与物之间的关系等等；其三是结果因素，即课程实施所产生的影响，如幼儿学习效果的改变以及对于教师、幼儿学习环境、设备材料等方面的影响作用等等。课程可看成许多由上述因素组成的系列，前一系列的结果因素是后一系列的前提因素。评价应根据课程实施的状况而决定其前提、过程和结果因素，并对它们进行描述和判断。

外观评价模式要求评价者对3个方面的因素既要做出详尽的描述，又要进行适宜的评判，因为描述和评判都有各自的价值，只有将两者结合起来，才能完成对课程的全面评价。在具体操作层面上，描述和评判是两大矩阵，前者包括课程计划的意图和实际观察到的情况，应注意对各类因素意图的描述与对它们具体观察的描述之间保持一定的逻辑关系，即使观察成为符合课程计划意图的观察；后者包括标准和判断两个方面，应注意针对与各类因素有关的特点标准，做出适宜的判断。外观评价模式见表6-3-1。

表6-3-1　外观评价模式

矩　阵　因　素	描　述　矩　阵		评　判　矩　阵	
	意　图	观　察	标　准	判　断
前提因素				
过程因素				
结果因素				

在获得各种信息之后，即可对它们进行处理。对描述部分的评价资料的处理，可以从两个方面入手：其一是指出前提、过程和结果这三个因素之间可能存在的关系，事实上，在课程计划阶段，就已经应该考虑到在所期望的前提、过程和结果之间建立逻辑联系，因此，在处理评价资料时，则应考察实际观察到的这三者之间的关系是否与预期的相一致；其二是考察课程意图与观察之间的一致性，即对意图与观察相对应的信息和资料进行比较，考察在评价过程中的观察是否针对了预期的意图，在对评判部分的评价资料进行处理的过程，是先将从描述性评价资料中所获得的结果与某种标准（相对标准或绝对标准）进行比较，然后由评价者对比较的结果进行判断；最后，由评价者写出评价报告。

下面，以一个题为"快乐的幼儿园生活"的主题活动为例，说明外观评价模式的实施过程。某幼儿园教师为解决小班幼儿初入园不适应幼儿园生活的问题，设计了题为"快乐的幼儿园生活"的主题活动，该活动计划在连续两周内完成，每天20分钟，结合主题活动，教师还随时抓住日常生活时机，对幼儿实施适应幼儿园生活的教育。为完善和改进教育活动，评价者运用外观评价模式进行了评价，包括收集各种所需资料，并在此基础上形成评价结论和改进措施（见表6-3-2）。

表6-3-2　"快乐的幼儿园生活"主题活动的评价

矩阵因素	描　述　矩　阵		评　判　矩　阵	
	意　图	观　察	标　准	判　断
前提因素	幼儿园刚开学，小班幼儿情绪极不稳定，半数以上的幼儿在与家长分离时都有哭闹现象发生，因此有必要开展此活动	两周内全部幼儿（25人）都参与过主题活动，但是2个幼儿参与的活动少于一个星期，5个幼儿的活动少于8天	情绪问题的解决因人而异，而且会相互影响。解决了大部分幼儿的问题，个别幼儿的问题就容易解决	教师经回顾性判断，认为不必对缺席的幼儿进行弥补性教育，而应将更多注意力放置于创造快乐的幼儿园生活环境和气氛上

矩阵因素	描　述　矩　阵		评　判　矩　阵	
	意　图	观　察	标　准	判　断
过程因素	计划在第一周内请家长一起参与主题活动，第二周内，家长逐步撤离。主题活动尽量让幼儿感受幼儿园生活的乐趣	在第一周，幼儿、家长与教师一起玩游戏、唱歌、做律动，幼儿的情绪逐日稳定；在第二周，家长逐个撤走，虽然引起个别幼儿不安，但是情绪很快就平定了	活动尽量在和谐的亲子关系、师生关系中自然地进行，避免说教	教师认为，主题活动对于小班的幼儿而言，应简单、有趣、可重复，配合身体的动作，幼儿在全身心投入活动后，会自然消除情绪的紧张
结果因素	让刚入园的幼儿在尽可能短的时间内顺利解决不适应幼儿园生活的困难	主题活动结束后（两周后），全班25个幼儿中只有2人仍有一些情绪问题，在家长离开时出现哭闹现象	允许幼儿之间存在差异，即使在活动结束时，仍有少数幼儿依然存在一些情绪问题，也属可以接受	教师相信，两周后幼儿对入园不适应的情绪问题基本解决，因此，活动的实施是有效的

评价结论和改进措施：
根据以上资料，可以认为：（1）该主题活动对于解决幼儿初入园的情绪问题是有一定效果的；（2）创造快乐的和自然的幼儿园生活环境是解决幼儿这类问题的关键，而主题活动只是为幼儿提供这种环境的一种方式；（3）幼儿中存在着个体差异，在解决情绪问题时不求同步，但求让幼儿在良好的环境气氛中逐步进行；（4）应进一步让家长认识到在解决幼儿这些情绪问题时家长的作用，并积极参与幼儿园的这一活动。

外观评价模式注重描述和评判课程在实施过程中所出现的各种动态现象，并将课程实施过程中的前后的资料作为参考系数，因此评价较为周全；而且，外观评价模式可被用于形成性评价、总结性评价等各种类型的评价，还可针对不同的评价听取人的兴趣和需要，做出相应的评价报告。但是，外观评价模式也存在其局限性，例如，将观察和描述作为评价的主要依据，往往会渗入个人的主观因素，又如，由于评价的涉及面广，不仅操作较难，而且耗费较大。

各种课程评价模式在评价理念和评价操作方式等方面都有所不同，因此在幼儿园课程评价中具有不同的参考和运用价值。在评价实践中，应根据评价的取向、被评价对象的特征、评价者的条件，特别是评价的目的选用适宜的课程评价模式。

换言之，应充分发挥评价者的创造力，从评价的实际需要为出发点，对单一课程评价模式作合理的修正，亦可从评价内容或方法等方面入手，综合几种评价模式，使课程评价更趋合理和有效。

本章小结

本章主要讨论了三个问题：（1）幼儿园课程评价概述；（2）幼儿园课程评价的方法及过程；（3）幼儿园课程评价的主要模式。

课程评价是对课程的价值作出判断的过程。幼儿园课程评价是针对幼儿园课程的特点和组成成分，分析和判断幼儿园课程的价值的过程，即评估由于幼儿园课程的影响所引起的变化的数量和程度，幼儿园课程评价的基本要素包括幼儿园课程评价的主体、幼儿园课程评价的客体、幼儿园课程评价的标准和指标；在幼儿园课程评价中，最为常见的取向是形成性评价和总结性评价；在幼儿园课程评价中，可供选择的评价模式有：目标评价模式，CIPP评价模式，档案袋评价模式，外观评价模式等。

思考

1. 幼儿作为课程评价的主体，如何评价幼儿园课程？

提示

2. 怎么看待"在评价过程中教师的自主参与是实现教师评价促进教师专业发展根本价值的基本前提"这句话？

项目实训

选取幼儿园的一个综合主题活动（如"我的祖国"、"团团圆圆过中秋"等），确保活动覆盖健康、语言、社会、科学、艺术五大领域。小组共同设计评价框架并撰写评价报告。

实训要求：

（1）团队合作：确保每位小组成员都参与到评价设计的各个环节中，发挥各自特长。

（2）尊重隐私：在收集数据时，尤其是涉及幼儿和家长的信息时，必须遵循伦理原则，保护个人隐私。

（3）客观公正：评价过程中保持客观态度，避免主观偏见影响评价结果。

（4）创新实践：鼓励在评价设计中融入创新思维，尝试新的评价工具或方法。

项目支持 可以查阅幼儿园课程评价报告实例。

第七章
幼儿园常见教育活动的设计

学习目标

1. 了解幼儿园主题活动的内涵、类型，理解幼儿园主题活动设计的原则与设计取向。
2. 掌握幼儿园主题活动组织的阶段，能根据幼儿园主题网络图编制方式绘制主题网络图。
3. 能根据幼儿园主题活动设计要点撰写幼儿园主题活动方案。
4. 了解幼儿园项目活动的内涵、特点，理解幼儿园项目活动和主题活动的区别与联系。
5. 能根据幼儿园项目活动的实施过程的要点分析幼儿园项目活动实施方案。

思政目标：在主题活动与项目活动设计中，具备自觉开展幼儿园课程思政的意识，并将思政元素有机融入主题活动与项目活动设计中。

知识框架

```
                              ┌─ 1. 幼儿园主题活动的概述
              ┌─ 幼儿园主题活动的设计与实施 ─┼─ 2. 幼儿园主题活动的组织与实施
              │                 └─ 3. 幼儿园主题活动的教育价值与局限性
幼儿园常见教育 ─┤
活动设计       │                 ┌─ 1. 幼儿园项目活动的概述
              └─ 幼儿园项目活动的设计与实施 ─┼─ 2. 幼儿园项目活动的组织与实施
                                └─ 3. 幼儿园项目活动的教育价值与局限性
```

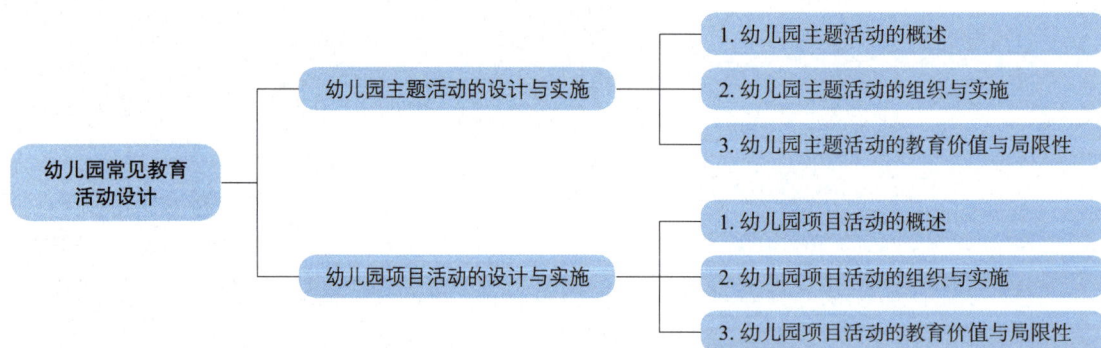

　　幼儿园课程是通过具体的、各种类型的教育活动的设计组织和实施实现转化的。幼儿园教育活动是指幼儿园中各种类型的、具有教育价值的活动，不论是有目的、有计划的活动，还是无计划却有教育意义的活动。

　　讨论幼儿园教育活动的设计和实施的问题，可以有许多种不同的切入点，例如，从教育活动的性质出发，可以讨论以儿童为中心的教育活动和以教师为中心的教育活动的问题；从教育内容出发，可以讨论以儿童的经验为主组织的教育活动和以教师的计划为主组织的教育活动的问题；从教育活动的组织形式出发，可以讨论个体、小组和集体教育活动的问题；从教育活动的方法出发，可以讨论启发诱导式教育活动和传递灌输式教育活动的问题。此外，还可以从教师的作用、幼儿活动材料的准备和陈设以及教育活动的时间和空间的安排等其他切入点加以讨论。

从多元的切入方式讨论幼儿园教育活动的设计和实施问题，必然会导致内容上的重叠。本章选择以幼儿园课程实施常见的课程形式——幼儿园主题活动和项目活动为切入点介绍幼儿园课程理论在幼儿园教育实践中的转化和实施。

情境导入

在一次幼儿园项目活动教研中，一位教师提出：幼儿园项目活动和主题活动有什么区别？二者之间有什么共同点？我怎么判断我开展的活动是主题活动还是项目活动？

你认为幼儿园主题活动和项目活动有区别吗？二者之间的联系又是什么呢？

第一节　幼儿园主题活动的设计与实施

一、幼儿园主题活动的概述

主题活动是幼儿园普遍采用的一种综合性课程。20世纪初杜威的儿童经验思想对幼儿园课程产生了很大影响，其追随者克伯屈的方案教学主张幼儿园课程采取主题活动的方式，并由教师和儿童一起设计。在皮亚杰理论的影响下，幼儿园综合性课程在世界各地广泛运用。近几年，意大利瑞吉欧教育体系盛行，幼儿园主题活动在其影响下呈现出多样化发展的趋势。

中国近百年的幼儿教育课程发展史上，曾经历过三次大的改革，其中两次都和主题活动有着密切的关系：第一次是20世纪二三十年代由陈鹤琴先生倡导的"五指活动课程"，第二次是在80年代末期开始的幼教改革中推广的"综合主题教育"，它们都属于这里所说的主题活动。

（一）幼儿园主题活动的内涵

1. 幼儿园主题活动的含义

主题活动是指在集体性活动中，以一个主题为线索，围绕主题进行活动与交流。主题活动引申到社会上具有广泛的应用价值，如主题餐厅、主题乐园等。每每走进带有主题特色的地方，都会给人以特别的感受，情景化、趣味化、游戏化让主题活动极具魅力。在主题活动里，人们是自由的、自主的，有许多可以让自己选择的活动，让人们感到被尊重、有自信。

幼儿园主题活动是一种立足于幼儿园园所和园所所在社区的实际条件和相关资源，围绕一个明确的中心，以幼儿为主体，合理地整合健康、语言、社会、科学、艺术五大领域的教育目标，恰当地选择教育内容、教育方式和方法，科学地组织与实施教育过程的一种幼儿园课程。主题活动是围绕某个"中心"形成的一种课程，这个中心可以是一首歌曲、一个故事、一个事件、一个事物、一种现象……总之，是贴近幼儿生活的来源。主题活动的开展和推进也不会遵循学科的线索，而是以幼儿的兴趣转变和经验发展为线索。[1]

幼儿园主题活动吸纳了方案教学的教育理念，体现了预设课程和生成课程的统一。

2. 幼儿园主题活动的特点

幼儿园主题活动是基于幼儿现实兴趣和需要，将多方面的教学内容综合到一个网状主题中开展的一系列活动。幼儿的学习特点和发展需要决定了幼儿园主题活动具有以下5个特点：

微课

幼儿园
主题活动的
内涵与特点

---

[1]　刘小娟.幼儿园主题式活动区创设的实践研究［D］.重庆：西南大学，2016.

（1）主题活动知识的横向联系性

主题活动以横向组织原则来整合课程内容和活动，这与传统的以纵向组织课程的学科教学有着根本的区别。在主题活动中，幼儿的发展呈现整体性与和谐性，学习目标、内容、教学环境、组织形式、教师的指导乃至幼儿的学习方式都是有机结合在一起的，相互之间连贯搭配。主题活动打破了学科之间的界限，课程在不同学科相互作用、相互结合的基础上得以产生，使幼儿在问题解决过程中学习，进而达到促进幼儿全面发展的目的。

主题活动中知识的横向联系，不仅表现为一种有机联系下的整合，而且具体到实施主题活动的时候，往往也是以某一个领域内容为主，其他领域内容有机渗透，而不是一些学科内容机械的等分并组合。例如在大班主题活动"动物的秘密"中，它的主题内容包含有"动物繁殖""动物生存""奇特的本能""动物与人类"等。从整体上看是超领域的，但是从具体的内容看，它又侧重于科学与社会性情感的领域，并且包含自然界、人文世界等全方位的经验。

（2）主题活动计划的弹性柔韧性

幼儿园主题活动的研究对象主要来源于三个方面：不同学科的交叉知识、幼儿的生活经验和综合性的社会问题。不同学科的知识在演进的同时必然会出现彼此渗透、交融的现象。同时，随着社会的飞速发展，幼儿的日常生活环境和整个大的社会背景都在日新月异，幼儿在生活中会经常性地面临新的情况，人类社会的综合性问题也层出不穷。可见，由于研究对象的开放性，主题活动是具有丰富的柔韧性和弹性的，可以更灵活地安排学习时间、空间和指导方式。

① 弹性的活动目标。幼儿园主题活动强调教师预设与幼儿的主动生成相结合。教师在预设活动时要有明确的活动目标，该目标应建立在幼儿的最近发展区内，但是教师预设的主题活动目标又不是一成不变的，随着幼儿探索活动的深入，教师要及时修改补充最初的目标。比如在"大树"这一主题活动中，教师最初预设的目标是认识树、了解树的结构及生长，但是当孩子们对树产生兴趣时，他们并没有对教师原来的偏重于知识性、带有成人思维模式的教育目标作出回应，而是提出和树交朋友。于是，教师调整了原来的教育目标提出"你是怎样和树交朋友的"，让幼儿用自己的方式表达对树的友好，从不同的视角观察大树，用耳朵聆听树的声音，用纸笔绘画大树等，从而提出并实现了增强幼儿热爱树木、热爱大自然的情感，发展幼儿观察、表达、合作、调查等多方面的能力的教育目标。

② 弹性的活动内容。主题活动的内容不是一成不变的，它可以是幼儿在自身兴趣经验基础上生成的，是幼儿需要的感兴趣的并随时随地在其生活学习过程中产生和发现的；主题活动的内容又是幼儿急于想知道或想解决的问题，经过教师的观察、分析，及时地被纳入主题活动中来。例如在"水"这一主题中，幼儿对降雨产生了兴趣，经过幼儿的讨论和教师对幼儿生成主题的教育价值的分析，及时将人工降雨纳入了活动内容。

③ 弹性的活动时间和空间。幼儿园主题活动的时间可根据学习内容采取弹性分配，也可根据幼儿的需求程度、兴趣保持时间等适当延长或缩短。教师应根据幼儿的需要进一步拓展学习空间，从幼儿园扩大到社区和幼儿可能接触到的任何角落，给幼儿提供参观、调查等亲身体验的机会。

主题活动的内容选择，需要通过对幼儿的社会体验、参观、了解等进行调查统计，或者用讨论交流等亲身体验的方式进一步拓展学习空间，我们从中不难看出幼儿园的学习空间一定要扩大到家庭和社会，扩大到社区和幼儿可能接触到的任何角落。

（3）主题活动资源的多元整合性

幼儿园主题活动不是一个个戴着主题"帽子"、由独立的认知活动组成的大拼盘，而是积极利用孩子身边的一切有利资源的有机融合，如人力资源、环境资源、人文资源等。

① 幼儿园主题活动中可以利用的人力资源主要包括教师资源、幼儿资源、家长资源等。不同的人力资源都有其不可替代的作用。教师资源是幼儿园教育活动中最主要的人力资源，尤其是主题活动的课程设计，为教师发挥自身特长留有很大的空间。教师在组织开展活动中，由于自身素质、知识水平、教育经验等的不同，对主题的认识、理解的深度也不同，充分利用教师集体这个资源，实现优势

互补、资源共享是非常必要的。幼儿资源是幼儿园长期教学中没有充分挖掘的资源，尤其是幼儿间的经验分享、交往互助、合作学习等，对幼儿发展具有不可替代的作用。主题活动通过创设宽松的学习环境，鼓励幼儿自主探索，为幼儿提供相互合作、共同探究的机会，使幼儿资源得到最大的发挥。家长资源也是一种不可忽视的人力资源，通过鼓励幼儿与家长合作，使家长更加理解幼儿，理解当前幼儿园主题活动的进展。更重要的是，家长资源带来的便利条件，可以扩展主题活动的课程内容和开展空间。

② 幼儿园主题活动中可开发、利用的环境资源，主要包括幼儿园园内环境资源、自然环境资源和社会物质环境资源等。幼儿园园内环境资源的利用包括与主题相关的区域环境、主题墙的设置、各种空间环境资源的利用等，这些环境资源的开发和利用，对主题活动的产生、延伸起了重要作用；自然环境资源能够给幼儿提供走进大自然的机会，扩展幼儿探索的空间，有利于开阔幼儿视野，加深幼儿对事物的感性认识，增强幼儿保护自然环境的意识；社会环境资源不仅包括社区中便利设施的参观、使用，还包括社会生活中的一些大型公共设施、场所资源的利用，这都为幼儿提供了接触社会了解社会的机会。

③ 人文资源对主题活动的产生、延伸起到了重要的作用。如本地区的人文风俗、节日庆典、文化古迹等，既可以作为主题活动的切入点，吸引幼儿的兴趣，又可以作为主题活动中满足幼儿兴趣需求、扩展幼儿知识的有利资源。人文资源的利用不仅能丰富主题活动的内容，更能增强幼儿对传统文化的感知理解，激发幼儿对祖国对故乡的热爱之情。

（4）主题活动实施的灵活多样性

为确保幼儿学习的主动性，在主题活动开展的过程中，教师应针对不同的学习内容采用灵活多样的方式，具体有如下3个方面：

① 集中教学。在幼儿园主题活动中，当大部分幼儿有比较集中的矛盾或困惑时，或当大部分幼儿的经验积累到一定程度需要梳理、归纳、提升、交流、分享时，教师可以考虑采用集中教学的形式发挥集体教育功能，提高教育的效率。例如在实施中班主题"雪娃娃"活动的过程中，教师可以通过集体教学的形式开展"信息发布"，了解雪与人们生活的关系，知道雪的好处与坏处，帮助幼儿形成初步的自我保护意识。还可以开展室内外丰富多彩的赏雪、玩雪游戏，感知雪花的形状和特点，并通过集中创编讲述雪孩子的故事，欣赏滑雪歌曲，进行雪花手指操，结合六瓣小雪花开展数字"6"的分解组合等活动，有效发挥集体教学的功效。

② 区域活动。区域活动是开展主题活动必不可少的一环，它不仅可以为幼儿创设互动的学习环境，还可以为幼儿提供个别化的学习和静态、动态相互平衡的学习机会。在主题活动中操作性较强的内容、动态性的内容、社会性较强的内容、表演性较强的内容和具有探究性的内容等都可以通过区域活动的方式进行。区域活动的开展，促进了幼儿个性的发展，教师应提供丰富的区域活动材料来满足幼儿的学习需要。例如在"雪娃娃"主题活动中，教师设计开展了有目的、有计划的区域活动。幼儿在美工区利用区域投放的白纸、彩纸、胶水、粘花、白色毛线、彩笔等，尝试用不同材料和方法进行水油分离作画，以此表现雪中的景物；表演区在音乐伴奏下幼儿表演故事雪孩子；操作区用纸杯或塑料杯制作成小雪人，在雪人肚子上画上不同数量的扣子，幼儿用筷子夹起与之合起来为十以内的一定数量的纸豆豆，练习十以内数的分解组合等。

③ 个别指导。主题活动强调幼儿的主动探究，在活动中幼儿有充分的主动权和选择权，有自己的目标和追求，有自己的方法和步骤，有自己的观点和主见。主题活动是不断实现自身经验建构和重组的过程。因此，教师在活动中更多的应是去观察、记录、发现幼儿的兴趣及遇到的困难，通过个别指导帮助幼儿克服困难，激起幼儿进一步探究的欲望。例如在"影子"主题中"影子穿花衣"的活动，当教师请幼儿自己尝试制作喷画时，一名小朋友选择了牙刷和棉签，并把牙刷毛向上，用棉签去拨牙刷头，结果喷得到处都是颜料。该幼儿马上放下了工具站在一旁观察其他小朋友的操作，发现别人和他的工具一样，但并没有弄到外面，他又重新尝试，但结果照旧。这些都被老师看在眼里，于是建议他换一种工具，选

择用装有颜料的压力香水瓶进行喷画。这次他终于成功了，还高兴得请身边的小朋友欣赏。牙刷和棉签的运用需要手眼的协调配合，教师通过对手眼协调能力较弱的幼儿的观察并对其进行了恰当的指导，帮助他获得了成功的体验。

（5）主题活动全过程的幼儿主体性

主题活动从主题的选定、计划的生成到调查研究，以及相互展示和评价等，都为幼儿成为自身发展的主人创造了条件。幼儿在教师的引导下，在主动探究和合作中解决主题活动中复杂的综合性问题，从而发展了解决问题的能力和良好的交流、交往技巧。幼儿园主题活动一般选择季节性、节日性和幼儿的兴趣点为主题，这样的主题贴近生活，更容易被幼儿接受，幼儿也会更感兴趣，而且由于贴近生活，更具有实用性，能够学以致用，当幼儿运用自己所学的知识解决生活中的问题后，学习的兴趣会更浓，学习中的主体性会更强。

（二）幼儿园主题活动的常见类型

一般而言，幼儿园主题活动的主题来源包括[1]：

幼儿生活：玩具、图书、朋友、服装、食物、家庭、小学校、身体认知等。

社会生活：旅游、通讯、交通、工具、标志、气象、消防、戏剧等。

社会环境：小区、超市、商店、图书馆、书店、公园、医院、桥等。

自然环境：植物、动物、江河湖泊、沙、土、岩石等。

自然现象：季节与时间（钟表、日历等）、天气（雨、风、雪）等。

节日与事件：节日庆祝活动、民俗、联欢、新闻与偶发事件等。

科学概念：旋转、高度、浮力、磁铁等。

依据幼儿园日常开展的主题活动，可以将主题活动概括为以下6种类型。

1. 社会热点主题

社会热点问题不仅被成人重视，也常常能引发孩子们的兴趣。关注社会热点问题有助于幼儿更全面地接触社会，更多元地了解社会，更有效地掌握一些解决社会问题的基本技能，更理性地对待社会，从而逐步树立科学的、积极的世界观和人生观。对社会热点问题的聚焦需要幼儿园教师以幼儿的年龄特点、心理特点，以及身体和心理的发展规律为基础，依据幼儿园的教育特点和办园特色，有智慧地进行开发，转化为幼儿可以接受并"乐学"的内容，如"福娃迎奥运"。

2. 重要议题主题

以重要议题作为主题，包括环境保护、幼儿性教育、疾病预防、视力保健、消防演练等，可与幼儿的生活经验相结合，呈现相同议题的不同角度，让幼儿从中学习如何进行思考、决定与选择，如"我的小白牙""可爱的消防员"等。

3. 动物植物主题

喜欢花草树木、虫鱼鸟兽是幼儿的天性，幼儿愿意亲近大自然，探索动植物的奥秘。生态各异的动植物在我们的自然环境和社会生活中随处可见，以动植物作为主题，有利于萌发幼儿热爱大自然的情感，增强幼儿保护动植物的意识，同时也有利于幼儿观察生活，有利于激发幼儿探索动植物及其生长的兴趣，从而获得有关动植物的知识经验。幼儿参与幼儿园种植角的活动，在教师指导下浇灌除草，在观察与期待中发现植物生长的秘密并享受收获的喜悦，在与自然与环境的交互作用中充分领悟自然与科学的奥妙，如"蜗牛""落叶飘飘""我的动物朋友""神奇的风""好玩的水"等。

4. 节庆节日主题

节庆主题活动，包括国家法定节假日、传统民俗节庆等。我国历史悠久，地大物博，文化源远流长，将丰富多彩的中国传统节日与幼儿园的主题教学活动有机结合，引导幼儿热爱自己的民族传统节日以及

---

[1] 汪丽.田野课程架构与实施［M］.南京：南京师范大学出版社，2008：58—59.

自己的民族文化，从而使中国传统节日中蕴含的传统文化得以传承。此外，许多节日纪念日也都可以作为主题活动的内容，如植树节、世界环境日、母亲节等，都具有教育价值。这些主题活动比较容易引起幼儿的兴趣，同时可涉及的层面易与其他主题来源相结合。实施"快快乐乐过大年""多彩的秋天""端午节"等节庆主题须依循螺旋课程的设计原则，这样才能保持幼儿学习的兴趣和积极性。

5. 社区环境主题

以社区配套的生活设施来拓展主题活动内容，在充分利用社区环境资源的同时，也为幼儿提供更为开放的学习环境。在"我居住的城市"主题中，超市、菜场等成为了孩子们探究的对象，这些都是他们最熟悉且感兴趣的地方，孩子们在菜场、超市体验了一回自己是小主人的喜悦；"我要上小学了""参观邮局"等活动也为幼儿提供了亲身体验、了解社会的充实条件。

6. 社会产品主题

幼儿的生活有趣而丰富，他们对身边的事物有不尽的兴趣和话题，有提不完的问题，也有各种朦朦胧胧的感悟。很多在成人看来不值得一提的事物在幼儿那里却都是他们极其感兴趣的，都可以成为有价值的主题，如"漂亮的沙城堡""公共汽车""好玩的报纸"等。

（三）幼儿园主题活动的设计原则

幼儿园主题活动是教师为促进幼儿发展而有计划、有目的地开展的一项创造性工作，它是建立在教师把握和分析幼儿已有经验和学习特点的基础上确立的具有核心价值的活动形式。主题活动所选择的活动内容要有内在的逻辑关系，并要渗透多个领域，以某个核心内容或词汇为中心，或延伸、或拓展、或组织。为了让主题活动发挥其特有的教育功能，同时能够有效地促进幼儿多方面发展，在设计时应遵循如下5项准则和要求。

1. 发展性原则

发展性原则是指幼儿园的主题活动要能促进幼儿个性的全面发展，使幼儿从现有的发展水平向"最近发展区"发展。幼儿园主题活动的设计遵循发展性原则，要求教师在设计主题活动时既要遵循从幼儿身心发展的现实水平出发，照顾幼儿的现实需要、兴趣和能力水平，也要考虑到幼儿长远发展的需要和价值，始终贯彻以"发展"作为主题活动的核心价值，促进幼儿在现有基础上的进一步发展和提升。

发展性原则要求：① 教师应深入了解班级幼儿实际发展水平和发展潜力，结合该年龄段幼儿实际的理解能力和接受能力，确立略高于现有发展水平，又不超过发展的可能性的主题活动目标；② 整合多领域内容，由浅入深、由易到难、循序渐进地安排主题活动中的分层次的小主题和各个教学活动，灵活运用多种教育手段，创造性地设计主题活动，促进幼儿有个性的全面发展；③ 根据实际情况，充分利用现有教育资源，创设适宜的主题环境，引导幼儿多操作、多实践，最大限度地发挥其积极性和创造性；④ 科学合理安排幼儿一日活动，将主题活动内容有机地渗透到一日活动中，发挥随机教育的价值，最大限度地促进幼儿获得全面、和谐的发展。

2. 整合性原则

整合性原则是指把幼儿园主题活动设计看作一个系统工作，看作一项把各种教育因素联系起来的整体性工作，看作一个构建主题活动的基本历程。主题活动的设计必须贯彻整合性原则，注重幼儿人格、情感、认知的整合，建立各种知识之间的有机联系。

整合性原则要求：① 设计主题活动时，必须整体考虑与这一主题在目标、内容、形式、时间上相关的另外一些活动，必须考虑与这一活动相关的各类环境，使主题下的每个教育活动真正成为整个主题的有机组成部分；② 主题活动的内容既要遵循相关学科领域内在的结构及逻辑关系，遵循幼儿在相关领域中学习的特点和规律，体现教育内容固有的系统性，也要发挥教育内容之间的有机联系，发现教育内容的一般整合机制，把相关的教育内容通过教育活动设计有机地联系起来，以提高主题活动的有效性；③ 主题活动的形式是多样的，应根据不同主题目标选择不同的活动形式，并注意不同活动形式之间的搭配和联系。

3. 生成性原则

生成性原则是指教师在教育教学过程中根据各种因素的差异和变化，机智、灵活、富有创造性地组织活动。在幼儿园主题活动的发生、发展全过程中，无论是教育环境的选择和创设，还是活动计划的制定和执行，教师都会遇到许多无法预料的情况，教师要正确估计幼儿的实际水平和发展状况，随着各种因素的变化不断地调整计划，对于突发情况也可以对活动进行及时调整，因地制宜实施主题活动。

幼儿园主题活动的生成都是在预设活动的基础上产生，而不是凭空生成的。每个预设的主题，在开展的过程中都可能生成新的活动，也可能生成新的主题，教师可以依据幼儿发展的需求进行把握。

生成性原则要求：① 教师要充分了解幼儿对主题的理解程度和接受能力，根据幼儿在主题活动中的求知欲望和探索精神，随机调整、生成新的主题内容；② 教师在幼儿一日活动的各个环节中注意观察主题活动对幼儿的影响力，依据幼儿的兴趣点，结合主题活动的核心内容进行调整。

4. 活动性原则

活动性原则是指在幼儿园主题活动中，教师要以幼儿的实际活动为基点，创设各种情景，组织各种活动，使幼儿通过与环境相互作用的操作活动及与教师和同伴的交往活动，实现在原有发展水平上的提升。

活动性原则要求：① 教师要为幼儿提供丰富的、不同层次的物质材料、实践环境，充分的活动时间，以及与同伴、老师交往的机会，如创设各种活动区域和活动情景，组织各种游戏活动；② 教师应鼓励幼儿在实践活动中发挥主动性、积极性和创造性，使活动真正成为促进幼儿全面发展的手段。

5. 可操作性原则

可操作性原则是指在主题活动设计时，要考虑主题实施的可行性，不可要求过高、内容过多、与实际脱节，从而造成主题活动实施的困难。

可操作性原则要求：① 主题活动设计要考虑教师能力水平和园所环境资源等；② 主题活动设计应立足班级幼儿的身心发展水平。不可高估幼儿的发展水平，造成幼儿学习困难，失去参与的兴趣；不可低估幼儿的实际能力，造成幼儿在原有水平上的重复，失去挑战性，使活动低效或无效。

（四）幼儿园主题活动的设计取向

主题活动由于其发起者不同，教育活动的结构化程度也不同。一种主题活动主要由教师确定活动目标和活动内容，以教师的教学为主线，以主题为载体，将各种知识和技能融合为一体；另一种主题活动则是由以幼儿自我探索为主的活动组成，以主题为出发点，拓展与主题有关的问题和概念；还有一种主题活动同时兼有前两种的共同特征。

1. 以教师的教学为主线的主题活动

以教师为主的主题活动相对较多地体现教师的计划性和指导作用。教师可以根据自己对幼儿的观察，以及自己对幼儿发展特征的理解，以专题或主题的形式编制课程网络，将幼儿发展的各个方面或者各个学科综合到主题活动之中。

2. 以幼儿自我探索为主的主题活动

这类教育活动以幼儿自发生成的活动为主体，相对较多地体现幼儿的兴趣和需要，教育活动的结构化程度相对较低，在课程计划和实施的过程中，不同程度地加入教师的参与和干预。

3. 兼有两种特征的主题活动

兼有两种特征的主题活动是将上述两种不同倾向的教育活动有机地结合成一体，能较好地反映幼儿与教师、幼儿与幼儿以及师幼双方与环境之间的互动关系，使主题活动具有的长处得以充分的体现。将两种不同倾向的教育活动有机地结合成一体，其要点是处理好幼儿生成的学习任务与教师预定的教学任务之间的关系，即处理好过程和结果之间的关系，其期望达成的结果是使社会对幼儿的教育要求与幼儿的需要和兴趣尽可能相符合。

二、幼儿园主题活动的组织与实施

思政引航

在2022年教育部等十部门关于印发《全面推进"大思政课"建设的工作方案》的通知中指出：全面推进"大思政课"建设，要坚持以习近平新时代中国特色社会主义思想为指导，聚焦立德树人根本任务，推动用党的创新理论铸魂育人，不断增强针对性、提高有效性，实现入脑入心。坚持开门办思政课，强化问题意识、突出实践导向，充分调动全社会力量和资源，建设"大课堂"、搭建"大平台"、建好"大师资"，建设全国高校思政课教研系统，设立一批实践教学基地，推出一批优质教学资源，做优一批品牌示范活动，支持建设综合改革试验区，推动思政小课堂与社会大课堂相结合，推动各类课程与思政课同向同行，教育引导学生坚定"四个自信"，成为堪当民族复兴重任的时代新人。

请思考：结合你对"课程思政"的理解，谈谈在幼儿园主题活动设计中如何融入思政元素。

幼儿园主题活动的组织总体分为三个阶段，即准备阶段、实施阶段、总结回顾阶段。

（一）幼儿园主题活动准备阶段

幼儿园主题活动的设计是一项系统工程，需要课程开发者、组织者与实施者整体规划，系统设计，动态把握，使其真正成为促进幼儿发展的有效教学形式。主题活动准备阶段主要环节包括：主题的确定与命名、主题网络图的编制、主题活动目标的制定、主题活动内容的预设等。

1. 主题的确定与命名

主题是主题活动的核心，对整个活动起导向的作用。由于主题活动的结构化程度不同，主题的选择和产生的方式也不同。以教师的教学为主线的主题活动，主要是建立在教师观察和了解的基础上，由教师选择和决定能引起幼儿兴趣的主题；以幼儿自我探索为主的主题活动，则是幼儿在自身知识经验和认识水平的基础上，所生成的主题；兼有两种特征的主题活动是经过教师预设和幼儿生成，在两者共同作用下选择和产生单元活动的主题。

无论是哪一种产生方式，选择的主题一定要充分考虑幼儿的需要与兴趣，应与幼儿的已有经验与能力相适宜，贴近幼儿生活实际。一般而言，幼儿园主题活动的主题，主要来自幼儿生活、社会生活、社会环境、自然环境、自然现象、节日与事件以及科学概念等（具体内容见本章第一节）。根据幼儿的兴趣与经验确定主题后，还应给主题确定具体的名称，主题名称应避免成人化倾向，要用幼儿熟悉、喜欢、容易记住的名称。

例如，颜色是幼儿每天到处可看到的东西，颜色存在于每个人的生活中。颜色使世界美丽，也美化幼儿的心灵。以"颜色"为主题，可以结合中班幼儿对颜色的兴趣与经验，引导其对颜色进行深入有趣的探索，如从"颜色在哪里""色彩游戏"和"颜色的联想"等方面开展。因此，将主题活动名称命名为"颜色躲猫猫"可以很好地将"颜色在哪里""色彩游戏"和"颜色的联想"等探索层面整合在一起，这个名称既突出主题活动的目的，又以幼儿化的名称，激发幼儿的好奇心，鼓励幼儿用各种方式探索色彩的变化。

2. 主题网络图的编制

主题网络图是指由许多下位概念或主题编制而成的图[1]。编制主题网络，主要通过"脑力激荡"而调动出来的与主题有关的知识经验或概念，经过归纳整理，建立起某种关系和联系，并以网状的形式，将这种关系和联系直观形象地呈现出来。主题网络图的编制是一个持续性的过程，其内容的丰富和完善贯

主题活动网络图的编制

---

[1] 王春燕，王秀萍，秦元东.幼儿园课程论［M］.北京：新时代出版社，2009：196.

穿于主题活动实施的始终，在主题活动的设计过程中，并不可能形成完整的主题网络图，而只是将已经形成的线索、活动方向进行归纳、整理，组成基本架构，为活动的进行提供基本的结构和线索支持，是其他后续设计活动继续进行的重要依据。

（1）主题网络图的编制方式

一般而言，幼儿园主题活动网络图的编制主要有以下4种方式[1]。

① 以要素为线索来建构主题网络图。以要素为线索来建构主题网络图时，主要是将主题根据性质分解成若干要素，并以这些要素作为展开线索的建构方式，常用于以特定的物品、生物体或场所为主要研究对象的主题活动。要素式的网络有利于教师尽可能全面地把握核心话题所延伸出的线索，有利于为幼儿提供完整的经验。例如在大班主题活动"服装"的网络中，教师把"服装"这一主题分解为服装的种类、作用、质地和制作等要素。参见图7-1-1。

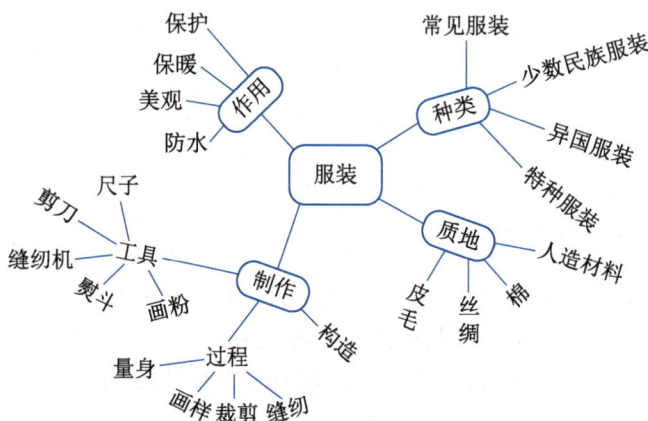

图7-1-1　大班主题活动"服装"主题网络图

② 以活动为线索来建构主题网络图。以活动为线索来建构的网络图中，先预设主题的主要活动并在这些主要活动的基础上预设或生发出相关的项目活动、系统活动和游戏活动，这些主要活动或成为主题中的活动，或成为主要活动线索。如大班主题活动"健康的身体"的网络，其中"贪吃的嘴巴""血液的秘密"等都是主题中的活动。用实线标注的是主题实施前预成的活动，用虚线标注的是主题实施中生成的活动。参见图7-1-2。

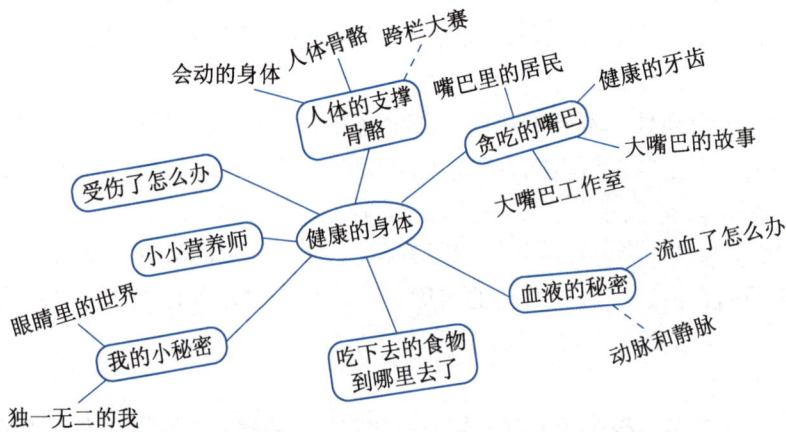

图7-1-2　大班主题活动"健康的身体"主题网络图

[1]　汪丽.田野课程架构与实施［M］.南京：南京师范大学出版社，2008：71—73.

③ 以问题为线索来建构主题网络图。以问题为线索来建构主题网络图中，常以问题作为展开线索，在回答问题的基础上完成主题网络的建构。如大班主题活动"我要上小学了"，教师通过调查幼儿对小学的问题，形成了主题开展的主要线索"小学是什么样的""小学生怎样生活""小学生学什么""小学生要做什么准备"。参见图7-1-3。

④ 以情境为线索建构主题网络图。以情境为线索建构的主题网络图中，主题一般分为几个相关情境，通过情境展开主题，如大班主题活动"春天里，我们在……"引导幼儿在各个地方寻找、感受春天的景色，进行春天里的活动。活动在幼儿园、公园或郊外开展，真实的情境使活动更加富于针对性。参见图7-1-4。

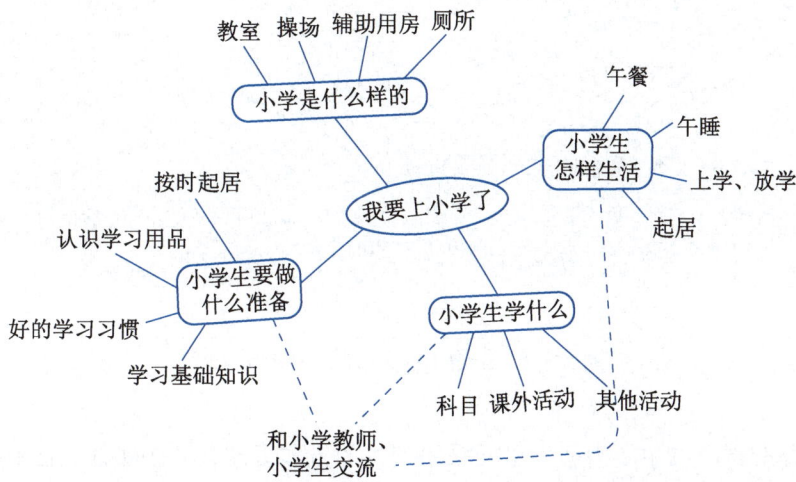

图7-1-3 大班主题活动"我要上小学了"主题网络图

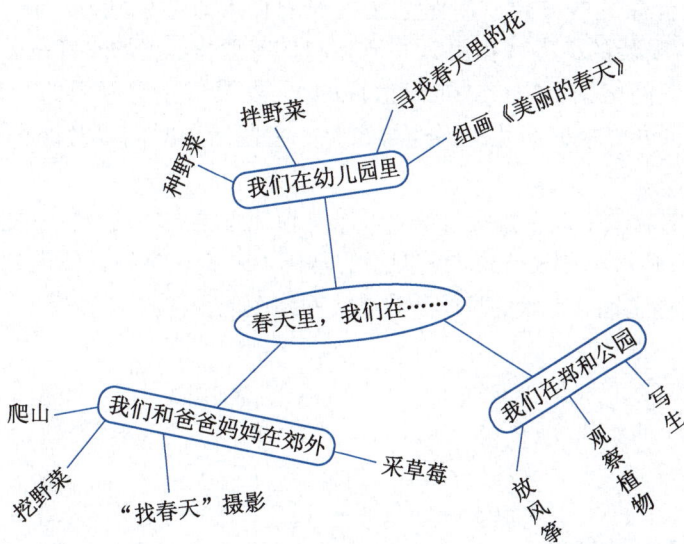

图7-1-4 大班主题活动"春天里，我们在……"主题网络图

（2）主题网络图的呈现形式[1]

① 树形主题网络图。树形设计是主题网络图中常见的一种形式，寓意为主题展开方式是生长的，可生成性的，一般以事物的关联性来确立主要分支的小主题。如"伞的世界"这个主题，以伞的四个预设内容（伞的联想、认识伞、伞的功能、伞的创作与游戏）来展开主题，参见图7-1-5。树形主题网络图主

---

[1] 陈福静.幼儿园主题活动的设计与实施策略［M］.北京：中国轻工业出版社，2016：68—73.

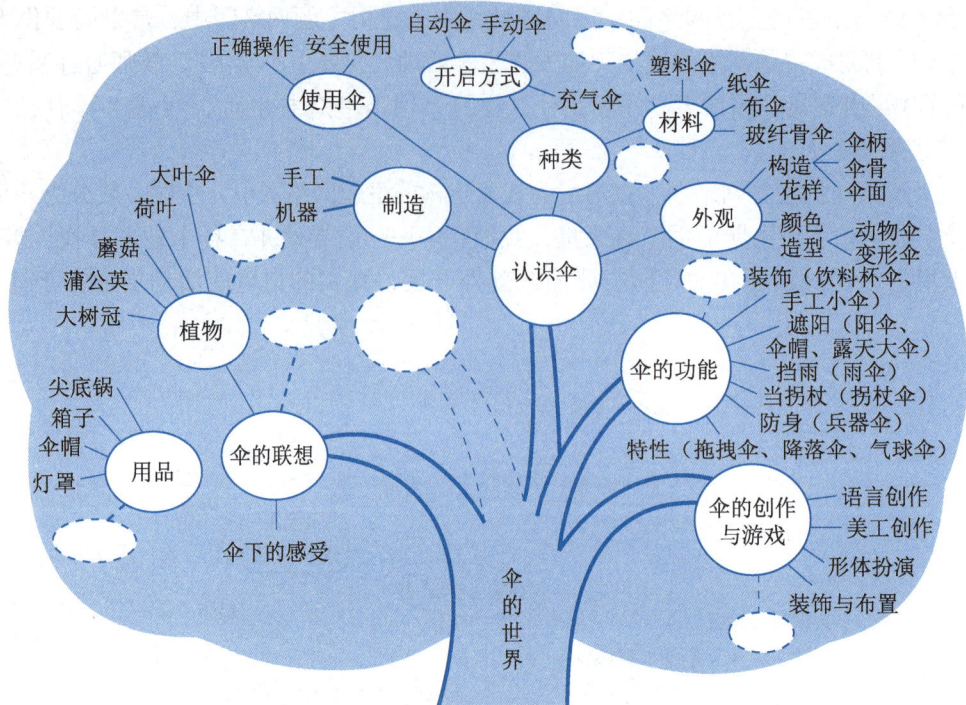

图 7-1-5　树状主题网络图"伞的世界"

要是对主题内容进行分析，以主要内容为主线采用生长的方式呈现，其中实线、已有内容以教师预设为主，主题树中空白处为幼儿生成的活动留有余地。

② 发散形主题网络图。发散形主题网络图是从一个总的知识点出发，相关联的每一个小知识点都可以作为一个主题进行探究的方式。例如上文提到的在大班主题活动"服装"的网络中，教师把"服装"这一主题分解为服装的种类、作用、质地和制作等要素，见图 7-1-6（同图 7-1-1，以要素为线索构建的"服装"主题网络图呈现形式是发散形的）。发散形主题网中的知识点只是一种提示，教师可以有自己的构思，也可以根据幼儿的兴趣与经验、主题活动时间以及课程资源等条件进行扩充或者删减。

③ 表格式主题网络图。表格式主题网络图，可以清晰地总览主题的目标、主题的展开脉络、主题环境创设及家园互动等，教师可以在表格式主题网络的基础上，直接选择具体活动，是比较方便实用的形式。如表 7-1-1 所示，通过主题"奇妙的身体"表格式网络图能很清晰地总览整个主题的全貌。

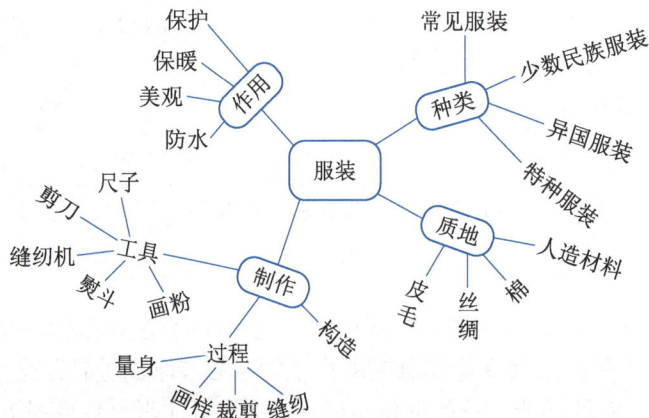

图 7-1-6　发散形主题网络图"服装"

表7-1-1 表格式主题网络图"奇妙的身体"

主题名称	奇妙的身体	年龄段	中班
一、主题分析及目标制定	主题说明：幼儿从出生开始就对自己的身体充满了好奇，他们如果能正确建立自我认识的观念，学会喜爱自己，尊重自己，懂得关怀别人，他们的世界自然充满爱的愉悦。本主题从幼儿脸形开始，展开寻找答案的旅程。通过感官的探索、小实验、创意活动等，让幼儿从操作中认识自己。老师要以开放的态度，引导幼儿建立正确的性观念，以及学会保护自己。通过绘画表达情绪，发展情商 目标：1.探索眼、耳、口、鼻、手脚的功用及保护的方法 　　　2.提升自理能力，学会独立穿脱衣服 　　　3.了解身体器官的功能，学会保护身体的具体方法 　　　4.知道自己是独特的，懂得欣赏别人，学习与人交往		
二、主题活动的展开	可爱的脸	独特的我	语言、社会、艺术
		眼睛真有用	科学、艺术
		耳朵真神奇	科学、艺术、健康
		神奇的鼻子	科学、艺术、健康
		嘴巴的本领	科学、社会、健康
	身体动起来	我的小手真有用	语言、社会、艺术
		我的小脚本领大	健康、语言、科学、艺术
		动一动	健康
		相同和一双	科学
	爱护自己	保护五官	语言、健康
		男女有不同	科学、社会
		会动的关节	健康、艺术
		生命只有一次	社会、艺术
	会哭会笑	笑笑哭哭	艺术、语言
		名画欣赏	艺术
		学说相声	语言
		颠倒歌	语言
三、主题环境创设	1.主题墙上将主题网络以图片的形式呈现：不同表情的脸；手影；名画；身高测量图；不同表情的幼儿照片；身体动作照片 2.爸爸妈妈小时候的照片		
	区域环境	阅读区	1.有关五官介绍的书 2.有关身体介绍的书 3.身体各部位的点读图卡 4.故事屋
		美工区	1.空白脸谱 2.镜子 3.手模道具
		表演区	相声表演舞台和背景
		科学区	1.手影箱子 2.万花筒 3.品尝区：糖、盐、面粉等 4.闻一闻：醋、酒、花露水等
		数学操作区	1.数字描摹1、2 2.找相同：袜子和手套 3.对称游戏

续 表

四、家园共育	1.通过主题介绍，让家长了解主题目标，并积极配合开展活动 2.请家长找出自己成长过程中的照片与幼儿进行分享 3.请家长协助进行生命教育 4.请家长在做饭的时候引导幼儿闻一闻、尝一尝，并引导幼儿说出自己的发现 5.请家长在幼儿锻炼时记录幼儿心跳的变化

根据上述主题网络图的编制方式与呈现形式，中班主题"颜色躲猫猫"的主题网络图，以树形主题网络图为例，可以绘制成图7-1-7。

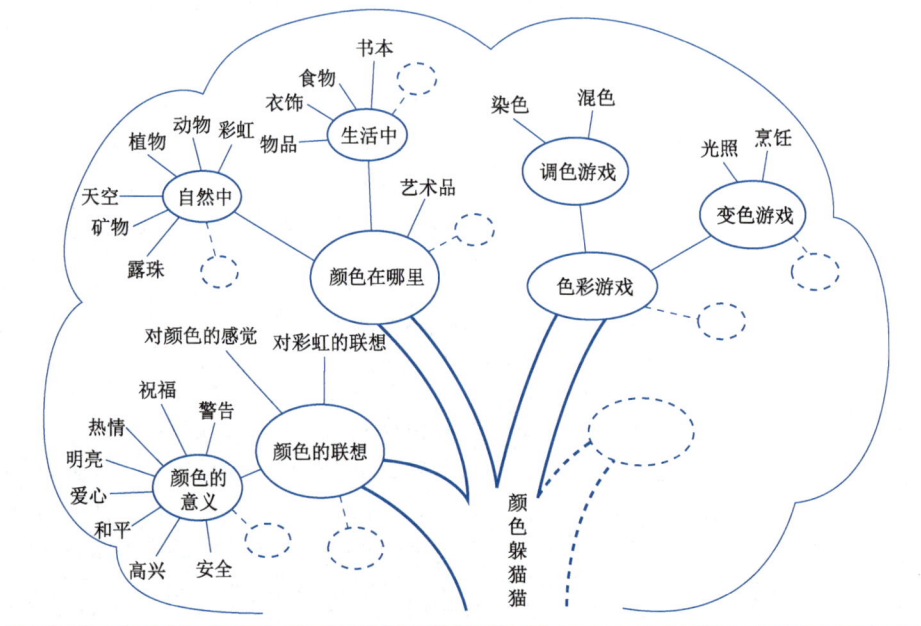

图7-1-7 中班主题"颜色躲猫猫"的主题网络图[1]

在这个主题网络图中，首先围绕一级主题"颜色躲猫猫"生成了"颜色的联想""颜色在哪里""色彩游戏"三个二级主题，在二级概念"颜色的联想""颜色在哪里""色彩游戏"下分别是三级主题"颜色的意义""自然中""生活中""调色游戏""变色游戏"等，其余则是隶属于三级主题的四级主题。实线所指向的主题是由教师提供的，而虚线所指向的主题则是留给幼儿生成的空间，这些主题活动有机地联系在一起，形成了幼儿园活动的主题网络图。

3. 主题活动目标的制定

主题活动目标的确定受多种因素的影响，既要反映幼儿园课程的总目标，体现出一定的社会价值，同时又要关注对幼儿的发展价值，符合幼儿的个体发展水平，并且在主题活动目标中还应体现主题的核心价值。

主题活动目标的制定应遵循下述5个要求：[2]

① 目标的涵盖面要广，应包括知识的学习、能力的培养、动作技能和情感态度等方面。

② 目标要具有针对性和整体性，既要突出该主题的核心领域目标，也要体现其他两个或两个以上领域的要求。

③ 目标要比具体活动目标更上位，同时也要具体、可操作。

④ 目标要以幼儿为主体表述。

⑤ 目标数量一般为5—7条。

---

[1] 周兢，张杏如.幼儿园活动综合课程教学指导用书（小班）［M］.南京：南京师范大学出版社，2009：106.

[2] 赵旭莹，周立莉.幼儿园综合主题活动——设计技巧与优秀案例［M］.北京：中国轻工业出版社，2016：14—16.

例如，中班主题活动"颜色躲猫猫"的主题目标：

① 能用简单的语言描述对颜色的认识，喜欢关于色彩的故事，尝试想象续编故事，乐意向同伴表达想法和意见。

② 正确认识颜色，初步认识彩虹的自然现象，乐于探索周围事物中的颜色。

③ 能尝试进行颜色配对，在调色试验中感受色彩变化。

④ 感知名画的情景氛围，能尝试运用不同工具材料进行造型、构图、染色等创造性活动。

⑤ 感受有关色彩乐曲的乐句、旋律，并尝试表达对音乐的理解。

⑥ 了解颜色在社会生活中的意义，能够表达对不同颜色的感觉。

⑦ 乐于参加色彩游戏，发展动作的灵敏性。

4. 主题活动内容的预设

根据主题网络图的线索、主题活动的目标、幼儿的兴趣和需要，以及当地的教育资源，对主题活动的内容进行预设。中班主题活动"颜色躲猫猫"的主题内容预设如表7-1-2所示。

表7-1-2 "颜色躲猫猫"主题活动内容预设

主题线索	具体活动名称	涉及领域	活动目标预设
（一）颜色在哪里	身边的颜色	科学艺术	正确辨认红色、绿色、蓝色和黄色；乐于探索周围食物中的颜色；乐意向同伴表达自己的想法和意见
	颜色大风吹	科学健康	喜欢观察自己衣物的颜色；进一步发展动作的灵敏性
	我的颜色小书	艺术语言	知道书是由封面和插页组成的；在成人的协助下自制有关颜色的小书
	哇，彩虹	语言艺术	初步认识彩虹这一自然现象；尝试运用彩虹的七种颜色进行绘画；想象并用语言简单描述自己的"彩虹梦"
	贪吃的变色龙	语言艺术	学习正确地、按顺序翻阅图书；感知理解故事中变色龙的过程；尝试想象并表述变色龙继续变色的故事
	彩色世界真奇妙	艺术语言	欣赏、感受乐曲中的大、小乐句；尝试用不同形式表达对音乐作品的理解
	脸红的番茄	语言科学	感受儿歌的音韵和节奏；根据儿歌内容推测果子变色的原因
（二）颜色的联想	彩色的星期日	艺术	欣赏感知名画中的情景氛围；初步了解点彩派的绘画技法
	颜色在说话	社会语言	初步了解"红"和"绿"在社会生活中的意义；用简单的语言表述自己对"红色"和"绿色"的认识
	彩色噗噗车	艺术社会	观察不同车轮纹路的差异；与同伴共同创作汽车轮胎画
	彩色的雨滴	艺术	用手指点画的方法画出雨滴；理解颜色作画的一般规则
	彩色聚会	社会科学艺术	乐意向家长介绍自己的作品；在装饰饼干活动中体验亲子合作的乐趣
（三）色彩游戏	颜色碰一碰	艺术	尝试进行颜色配对；感受2拍子的旋律，并有节奏地走或跑步；在对碰中享受愉快、亲热的情感交流
	颜色变一变	科学艺术	在调色实验中观察混色的变化过程；尝试用简单的语言描述实验的过程和结果
	颜色魔术布	艺术	享受玩颜色游戏的乐趣；尝试用不同的工具和材料进行创作
	染色游戏	艺术	知道蜡染是中国的一种民间工艺；学习用绵纸进行染色；观察颜料在绵纸上的吸收和渗透过程，感受颜色渐变的美

（二）幼儿园主题活动实施阶段

幼儿园主题活动通过了第一阶段的准备，就进入了实施阶段。实施阶段及其内容要求如表7-1-3所示。

表7-1-3　主题活动实施阶段内容要求

实施阶段		内　容　要　求
主题环境创设	主题墙	基本要求、基本功能、存在问题
	活动区角	规划布局、材料投放、存在问题
	家庭、社区环境资源	收集资料、制作材料、拓展经验
教学活动	集体教学活动	注意事项、设计步骤
	区角活动	与主题相辅，促进主题活动开展和目标实现
家长工作开展		家长助教、亲子活动

1. 主题环境创设

幼儿园主题环境创设包括精神环境创设和物质环境创设。精神环境创设需要教师与幼儿、幼儿与幼儿之间相互信任、相互尊重，在这样的环境中，幼儿才会感到安全、轻松、愉快，才能积极主动地参与活动与学习、探索与创造，从而获得发展[1]。物质环境创设在主题活动中起到重要的作用，适宜的环境和材料可以有效地引发和推动幼儿的活动发展，同时还能有效促进家园互动。

幼儿园主题活动下的物质环境创设主要包括主题墙的创设、主题区角的创设，以及家庭、社区环境资源的利用。

（1）主题墙创设

幼儿园主题墙是指教师和幼儿创设的与主题相关的所有墙面环境，是幼儿园环境的一部分。主题墙不仅具有美化环境的作用，也是幼儿学习成果的展示，更是对幼儿发展与进步的点点滴滴的记录。主题墙丰富着幼儿的学习资源，是主题活动的延伸和继续，帮助幼儿回味、反思课程的内容，主题墙的创设是幼儿园课程实施的重要环节。创设良好的主题墙可以吸引幼儿与其互动，激发幼儿的探索兴趣、研究能力、动手能力，增强幼儿的自信心、语言表达能力等，有重要的教育功能和审美功能。良好的主题墙环境一方面能促进幼儿主动发展，为幼儿身心健康发展提供支持，另一方面还能让家长了解幼儿在园学习什么，加强家园联系，保证幼儿园教育、家庭教育的一致性。同时主题墙对幼儿教师也有重要的作用，对环境的利用和创设是幼儿教师必备的专业能力之一，主题墙可以让教师及时进行自我反省，促进教师的自我成长。

① 主题墙创设应满足的基本要求。

第一，布局要科学规划、适当调整。主题墙一般分为几个有机联系的板块，但是因为主题墙大小有限，因此教师要提前规划好各个板块的大致幅面，以免过于拥挤和胡乱拼贴，如图7-1-8所示。

第二，墙面高度要考虑幼儿的身高和视线。适宜的高度方便幼儿去看、去摸、去刷、去闻……进入幼儿视线的东西，幼儿才会有互动和探索的欲望，才能在这过程中获得语言、社会性等发展，如图7-1-9所示。

② 主题墙创设应体现的基本功能。

第一，教育功能。主题墙创设的教育目标若能与幼儿的兴趣、当前正进行的主题活动有机地融合在一起，不仅能推动主题课程的生成、开展，还能成为幼儿学习探究的记录板，体现"墙壁会说话"的隐形教育价值。

---

[1]　赵旭莹，周立莉．幼儿园综合主题活动——设计技巧与优秀案例［M］．北京：中国轻工业出版社，2016：29.

第二，参与功能。幼儿是主题墙创设的主人，每一位幼儿都有参与主题墙创设的机会，老师不能将幼儿能力的强弱、作品的好坏，作为幼儿参与主题墙创设的条件。主题墙创设上要充分利用家长资源，请家长帮助收集与主题相关的资料与图片，调动家长参与主题墙创设的积极性，让家长做到心中有数。

图7-1-8　科学规划的主题墙

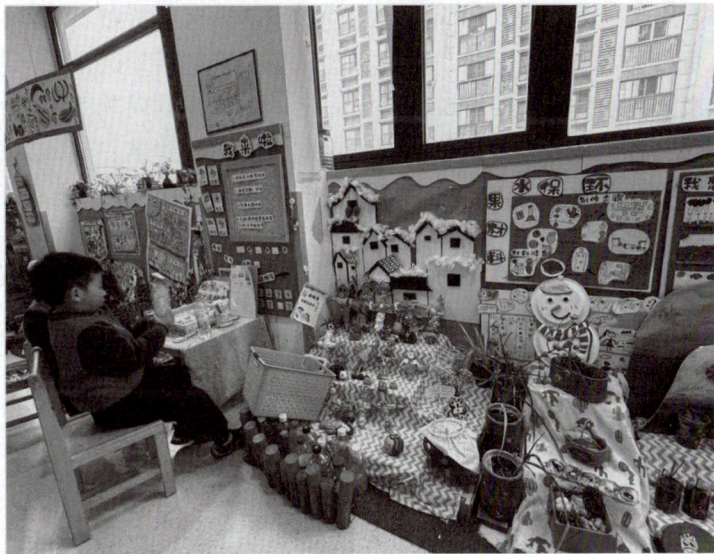

图7-1-9　高度适宜的主题墙

第三，互动功能。主题墙创设是整体教育活动的一部分，不能割裂与教育课程的关系，它应源于课程、展示于课程、同步于课程，同时又能反过来影响课程的推进、实施，丰富并生成新的课程内容。教师要做到创设与课程内容、课程进度相符的主题墙，巩固课程内容的实施与发展，根据幼儿不断变化的兴趣和关注点以及课程内容的进度，让主题墙和课程进行互动。

第四，变化功能。主题墙的创设不是一劳永逸的，而是经过主题产生、主题发展、主题完善的过程，它应记录着幼儿活动和经验的建构过程。所以在师生共同创设主题墙的时候，要善于留有空白，以便适应幼儿兴趣需要而发生变化，以及主题的丰富和新主题的派生，进一步引导主题活动不断深入，在动态中展示幼儿的学习轨迹。

第五，审美功能。主题墙的创设应布置合理、色彩协调、构图精巧，有一定的审美价值。主题墙中直观、简洁、鲜艳的图片更适合小班幼儿，内容不宜过多、过杂；对于中大班幼儿来说，教师在选定主题后，可根据幼儿的兴趣和发展需要，放手让幼儿自主设计和布置主题墙。

③ 主题墙创设在实践中的主要问题[1]

第一，教师动手动脑多，幼儿动手动脑少。在很多情况下，教师是主题墙创设的主体，包括主要内容的生成、主题墙内容、布置的形式等，几乎都由教师一手策划完成。

第二，主题墙饰固定多，变化少。主题墙的创设，需要关注幼儿兴趣的发展变化，并随着每个主题活动的自然开展和不断深入而逐步丰富。但反观我们的主题墙，很多都是教师在主题的开始就贴上好多东西，而且舍不得拿下来。主题进行中即使内容有变化，也只是增添边边角角，整体感觉不"活"。

第三，主题墙堆砌多，规划少。有些教师为了体现"幼儿是学习的主体"，将整个主题墙变成了作品展示区，墙面布局比较乱，对幼儿作品不加处理，只是简单地将主题墙分割成几个区，给人以零落、杂乱的感觉。

第四，主题墙雷同多，特色少。主题墙饰往往大同小异，缺乏个性，没有亮点，内容雷同，材料相对单一。这样布置出来的主题墙，难以吸引幼儿的注意力，不能有效激发幼儿的兴趣，也很难判断是哪个年龄段的墙饰。

（2）主题区角创设

主题区角指以主题为背景，以教室区域为活动空间，教师有目的地创设与主题活动目标相联系的活动区角，提供给幼儿按照自己的意愿和能力水平，以操作或者摆弄为主要方式进行个别化、自主性的学习活动的场所。[2]主题区角是对主题情境的进一步延伸，是促进幼儿学习与发展的场域。

① 主题区角的规划与布局要求[3]

第一，区角分布应有层次地支持幼儿不同经验的建构。活动区角按照不同的分类标准有不同的划分方法。本书中将活动区角分为常规活动区角、主题活动区角和特色活动区角三个层次。常规活动区角主要解决的是基本问题，主题活动区角主要解决的是学习活动中的主题问题，特色活动区角主要是区域对班本、园本文化的体现。三者相互独立、相互区别，存在层次上的差异；三者又相互关联，共同指向课程的主题。具体来说，常规区角是基础，解决主题所必需的基本技能和基本知识经验等基础性问题。主题区角是桥梁，连接常规区角和特色区角。主题区角支持常规区角继续进行深化探究，具有提升性，它能联系幼儿的个人世界，激发与支持幼儿进行进一步探讨的意愿。主题区角也支持特色区角的创设，具有延伸性，它能解决活动区的生态问题。常规活动区角、主题活动区角、特色活动区角的布局体现了活动区角对于幼儿不同层次经验发展的支持。

案例 7-1

主题活动"土布家族"

大班孩子随着年龄的增长，开始关注一些社会现象。孩子们在跟随父母旅游的过程中对土布及其工艺品产生了兴趣。选择土布作为主题活动，既能让孩子在欣赏、操作中加深对土布的认识，又能培养孩子对民族文化、民间工艺的深厚感情。主题活动的开展主要有以下几个板块：走进土布、欣赏土布、装饰土布、土布妙用。教室里创设了阅读区、科学区、自然角、建构区等常规活动区，还设置了主题式活动区布艺坊和特色活动区茶庄……茶庄里的道具大到桌布、窗帘，小到茶杯垫、餐牌等都是幼儿在主题活动区玩耍时制作的作品。

---

[1] 俞晓玲.幼儿园主题墙创设的几点思考［J］.现代教育科学，2014（3）：90.

[2][3] 刘小娟.幼儿园主题式活动区创设的实践研究［D］.重庆：西南大学，2016.

由案例7-1可见，常规活动区角中幼儿可以通过阅读、观察、触摸、对比等方式，了解土布的制作过程、感知土布的分类和特征等，这些是开展主题活动必须具备的知识经验基础。主题活动区角中的幼儿可以尝试进行扎染、粘贴、印染等方式设计和装饰土布，制作一些简单的土布工艺品。在这里，关于土布的知识与经验得到提升，另外幼儿的美工技能得到提高，设计思路得以实现，环保能力得以提升。这是本主题的主要目标得以实现的重要途径之一。特色活动区角的创设是在整个活动区创设的最后环节进行的，因为这个活动区角的建立是为了增强幼儿的成就感与自信心，也让班级课程特色得以彰显。

第二，区角的规划应体现幼儿的参与。一个精心设计的活动区角规划必须体现幼儿的主动参与。首先，活动区角的布局要能够帮助幼儿计划他们想在哪里玩，跟谁一起玩，以及想要做的事情。这就要求活动区角规划和布局的时候要有幼儿的参与，把话语权还给孩子。如把积木区放在娃娃家旁边，因为孩子们经常需要同时使用两个区的材料来进行角色扮演，而不能仅仅以教师认为的"娃娃家比较吵，要远离需要思考的建构区"来进行布局。其次，当教师和幼儿决定好教室要创设哪些区角后，活动区角的命名也应体现幼儿的主体性，给自己教室的活动区角取名的过程就是让孩子参与活动区规划的过程。

第三，区角的布局应支持幼儿经验建构的关联性和均衡性。幼儿各种经验的建构是相辅相成的。在活动区角创设中，为了帮助幼儿区分各个区角，教师往往使用比较低的玩具柜、各种材料的地板、不同颜色的地毯等。然而，这只是为了让每个角落的幼儿都能很容易地看到各个区角，更容易地选择材料，而不是为了禁止幼儿在不同区域间活动。幼儿园主题式活动区的创设要充分考虑到幼儿的"间接经验和直接经验、集体需要和个人需要、知识和经验"[1]这些不同要素在课程内容上的比例。

案例 7-2

老鼠的婚礼

主题活动以《老鼠嫁女》这一蕴含中国民俗文化的故事欣赏为切入口，以欣赏、交流、制作和游戏为方式开展和丰富主题活动。幼儿在日常生活中模仿、创造性地再现婚庆内容，感受丰富的民俗文化，积累审美经验。

"老鼠的婚礼"主题活动从找找身边的婚礼，讲讲老鼠的婚礼，看看老鼠的婚礼，唱唱老鼠的婚礼，演演老鼠的婚礼几个板块展开。在活动区创设中，教师与孩子、家长一起创设了礼品屋、服装屋、化妆屋。在每一次区域活动中，幼儿自由分组，分别进入礼品屋、服装屋、化妆屋，选择自己喜欢的角色，承担相应的任务，完成自己的角色任务后全部加入迎亲队伍的游戏当中。化妆屋的孩子要亲自为参与游戏的同伴制作老鼠头饰。孩子们有的画，有的剪，有的钉皮筋。礼品屋的孩子要为大家准备礼品，用彩色包装纸将废旧的纸盒包装好，再系上美丽的蝴蝶结，礼品便制作完成。服装屋的幼儿要为婚礼的主角们挑选衣服，协助他们穿好服装。化妆屋的幼儿要为主角们化好妆，负责把主角打扮漂亮。一切准备完毕，婚礼队伍就可以开始游行了。

由此可见，活动区创设时，如果所有的区域都是单独进行玩耍的，那么幼儿学习的乐趣和效果将被大大削弱。教师应该支持幼儿在教室内的所有活动区角进行玩耍而不是将幼儿固定在某一个区角，这比布置一个单独的数学操作桌更有支持幼儿发展的价值。幼儿正是通过在不同区角和各种材料互动的时候，学习到各种概念和经验、技能，他们观察、分类、预测、判断并交流自己的方法。

②主题区角的材料投放。

材料投放即教师根据教育目标、幼儿的兴趣和需求、幼儿的能力差异等因素在活动区角投放操作物品。材料投放是区角活动实施与开展的核心，材料对于幼儿的经验建构起着直接的作用。主题区角的材

---

[1] 肖卫兵，吴景松.试论建构主义课程观［J］.苏州教育学院学报，2004（6）：43.

料投放应体现以下4个特点[1]：

第一，材料投放应发挥幼儿的主体性。教师放下权威，发挥幼儿主体性，真正尊重幼儿的想法和意见。在区角创设的计划阶段，摒弃材料投放由教师主观决定的做法，通过调查活动、谈话活动、个别交流、观察活动等方式充分了解和倾听幼儿的心声，充分尊重幼儿的兴趣和已有经验水平。

案例 7-3

球 球 运 动 馆

在中班主题活动"我们爱运动"中，孩子们对球类运动乐此不疲。在通过集体协商后，决定创设主题式活动区"球球运动馆"。但是应该投入什么材料呢？孩子们有的说投放各种各样的球类，有的认为可以展示自己学会的球类运动，有的建议应该张贴各种球类的宣传画报，还有的建议区域里需要有球类运动服饰才便于开展运动。在教师的支持下，孩子们开始了材料收集与整理的工作。有的带来了自己喜欢的球类投放到活动区，有的设计了球类运动服饰……基于每个幼儿兴趣的不同，在活动区活动时，以"我是小教练"的方式让孩子们展示分享自己感兴趣的球类和球类运动。

第二，材料投放与调整应符合幼儿的经验水平。区角应投放不同难度等级的材料。班级孩子的年龄有差异、生活经历有差异、已有知识经验水平等也不同，因此，投放的材料需要多元性。同时活动区材料需要根据变化了的实际情况进行调整。

案例 7-4

奇妙的安全标记

在主题活动"我的安全我做主"中，孩子们对各种各样的安全标记表现出了极大的兴趣，为此教师在益智区增添了拼图"奇妙的安全标记"。考虑到孩子们能力的差异，教师将有些安全标记分成三块，有些标记分成四块，有些标记分成六块。这样，孩子们可以根据自己的需求，选择不同难度的拼图。

第三，材料投放应与主题活动的进程相辅相成。活动区角中幼儿通过操作材料获得的知识经验只是适合目前阶段的一种解释或者一种认识，并不是问题的最终答案。没有知识是一成不变的，一旦实际情况发生变化，知识也随之发生变化。因此，学习的效果不是看教师如何输出知识和信息，而是取决于如何帮助幼儿建构知识的意义。

案例 7-5

"土布家族"材料投放

大班主题式活动区布艺坊的材料投放，经历了以下4个步骤。

步骤1：收集土布工艺品，创设主题氛围。幼儿在家长协助下，将土布工艺品带到幼儿园，教师将这些工艺品悬挂起来，进行展示，整个教室充满了民间艺术的气息。前置材料提供后，幼儿可以进行欣赏，初步感知土布色彩、花纹、质地等特点。

步骤2：提供与探索主题有关的前置性材料。在"土布家族"这一主题开展前，我们有意识地在活动

---

[1] 刘小娟.幼儿园主题式活动区创设的实践研究［D］.重庆：西南大学，2016.

区投放了各种各样的土布和各种常规美工工具。一日环节的过渡时间，教师给幼儿提供到活动区玩耍的机会，新近投放的材料吸引了幼儿的注意力，他们反复感知这些土布、观察、议论，有的小朋友还将土布剪碎，分颜色装在操作盘里，还有的合作在白色的土布上进行彩绘，孩子们对土布非常感兴趣，跃跃欲试，为活动的正式开展奠定了有益的基础。

步骤3：提供与巩固主题有关的操作性材料。在主题活动中，我们进行了欣赏土布、扎染蓝印花布、印单装饰、利用土布和废旧光盘制作光盘娃娃、利用土布和废旧塑料瓶制作各种物品等美工活动。不同的孩子对不同的活动呈现的兴趣不同、能力不同。为了给孩子提供个别操作与学习的机会，我们将这些材料投入到区角之中。利用区角活动巩固孩子们在主题中获得的经验和技能。

步骤4：提供与主题创造有关的后置性材料。主题后期，我们保留了扎染的材料，但是对于扎布的方法提出了更高的要求。从最开始的中心扎发展到四角扎、对边卷着扎、对角卷着扎。教师将扎布的示意图粘贴在美工区给予幼儿操作提示。教师还将孩子们染好的蓝印花布与白布放置在美工区，鼓励幼儿将作品再次进行创造。孩子们又将染好的布制作了头巾、围裙等。后置性材料的提供，使幼儿在活动区中有了更多的创作和操作的机会。幼儿利用经验的提升进行与主题有关的创造性活动，他们对主题的认知加深，相关的思维、技能也得到了继续发展，推动主题活动的进一步深入开展。

从案例7-5中可以看出，主题活动区角材料投放要求教师能够对即将发生的学习情境以提出建议、进行提示或者部分介入等方式给予支持，以此来推进主题活动的进程，加速幼儿的学习过程。

第四，增加投放区角材料的情境性。教师投放的材料必须与幼儿的生活经验息息相关。也就是说，活动区的材料应该是源于幼儿的生活实际，贴近幼儿生活原型的，并能够形成一个最利于幼儿经验建构的生活情景。投放的材料要能创设问题情境。也就是说，投放的材料不只是模仿真实的情景，更是一种让幼儿带着目的，运用一系列的假设、观察、调查、推理、搜集与处理信息，综合运用活动区角里的各种材料去解决问题的一种问题情境。投放的材料还要注重情境的可延续性。也就是说，教师应避免过多地投放高结构材料，因为高结构材料的玩法大多是固定的、单一的，幼儿只能按照玩具固有的方法进行操作，不能按照自己的想法和思考创造出其他的玩法。高结构的材料会让幼儿没有延续活动的兴趣与愿望，活动区的材料也终将被遗弃。

③ 主题区角创设的主要问题。

第一，区角创设忽视幼儿主体性。

一方面表现在活动区角规划由教师主宰。区角的规划基本上凭借教师个人在活动区创设工作方面积累的经验，围绕教师的理念和想法来开展，教师很少和幼儿商量讨论。当按照教师规划的活动区角出现在教室时，幼儿会在教师的带领下进行参观与熟悉。教师会组织幼儿欣赏教室的新环境，幼儿会被告知自己应该怎么在活动区里玩儿……如"小朋友们看，这是阅读区、这是科学区、这是美术区……老师现在来介绍一下每个区角里有哪些物品，怎么操作……"这是出现新区角时常遇到的情景。

另一方面表现在活动区角规则由教师制定。很多教师认为，为了使区角活动顺利、有序地开展，相比需要教师与幼儿共同协商制定的规则而言，教师直接规定的做法程序简单明了、操作轻松容易。教师讲解规则的方式既简单，见效又快。幼儿只需要接受既定的规则，不需要参与规则制定的过程。

📅 案例 7-6

10点30分，C班的"美发店"里，老师正在教幼儿玩角色游戏。老师请了3个幼儿分别扮演老板、顾客、理发师。老师站在理发师旁边说："理发师给顾客理发，男孩就给他洗头、剪头发、吹干；女孩就要给她烫头发、染头发。你们照着这个做就可以了"。理发师按照教师的指导，给这名男顾客洗头、剪头发、吹干。接着，老师说"再请一名女孩来扮演顾客"。理发师按照教师的指导，又给新来的女顾客烫头

发、染头发。最后,老师小结道:"小朋友们,美发区就是这样玩的,大家懂了吗?"——节选自×园观察记录《大家懂了吗》

第二,区角材料投放不合理。

一方面表现在材料投放随意,与主题经验建构无关。教师在创设活动区时极少考虑到主题活动课程,他们一般偏爱创设常规活动区,如建构区、娃娃家、益智区、阅读区等等,活动区创设与主题活动相脱节、活动区目标与主题活动目标不匹配、主题活动经验未得到补充与深化的几种现象比较严重。如在对某幼儿园12个主题活动方案分析发现,在列举的84个活动区中,仅有5个活动区(占5.9%)体现出主题课程的内容,且全部与饮食有关,如"QQ火锅店""美味蛋糕坊""烧烤屋"等,仅有6个活动区(7.1%)体现出了主题活动期望幼儿建构的经验,如"×××时装秀场""龙龙工作坊""×幼娃夏令营"等。

另一方面表现在材料投放滞后,与幼儿已有经验不符。在主题式活动区创设的初期,教师们能根据自己的教学经验和幼儿的经验水平,以及主题活动的相关内容预投放一些与主题相关的操作材料。这些材料一定程度上也能帮助幼儿达成主题目标。随着主题活动进程的推进、幼儿兴趣点的转变、幼儿能力与经验的提升,教师却由于各种主观的、客观的原因,没有及时调整和更换这些操作材料,造成材料滞后于幼儿的经验水平。

区角材料投放不合理还表现在材料调整不当,超前于幼儿的经验水平。材料投放调整时,教师往往简单采取加大材料的难度这种单一的调整方式。幼儿拿到材料后感到无所适从,更没有兴趣可言,这样的材料当然不能激发幼儿主动操作的欲望。

案例 7-7

A班活动区里原本有3根长短不同的彩色木棒,小朋友需要按照从长到短的顺序给木棒排队。活动进行2周后,大部分孩子都能轻易完成任务。于是,教师增加了彩色木棒的数量:从3根到10根。活动区活动开始后,渺渺把长短棒拿到了座位上,一阵摆弄过后也不知道到底该怎么玩,于是就将长短棒随意地放在了桌子上,开始看旁边的小朋友做"糖葫芦"。教师走过去帮助渺渺完成了任务,但是渺渺仍然表现出茫然的表情。——节选自×园观察记录《按长短排序》

第三,区角创设情境无意义。

一方面表现在区角创设缺少问题解决情境。一些区角情境中没有幼儿需要完成的真实任务和问题,幼儿的学习仅限于重复操作简单的材料。这种学习形式无法让幼儿进行深入探索,学习中所获的知识和经验也只能在当下的情境中运用,不可能迁移到生活场景中真正去解决实际问题。当这样的情境和材料被幼儿熟悉后,也只能被冷落和遗弃了。

案例 7-8

B班的餐厅里正在进行活动区活动,顾客吃烧烤、服务员进行服务是幼儿的主要活动内容。活动开始的时候,几位顾客大声叫着"我要一串烤土豆""我要一串烤排骨""服务员给我来一杯饮料,好辣啊!",穿着围裙的服务员就不断从货架上拿串好的烤串,放在烧烤架上烧烤,然后递给顾客。顾客接过食物低着头就开始吃。16:20,顾客陆续开始离开餐店,还有的顾客换了胸牌和服饰,当上了"服务员",餐店里的顾客没有了,剩下的全是服务员。——节选自×园观察记录《好看但不好玩的美食街》

案例中整个餐厅活动区，顾客和服务员在活动过程中仅仅是机械地操作了所扮演角色的一些动作：顾客点菜、服务员制作和上菜。看得出来，这个活动区创设时，教师在尽量模仿真实的情境进行布置，有仿真的货架、丰富的烤串、服务员漂亮的服饰……但是在活动中，幼儿的表现与真实生活中的餐饮买卖的经验相差甚远，如如何欢迎顾客、如何进行餐饮服务、如何招揽生意、如何在用餐结束后买单等这些富于生活趣味的情境都没有体现。因此，精美的活动区并不等同于真实的情境。

另一方面表现在创设情境缺少关联。幼儿园更多地采用主题活动作为幼儿教育教学活动的载体，将幼儿对知识与经验的获得与生活过程中的活动联系起来。如在主题活动"各行各业"中，全班的活动区都建立在反映职业的角色场景上，设置了"美食街""超市""发廊""银行"等角色区。但这些区角与区角之间没有一点关联，每一个活动区角都是独立地创设在教室里。幼儿分别在"餐店""超市""发廊""银行"的活动加起来不等于对各种职业的认识。幼儿也不能通过参加活动区活动获得关于"劳动""报酬""付出""成就感"等关于职业的关键经验和真实体验。在这样相互孤立的、脱离真实情境的、没有实际问题需要解决的情境中，幼儿难以建构有意义的知识经验。

📅 案例 7-9

16：20，宁宁在餐店里当服务员，因为没有了顾客，着急的宁宁越来越不想玩了。16：25，宁宁跑到了超市。在货品琳琅满目的超市里，她高兴地挑了两瓶牛奶，去收银台付了钱。接下来干什么呢？宁宁眼睛四处张望，所有区角看上去都有人了，只有餐店比较冷清，宁宁思考了一下，回到了餐店，这回她当起了顾客。——节选自×园观察记录《开心VS迷茫》

（3）家庭、社区环境资源利用

家庭、社区资源是幼儿园教育不可或缺的资源，在创设主题环境的过程中，幼儿园应充分利用家庭和社区的资源。幼儿园可以充分利用家庭资源，根据主题的目标和内容发动家长通过各种渠道帮助幼儿收集资料，为幼儿参与创设主题活动环境提供物质保障。让家长参与主题环境的材料制作，不仅为主题活动的开展提供了物质条件，还增加了家长与幼儿在一同参与的过程中所获得的满足感，帮助家长进一步了解幼儿园主题活动的教育内容，从而更好地开展主题活动。另外，幼儿园还应积极利用社区资源进行主题环境的拓展，丰富幼儿的主题经验。

例如，主题"颜色躲猫猫"的主题环境创设如表7-1-4所示。

表7-1-4　"颜色躲猫猫"主题环境创设

区　域	环　境　布　置
主题墙	• 分为三个板块，分别对应"颜色在哪里""颜色的联想""色彩游戏"，各板块添加幼儿活动的照片、作品等 • 在教室适当的位置摆放各式各样的花 • 五颜六色的物品，如色彩丰富的卡片、挂历、图片、工艺品、书、伞、布等，供幼儿欣赏 • 色彩丰富的衣服 • "听，颜色在说话"的版面，将共同搜集的有关红色和绿色物体的图片贴在版面中
美工活动区	• 各种图案的线描图片 • 各种颜色物品的图片，制作一本有关"红色"小书的材料 • 点彩画作品 • 透明片（投影片、糖纸），彩色油性笔 • 各种颜色的泥团 • 玩具卡"变色转转陀螺" • 学习单《颜色的家》 • 饼干盒、图画纸、弹珠、各种颜料；全开纸、网球、颜料 • 各种白色的棉制衣物、手绢、袜子等，各种染料

续　表

区　域	环　境　布　置
语言活动区	• 幼儿制作的颜色小书 • 活动过程中记录下来的幼儿接龙内容 • 幼儿用书《番茄红了》图页 • 故事大书《贪吃的变色龙》以及不同颜色的材料，故事中的人物角色、相关作品制作成的指偶 • 有关彩绘的图画书
角色活动区	• 磁带、录音机，黑猫、白猫头饰以及白帽子、黑帽子等材料
益智活动区	• 可视幼儿经验，提供6—10片拼图
科学活动区	• 各种大自然中颜色丰富的图片和教学挂图 • 喷水器、水杯、肥皂水、吸管 • 红、黄、蓝三色的水粉颜料，油泥或者彩色玻璃纸，记录纸 • 透明玻璃杯，食用色素或透明水彩和水调盒，手电筒 • 各种颜色的果汁
科学探索平台	• 准备彩色眼镜（可在眼镜框上粘贴各种颜色的透明纸）若干、各种单色的物品，让幼儿戴上不同的眼镜后，发现周围物体颜色的变化
家庭、社区资源的利用	• 家长和幼儿共同收集身边各种颜色的物体 • 利用社区美术馆、公园等资源，深入感受艺术中、自然界中色彩的运用与魅力

2. 主题活动

主题活动是由不同的活动构成的，主要包括集体教学活动和区角活动两种形式。

（1）集体教学活动

集体教学活动多是教师在主题活动开展过程中的预设活动，反映了教师对幼儿发展现状的把握，是教师按照一定的教学目标，依据一定的原则，选择教学内容，设计教学过程，面向全体幼儿实施教育活动的过程。集体教学活动设计主要包括活动目标、活动准备、活动过程和活动延伸等。

① 教师开展主题背景下的集体教学活动注意要点[1]。

第一，教学活动目标与主题活动目标要一致。

第二，教学活动内容要多领域渗透。

第三，教学的不同活动形式要有效融合。

第四，教学活动内容的设计应有序递进。

第五，教学活动的难度应在照顾全体幼儿的基础上注重幼儿的个体差异。

② 集体教学活动设计步骤。

集体教学活动侧重知识体系的安排，更突出教师的主导作用，可以分为以下4个步骤：

第一，活动前，教师要激发幼儿的学习兴趣，集中幼儿的注意力，组织教学。

第二，活动中，教师通过启发、引导和提问等方法，学习相关的知识、形成相关的概念。其中，教师讲解概念，传授相关知识，帮助幼儿形成一定的知识体系是教学中的重点。

第三，活动延伸，教师指导幼儿运用所学的知识解决生活的实际问题，把知识与实际生活联系在一起，提高幼儿的能力。

第四，活动结束，教师启发联想，提高幼儿思维水平和再创造能力。

---

[1] 赵旭莹，周立莉.幼儿园综合主题活动——设计技巧与优秀案例［M］.北京：中国轻工业出版社，2016：29.

案例 7-10

主题活动"颜色躲猫猫"中的"贪吃的变色龙"活动设计[1]

活动目标：

1. 学习正确地、按顺序翻阅图书。

2. 感知理解故事中变色龙变色的过程。

3. 尝试想象并表述变色龙继续变色的故事。

活动准备：

"故事时间"：《贪吃的变色龙》。

故事大书：《贪吃的变色龙》。

故事纸偶及围裙。

活动过程：

1. 欣赏故事大书《贪吃的变色龙》。

教师有表情地讲述故事后，用提问的方式帮助幼儿理解故事的内容。

——这个故事里说的是谁？

——变色龙为什么会变颜色？

——它吃了哪些东西，就变成了什么颜色？（学习使用"它吃了_____，就变成了_____色的了"句型回答。）

2. 再次欣赏故事《贪吃的变色龙》。

教师边用故事围裙操作，边讲述故事（也可以把纸偶给幼儿，邀请幼儿随着故事情节把相应的纸偶贴到围裙上）。

3. 请幼儿阅读幼儿用书，学着边看边轻声地说一说，进一步熟悉故事内容。

4. 引导幼儿续编故事。

——变色龙还可以变成什么颜色？

——他为什么会变成这种颜色？

温馨提示：

区域活动准备时若无油笔，可将广告颜料加肥皂水使用。

（2）区角活动

主题背景下的幼儿园区角活动指的是以幼儿教学内容的主题为背景，以区角为活动模式，教师依据主题内容，有计划性地构建与主题相联系的区角，使幼儿从自身意愿和兴趣点出发，以自主学习的方式进行的学习活动。[2]

按照当前学界流行的一般性定义，所谓"主题"即指在某段时期内围绕某一中心内容而组织的教育教学活动，"区角"指施教者依据幼儿感兴趣的活动材料和活动类型而划分的教室不同空间，前者为"纲"，后者为"目"。此外，由于目前多数幼儿园以主题课程为主，集体教学为跟进主题的主要方式，基于主题背景下的区角活动实际上是对集体教学的重要补充。在设计区角活动时，教师要根据主题目标和需求，结合班级实际情况，有目的、有计划地创设与主题密切相关的区域活动，并在科学设定活动目标的基础之上确定活动类型、内容和数量。进一步而言，区域活动实际上可视为主题教学活动的延伸和拓展，但这种延伸和拓展更着重基于客观情况的创造和构建，并无定规。如中班"小小表演家"这一主题，教师在中一班设计了主题展示区、表演梦工厂、快乐书吧、欢乐时光、图书医院、科学区六个区域；在

---

[1] 周兢，张杏如.幼儿园活动综合课程教学指导用书（小班）[M].南京：南京师范大学出版社，2009：132—133.

[2] 王芳.幼儿园主题背景下的区域活动研究[J].学周刊，2019，（3）：172.

中二班设计了靓丽造型室、欢歌KTV、小小美工园、贝贝舞蹈室、梦想T台秀五个区域。两者都是依循主题对教学活动的延伸、拓展和丰富，但又各有侧重，主要原因就在于活动设计考虑各班幼儿的兴趣点、近期或当前热点话题等实际情况。如中一班同时设计了快乐书吧和图书医院，是针对了中一班前次图书活动中图书破损严重的现象；中二班设计的活动更为丰富多彩，因为中二班的幼儿在日常活动中更多表现出喜欢才艺的特点。总之，区角活动的设计既要结合班级实际，又要与主题相辅相成，从而促进主题活动的顺利开展和目标实现。

案例 7-11

主题活动"颜色躲猫猫"中的"贪吃的变色龙"区角活动[1]

1. 语言活动区

将故事大书《贪吃的变色龙》以及幼儿用书放置于区域内，提供不同颜色的材料，请幼儿自由想象和续编故事；将故事纸偶摆放在故事盒中，将故事场景画下来，贴在故事盒上，供幼儿自由操作、讲述。

2. 美工活动区

提供透明片（投影纸、糖纸），彩色油性笔进行活动：彩色的世界。

----

3. 家长工作开展[2]

《幼儿园教育指导纲要（试行）》中指出，"家庭是幼儿园的重要合作伙伴。（幼儿园教师）应本着尊重、平等、合作的原则，争取家长的理解、支持和主动参与，并积极支持、帮助家长提高教育能力"。在主题活动实施阶段，家长参与的活动主要有以下3种。

① 家长参与主题资料的收集。家长主要是协助孩子完成资料收集工作，而不是代替幼儿完成，家长要把握资料的有效性和适用性。

② 家长助教活动。教师可以在主题活动准备阶段，对家长的情况做一个简单调查，建立家长智囊团，选择有能力的家长或者根据主题活动的需要请家长任"教师"，对孩子们进行教育。家长进课堂，为教育增添了活力，不仅丰富了幼儿的知识经验和社会经验，也拓展了教师的教育方法，弥补了教师在思维方式上的局限性，使主题活动更加丰富多彩。

③ 亲子活动。亲子制作、亲子阅读、亲子美食大比拼、亲子运动会、亲子远足等，都是主题活动过程中经常开展的家长参与的活动形式，通过家长的广泛参与，主题活动会更加生动精彩。

（三）幼儿园主题活动的总结回顾[3]

主题活动总结阶段的主要任务是对主题进行总结、反思、资料整理归档等。教师通过各种方式和途径，对前两个阶段的主题活动进行总结、评价，帮助幼儿将获得的经验系统化，培养幼儿的总结概括能力和自我评价能力，同时提升幼儿的自信心和对主题活动的兴趣。这一阶段主要有以下5种活动形式。

1. 总结谈话活动

教师组织幼儿对主题活动的实施情况做总体回顾，包括准备阶段和实施阶段的全部活动过程，幼儿可以说说自己印象最深的活动或游戏，通过活动获得了哪些经验和收获，自己在哪些方面做得还不够好等。

总结性谈话可以帮助幼儿对已有经验和知识进行梳理和归纳，使之更加条理化和系统化，并使幼儿养成在活动结束时及时梳理的习惯，学习倾听和思考他人的经验、体会和想法。

2. 分享活动

分享活动包括美术作品分享、美食分享、玩具分享、亲子制作等活动。这些活动可以培养幼儿的爱

----

[1] 周兢，张杏如.幼儿园活动综合课程教学指导用书（小班）[M].南京：南京师范大学出版社，2009：132—133.
[2][3] 赵旭莹，周立莉.幼儿园综合主题活动——设计技巧与优秀案例[M].北京：中国轻工业出版社，2016：32.

心，使幼儿学会与人分享、与人合作，体会分享的快乐。

例如：中班主题活动"'拯救'南瓜"最后的总结阶段，教师请家长来园与幼儿一起制作南瓜饼、南瓜粥、南瓜糕等美食，幼儿不仅与班里的老师和小朋友分享制作出来的食物，还主动把它们送给幼儿园的弟弟妹妹、哥哥姐姐一起分享。家长还制作了南瓜灯、南瓜面具等与幼儿一起游戏。

3. 展示活动

有些主题活动可以与节日或者一些庆祝活动结合起来，如国庆节、中秋节、幼儿毕业等。在主题活动结束前，教师可以以庆祝、庆典活动的形式来对主题加以总结。庆祝活动包括表演活动、赠送礼物、颁奖环节等。通过此类活动可以升华主题的意义，使幼儿获得快乐和自信，培养幼儿美好的情感。如大班主题活动"我上小学了"的开展与幼儿毕业典礼相结合，孩子们自己规划毕业典礼的程序、计划，设计邀请函，制作礼物，布置会场，准备节目等，最后与幼儿园的园长、老师、其他班的小朋友一起参加毕业典礼，将主题活动推向高潮。

4. 资料整理

资料整理活动是在主题活动后期将活动过程中搜集的信息、图片、照片和视频以及幼儿的记录等资料整理归档。这些资料可以为以后的班级开展此类主题活动提供支持、积累经验。这一过程可使幼儿认识到归纳整理的重要性，学会整理归纳的方法，养成梳理已有经验的好习惯。如小班主题活动"我眼中的种植园"后期，教师引导家长和幼儿一起制作主题画册，每个孩子都将自己在主题活动中收集的资料、成长的过程、活动的照片、制作的作品进行整理、归纳、设计、粘贴，形成完整的主题画册，画册既便于幼儿及家长随时翻阅，也记录了孩子在主题中的成长变化。

5. 主题方案评估

幼儿园主题活动方案的评估可以从主题的选择、目标的确定、内容的选择和组织、活动的设计与实施、环境的创设、家园工作等各个方面进行评估，从而不断完善和调整主题活动方案。如表7-1-5所示。

表7-1-5　幼儿园主题活动设计的整体检核评估表[1]

主题活动名称：	班　　　级		
项　目	内　　　容	是	否
主题的选择	1. 是否符合幼儿的兴趣与需要		
	2. 是否包括多方面的教育价值，有助于达成多项教育目标		
	3. 是否涉及各个学习领域		
	4. 是否具有可行性		
目　标	1. 单元目标是否符合幼儿教育的目的和课程总目标		
	2. 目标是否符合幼儿的发展水平		
	3. 目标是否包含认知、情感态度、动作技能三大教育领域目标		
	4. 单元目标与具体活动的目标是否吻合		
内　容	1. 内容与目标之间是否对应		
	2. 内容是否符合幼儿的发展程度（难易度）		
	3. 内容是否符合幼儿的兴趣与需求		

---

[1]　冯晓霞.幼儿园课程［M］.北京：北京师范大学出版社，2000：213.

主题活动名称：	班　级		
项　目	内　容	是	否
内　容	4.内容是否包括主要课程领域		
	5.内容是否动静态的活动均顾及		
	6.内容是否注意到季节性与地方性		
	7.内容是否注意到文化的传承与介绍		
	8.内容是否潜在地包含有歧视倾向（性别、文化、阶层、种族等）		
方　法	1.采用的教学方法是否能充分反映内容的特质		
	2.教学方法是否符合幼儿的学习特点		
	3.活动流程的转换是否合宜		
	4.教具或资源的使用是否合宜		
	5.对活动过程中可能出现的问题是否有所准备		

6.教师反思

在主题活动结束阶段，教师要做一个善于反思的人，反思幼儿在原有经验的基础上有哪些发展，反思主题活动过程中教师的指导策略是否有效，反思教师在主题活动中有哪些感悟或发展，反思主题活动还存在哪些问题等。

案例 7-12

中班主题活动"我眼中的树朋友"结束后教师的反思

在本次主题活动中，教师和幼儿共同学习、共同成长，很多关于树的问题都在活动中获得了解决。设计教育活动时，我们遵循了一个原则：一切从幼儿的问题出发。幼儿的疑问在哪里，就说明他们的关注点在哪里。教师要抓住幼儿的兴趣点，有针对性地设计教育活动，使幼儿在活动中主动发展。我们坚持鼓励幼儿在自主探索中寻求答案。在探索过程中，教师要提供的是物质支持和适当的引导，根据幼儿的能力提出不同的要求，使每个幼儿都在自己的基础上得到发展。

由于活动主题和其中的教育活动的设计都是源于幼儿自己感兴趣的问题，所以在探索过程中他们能全身心参与活动。大部分幼儿能与小组成员相互配合，在活动中增强了合作能力和探索能力。

三、幼儿园主题活动的教育价值与局限性

就像没有一种理论是完美的、不需要再修改的一样，幼儿园主题活动也有其自身的教育价值和局限性。

（一）幼儿园主题活动的教育价值

作为活动组织和课程整合的有效形式，幼儿园主题活动打破了传统分科课程教学中的学科界限，可以横向辐射至各个学科或领域的知识或经验，符合幼儿整体认知和感性体验的学习特点。而且，不论是以教师预设为主还是幼儿生成为主，幼儿园主题活动的实施都是教师与幼儿共同参与完成的，在内容丰富、形式多样、贴近幼儿生活的主题活动中，教师的创造性得到发挥，幼儿的主动性得以尊重。主题的

推进与发展是教师的知识经验与幼儿的兴趣需要之间相互作用的结果，师幼在主题活动中共同建构各自的经验，实现教学相长。

（二）幼儿园主题活动的局限性

在主题教学过程中也存在着一些问题。主题活动注重知识之间的横向联系，希望通过提供一个整体性的外部内容结构来影响幼儿，使之形成内部完整的经验结构。这种想法固然很有道理，但却很容易把设计者的注意力过多引向课程的外部，而忽视幼儿的主动建构过程。所以，幼儿园教育实践中的主题活动，往往还是带有很强的教师中心味道，教师为准确地执行设计好的系列活动方案而不顾幼儿的反应，把活动中的幼儿指挥得团团转的情况普遍存在。对于如何协调教师与幼儿的关系、如何处理预设与生成、如何保证在教师预设为主的情况下充分顾及幼儿的需求、如何在幼儿生成为主的情况下提高教育活动的效率等等，这些问题还需要在今后的主题活动设计中进一步完善，从而让主题活动发挥应有的效能，更好地促进幼儿全面和谐的发展。

第二节　幼儿园项目活动的设计与实施

一、幼儿园项目活动概述

项目活动中的"项目（Project）"一词，又被另译为"方案"。在英语文献中，与"项目（Project）"相关的，主要有项目法（Project Method）、项目化学习（Project-based Learning）、项目课程（Project Approach）和项目教学法（Problem-based Instruction）。其中项目法（Project Method）被公认是后面三个术语的源头[1]。

1918年9月，克伯屈（W. Kilpatrick）在哥伦比亚大学《教师学院学报》上发表了《The Project Method》一文，介绍了"项目"（Project）这一术语。文中的"project method"通常被译为"设计教学法"或"方案教学法"。克伯屈主张，项目的精髓在于激励学生自主地选择和决定他们想要达成的目标，从而深切地激发他们的学习动机[2]。在克伯屈介绍了"项目"（Project）之后，美国教育家丽莲·凯兹进一步发展了这一概念，提出了项目课程。20世纪70年代末起，引起全世界学前教育界广泛关注的意大利瑞吉欧教育体系，其主要的特征之一也是项目活动。

（一）幼儿园项目活动的内涵

1. 幼儿园项目活动的含义

凯兹（1994年）指出，"项目课程意味着对某一具有学习价值的主题进行深入探究，这种探究通常由班级小组进行，有时也涉及全班或单个儿童。其核心特点在于围绕特定主题展开讨论，旨在寻求相关问题的答案"[3]。她认为，项目课程应当紧密围绕某一特定主题进行深入探讨，其核心在于探索并寻找与主题相关的问题的解决方案，这些问题既可以由儿童提出，也可以由教师提出，或者是双方共同提出的问题[4]。

项目课程是由一系列精心设计的项目活动所构成的，这些活动被视为一种富有弹性和创新性的教学与学习模式，而非一套僵化固定的技巧或一成不变的活动流程。基于对项目活动内涵的梳理，幼儿园的

[1] 钱雨. 项目课程的内涵、特征与生成［J］. 全球教育展望，2022，51（08）：15—27.
[2] 郑洁. 项目式学习模式在体育英语教学中的应用研究［D］. 济南：山东师范大学，2017.
[3] Katz L G, Chard S C. Engaging Children's Minds: The Project Approach［J］. 1994:189.
[4] 裴迪·哈里斯·赫尔姆，丽莲·凯兹. 小小探险家——幼儿教育中的项目课程教学［M］. 林育玮，等译. 南京：南京师范大学出版社，2004：3，6.

项目活动可以界定为：以儿童的实际经验和浓厚兴趣为出发点，以真实世界的问题作为驱动导向，以持续不断的深入探究为活动核心，以可展示的成果为旨归的一种活动组织方式[1]。

2. 幼儿园项目活动的特点

（1）以儿童为中心的核心理念与价值取向

幼儿园项目活动鲜明地体现了以儿童为中心的核心理念，强调活动应基于儿童的经验和兴趣，尊重儿童的主体地位，满足儿童的成长需求。这一特点贯穿于项目活动的始终，从活动的选题、组织到实施、评价，无不以儿童的视角和体验为出发点。

具体而言，项目活动鼓励儿童在真实的问题情境下，通过主动探究和合作学习，来建构自己的知识体系和经验世界。这种教育理念打破了传统教学中教师主导、儿童被动接受的模式，转而强调儿童在活动中的自主性、积极性和创造性。同时，项目活动还注重培养儿童的核心素养，如批判性思维、创造性、交往和协作能力等，这些素养对于儿童未来的学习和生活都具有重要意义。

在价值取向方面，幼儿园项目活动旨在促进儿童的全面发展，而非仅仅关注知识技能的传授。它强调儿童在教育过程中的情感体验、社会交往和人格成长等方面的发展，为儿童提供一个全面、健康、快乐的成长环境。[2]

（2）生成性与灵活性的课程设计

幼儿园项目活动的课程设计具有显著的生成性和灵活性特点。这意味着项目活动的主题、内容和过程并不是事先预设好的固定方案，而是根据儿童的兴趣和需求动态生成的。教师在活动过程中扮演的是引导者和支持者的角色，根据儿童的实际情况灵活调整活动方案，确保活动能够顺应儿童的发展需求。

生成性的课程设计要求教师在活动开始前进行充分的观察和准备，了解儿童的兴趣和需求，为活动的生成提供基础。在活动过程中，教师需要密切关注儿童的反应和表现，及时调整活动内容和策略，以满足儿童的学习需求。灵活性的课程设计则体现在活动时间和空间的安排上。教师根据项目活动的实际情况和儿童的兴趣变化，可以适时调整活动的时间和空间布局，为儿童提供更加适宜的学习环境。

（3）强调探究与合作的学习过程

幼儿园项目活动强调儿童的探究性和合作性，鼓励儿童在活动中通过探究和合作来解决问题、建构知识和发展能力。探究性学习是项目活动的核心特征之一，它要求儿童在活动中提出问题、收集信息、分析问题和解决问题，从而培养儿童的探究能力和科学素养。在探究过程中，教师需要为儿童提供必要的支持和引导，帮助儿童明确探究的方向和方法，鼓励儿童勇于尝试、敢于创新。同时，教师还需要关注儿童的个体差异和学习需求，为儿童提供个性化的学习支持和指导。

合作性学习则是项目活动的另一重要特征。它要求儿童在小组内相互讨论、交流和协作，共同完成任务和解决问题。通过合作学习，儿童不仅能够获得知识和技能的提升，还能够培养团队协作、沟通表达和解决问题的能力。教师在合作学习中需要发挥协调者和促进者的作用，引导儿童积极参与合作、有效沟通和共同解决问题。

（4）重视评价与反思的过程性评估

幼儿园项目活动注重评价与反思的过程性评估，强调通过评价和反思来优化活动设计、提升活动质量和促进儿童发展。在项目活动中，评价不仅仅是对活动结果的总结和评价，更是对活动过程的监控和评估。通过过程性评价，教师可以及时了解儿童的学习情况和活动效果，为调整和优化活动方案提供依据。

同时，项目活动还鼓励儿童进行自我反思和评价，培养儿童的自我认知和自我调节能力。儿童在活动结束后可以回顾自己的学习过程、总结学习经验、反思学习不足，并提出改进建议。[3]

---

[1] 陈露，许佳绿，王春燕. 项目活动实施的审思：内涵、问题与对策［J］. 早期教育，2022，（21）：40—43.

[2] 原晋霞. 对幼儿园项目活动开展中若干困惑的思考［J］. 幼儿教育，2023，（16）：4—8.

[3] 钱雨. 项目课程的内涵、特征与生成［J］. 全球教育展望，2022，51（08）：15—27.

此外，教师还可以通过观察和记录儿童在活动过程中的表现和行为，来评估儿童的学习进展和发展情况。这种评估方式不仅能够真实反映儿童的学习状态和能力水平，还能够为教师提供有针对性的教学反馈和指导建议，促进儿童的全面发展。

（二）幼儿园项目活动与主题活动的区别与联系

1. 幼儿园项目活动与主题活动的区别[1]

（1）课程性质与实施原则的不同

主题活动从总体上看属于预设课程，活动的实施强调"七分设计三分调整"，内容与时间由教师提前确定，实施过程较为固定。

项目活动则属于生成课程，活动的开展遵循"七分生成三分预设"，幼儿在做中学，教师以引导和支持的角色参与，过程充满不确定性，是师幼共同探索的旅程。

（2）活动开展顺序的不同

主题活动开展顺序由教师依据内容平衡等原则事先安排，具有明确的计划性。项目活动则遵循情境脉络逻辑，活动顺序从前序活动中自然生长出后序活动，更具灵活性和生成性。

（3）备课与计划的不同

主题活动注重"前备课"，计划表中会明确主题活动开始与结束的具体时间，强调效率和结果。

项目活动的开展虽然少不了"前备课"，但"中备课"极为重要，教师要根据幼儿兴趣和探究情况与幼儿共同决定下一步计划。项目活动结束后的"后备课"也不可或缺，教师通过"后备课"反思活动成效及改进思路。项目活动的计划表中无法提前确定结束时间，整个过程充满不确定性。

（4）价值取向与关注点的不同

主题活动相对更重视效率和结果，关注幼儿在时间单元内完成活动计划，获得预期的知识经验。项目活动则较重视过程价值，给予幼儿持续深入探索的机会，注重探索过程中幼儿获得的经验，强调幼儿主动探究和学习的过程。

2. 幼儿园项目活动与主题活动的联系[2]

（1）组织方式上都采用横向组织，构建儿童完整经验

无论是项目活动还是主题活动，两者均采用横向组织的方式，通过特定的主题将原本分割的课程内容有机整合，旨在帮助儿童构建系统化、完整化的学习经验。横向组织方式促进了知识的融合，使儿童能够在更广阔的视野下理解和应用所学知识。

（2）设计依据上均以儿童为本，注重兴趣导向

在课程设计上，项目活动与主题活动均深刻理解并尊重儿童的兴趣和需要。它们不再将课程内容与儿童割裂开来，而是紧密围绕儿童的实际需求和兴趣点展开，确保课程内容与儿童的生活经验紧密相连，从而激发儿童的学习动力和探索欲望。

（3）开展形式上均灵活多样，集体小组并行

项目活动和主题活动在开展形式上展现出高度的灵活性，既可以通过集体的形式组织活动，让儿童在团队中相互学习、共同进步；也可以采用小组的形式，为儿童提供更加个性化、有针对性的学习机会。多样化的开展形式能够满足不同儿童的学习需求，并能有效促进儿童之间的交流与合作。

（4）学习联系上都强调生活情境，促进知识实践应用

项目活动与主题活动都高度重视儿童的学习与实际生活的联系。两者都倡导基于生活、基于情境的学习理念，鼓励儿童将所学知识应用到实际生活中去，通过实践来检验和巩固所学知识。基于情境的学习方式能够很好地提升儿童实践能力和问题解决能力。

[1] 原晋霞.对幼儿园项目活动开展中若干困惑的思考［J］.幼儿教育，2023，（16）：4—8.

[2] 陈露，许佳绿，王春燕.项目活动实施的审思：内涵、问题与对策［J］.早期教育，2022，（21）：40—43.

二、幼儿园项目活动的组织与实施

项目活动的组织和实施过程没有固定的程式，一切应根据时间、地点和条件而灵活地确定活动的操作步骤。一般而言，项目活动实施过程包括以下三个阶段，如图7-2-1所示，下面将对每个阶段的内容与注意事项进行详细阐释。

（一）项目活动的起始阶段

项目活动的起始阶段，主要包括主题的选择、主题网络的初步编制以及与幼儿建构共同经验。

1. 主题的选择

项目活动第一阶段的最重要特征是选择一个要研究的主题。项目活动的主题可以选择的范围十分广泛，凯兹和查德在其《探索孩子心灵世界》书中介绍了一种基本的分类方法[1]：

- 儿童的日常生活：家、食物、游戏等。
- 当地社区：医院、商店、交通工具等。
- 当地大事：重要节庆、市节、名人等。
- 地理：道路、河流、山丘、住家附近。
- 时令：钟点、日历、季节、历史事件。
- 自然：水、风、植物、动物、恐龙。
- 抽象概念：颜色、形式、对称等。
- 普通常识：太空旅游、车船等。
- 其他。

在项目活动主题的选择时，应遵循以下原则：

- 选择的主题应与儿童的生活相贴近，并能被用于他的日常生活。
- 应能引起儿童的兴趣，并能运用已学的技能。
- 应能为儿童未来的生活做准备。
- 应有益于平衡幼儿园的课程。
- 应能充分运用幼儿园和社区的资源。

评估一个项目活动的主题是否适宜，可以参照裴迪·哈里斯·赫尔姆和凯兹在《培养小小探索家》（第三版）中提出的"项目活动主题问题清单"，如果对大部分问题持肯定回答，这个主题将更容易衍生出一段能够成功实现项目活动目标的学习经历。

选择一个最佳主题的问题清单如下[2]：

① 这个主题是否基于儿童的经验，并且有助于儿童理解和领会自己的世界？

② 这个主题能否给儿童提供有价值的经验及证明主题的教育价值？

③ 与主题相关的项目活动和过程能否鼓励儿童近距离地调查和精确地观察？

④ 这个主题在整个研究过程中是否可以给儿童提供锻炼多种技能的机会？

⑤ 与主题相关的经验是否能够发展幼儿推理、预测、解决问题等认知品质？

⑥ 这个主题是否可为儿童提供各种机会，以便他们展现所学及在展示中发展他们的技能？

⑦ 这个主题是具体的还是抽象的？

⑧ 这个主题是否可为儿童提供充足的、第一手的直接经验以及可操作的真实物体？

（至少有25个真实物品，不包括书籍和视频）

⑨ 儿童在脱离成人的帮助下是否能够自主地进行研究？这个主题在缺少书籍、网络和视频等第二手

---

[1] 凯兹，查德. 探索孩子心灵世界［M］. 陶英琪，等译. 台北：心理出版社，1998：6.

[2] 裴迪·哈里斯·赫尔姆，丽莲·凯兹. 培养小小探索家——幼儿教育中的项目教学法［M］. 原晋霞，等译. 3版. 北京：中国轻工业出版社，2024：32.

第一阶段

浮现
可能的
主题

由教师
引发

或

从儿童的
兴趣中产生 **P**

完成预设的主题网络图，围绕：
• 可能的问题
• 课程的机会
寻找资源，确定可以参访的地点

在团体或小组时间
提供集体性活动或
一般性经验 **P**

思考此主题是否
适宜和可行

不可行
儿童兴致不
高，与目标
不一致，不
切实际

可行
儿童兴致
高昂，切
合目标，
实际可行

教师与幼儿
共同绘制主
题网络图，
画出现有的
概念及理解

将欲探究的
问题画出成列
出：我们想要
发现什么？

第二阶段

再次检视预设的主题
网络图与儿童的主题
网络图，使之与技能
及概念相结合 **P**

准备实地参访及访问
专家的相关工作 **P**

探究* **P**

通过书写、绘画、建
构、舞蹈及扮演游戏
表征所学到的一切

重新检视或绘制主题
网络图指出学到了什
么，确认新问题，重
复探究与表征

第三阶段

报告，计划高潮活
动，描述课程中发生
的故事 **P**

完成项目高潮
实践或活动 **P**

回顾项目并评估
达成的目标 **P**

*探究：
指实地参访，与参观
者或其他专家交谈，
探索实物（工具）及
进行实验

符号代表的意义

⬚ 儿童的活动

□ 教师的活动

▣ 教师与儿童共同的活动

P 家长参与的机会

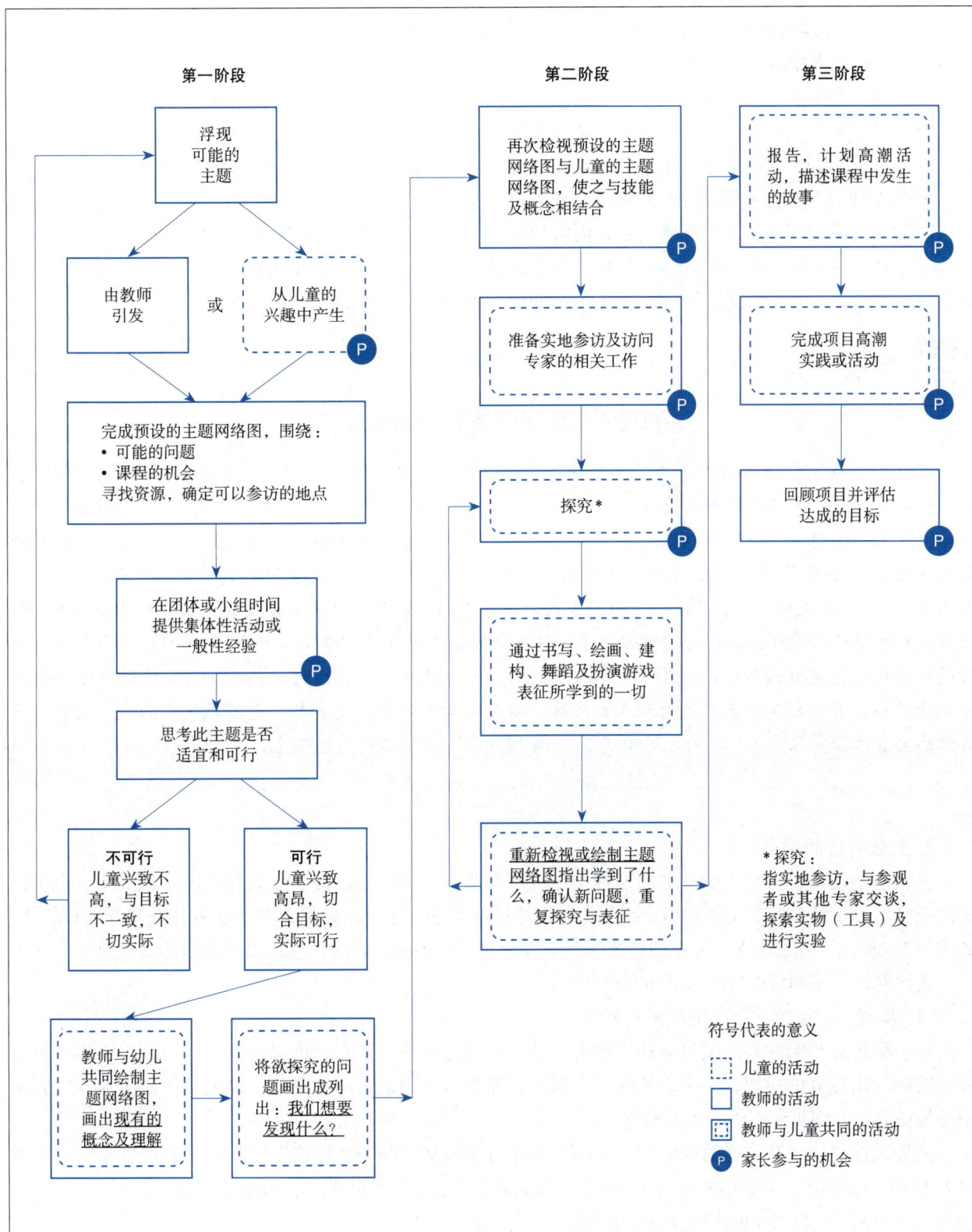

图7-2-1 项目活动实施流程[1]

[1] 裘迪·哈里斯·赫尔姆，丽莲·凯兹．培养小小探索家——幼儿教育中的项目教学法［M］．原晋霞，等译．3版．北京：中国轻工业出版社，2024：22．

资源的情况下能否开展？

⑩ 是否有具体实物等第一手资源，儿童可以直接学习，而不依赖成人的示范、翻译、照片、绘画和其他第二手资源来学习这个主题？

⑪ 这个主题是否涉及附近可供参观的地点，并且这个地点便于参观和反复参观？

⑫ 这个主题是否与儿童本身及其家庭文化相联系？

⑬ 这个主题是否可为儿童提供解决问题以及发展分析、评价和创造等高阶思维能力的机会？

⑭ 这个主题是否能够调动儿童的积极性和兴趣？

⑮ 这个主题是否能够发展儿童对课程内容的核心理解，并且帮助儿童达到年龄阶段目标？

在上述"项目活动主题问题清单"中，最后两条对幼儿的深度学习至关重要，即选择项目活动主题时应特别关注：幼儿参与度以及对主题的兴趣和幼儿对课程的核心理解力。

案例 7-13

中班项目活动"中国房子"主题的选择[1]

在建构游戏中，幼儿用雪花片建构了许多作品，如摩天轮、汽车、飞机、花草树木等，建构技能、合作能力、创造能力都有了很大的提升。一天，教师问道："孩子们，你们还想做点什么呢？"许多幼儿都踊跃发表自己的想法，小鱼说："我们做古代的房子吧。"辛巴激动地回应道："我知道古代的房子，我爸爸带我去过望江公园。"月月发出疑问："什么是古代的房子？"布布说："天安门就是古代的房子，那里都是木头房子。"一石激起千层浪，幼儿对中国古代的房子充满了好奇。于是教师提议大家一起去查一查、找一找古代的房子。同时，教师对"中国房子"这个话题，也展开了"案头工作"，对其可能蕴含的教育价值进行辨析。通过查阅与讨论，教师小结，中国的古代建筑是中华民族的文化瑰宝，具有悠久的历史和鲜明的风格，有着极高的艺术造诣和人文底蕴，凝聚着古人的勤劳与智慧，是涵养民族品性，培育文化自信的宝贵课程资源。在师幼的共同构建下，"中国房子"项目活动应运而生。

2. 主题网络的编制

主题网络是由许多与主题相关的下位主题编织而成的，教师可以使用他人设计的主题网络，也可以凭借自己的教学经验编制主题网络。编制主题网络图的目的在于将主题概念与专业的技能和标准相联系，如图 7-2-2 所示，主题概念、专业的技能和标准以及儿童的兴趣之间的关系被象征性地加以呈现。

主题网络图编制可以参照以下步骤开展[2]：

（1）步骤一：确定并列出主题相关概念

本步骤旨在预测并列出项目活动主题可能涉及的核心概念。首先，可以在一张空白页中央用彩色记号笔明确写出探究的主题，并围绕其画一个圆圈。随后，以网络结构的形式，在主题四周添加与之直接相关的概念，并用直线与中心主题相连。

例如，在"鞋子"主题的网络图中，相关概念可能包括"鞋子的构成""尺码""获取鞋子"等（如图 7-2-3）。这些概念直接关联鞋子的基本属性和获取方式，为后续的深入探究奠定基础。

（2）步骤二：识别并标注整合目标的机会

在此步骤中，需结合《3—6岁儿童学习与发展指南》中年龄阶段目标以及课程目标，识别哪些知识与技能能够自然地与主题概念相融合。此步骤中可以使用不同颜色的记号笔，在网络图上标注出这些与

[1] 刘霄，李佳敏.植根文化自信的幼儿园传统文化课程探析——以中班"中国房子"项目活动为例［J］.山西教育（幼教），2024，（10）：22—24.

[2] 裴迪·哈里斯·赫尔姆，丽莲·凯兹.培养小小探索家——幼儿教育中的项目教学法［M］.原晋霞，等译.3版.北京：中国轻工业出版社，2024：40—48.

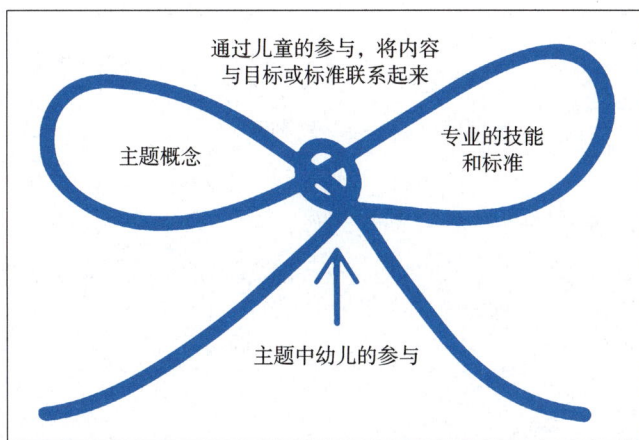

图 7-2-2 主题网络图的目的[1]

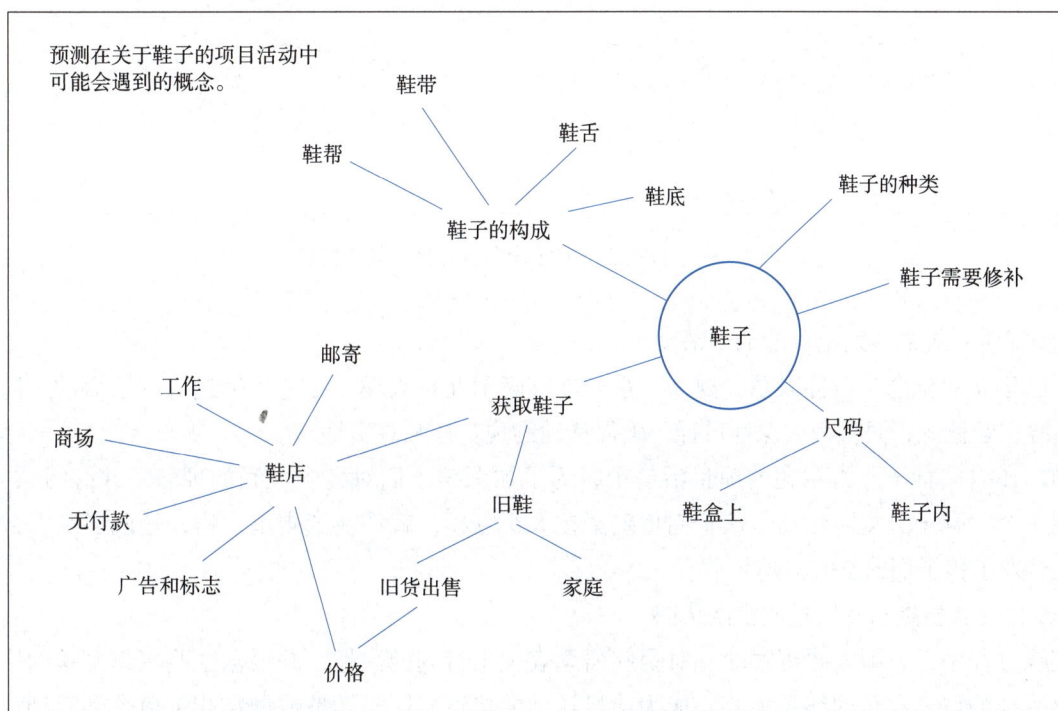

图 7-2-3 步骤一：确定并列出主题相关概念

主题概念紧密相关的课程目标。

例如，在以"鞋子"为主题的项目活动中，孩子们在接触鞋子尺码时，自然产生了数字识别的需求，这与"初步感知生活中数学的有用和有趣，能用数词描述事物"的课程目标相吻合。因此，可以在"尺码"概念旁标注"数字识别"，以突出这一学习机会。

（3）步骤三：建立目标与概念之间的联系

通过回顾步骤一和步骤二中创建的概念网络图和课程目标，使用虚线将目标与概念相连接，明确哪些概念能够作为实现课程目标的载体。

例如，在"鞋子"主题网络图中，通过虚线将"尺码"概念与"数字识别"目标相连，表明在探究鞋子尺码的过程中，孩子们可以学习和练习数字识别技能，如图 7-2-4 所示。

[1] 裘迪·哈里斯·赫尔姆，丽莲·凯兹.培养小小探索家——幼儿教育中的项目教学法［M］.原晋霞，等译.3 版.北京：中国轻工业出版社，2024：40.

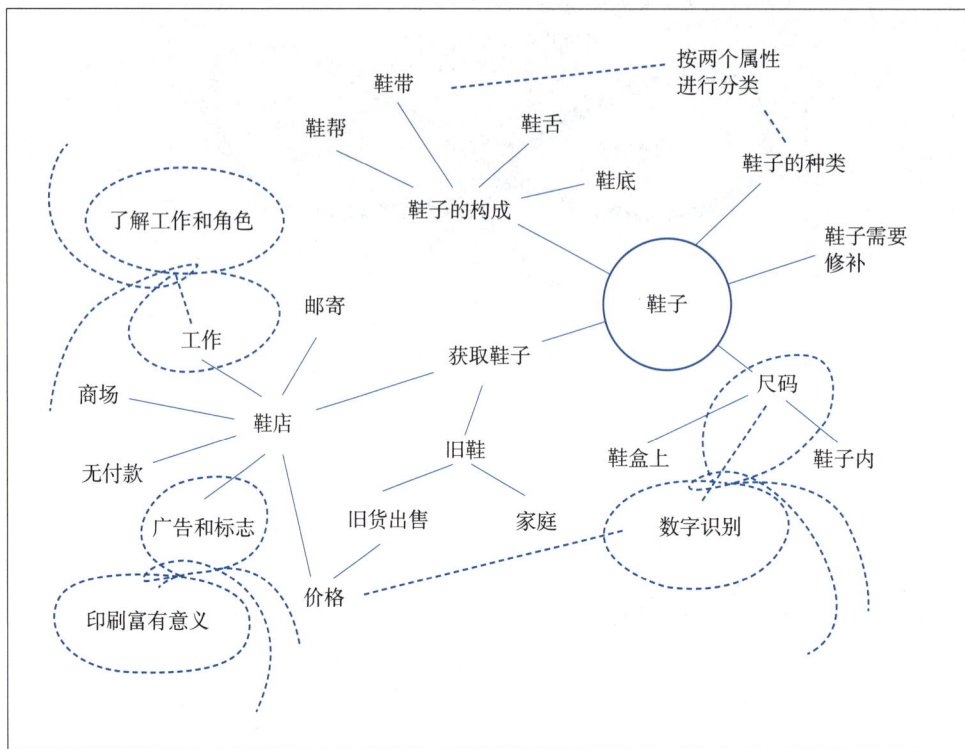

图7-2-4　步骤三：将概念和课程目标紧密相连

（4）步骤四：规划并列出可能的子活动

基于已建立的概念与目标联系，规划一系列能够吸引儿童兴趣、促进目标达成的子活动。这些活动应紧密围绕主题概念，同时融入课程目标，确保活动的现实性和真实性。

例如，在以"鞋子"为主题的项目活动中，为了加深孩子们对鞋子尺码的理解，并练习数字识别，可以计划一个"鞋子分类"活动。孩子们将鞋子按大小分类，就像在商店里一样，这既展示了数字的有用性，又激发了孩子们的学习兴趣。

（5）步骤五：根据幼儿兴趣调整网络图

在实践过程中，教师需要观察幼儿对哪些概念表现出特别的兴趣，并根据这些兴趣调整网络图。将幼儿最感兴趣的概念移至网络图中心，成为项目活动的焦点，同时调整或增加相关概念和活动，以满足幼儿的探究需求。

例如，如果在"鞋子"主题的项目活动中，孩子们对修鞋表现出更浓厚的兴趣，那么可以将"鞋子需要修补"移至网络图中心，围绕这一新焦点重新规划活动和目标。这样，项目活动就能更加贴近孩子们的兴趣和实际需求。

案例 7-14

大班项目活动"你好，芦丁鸡"主题的变化[1]

大班项目活动"你好，芦丁鸡"的开启，源于教师对幼儿日常活动情况和探究兴趣的关注。在第一次照料两只芦丁鸡的过程中，幼儿产生了很多问题："这只鸡怎么这么小""它们吃什么""快看，芦丁鸡大便了，好臭，怎么办"……对此，教师对照《3—6岁儿童学习与发展指南》中大班幼儿科学和语言领域的相关发展要求——"能察觉到动植物的外形特征、习性与生存环境的适应关系，发现并描述不同种

---

[1] 时瑾.提升幼儿园项目活动实施的有效性——以大班活动"你好，芦丁鸡"为例［J］.上海托幼，2024，（Z2）：54—55.

类物体的特征或某个事物前后的变化""能用数字、图画、图表或其他符号记录""探究中能与他人合作与交流""愿意与他人讨论问题"等，梳理出项目活动的驱动性问题"如何照顾芦丁鸡"，并支持幼儿对芦丁鸡的生活习性、照料要求等进行探究。

随着项目活动的开展，幼儿对芦丁鸡孵化蛋的过程产生了好奇——"用芦丁鸡的蛋能否孵出小鸡"。他们通过亲子调查和查阅资料了解到，芦丁鸡在孵化蛋过程中会遇到很多困难，使用孵化器能提升孵化的成功率。教师认为，幼儿对"用芦丁鸡的蛋能否孵出小鸡"这一问题不仅有浓厚的兴趣，还有一定的认知经验，并蕴含持续探究芦丁鸡生长过程的可能性。于是，教师为幼儿提供了孵化器、饲养箱等工具，支持幼儿开启"孵化"行动。

3. 与幼儿建构共同的经验

如果一个主题由教师引发，在幼儿探索之前，教师需要借助各种形式给幼儿提供共同的经验，以此丰富幼儿的讨论与互动过程。例如教师可以通过述说与主题相关且亲身经历的故事或让有类似经验的儿童说故事；在讨论的时候，教师还可以呈现一件相似的物品，以激发幼儿的好奇心并引发相互讨论；也可以与幼儿一起阅读并讨论一本图画书。另外，教师还可以将与项目主题相关的道具、用品或扮演服装放入娃娃家或其他角色游戏区中，幼儿通过角色扮演，进一步强化对主题的理解。[1]

案例 7-15

大班项目活动"你好，芦丁鸡"教师与幼儿共构活动经验[2]

在"你好，芦丁鸡"项目活动的"孵化"行动中，教师通过与幼儿对话，了解到幼儿已经有了"鸡妈妈会蹲在蛋上，用身体的温度孵蛋""孵化器可以代替鸡妈妈，孵出小鸡"等经验，并掌握了孵蛋所需的注意事项和孵化器的使用方法等。在此基础上，教师与幼儿进行了"我了解的芦丁鸡"的调查，通过经验分享和学习，掌握孵化的相关知识，共同为后续的探究积累充分且必要的经验。

当大部分幼儿对主题已经具有一定的认识后，教师可以通过与幼儿一起绘制儿童主题网络图的形式，呈现幼儿对该主题的已有认识与相关经验。这种方式不仅有助于幼儿建立共同的知识基础，使讨论成为可能，还可以帮助幼儿了解与该主题相关的词汇。

（二）项目活动的展开阶段

项目活动的展开阶段，主要包括为探究做准备以及开展探究。

1. 为探究做准备

（1）重新检视网络图

在第二阶段的开始，教师可以再次检视儿童主题网络图以及教师预先设计的主题网络图。随着每日活动的推进，幼儿针对主题可能会迸发出许多额外的想法，此时教师可以和幼儿一起重新优化、完善儿童主题网络图的内容。同时，教师可以再次检视自己在第一阶段编制的主题网络图，如果幼儿注意力与兴趣集中在教师不曾预料的子主题上时，教师则需要将幼儿最感兴趣的概念移至网络图中心，重新设计网络图。

（2）实地参访前的准备

实地参访属于项目活动的一部分，可以让幼儿有机会到现场研究并深入地思考主题。在实地参访

---

[1] 裴迪·哈里斯·赫尔姆，丽莲·凯兹. 培养小小探索家——幼儿教育中的项目教学法［M］. 原晋霞，等译. 3 版. 北京：中国轻工业出版社，2024：48—51.

[2] 时瑾. 提升幼儿园项目活动实施的有效性——以大班活动"你好，芦丁鸡"为例［J］. 上海托幼，2024，（Z2）：54—55.

前，教师需要确定实地参访的地点。对于幼儿来说，选择容易参访的地点并能进行多次参访很重要，这不仅有助于活动的组织，更有助于幼儿通过多次的参访不断深入探索相关主题。另外，在实施参访之前，教师需要帮助幼儿明确：在参观时谁负责哪些问题、谁负责记录哪些内容、谁负责收集哪些材料等。

案例 7-16

大班项目活动"家到小学的路"的实地调查前准备[1]

在家长的帮助下，孩子们使用导航发现通往小学不止一条路，距离有长短之分，使用不同交通工具时间也不同。在他们分享成果过程中，部分孩子怀疑导航显示的距离和时间是否真的很准确，于是大家再次决定自己去实地调查。

第一，家到小学的路线。在实地调查前，孩子们做好充足的准备，他们一起讨论测量和计时的工具，如尺子、手表、绳子等，由于幼儿不是特别熟悉绳子测量工具，于是教师引导幼儿学习绳子测量的方法和注意事项。幼儿做好探究准备后，带上记录单开始实地考量，除了使用绳子，有的幼儿还使用手表，更有幼儿使用自己的脚为测量工具。

第二，路上有什么。经过前期的活动，幼儿已经熟悉从家到小学的路线，基于已有经验，孩子们想要对这条路会遇到的人和物展开调查。于是幼儿自由组队，并制作行动计划表和记录单，明确自己小组要解决的问题，比如有多少树？会遇到什么人？有什么指示牌？有什么建筑？等等。

2. 深入探究

第二阶段的主要内容是幼儿开展探究的实际过程。在整个第二阶段中，幼儿将通过参与多样化的活动来寻求第一阶段中问题的答案。

探究活动主要包括实地调查、访问专家、探索第一手资料及运用书或录像带等多样化的额外资源。在进行这些实践时，幼儿会以绘画的方式记录他们的所见、以书写的方式记录他们的所思与所学，并以建构和角色扮演的方式来呈现他们所学习到的一切。

案例 7-17

大班项目活动"你好，芦丁鸡"的深入探究[2]

在"你好，芦丁鸡"项目活动中，教师全程参与了"保护小鸡"小组保护计划的讨论，交流观点，最终形成了两个合理、可行的保护方案——制作保护笼（见图7-2-5）和制作稻草人（见图7-2-6）。在制作保护笼时，有幼儿提议用大纸箱罩住鸡笼，遭到同伴的反对："这样会把芦丁鸡闷死的。"教师并没有直接进行判断，而是加入幼儿的讨论："问题出在哪里呢？我们要试试别的方法吗？"有的幼儿提议"可以用透气的木板代替大纸箱，保证芦丁鸡能够正常呼吸"，有的幼儿指出"除了要透气外，保护笼还要让芦丁鸡可以晒到太阳，并且避免被其他动物伤害"……通过师幼共同参与、平等交流，幼儿掌握了制作保护笼的关键点——透气、有光照、防止侵扰，教师则借此"共情"幼儿的问题，"看见"幼儿的能力。

[1] 冯俊美，克宇飞.高质量教育发展背景下基于项目教学的幼小衔接活动模式实践探索——以大班项目活动"家到小学的路"为例［C］//广东教育学会.广东教育学会2023年度学术讨论会论文集（六）.深圳市福田区天健天骄幼儿园；深圳市龙华区第二外国语学校；2023:6.DOI:10.26914/c.cnkihy.2023.106590.
[2] 时瑾.提升幼儿园项目活动实施的有效性——以大班活动"你好，芦丁鸡"为例［J］.上海托幼，2024，（Z2）:54—55.

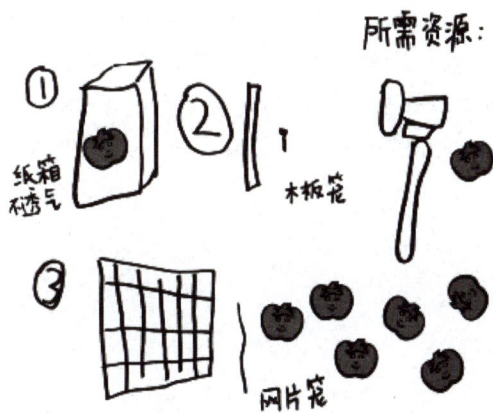

图7-2-5　大班项目活动"你好，芦丁鸡"中
幼儿绘画"制作保护笼"

图7-2-6　大班项目活动"你好，芦丁鸡"中幼儿绘画
"制作稻草人"

（三）项目活动的总结阶段

在项目活动推进过程中，如果幼儿出现以下现象，则说明幼儿已做好进入项目活动的总结阶段了：幼儿不再产生任何问题；幼儿的好奇心被满足了；幼儿需要更深入的探究技能，如需要超越他们现有能力的读写技能等。

在项目活动的总结阶段，很重要的一个任务或特点是，通过组织作品展示或展览等多种互动方式，与各类参与者（包括同伴、教师、其他班级的幼儿及家长等）分享成果，并促进彼此之间的深入交流，以此将活动推向高潮。这一方式可以有效地引导幼儿回顾和反思在项目活动过程中所使用的各种技能、策略及完整的探究过程，实现知识与经验的深度内化。同时，教师通过使用档案袋等方式回顾整个项目活动，并评估所达成的目标。

案例 7-18

大班项目活动"你好，芦丁鸡"的总结阶段[1]

在"你好，芦丁鸡"项目活动的总结阶段，教师创设了"芦丁鸡日记"展板，用于幼儿粘贴照料芦丁鸡活动中的经验和想法，以描绘项目活动实施的轨迹，并据此引发幼儿通过集体分享与交流，以帮助教师实时了解和评价项目活动的进程。这一评价方式不仅有助于教师全面、准确地了解幼儿的真实活动表现和问题，还能激发幼儿的自主思考和同伴合作，共享探究经验、优化探究策略，进而实现项目活动有效实施。

案例 7-19

中班项目活动"中国房子"的总结阶段[2]

在中班项目活动"中国房子"开展的最后，各个小组通过不断的实践、反思和调整，克服重重困难，终于都完成了各自的作品，如天安门、望江楼、九天楼、大雁塔和安顺廊桥，一座座"中国房子"横空出世。在项目活动中，幼儿再次显示了超乎预期的发展。比如，望江楼制作小组的芯芯自信大方地向前

---

[1] 时瑾.提升幼儿园项目活动实施的有效性——以大班活动"你好，芦丁鸡"为例［J］.上海托幼，2024，（Z2）：54—55.
[2] 刘霄，李佳敏.植根文化自信的幼儿园传统文化课程探析——以中班"中国房子"项目活动为例［J］.山西教育（幼教），2024，（10）：22—24.

来参观的众人清晰、流利地介绍道："望江楼位于望江公园，修建于1889年，坐落在锦江河畔。相传因一位名叫薛涛的女诗人旧居而闻名。"同时还背诵薛涛曾在望江楼留下的千古绝对"望江楼，望江流，望江楼上望江流，江楼千古，江流千古……"在幼儿短短的介绍中蕴含着多领域的发展和对中国文化的涉猎。其他各组幼儿内化于心、外化于行的介绍也是各有千秋，但都同样表现出"中国房子"系列作品制作的成就感和自豪感。

三、幼儿园项目活动的教育价值与局限性

（一）幼儿园项目活动的教育价值

1. 促进儿童自然发展与社会需求的和谐统一

项目活动通过顺应儿童的兴趣和天性，激发其内在的学习动力，从而有效地促进儿童的自然发展。这种以儿童为中心的教学模式，有助于培养儿童的自主性、创造性和批判性思维能力。

同时，项目活动能够将儿童的发展纳入符合社会需要的轨道。通过设计具有社会意义和实践价值的项目，儿童在参与过程中不仅获得了知识技能，还学会了如何与他人合作、如何解决问题，从而为其未来融入社会打下坚实的基础。

2. 实现教育工具性功能与人的发展功能的有效结合

项目活动作为一种非正式、统整性的课程，避免了传统教学中可能存在的过度强调知识灌输和技能训练的问题。它注重儿童在学习过程中的体验和感受，强调教育的过程性而非仅仅关注结果，从而实现了教育为社会服务的工具性功能与为人自身充分发展创造条件的功能的有效结合。

通过项目活动，儿童能够在实践中学习，将所学知识应用于解决实际问题，这种学习方式不仅提高了儿童的学习效率，还增强了其学习的积极性和主动性。

3. 促进儿童深度学习与核心素养的培养

项目活动以儿童感兴趣的问题为起点，通过小组合作、计划制订、实施与反思等环节，引导儿童进行持续的探究与学习。这种学习方式有助于儿童批判性思维、创造性、交往和协作等核心素养的发展，这些素养是应对21世纪社会不确定性的关键能力。同时，项目活动强调儿童的主体性和自主性，鼓励儿童在解决问题的过程中进行深度学习，从而实现知识技能的迁移应用，提高解决现实问题的能力。

（二）幼儿园项目活动的局限性

1. 对教师专业素质与能力的挑战

项目活动的有效实施对教师的专业素质和能力提出了更高要求。教师需要具备敏锐的观察力、丰富的知识储备、灵活的教学策略和良好的组织协调能力，以引导儿童进行深度学习并有效管理项目进程。

对于专业水平欠佳或缺乏相关经验的教师来说，项目活动的实施可能面临较大困难，需要通过专业培训和实践经验积累来提升自身能力。

2. 实施过程中的不确定性与资源需求

项目活动的实施过程具有较大的不确定性，儿童的兴趣和探究方向可能随时发生变化，这要求教师能够灵活调整教学计划并具备应对突发情况的能力。

同时，项目活动的实施需要充足的资源支持，包括物质资源、时间资源和人力资源等。如果资源不足或分配不当，可能会影响项目的顺利进行和儿童的学习效果。

3. 与现有教育体系的融合与平衡

项目活动作为幼儿园教育的一种重要形式，需要与自主游戏活动、集体教学活动和生活活动等其他教育形式相融合，共同构成完整的教育体系。

在实践中，如何平衡各种教育形式之间的关系，确保儿童获得全面而均衡的发展，是教育者需要思

考和解决的问题。同时，也需要教育政策制定者和教育管理者在项目活动的推广与实施中给予适当的支持和引导。

本章小结

本章主要介绍了幼儿园主题活动与项目活动的内涵及设计。

幼儿园主题活动是指在一定的时间里，教师和幼儿围绕一中心内容（主题）组织的教育教学活动。主题活动打破了学科之间的界限，将各种学习内容围绕一个"中心"有机地联系起来，从幼儿的兴趣和需要出发，紧密跟随现实生活发生的新变化和新形势，有计划、有针对性地开展的一系列活动。幼儿园主题活动的设计步骤主要包括：① 主题的确定与命名；② 主题网络图的编制；③ 主题活动目标的制定；④ 主题活动内容的预设；⑤ 主题活动的组织与实施；⑥ 主题活动的评估。

幼儿园项目活动设计是指以儿童的实际经验和浓厚兴趣为出发点，以真实世界的问题作为驱动导向，以持续不断的深入探究为活动核心，以可展示的成果为旨归的一种活动组织方式。幼儿园项目活动实施过程主要包括三个阶段：项目活动的起始阶段、项目活动的展开阶段、项目活动的总结阶段。

幼儿园教师在设计主题活动以及开展项目活动时，既要考虑其教育价值，也要思考其局限性。

思考

1. 最近，大三班许多小朋友用大大小小的纸盒制作小汽车等物品，马老师发现，制作的汽车装饰不太一样，但结构差不多，往往只有车厢、车轮、车灯等。马老师认为可以根据这种情况生成一个"汽车"主题活动，引发幼儿的深度学习。

请帮助马老师设计"汽车"主题活动。

要求：（1）写出主题活动的总目标。

（2）围绕主题设计三个子活动，写出其中一个子活动的具体活动方案，包括活动名称、目标、准备和主要环节。

（3）写出另外两个子活动的名称、目标。

2. 大班下学期，李老师发现幼儿普遍对小学的学习生活不够了解，一些幼儿对上小学有些茫然。于是，教师准备开展"我要上小学"主题活动，希望通过多种形式的活动，增进幼儿对小学生活的了解，帮助幼儿进一步做好入小学的心理准备。请根据李老师班级情况，设计"我要上小学"主题活动。

要求：（1）写出主题活动总目标。

（2）围绕主题设计三个子活动，写出其中一个子活动的具体活动方案，包括活动名称、目标、准备和主要环节。

（3）写出另外两个子活动的名称、目标。

3. 一次，大一班家委们为班级购买了班级材料，快递拿到了班上，王老师准备拆箱。孩子们围了过来，对即将拆开的快递产生极大的兴趣，七嘴八舌地讨论起来：这是什么快递？怎么拿到这个快递的？白色的快递卡片上面写了什么？一时间，大一班的孩子们对快递产生了浓厚的兴趣。

假如"快递"这一主题可以成为项目活动的主题，请你绘制该项目活动的主题网络图。

提示

项目实训

请结合你在幼儿园的见实习经验，选择一个可能发展成一个项目活动的主题，根据"项目活动主题问题清单"对该主题进行判断，同时完成以下分析。

项目活动主题：

年龄段：

"项目活动主题问题清单"15个问题中得到肯定答案的有多少题？（　　　）

如果这个主题发展成项目活动，它可以为幼儿提供哪些实践操作的机会？

根据这个主题，可以找到哪些实物工具（可以被带到班级供幼儿动手探究）？

这个主题可以邀请哪些专家到班级？

这个主题可以整合《3—6岁儿童学习与发展指南》中的哪些目标？

项目支持　对照赫尔姆和凯兹在《培养小小探索家》（第三版）中提出的"项目活动主题问题清单，可查找该主题活动的相关资料，了解其是如何开展的。

第八章
我国幼儿园课程方案及课程改革动向

学习目标

1. 掌握陈鹤琴"五指活动课程"与张雪门"行为课程"的主要内容与特点。

2. 了解当今我国幼儿园课程改革的主要动向和存在争议的问题，理解我国幼儿园课程改革的发展趋势。

思政目标：分析我国经典课程方案中传统文化的闪光点，学习我国幼教先驱振兴民族学前事业的决心和实践精神。

知识框架

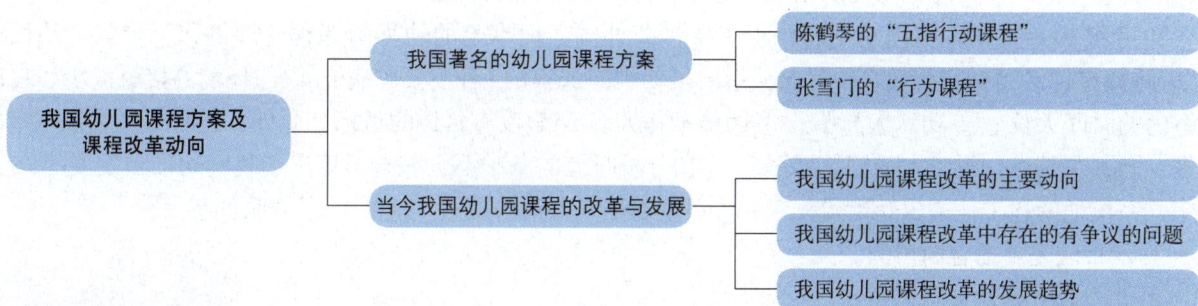

情境导入

陈鹤琴先生在其《家庭教育》中有这么一段记录：

有一天，我问一个六岁的小孩子说："你见过松鼠吗？"他说："看见过。"我再问他："有多大呢？"他举起两手的食指在空中摆着两指相距约两寸的样子说："这样大。"我说："你在什么地方看见的？"他说："在书上。"我说："你把那本油印的读本拿来给我看。"他拿我一看，途中那个松鼠画的"非驴非马"，不像一个松鼠。你看这个小孩子完全得了一种谬误的观念。……我们虽然不能事事以真的活的东西来教小孩子，但他小的时候，经验未丰富，想象力薄弱的时候，我们应当先给他看真的和活的东西才好。[1]

看了这个案例，你了解陈鹤琴活教育理念了吗？其课程内容是什么？除此之外，我国还有哪些经典幼儿园课程方案？

---

[1] 陈鹤琴.家庭教育［M］.北京：商务印书馆，2019：22.

151

第一节 我国著名的幼儿园课程方案

在我国早期儿童教育课程改革与发展过程中，也曾出现过一些有影响的幼儿园课程和有特点的教育方案，从理论的表述到实践的运用，反映了我国学前儿童教育工作者在我国特定的历史和文化背景下对幼儿园课程的思考和实践。

一、陈鹤琴的"五指活动课程"

思政引航

1923年秋，陈鹤琴在自家的客厅里办起了中国第一所实验幼稚园——南京鼓楼幼稚园，这也是我国的第一个中国化、科学化的幼儿教育实践中心。深知教师职业重要性的他，在抗日战争纷飞的战火里，又排除万难在江西泰和创办了我国第一所公立幼稚师范学校。正如当年的心愿，陈鹤琴将一生奉献给了中国的儿童教育，因为他深知：幼儿教育是一切教育的基础，它的功用，实在关系于儿童终身的事业与幸福，推而广之，关系于国家社会。

请思考：作为学前教育专业学生，如何以陈鹤琴先生为榜样，实现民族复兴的理想和责任？

"五指活动课程"是陈鹤琴创编的。陈鹤琴以5个连为一体的手指比喻课程内容的五个方面，虽有区分，却是整体的、连通的，以此说明他所谓的五指活动课程的特征。

20世纪20年代初，我国幼稚园课程主要抄袭外国，而本土的幼稚园课程管理僵化，形如"幼稚监狱"。陈鹤琴针对当时幼儿教育的状况，指出了幼稚园课程的4种主要弊病：① 与环境的接触太少，在游戏室内的时间太长；② 功课太简单；③ 团体动作太多；④ 没有具体的目标。此外，还有"儿童在一室内太多，教师少训练，设备太简陋"，等等。[1]在分析时弊的基础上，陈鹤琴提出了我国幼稚园发展的15条主张，系统地阐述了他关于幼稚园教育，特别是幼稚园课程的观点。他的15条主张如下。[2]

① 幼稚园是要适合国情的。

② 儿童教育是幼稚园与家庭共同的责任。

③ 凡儿童能够学的而又应当学的，我们都应当教他。

④ 幼稚园的课程可以以自然社会为中心的。

⑤ 幼稚园的课程须预先拟定，但临时得以变更的。

⑥ 幼稚园第一要注意的是儿童的健康。

⑦ 幼稚园是要使儿童养成良好习惯的。

⑧ 幼稚园应当特别注重音乐。

⑨ 幼稚园应当有充分而适当的设备。

⑩ 幼稚园应当采用游戏式的教学去教导儿童。

⑪ 幼稚园的户外活动要多。

⑫ 幼稚园多采用小团体的教学法。

⑬ 幼稚园的教师应当是儿童的朋友。

⑭ 幼稚园的教师应当有充分的训练。

---

[1] 陈鹤琴.现今幼稚教育之弊病［J］.新教育，1924（02）.

[2] 陈鹤琴.我们的主张［J］.幼稚教育，1927（01—02）.

⑮幼稚园应当有种种标准，可以随时考查儿童的成绩。

陈鹤琴对幼稚园教育的15条主张，概括了他对幼稚园课程的基本思想，体现了他重视生活和重视儿童的课程价值取向。特别是40年代末形成的"活教育"理论体系，成为陈鹤琴所谓的"五指活动课程"的理论基础。

1.以"做人，做中国人，做现代中国人"为教育目标

陈鹤琴在其"活教育"的思想体系中，首先提出的是"做人，做中国人，做现代中国人"的教育目的。

陈鹤琴将幼稚园教育的目标归结为4个方面：在引导儿童做人方面，陈鹤琴强调要培养儿童具有合作服务的精神和同情心，以及诚实、礼貌等其他品质；在身体方面，陈鹤琴认为主要是训练儿童养成各种达成强健体格的习惯，培养儿童一定程度的运动技能；在智力方面，陈鹤琴主张应以丰富儿童的直接经验为主，让儿童充分接触自然和社会，引导儿童对日常事务产生好奇并作探究；在情绪方面，陈鹤琴指出，除了要让儿童养成乐于欣赏、快乐等积极情绪外，还要帮助儿童克服发脾气、撒娇、惧怕等不良性格。

2.以大自然、大社会为中心选择和组织课程内容

陈鹤琴在其"活教育"的思想体系中提出了"大自然、大社会，是我们的活教材"。

陈鹤琴认为，书本上的知识是间接的、形式化的，只有大自然、大社会，才是知识的真正来源，是儿童学习的活教材。他认为，"活教育"要把儿童培养成"现代中国人"，因此必须以儿童现有的生活经验为依据，扩大和丰富儿童对自然和社会的认识和理解，而大自然、大社会提供给儿童的知识是最为生动的、直观的和鲜明的，没有人为地扭曲，切合儿童的生活实际，能激发儿童的兴趣，容易被儿童所接受和理解。当然，他并没有因此而否定书本在教育中的作用，他反对的只是将书本作为学习的唯一的材料，主张书本应是现实生活的写照，即能够反映儿童的实际生活。

陈鹤琴打破了按学科编制幼稚园课程的方式，以大自然、大社会为中心选择和组织课程内容，形成他所谓的"五指活动"：

①健康活动：饮食、睡眠、早操、游戏、户外活动、散步等。

②社会活动：朝夕会、周会、纪念日、集会、每天的谈话、政治常识等。

③科学活动：栽培植物、饲养动物、研究自然、认识环境等。

④艺术活动：音乐（唱歌、节奏、欣赏）、图画、手工等。

⑤语文活动：故事、儿歌、谜语、读法等。

五指活动课程对五种活动的强调有所侧重。例如，陈鹤琴认为健康活动是第一位的，因为强国必先强种，强种必先强身，强身先要重视幼小儿童的身体健康。又如，陈鹤琴还认为幼稚园课程应特别重视音乐，因为音乐可以陶冶儿童的性情，鼓励儿童进取，发展儿童欣赏美和创造美的能力。此外，语言是人际沟通的工具，也是儿童学习的工具，所以也应给予重视。

陈鹤琴认为，虽然这五种活动是分离的，但是它们就像人的5个手指一样，构成了具有整体功能的手掌，幼稚园课程的全部内容都被包括在这5种活动之中。因为儿童的生活是整体的，因此课程内容是互相连接为整体，而不是分裂的。正如陈鹤琴所言，"五指是活的，可以伸缩，互相联系""课程是整体的，连贯的。依据儿童身心的发展，五指活动在儿童生活中结成一个教育的网，有组织有系统，合理地编织在儿童的生活中"[1]。陈鹤琴将其课程内容的组织方式称为"整个教学法"。

3.以"做中教、做中学"为课程实施的方法

陈鹤琴在其"活教育"的思想体系中提出了"做中教、做中学、做中求进步"，以此作为其方法论的基本原则。

陈鹤琴强调"做"，为的是确立儿童在教学活动中的主体地位。陈鹤琴说，"凡是儿童自己能够做的，就应该让儿童自己做""凡是儿童自己能够想的，应该让儿童自己想""你要儿童怎样做，就应当教儿童怎样学"。

---

[1]　北京市教育科学研究所.陈鹤琴全集［M］.南京：江苏教育出版社，1987：613.

陈鹤琴强调"做",为的是强调儿童的直接经验。陈鹤琴认为,活教育以实物为研究对象,以书籍作辅佐参考,换言之,就是注重直接经验。

陈鹤琴具体指出了五指活动课程在实施过程中的问题。例如,陈鹤琴提出,教师应拟定要做的活动,计划活动内容分几个步骤进行,但是不要强求预先的计划,要顺应儿童的兴趣,根据实施过程中的具体情况灵活地对计划加以调整和变化。又如,陈鹤琴主张运用游戏的方式实施课程,因为游戏是儿童天生喜欢的活动,在游戏中学习,儿童学得快,参与程度高,效果持久。

4. 对陈鹤琴五指活动课程的评价

陈鹤琴的五指课程,对幼儿教育理论与实践的发展影响深远。在美国留学期间,霍普金斯大学重视科学实验的态度,铸造了他学会研究的方法和研究的精神;在哥伦比亚大学师范学院攻读心理学和教育学的经历,使他对儿童的心理发展规律有了深刻的认识;当时美国正兴起的以杜威为代表的进步教育运动,对他也产生了深刻的影响。回国之后,陈鹤琴立足于本国的国情和优秀传统文化,在早期教育理论和实践领域进行了探究,以独立思考的实践精神,批判和融合了东西方文化的精华,为寻找适合国情的我国化的幼稚教育作出了杰出贡献。陈鹤琴的五指活动课程并非只是在当时西方进步主义教育影响下的课程的翻版,而是基于他对科学的理解,对儿童与教育的独到见解,同时融合了进步主义教育的批判性继承,特别是结合对我国社会文化的认识而创编的幼稚园课程。陈鹤琴的五指活动课程,不仅在20世纪50年代前曾对幼稚园教育产生过重大的影响,而且对20世纪80年代以后的幼儿园课程改革也有重要的影响。

二、张雪门的"行为课程"

微课

张雪门的
"行为课程"

张雪门是这样解释他的"行为课程"的:"生活即是教育,5、6岁的孩子们在幼稚园生活的实践,就是行为课程。"[1] 行为课程"完全根据生活,它从生活而来,从生活而开展,也从生活而结果,不像一般完全限于教材的活动。幼稚园实施的行为课程应注意幼儿实际行为,举凡扫地、抹桌、养鸡、养蚕、种植花草蔬果等,只要幼儿能自己做的,都应该给幼儿机会去做。唯有从行动中所得的认识,才是真实的知识;从行动中所发生的困难,才是真实的问题;从行动中获得的胜利,才是真正制驭环境的能力"[2]。

张雪门的教育思想曾有两次转变,一次是从美化的人生转化到了现实的社会,另一次是从单纯的儿童教育转化配合社会、国家的建设。

1. 幼稚园课程的编制原则

张雪门认为,幼稚园课程应密切联系幼儿生活经验,适合儿童的发展。据此,张雪门确定了一些幼稚园课程编制的3项原则。

① 整体性原则。张雪门认为,幼稚园课程不能像小学以至大学一样,分成国文、数学、地理、生活等学科,各有各的时间,各有各的统属,而应打破学科的界限,让各种科目都变成幼儿整体生活的一面,构成一种具体的整个活动。

② 偏重直接经验原则。张雪门认为,直接经验具有生动、切实的特点,与间接经验相比,显得零碎和低层次。中小学课程多偏重于间接经验的传递,而幼稚园课程应以直接经验为主。"儿童自己直接的生活,发现学习的动机,是非凡的自然。其学习也,不论尝试,不论直接参与,不论模仿,都有切实的内容。"[3]

③ 偏重个体发展原则。张雪门认为,教育既要适合儿童身心发展的需要,也要培养儿童成为符合社会需要的人,而在幼稚园阶段,教育则应偏重个体发展。

2. 课程内容来源于儿童直接的活动

张雪门认为,幼稚园课程应来源于儿童直接的活动,即从儿童的生活环境中搜集、选择和组织材料。可以构成幼稚园课程内容的儿童直接活动有:① 儿童的自发活动;② 儿童与自然界接触而产生的活动;③ 儿童与人世界接触而产生的活动;④ 人类智慧活动而产生的合乎儿童需要的经验。但是,幼稚园课程虽来源于儿童直接的活动,却需经过精选,需有客观标准。

---

[1][2][3] 戴自庵. 张雪门幼儿教育文集(下卷)[M]. 北京:北京少儿出版社,1994:1088.

行为课程系单元教学。行为课程以"行为为中心，以设计为过程。只有行为没有计划、实行和检讨的设计步骤，算不得有价值的行为；只有设计，没有实践的行为是空中楼阁"[1]。单元活动的时限一般为一周。实施前，教师编拟教学计划，根据幼儿的动机，决定学习的目的，根据目的再估量行为的内容。行为课程的内容包括幼儿的工作与美术、游戏、自然活动、社会活动、音乐、故事和儿歌以及常识等。

行为课程内容的选择和组织，是按节气的变化，根据儿童生活环境中会出现的事物，如动物、植物、自然现象、节令、纪念日、家庭、学校、风俗等而进行的。"按照每个的中心再来收集和这些中心有关系的文学上、游戏上、音乐上、工作上的材料，编成预定的教材，而且这些教材也要经过儿童和社会两个方面所需要的标准去考核。"[2]

3. 课程实施强调儿童通过行为进行学习

张雪门的行为课程中，"行为"一词与"活动""做"是同义的。这就是说，张雪门强调的是让儿童"在做中学"。

行为课程是儿童围绕单元主题进行的活动。这种活动并不是放任的活动，教师要对儿童进行指导和帮助，将儿童的活动纳入计划的轨道。教师的指导包括计划的指导，即根据儿童活动的具体情况适当调整预定的计划，以及儿童活动的机会；知识的指导，即针对儿童活动中知识的薄弱环节给予帮助；技能指导，即采用暗示、鼓励或示范等方法对儿童进行技能辅导；兴趣指导，即帮助儿童排除学习中的困难，晓以成功后的喜悦，以激励儿童的兴趣；习惯的指导，即采取正面引导的方式规范儿童的行为习惯，以及态度的指导，即帮助儿童养成正确对待自己不足和别人长处的态度；等等。

4. 对张雪门行为课程的评价

作为我国现代著名幼儿教育专家，张雪门早期对幼儿教育的影响遍及北方各省，与陈鹤琴一起被并称为"南陈北张"。张雪门依据杜威"教育即生活"的理论和陶行知的"知行合一"思想，创编了行为课程，对我国幼儿园课程的改革和发展作出了重大的贡献。张雪门说过，幼稚园"教育从生活发生，也从生活而展开，它不是文化的点缀品，也不是文化的橱窗。在有组织、有计划的实行和检讨中，求快乐圆满的境界，才是幼教的最高理想"[3]。张雪门的此番话语，反映了他对开发和发展行为课程的境界。

第二节　当今我国幼儿园课程改革与发展

思政引航

在2022年教育部等十部门关于印发《全面推进"大思政课"建设的工作方案》的通知中指出：全面推进"大思政课"建设，要坚持以习近平新时代中国特色社会主义思想为指导，聚焦立德树人根本任务，推动用党的创新理论铸魂育人，不断增强针对性、提高有效性，实现入脑入心。坚持开门办思政课，强化问题意识、突出实践导向，充分调动全社会力量和资源，建设"大课堂"、搭建"大平台"、建好"大师资"，建设全国高校思政课教研系统，设立一批实践教学基地，推出一批优质教学资源，做优一批品牌示范活动，支持建设综合改革试验区，推动思政小课堂与社会大课堂相结合，推动各类课程与思政课同向同行，教育引导学生坚定"四个自信"，成为堪当民族复兴重任的时代新人。

请思考：请结合你对"课程思政"的理解，谈谈在幼儿园主题活动设计中如何融入思政元素。

---

[1] 卢美贵.幼儿教育概论［M］.台湾：五南出版社，1988：114.

[2] 戴自庵.张雪门幼儿教育文集（上卷）［M］.北京：北京少儿出版社，1994：475.

[3] 卢美贵.幼儿教育概论［M］.台湾：五南出版社，1988：117.

在历时近二十年的幼儿园课程改革历程中，我国的学前教育理论和实践工作者变得越来越理性、越来越善于思考了。他们在不断学习、不断反思的基础上，越来越清楚地认识到，构建和发展课程要综合考虑社会文化、知识的性质和儿童发展三个方面的要素；通过研究和尝试，他们对儿童发展、儿童游戏、发展与教学的关系、教师的角色与作用、师生的互动、幼儿教育机构的组织和管理、幼儿园环境的创设与运用、幼儿园课程设计与评价、家长和社区的参与等一系列学前教育的基本问题有了更深层次的认识和理解。

当今，我国幼儿教育改革是以幼儿园课程改革为轴心展开的，在课程改革的过程中，出现和存在不少有争议的问题，也表现出一些明显的改革和发展趋向。

一、我国幼儿园课程改革的主要动向

（一）课程游戏化

1. 课程游戏化的内涵与产生背景

幼儿园"课程游戏化"的政策依据在20世纪就已存在。1979年颁布的《城市幼儿园工作条例》（试行草案），明确指出："游戏是幼儿的基本活动，是向幼儿进行初步的全面发展教育的重要手段。"1981年颁布的《幼儿园教育纲要》（试行草案），明确指出："在游戏中幼儿最易接受教育，游戏在幼儿园整个教育工作中占有极为重要的地位，是进行体、智、德、美全面发展教育的有力手段。"1989年发布的《幼儿园工作规程》，亦明确指出，幼儿园教育要"以游戏为基本活动，寓教育于各项活动之中"。同年发布的《幼儿园管理条例》第十三条也提出"幼儿园应当以游戏为基本活动形式"。2001年教育部颁布《幼儿园教育指导纲要（试行）》，又一次明确指出："要以游戏为幼儿园的基本活动""教育活动内容的组织应充分考虑幼儿的学习特点和认识规律，各领域的内容要有机联系，相互渗透，注重综合性、趣味性、活动性，寓教育于生活、游戏之中"。2012年教育部颁布《3—6岁儿童学习与发展指南》再次点明了幼儿是在游戏活动和日常生活中，以直接感知、动手操作和亲自体验的方式来获得经验，并明确提出幼儿园与幼儿教师要尽量丰富幼儿获得直接经验的途径，满足幼儿对直接经验获得的需要。2016年教育部颁布了新修订的《幼儿园工作规程》，再次强调要明确幼儿的主体性，满足幼儿的游戏需要，保证幼儿的游戏条件。

2014年江苏省教育厅颁布《关于开展幼儿园课程游戏化建设的通知》，指出"我省学前教育进入快速发展、跨越发展的历史新阶段，初步建立了'广覆盖、保基本、有质量'的学前教育共同服务体系。但总体上看，学前教育保教质量有待进一步提高，以游戏为基本活动、保教结合、寓教于乐的要求未能得到有效落实，'小学化'倾向依然存在。游戏是幼儿园教育的基本活动，是促进幼儿全面发展的重要形式。启动和实施幼儿园课程游戏化建设，旨在引导幼儿园梳理正确的儿童观、游戏观和课程观，推进幼儿园课程实施符合幼儿身心发展规律和学前教育规律，促进幼儿健康快乐成长。"

对于"课程游戏化"是什么，虞永平教授认为课程游戏化不是把幼儿园所有活动都变为游戏，而是确保基本的游戏活动时间，同时又可以把游戏的理念、游戏的精神渗透到课程实施的各类活动中。刘焱教授强调游戏与教学的优化整合，即在游戏化中发挥游戏的工具性价值同时注重其本体性价值。范晓丽（2016）认为，课程游戏化是指幼儿园课程在实施过程具备游戏特征或者成为游戏的教学过程。顾云玉（2016）认为，所谓的幼儿园课程游戏化，是用游戏的精神去设计幼儿园课程，把游戏精神渗透于课程之中。王万凤（2016）认为幼儿园课程游戏化就是要将幼儿课程生动化、具体化、兴趣化处理，吸引幼儿主动参与到活动中。黄小莲（2019）认为"课程游戏化是将游戏的自主性、趣味性引入课程，以游戏的特点来设计课程与组织教学，使教师主导的课程实施过程变成幼儿主动参与的生动有趣的游戏过程从而使幼儿获得'学中玩'的游戏心理体验。"对于"课程游戏化"是什么，虞永平教授还强调"我一直把课程游戏化看成一个质量工程，其最核心的目的是让幼儿园课程更加贴近幼儿的实际发展水平，贴近幼儿的学习特点，贴近幼儿的生活及兴趣与需要。那么，什么是课程游戏化？通俗地说，课程游戏化就是让幼儿园课程更贴近生活，更生动一些，更有趣一点，活动形式更多样化一点，幼儿动用多种感官探究、交往和表现的机会更多一些，幼儿的自主性和创造性更充分一些。"

所以，课程游戏化不是将游戏贯穿于幼儿园课程的始末，而是需要将游戏的理念与精神逐渐渗透于幼儿园课程中去，并运用适宜的游戏手段、游戏方法，以促进幼儿快乐学习和身心和谐全面发展的过程。

2.课程游戏化的价值

课程游戏化的关键在教师，焦点在幼儿。当幼儿的思想、学习、经验、愿望能够被看见，幼儿就能积极投入活动过程并充分探索、交往与表现，幼儿就能不断丰富和发展新经验。

（1）满足幼儿的健康成长需要

对幼儿园的儿童来说，游戏是他们的存在方式，是他们的生活内容。自由、自主和创造的游戏伴随着他们的生命成长。课程游戏化是为了让幼儿园课程更贴近幼儿的身心发展水平和学习特点，更贴近幼儿的生活，更贴近幼儿的兴趣和需要。有趣的学习就是要遵循儿童身心发展的规律和学习特点，要研究儿童，努力使活动游戏化、趣味化；有效的学习意味着儿童能获得新经验，能面临问题和挑战，能动员多种感官，能进行经验的积累和重组。"课程游戏化"更适合幼儿，更生动，更丰富，更有趣，更有效地促进幼儿获得新的经验。

（2）满足教师的专业发展需要

课程游戏化不是幼儿园课程改革和发展唯一的路径，课程生活化、课程经验化、课程过程化、课程情境化等也是可选择的路径，但课程游戏化更适合当前教师的认知水平和更触及幼儿园课程的本质。

课程游戏化项目提出了六个支架，支架一，"通过发现儿童，认识儿童，形成正确的儿童观"，引导教师发现儿童的惊喜时刻，发现儿童的兴趣点和能力。支架二，"让《指南》成为幼儿教师的'圣经'"，引导教师通过观察案例分析，学指南、用指南，看到幼儿的学习与发展，用指南提升自己的观察能力。支架三，"理解幼儿园课程的特点、环境在幼儿学习与发展中的地位与作用"，引导教师体会环境在支持幼儿学习与发展方面的价值与意义，学习大班额、小空间如何支持幼儿学习与发展。支架四，"重新认识和发现幼儿以及幼儿的生活活动如何'游戏化'"，引导教师支持儿童制定自己需要的规则，让儿童尝试自我服务、自我管理。支架五，"关注文本转向关注幼儿"，引导教师从幼儿的经验出发，体会如何预设课程内容，为追随幼儿经验生成活动做准备，深入理解指南，将指南作为追随幼儿经验的依据。支架六，"一日活动中尝试实现观念的改变"，理解稳定有规律的一日活动流程对幼儿的意义，给予幼儿自主的空间，从课程的角度思考一日互动的安排，思考一日活动如何体现"游戏是幼儿的基本活动"。

3.课程游戏化的实施

（1）课程游戏化项目建设的目标

江苏省课程游戏化项目把"以游戏精神为切入点，全面实施幼儿园课程改革，贯彻落实《3—6岁儿童学习与发展指南》"定为建设目标。同时强调了"自由、自主、创造、愉悦"的游戏精神：强调在游戏中重新认识儿童，要从"儿童是一个无知无能等待教育的容器"转变为"儿童是一个积极主动有能力的学习者"；强调用游戏精神重塑教育观，从"教师是真理的掌握者，要把真理教给孩子"转变为"教师是童年的守护者，要向儿童学习，陪伴和支持儿童成长"；强调从游戏切入改造幼儿园课程，从"依赖教材、注重集体教学、强调规范统一"转变为"关注幼儿、关注生活、关注游戏、关注经验，追随发展需要规划和生成保育教育活动"。

（2）课程游戏化项目的主要内容

《关于开展幼儿园课程游戏化建设的通知》明确指出，课程游戏化建设应当珍视游戏和生活的独特价值，最大限度地支持和满足幼儿通过直接感知、实际操作和亲身体验获取经验的需要。课程游戏化项目坚持以游戏为基本教育活动，以综合课程架构为基本建设思路，以提高教师专业能力为核心，以课程园本化为基本途径，将游戏精神融入课程建设全过程，形成环境创设、游戏设计、活动组织、生活环节融为一体的幼儿园课程。

（3）课程游戏化的实施要求

在课程游戏化项目实施3年之际，应从五个方面明确项目实施的要求。

①观察和正确解读儿童的行为。这是教育工作的起点。"科学观察——正确解读——有效支持"是教

师与幼儿日常互动中应有的专业行为。因而幼儿教师必须用科学的方法，观察幼儿实际发生的行为及其情境，借助《指南》，正确理解幼儿的行为，感受其变化和发展，让自己的教育策略更为有效。

②审议和改造课程方案，提升课程的适宜性。这是课程游戏化项目建设的重要内容，也是提高课程适宜性的重要策略。只有在实践中坚持对现行课程方案的不断调整，课程的适宜性程度和游戏化水平才能不断提高。

③关注生活的教育价值。《纲要》和《指南》对生活的重视程度是前所未有的，对生活的关注是一个教育理念的问题，也是一个教育实践的问题。关注生活要求我们在课程建设中实现革命性的转变，从书面的知识转向生动的生活，从成人期待转向儿童需要，从简单接受转向在行动中学习。儿童要在生活中学生活，在交往中学交往，在做人中学做人。幼儿园课程带有浓厚的生活化特征，课程内容来自儿童的生活，课程实施更要贯穿于儿童的生活。

④注重活动形式的多样性。幼儿园课程的实施是一个有目的、有计划的，生动活泼、多种形式的过程。幼儿的学习与发展不仅仅是在教学活动中实现的，也是在游戏活动、生活活动中实现的，要根据需要灵活采用集体、小组、个别等多种活动组织形式。要珍视游戏和生活的独特价值，创设丰富的教育环境，合理安排一日生活，最大限度地支持和满足幼儿通过直接感知、实际操作和亲身体验获取经验的需要，严禁"拔苗助长"式的超前教育和强化训练。

⑤和家庭建立双向互惠的关系。家庭是儿童最初级的社会生活单位，家庭对儿童有不可推卸的抚养、教育的权利和责任。幼儿园是促进儿童成长发展的专门机构，它和家庭之间的关系直接影响儿童的成长。高质量的家园关系是双向互惠的，能够形成合力，促进儿童的发展。因此，幼儿园应该秉持民主、平等的意识，主动和家庭对话和合作，应基于理解和互惠的立场，运用自己的专业素养向家庭和大众传播现代儿童教育理念和知识，提升家庭科学育儿的能力。

4.课程游戏化建设中出现的问题

幼儿园课程游戏化实施中存在一些问题，主要表现在以下三个方面。

（1）对课程游戏化内涵的理解存在偏差

有些教师不完全了解课程游戏化的内涵，出现将游戏与课程对立或用游戏代替课程等理解偏差。有些教师对课程游戏化理念有所了解，对如何将其付诸实践有自身见解，但在实施时往往流于形式。如有的幼儿园将努力的方向放在做幼儿喜欢的生成课程、加大幼儿游戏比例等区别于以往课程模式的、外在形式的改变上，虽然这样做对突出幼儿的主体性有一定积极作用，但在教师的游戏指导能力、游戏与其他活动内容的整合情况、游戏活动的延展情况等重要内容上，教师的关注度反而不足。如此一来，课程游戏化的水平仅停留于表面，难以获得更深层次的提高。

（2）对课程游戏化的实施存在形式化

幼儿园课程游戏化既要保证必要的游戏时间，又要关注教学活动乃至一日活动当中游戏精神的浸润。其中，课程游戏化环境、资源、材料对推动课程游戏化具有重要作用。在课程游戏化实施中，虽然各举措面面俱到，但难以结合实际情况进行灵活调整，存在为了实施而实施的现象。如教师在计划时能够积极调整活动安排，来确保儿童的游戏时间，但在执行时存在不同程度的压缩，导致游戏的价值未能得到充分彰显。

（3）对课程效果的评价忽视儿童主体性

在课程游戏化进程中，教师有时看似给予幼儿更多的主动权，但实际上只是让幼儿参与到教师自己预设的游戏当中而已。教师习惯了把游戏当成教育的手段，虽然这种手段让活动"增光添彩"，但这是从教师完成教学任务出发的，幼儿的主体性没有得到真正的重视，他们表现出的创造力、愉快体验是成人所认为的"创造""愉快"，并非从幼儿角度出发，因而背离了课程改革初衷。

5.课程游戏化建设中的反思

（1）明晰理念，筑牢幼儿园课程游戏化的理论根基

思想是行动的指南，如何理解课程游戏化理念，将直接体现在教育实践中，从而影响课程游戏化落

实的实际效果。因此，实现课程游戏化，要从理念入手。应当转变过去将幼儿视作知识技能的被动接受者观念，将幼儿看作一个积极主动的有自主学习能力的主体。将观察幼儿放在教师"工作清单"的突出位置，让教师从繁琐的工作中解放出来，真正将工作重点落到幼儿身上，同时教师应当将观察幼儿落到实处。通过日记等方法，记录孩子的成长，发现幼儿更多的令人惊叹的"高光时刻"。

（2）聚焦问题，完善幼儿园课程游戏化的实践方案

对于课程游戏化，不同的幼儿园可能会有不同的理念体系，但归根到底，都是为了幼儿发展。在这一过程中，幼儿园应结合学前阶段的基本情况，以及本园幼儿的实际情况，对课程加以改造甚至重新设计，让课程成为幼儿发展的助推器。早期教育先驱的观点中不乏课程游戏化的思想，例如陈鹤琴关于游戏式教学的思想、张雪门关于经验课程的思想、杜威"做中学"的思想等。课程游戏化改革发展至今，也形成了很多较完备的课程游戏化方案，为我们提供了参考的来源。应当系统了解这些课程游戏化实践成果，全面把握他人在实现课程游戏化时的困难、问题，从而为本园课程游戏化实践提供指导。

（3）关注幼儿，审视幼儿园课程游戏化的实际效果

幼儿园课程游戏化满足了幼儿释放自己内心情感的冲动，为幼儿提供了足够的幻想和自由创造的空间，让幼儿有机会践行自己的知觉方式与行为的逻辑，充分彰显了自由、自主、快乐、创造等游戏精神。教师在课程游戏化进程中应关注幼儿是否获得了充分的自由，关注幼儿在课程游戏化中是否有快乐体验，同时也要关注幼儿创造性的提升。[1]

（二）游戏课程化

1. 游戏课程化的内涵与产生背景

我国学前教育界有一个共识，即认为"游戏是幼儿园的基本活动"。这一共识被写进了教育部颁布的《纲要》和《指南》中。基本活动应该是带有基础性和根本性的主要活动。用"基本活动"来界定游戏在幼儿园中的地位和作用，那就意味着在幼儿园中，游戏不是一个限定在某个时间段中的暂时性活动，也不是一个局限在某个特定区域中的局部性活动，而是一个存在于幼儿园教育中的带有基础性和根本性的主要活动。

王振宇指出：游戏课程化，本质上是构建一种新型的课程模式。这种课程模式的理论基础是，对于幼儿来说，游戏等于学习；尊重幼儿的游戏，就是尊重幼儿的学习和发展；在幼儿的游戏中，能落实五大领域的教育内容。游戏课程化，是从幼儿的游戏出发，及时把握幼儿学习的生长点，通过引导和建构新的游戏，促进幼儿学习与发展的过程。游戏课程化是一个通过游戏的力量促进幼儿学习和发展的游戏链，其出发点是幼儿的游戏，包括幼儿的自主游戏和工具性游戏，其终点也是游戏，课程因素则融合在根据学习的生长点来构建新游戏的过程之中。所谓生长点是指围绕着五大领域的教育内容生发出来的教育活动，游戏课程化，最后又回到游戏中去。就发展的总趋势而言，这时的游戏不是初期游戏的简单重复，而是在更高层面上的发展和提升。[2]可以用"P to P"（From a Play to a new Play……）来表示这种发展和提升，也就是前面提到的"游戏链"：从一个游戏P1出发，然后寻找到一个生长点生成P2，然后逐层提升一直到Pn。从P1到Pn这个长链就是游戏课程化。游戏课程化不是指特定的一个P，或者特定的一段P，而是一个长链，这样就把游戏和课程有机地融合起来，而这里的课程不是一个单独的领域，而是一个综合的活动。游戏课程化的过程，实际上就是一个对结构不断地解构和重构的过程，这样一来游戏就变成了一个连续的互动，游戏和课程便融为了一体，同时游戏也变成了幼儿园教育的基本活动。[3]周桂勋指出："游戏课程化，其逻辑起点是游戏，是游戏进入课程的过程，是游戏从课程理解之外到成为课程组成部分的过程，或者说是对游戏对于幼儿发展价值的认同以及捍卫幼儿游戏权利的过程。游戏课程化是在认同游戏是幼儿成长和生活中不可或缺的这一前提下，将游戏纳入幼儿园课程范围并付诸实施的过程。

[1]　胡娟.课程价值取向下幼儿园课程"化"时代研究［M］.北京：北京时代华文书局，2020.
[2]　王振宇.论游戏课程化［J］.幼儿教育（教育科学），2018（4）：3—8.
[3]　王振宇.游戏课程化：实现游戏手段与目的的统一［J］.山西教育，2019（11）：8—11.

这是一个课程观念变革的过程，同时也是一个幼教实践变革的过程。它是一种理念，一种方向或趋势，也是一种幼儿园教育实践"。[1]

2. 游戏课程化的价值

（1）游戏课程化，本质上是构建一种新型的课程模式

游戏课程化遵循的是课程实施的创生取向和课程目标的过程模式的原则，因为创生取向和过程模式不把课程看作是传递知识的简单过程，而是把课程当作幼儿成长的过程。游戏课程化把游戏既当作幼儿园教育的手段，又当作幼儿园教育的目的，实现了手段与目的的统一。

（2）游戏课程化是根治幼儿园小学化倾向的有效手段

幼儿园教育小学化倾向有显性和隐性两类表现方式。只能通过贯彻落实游戏课程化这种新型课程模式，把目标模式的学科教育转变成以过程模式为导向的教育方式来根治。

（3）游戏课程化是打破幼儿教育现行僵化模式的好方法

实践证明，游戏课程化以及生成课程有利于充分发挥师幼的创造性和责任性，有利于培养思维活跃、手脑并用、善于合作、热爱发现的新型人才。

（4）游戏课程化是区别幼儿园游戏与游乐场游戏的本质标志

游戏课程化最本质的特点是"to"的一个课程化过程，而游乐场的游戏没有"化"的过程，不是 P to P，而是 P1，P2，P3……的一个排列组合。

（5）游戏课程化是最佳的园本课程之一

教育部要求各幼儿园做园本课程，很多幼儿园便发动教师编写。教师决定题材，教师组织内容，教师编写教材，教师实施教材，教师考核教材，这就是园本课程。实际上这是对园本课程的本意缺乏足够的了解。为什么要形成园本课程呢？实际上是希望每个幼儿园能根据各自所处的特定自然环境和社会环境，根据幼儿园教师的教学习惯、能力以及儿童的特点来编写一个适应当地文化、当地需要的教材。但是，不要把当地资源当作教育目的。任何一个游戏课程化的案例都是特殊的园本课程，是不可复制的，是最佳的园本课程。

3. 游戏课程化的实施

游戏课程化的意义在于最大限度地发挥幼儿在游戏中的主动性和创造性，同时也最大限度地发挥教师的专业力量，通过游戏的力量促进幼儿的学习和发展，从而建立一种"儿童就是目的"的新的幼教课程模式。

（1）游戏课程化的目标

游戏课程化是一种课程模式，其目标就是构建一套全新的"儿童就是目的"中国幼教模式，彻底清除幼儿园教育小学化的不良倾向。

（2）游戏课程化的内容

"游戏课程化"可能会有多种模式，现阶段比较成熟的，可以称之为游戏课程化典范的是"安吉游戏"模式，"游戏故事"则是"安吉游戏"课程实施的重要环节。"游戏故事"对幼儿园环境创设、材料提供、家园合作、园所教研等都能产生影响。从"游戏故事"当中，老师们可以分析幼儿获得的学习与发展，可以让那些不理解游戏独特价值的人茅塞顿开，可以提升教师自身的专业能力和水平，可以不断发现、反思自己设计的游戏区域、提供的游戏材料等是否有利于促进幼儿的全面和谐发展等等。"游戏故事"与整个的游戏课程实践中各个环节密切相关，它产生于幼儿之手、之口，是解读幼儿的"窗口"，是剖析游戏课程化的重要依据。

（3）游戏课程化的实施要点

① 游戏既是手段又是目的。幼儿园游戏可分为自主游戏和工具性游戏。由幼儿自己发起和自己主导的是自主游戏；由成人发起、幼儿主导的合作游戏，幼儿发起、成人主导的指导游戏，成人发起、成人

---

[1] 周桂勋.《纲要》与《指南》导向的游戏课程化［J］.陕西学前师范学院学报，2019（5）：68—71.

主导、幼儿参与的教学游戏等都属于工具性游戏。自主游戏和工具性游戏都是幼儿学习的重要途径。从幼儿发展的角度讲，只要能体现幼儿的主体性，各种游戏都具有同等价值。游戏课程化的逻辑起点是游戏，包括各种游戏，广义上也包括幼儿一日生活，因为对于幼儿来说，游戏无时不在、无处不在。生长点是围绕着五大领域的教育内容而生发出来的各种综合活动，最后又回到游戏中去，使游戏一直有戏。

② 强调生成，关注发展。《指南》明确了3—6岁儿童学习与发展的方向，"游戏课程化"则引领教师重视幼儿在游戏中的学习与发展，重视游戏与儿童发展的关系，而不是消极等待儿童发展。游戏课程化的课程价值体现创生取向，有既定的教育目标，但没有预设的课程计划，主要是通过教师观察捕捉幼儿游戏中的生长点，与幼儿互动中生成各种综合活动，既重视幼儿游戏过程，也允许教师在游戏中的介入，通过"课程化"的过程，引导幼儿更好地发展游戏、发展自我。

强调课程生成的主题性。尽管游戏强调了多样和变化，但是在游戏课程化的生成过程中，教师要始终让阶段性的游戏活动围绕着同一个主题，使得幼儿能在整个游戏进程中获得明晰的目标引领，将游戏活动开展的过程与主题活动开展的过程进行同步，在同一个主题下适当地变换、调整游戏活动材料和方式，让游戏内容与形式紧密结合并互相促进，从而引导幼儿在游戏课程化中实现递进式发展。

强调课程生成的灵巧性。游戏课程生成中需要充分考虑到幼儿身心发展的特点。受到生理年龄的制约，幼儿往往不太适合力量型的游戏形式，而灵巧型的游戏则可以有效地提升幼儿协调能力，促进精细动作能力的发展。教师在游戏课程生成的过程中要有意识地加入灵巧训练的内容，并强化在游戏活动中的制约机制，锻炼幼儿的肌肉调节能力、对精细动作的控制能力等，使得幼儿在游戏中逐步准确、协调与熟练，促进幼儿机体的科学发展。

强调课程生成的智慧性。只有当幼儿在游戏课程中开启思维，游戏课程才能真正体现出知识性与娱乐性的整体优势。唤起幼儿在游戏中的思考热情，让他们积极、主动地开动脑筋，就要在游戏课程生成过程中为幼儿创设恰当的问题情境，引导他们以最佳的方式完成游戏。教师要努力拓宽游戏规则的既定范围，赋予幼儿多种多样完成游戏的选择余地，从而让游戏课程点亮幼儿的智慧，拓展幼儿的想象空间与创造空间。

强调课程生成的实践性。教师要从整体优化的角度思忖游戏课程化，通盘考虑，将幼儿与周围环境中的人、事、物等连接起来，引导幼儿进行接触与互动，在游戏中学习和积累相关的认知体验，并且鼓励和启发幼儿将自己看到的、听到的以及感受到的，在游戏中通过认知和理解表现出来。

③ 打破领域界限，强调整合。游戏课程化生成的各种活动具有综合性的特点，打破了传统意义上游戏、教学、生活、运动的界限，真正融五大领域内容于一日活动之中。游戏课程化真正体现了《幼儿园教育指导纲要（试行）》提出的"教育内容的组织应充分考虑幼儿的学习特点与认识规律，各领域的内容要有机联系，相互渗透，注重综合性、趣味性、活动性，寓教于生活、游戏之中"。

4. 游戏课程化建设中出现的问题

各地幼儿园在学习安吉游戏的实践过程中受益匪浅，但同时也出现了一些问题和困惑。

（1）游戏材料千篇一律

游戏材料千篇一律必然带来固化与低效的问题。如，材料使用缺乏动态调整：教师习惯使用固定材料（如积木、彩泥、拼图等），未结合季节、主题或幼儿兴趣更新内容，导致幼儿游戏兴趣逐渐流失；教师材料投放未体现层次性，小班到大班使用同一类材料，无法匹配幼儿能力发展的递进需求。又如，材料功能单一，限制创造力：教师选择的游戏材料仅支持预设玩法（如按图纸拼搭），缺乏开放性材料（如自然物、废旧物品），限制了幼儿的想象空间；教师过度追求"整洁美观"，忽视材料的探索价值（如禁止拆解、重组）。再如，选用材料与课程目标脱节：材料选择未服务于具体教育目标（如科学探究、社会合作），仅是作为"游戏道具"存在，难以推动深度学习。

（2）幼儿游戏有"观"无"察"

幼儿游戏有"观"无"察"就会使观察流于形式。如，观察目的模糊，记录碎片化：教师仅记录表面行为（如"幼儿A用积木搭了一座房子"），未聚焦幼儿发展关键点（如解决问题策略、同伴互动模式）；观察记录缺乏连续性，无法形成幼儿个体或群体的成长轨迹。又如，对幼儿游戏观察缺乏专业工具支持：教师因为未使用科学的观察量表或评估框架，导致分析主观化、片面化；教师因为对"观察—解读—支持"的闭环逻辑不清晰，难以将观察结果转化为课程改进依据。再如，教师观察忽视隐性学习价值：过度关注显性成果（如作品完成度），忽略游戏过程中幼儿的情感体验（如抗挫力、坚持性）或元认知发展（如计划、反思）。

（3）游戏分享走马观花

游戏分享走马观花会直接削减教育评价的作用。如，分享时间不足，形式僵化：分享环节几分钟，教师主导提问"好玩吗？""搭了什么？"，问题封闭且缺乏启发性，幼儿仅能简单回答"今天玩了什么"，无法深入表达体验。又如，分享缺乏深度引导与延伸：教师未抓住游戏中的矛盾点（（如合作冲突、材料不足）引导讨论，错失社会性教育契机；分享内容未与后续课程衔接（如未生成探究主题、未调整材料投放策略），导致游戏与课程"两张皮"。再如，分享环节幼儿参与不均衡：教师未采用差异化策略各（如绘画记录、小组分享）保障全员参与，从而使得活跃幼儿主导发言，内向或低龄幼儿成为"倾听者"。

5. 游戏课程化建设中的反思

（1）关于游戏材料的选择和使用

游戏材料的选择和使用对幼儿游戏质量有着重要影响。丰富多样的游戏材料能激发幼儿的游戏兴趣与创造力，让他们有更多选择去探索和尝试，而具有开放性和可操作性的材料则有助于幼儿在游戏中不断创新玩法，提升游戏的趣味性和挑战性，从而提高游戏质量。教师应该充分利用身边资源的价值，懂得这些随处可得的低成本、低结构、多变化的材料可以引发幼儿不断思考，引导幼儿的主动探究与学习。教师还应学会材料投放中的"放权"。给幼儿游戏的时间和空间，把玩什么、怎么玩等权利还给幼儿。在幼儿自发、自主的游戏中，教师会发现幼儿巨大的学习潜力，自觉地从对幼儿的管控转向对幼儿行为的理解和欣赏，教育过程变得轻松、愉快，从而理解了幼儿游戏权利的实际内涵，理解了教师控制的"假游戏"与幼儿真正自主的"真游戏"的区别。

（2）关于游戏的观察和指导

教师的主要职责是提供材料，观察、解读幼儿的游戏行为，分享游戏中发生的关键事件。解读幼儿的游戏行为是基于了解幼儿的经验和兴趣之上的。这对于教师的专业素养要求很高。所以，教师应从以下六方面来提升自己的对游戏观察和指导的能力。

① 树立观察意识。教师要认识到观察的重要性，充分认识到观察是了解幼儿的前提，只有真正了解幼儿、尊重幼儿，才能理解和最大限度地接纳幼儿的行为。并在观察过程中逐步学习由表面观察走向深度观察。

② 养成观察习惯。教师要相信幼儿有自主学习和解决问题的能力，教师不必事事都要指导、介入，该放手就放手，给幼儿更多的学习机会。这样教师才能养成以不打扰幼儿游戏为前提，观察幼儿在游戏中的行为表现，倾听幼儿在游戏中的交流。

③ 掌握观察方法。可以通过查找资料、阅读专业书籍等方式，收集教师观察方法的相关信息，进行自我学习和思考。教师也可以根据"安吉游戏"课程实施的需要，梳理出游戏观察中应关注的要点。如：以不打扰幼儿的游戏为前提尽可能地创造自然观察环境；有一定的观察目的并做好观察记录，观察记录的方法可以采用现场笔记、照片记录、视频记录；对幼儿的游戏行为记录要以客观描述为主，避免主观判断；要实施多次观察，收集全面资料等。

④ 认真学习《指南》。《指南》中各领域的幼儿发展目标及具体的行为表现是解读幼儿游戏行为的重要依据，全面了解《指南》中各领域目标的具体表述和典型行为描述，可以帮助教师客观地解读幼儿游戏行为背后的学习和发展水平。

⑤ 开展集体教研。要真正做到看懂幼儿每一个游戏行为背后的学习与发展，教师还需要在实践中不断提升自己的游戏解读能力，将幼儿在游戏中的行为表现与各领域的学习和发展建立联系。集体教研可以为教师搭建互动和交流的平台，在共同解读和研讨的过程中逐步积累解读经验，提升解读能力。

⑥ 练习独立分析。教师的游戏观察和解读每天都在进行，因此，帮助教师通过多渠道的游戏解读实践，逐步具备独立分析、解读的能力，是游戏化课程顺利实施的重要保障。教师以撰写观察记录的方式重点呈现对幼儿游戏行为的描述和解读，可以有效地促进教师在游戏中的细致观察和在游戏后的深入解读。

（3）关于游戏的分享与评价

有效的游戏分享评价可以促进每个幼儿富有个性的发展，这就要求教师努力做好以下三方面。

① 正确理解评价教育功能，发挥教师的主导地位。在评价过程中教师首先要有正确的评价标准，这是游戏分享活动成功的基础。评价的功能不在于评判，而在于激励、诊断、导向、提升经验、促进幼儿同伴交流与学习等。因此，在评价过程中，不能简单地用好与不好来评价幼儿的活动，而应特别关注幼儿在探索活动中所做的努力、个性品质、解决问题的能力和创造性的发挥，以及所获得的经验等。在此基础上，教师以引导者、支持者和参与者的角色，有效引发积极的师生互动和生生互动，充分调动幼儿的思维和智慧，对幼儿的讨论和交流起到引领、支持、整理、提升的核心作用。在实施区域活动的过程中，教师要有敏锐的观察力，善于发现幼儿感兴趣的事物、游戏和偶发事件中所隐含的教育价值，善于捕捉有利于幼儿发展的契机和讲评信息，能根据幼儿的活动情况随机调控，使讲评环节成为区域活动的"热点""高潮"，起到"画龙点睛"的作用。

② 注重评价过程，让幼儿成为分享的主人。在《纲要》指导下，随着课程观的转变，教师评价观也发生着变化，从关注结果转化为关注过程。游戏活动后的分享环节，教师尽可能做到注重幼儿在探索活动中作出的努力，即幼儿在自信心、坚持性、独立性、创造性等方面的表现，不必过分关注幼儿学到了什么知识，而应重点关注幼儿是怎样获得这些知识的。在这样一种充满安全感、胜任感和成就感的氛围中，幼儿才会主动地参与到分享活动中，觉得自己是活动的主角。每个幼儿在自主游戏过程中参与游戏的体验不同，经验不同，能力不同，所以解决实际问题的能力也不同，开展游戏分享由此可以成为师幼之间、幼儿之间交流经验、相互学习、分享快乐的过程。教师对幼儿的过程性评价有助于幼儿正确认识、评价自己，体验到成功的喜悦，形成良好的自我意识和积极向上的心理。

③ 善于观察，提高讲评内容的多元化。当游戏结束时，有的幼儿满足，有的幼儿尽兴，有的幼儿遗憾，有的幼儿意犹未尽，于是幼儿围坐在一起，交流一下游戏的体会，分享游戏中的快乐与经验，讨论游戏中的问题与疑惑是很有必要的。区域活动的目标在于发展个性，培养幼儿自主学习能力。讲评的内容要兼顾群体需要和个体差异，要多采用积极性评价和纵向评价，使幼儿体验到被肯定和成功的喜悦。因此幼儿在区域活动中的各种信息都可以成为评价分享活动的内容，如：幼儿在活动中的参与情况，幼儿的社会交往水平，幼儿的认知发展水平，幼儿区域规则遵守情况，等。但这些内容并不是共同存在于某一次的讲评活动中，每次的讲评活动都应有侧重点，教师必须善于观察和捕捉这些机会，有时需要及时的介入和引导，有时需结合课程，把游戏活动延伸为进一步的游戏活动。第四，采取多样的评价形式，促进师幼互动。每一次区域游戏活动的重点都会有所不同，每个幼儿都有它独特的表现和个性特点，同样的幼儿在不同的游戏活动中的表现也不尽相同，所以教师在组织活动时，不能千篇一律，应根据游戏的实际情况，从不同的角度、采用不同的形式，从不同的角度促进幼儿在原有的水平上提高。[1]

（三）幼儿园园本课程

1. 园本课程的内涵与产生背景

虞永平（2004）认为园本课程是"以法律法规及相关政策为指导，以幼儿园现实的环境和条件为背景，以幼儿现实的需要为出发点，以幼儿园教师为主体构建的课程"。园本课程核心理念在于"以园为本，因园制宜"，强调课程的本土化、个性化和适应性，是幼儿园教育改革的重要方向。

园本课程的产生，是基础教育课程改革背景下幼儿教育领域的一次深刻变革。园本课程作为校本课程理念在幼儿教育中的延伸和应用，逐渐受到重视和推广，其产生背景包括教育政策的引导、幼儿教育

---

[1] 胡娟.课程价值取向下幼儿园课程"化"时代研究［M］.北京：北京时代华文书局，2020.

理念的更新以及幼儿园自身发展的需求。

2. 园本课程的价值

园本课程有着多维度的价值,具体包括:

(1)园本课程实践能凸显幼儿园课程的宗旨

通过园本课程的建设,幼儿园得以从特定的儿童、特定的班级实际出发,确定课程目标,选择课程内容,组织适宜的活动,使幼儿园课程更加贴近儿童的实际需要和发展水平。这一过程不仅有助于儿童的全面发展,也体现了对儿童个体差异的尊重。

(2)园本课程建设是磨炼教师队伍的重要途径

在园本课程的开发、实施和评估过程中,教师需要不断提升自己的专业知识、专业技能和专业态度。园本课程的建设为教师提供了广阔的研究和探索空间,使教师在应对各种挑战的过程中不断成长和进步。教师队伍的素质提升,为幼儿园的长远发展奠定了坚实的基础。

(3)园本课程的开发能够充分利用各种教育资源

园本课程注重从幼儿园的实际出发,挖掘与幼儿园有关的一切资源,包括幼儿园内部的教育资源,如一日生活、环境创设等、幼儿园外部的教育资源,如家庭、社区等。通过整合这些资源,园本课程得以更加丰富和完善,为儿童提供更广阔的学习空间和发展机会。

(4)园本课程的研究是幼儿园课程理论和实践的重要生长点

通过园本课程的研究和实践,幼儿园可以不断地发现新的问题,形成新的方法和策略,从而丰富和优化幼儿园的课程理论。这不仅有助于推动幼儿园课程理论的进一步完善和发展,还能够为其他幼儿园提供有益的借鉴和启示。

3. 园本课程的开发与实践

"园本课程开发"是一个从基础教育课程改革移植而来的概念,来源于"校本课程开发"一词。园本课程的开发即以幼儿园为基地所进行的课程开发的过程。它包含两个层面的内涵:一是幼儿园课程的园本化,即幼儿园作为课程参与与实施的主体,根据自身实际情况,对国家或地方课程进行适应性改造,使其更符合幼儿园的教育理念和幼儿的发展需求。这一过程强调改编性,旨在使课程内容更加贴近幼儿的实际生活和学习特点。二是园本课程的开发,即幼儿园作为课程的权力主体,依据幼儿园独特的需求与资源,自主进行课程的设计与实施。这一过程具有创生性,旨在创造具有幼儿园特色的课程体系,满足幼儿个性化发展的需求。[1]

园本课程开发的一般流程,可以借鉴校本课程开发的一般流程[2],即包括建立组织机构、分析现状、拟订目标、编制方案和实施与评价五大流程:

(1)建立专业高效的组织机构

园本课程开发的首要任务是建立由园长、教师、家长、幼儿和社区代表以及课程专家组成的课程开发委员会或工作小组。该组织机构应具有广泛的代表性,确保各方利益的均衡。园长作为具体负责人,应带领全体成员共同分析幼儿园的历史、现状与本地、本区的实际状况与资源,为课程开发提供有力支持。

(2)深入细致的现状分析

现状分析是园本课程开发的基础,包括需求评估、资源调查和问题反思等环节。课程开发委员会或工作小组需要从幼儿园的历史背景、文化特色、幼儿的实际需求、家长情况、社区情况与资源等方面进行深入分析,同时查阅相关文献,了解课程开发的理论与实践成果,为确定课程开发的逻辑起点与内容提供依据。

(3)明确具体的目标拟订

园本课程开发目标应包括发展目标及其相应的开发成果,以及幼儿发展的课程目标。课程目标应分为

[1] 王春燕,秦元东.幼儿园课程概论[M].北京:高等教育出版社,2019,12:275.
[2] 路华清,左菊,孙泽文.校本课程开发的类型及其流程研究[J].教育与职业,2011,(33):130—132.

总体目标和具体目标，具体目标应涵盖不同年龄段及下位的层级目标，确保课程内容的连贯性和递进性。

（4）科学合理的方案编制

园本课程开发方案是课程开发的总体思路，应包括现状分析与规划意图、课程的理论基础、儿童观与教育观等课程理念、课程所需的环境设置、课程目标体系、课程内容结构、课程组织实施与评价建议以及保障措施等。方案的编制应科学合理，确保课程开发的顺利进行。

（5）有效实施与全面评价

园本课程的实施包括课程内容的组织和教育过程的组织两个方面。课程内容的组织应注重知识的排列和组合方式，教育过程的组织应关注教育的途径、活动的形式、教与学的策略和方法。同时，园本课程评价应贯穿课程开发的始终，包括对课程开发的价值、课程方案、课程实施、课程效果等的评价，确保课程开发的持续改进和优化。

4. 当前园本课程建设中出现的问题

园本课程建设再实践探索中出现了很多偏差与问题，具体表现在以下方面：

（1）课程架构的盲目性

园本课程建设中，盲目架构课程的现象屡见不鲜。一些幼儿园对国外课程模式趋之若鹜，却未真正理解其内涵，只是简单模仿，导致课程与本土文化和教育实践脱节。同时，一些幼儿园缺乏整体规划和系统性思考，将课程建设等同于教案编写，甚至在普适性课程基础上随意增加本土化内容，造成课程内容重复和冲突。此外，部分幼儿园在课程开发中缺乏科学的建设理念，盲目投入资源，急功近利，不利于园本课程的可持续发展，甚至可能对幼儿健康成长造成负面影响。

（2）课程内容的拼凑性

园本课程的建设应当是有明确目标和计划的，但现实中一些幼儿园却随意拼凑课程内容，缺乏核心理念统领，课程目标不明确，内容杂乱无章，缺乏逻辑性和关联性。为了追求课程的多样性和丰富性，一些幼儿园将不同教育内容拼凑在一起，未进行有效整合，导致课程内容浅尝辄止，无法满足幼儿学习需求。同时，拼凑的课程可能导致内容重复和交叉，浪费幼儿学习时间和精力，降低学习效率。

（3）课程特色的表面化

简单贴牌课程是当前园本课程建设中的另一问题。一些幼儿园为了追求特色发展或迎合家长需求，盲目开设各种名目的特色课程，但这些课程往往只是贴上标签，并未真正融入幼儿园课程体系。这种做法导致特色课程与常规课程缺乏联系，无法形成有机整体。同时，简单贴牌课程缺乏深入的教学研究和实践探索，难以达到预期教育效果。此外，一些幼儿园在开设特色课程时，忽视了整体教育质量的提升，将过多精力投入特色课程的开发和宣传，导致其他常规课程教学质量下降，不利于幼儿全面发展。

5. 园本课程建设的反思与展望

（1）园本课程实施中的幼儿发展需求考量

幼儿园园本课程作为幼儿园教育改革的重要组成部分，其实施效果直接关系到幼儿的发展。在实践中，部分幼儿园可能过于追求课程的独特性和创新性，而忽视了幼儿的实际发展水平和兴趣需求。因此，园本课程的实施需要更加深入地考虑幼儿的发展需求。未来的园本课程应更加注重以幼儿为中心，根据幼儿的兴趣、能力和发展需求来设计和调整课程内容，确保课程能够真正促进幼儿的全面发展。

（2）园本课程开发中的教师专业发展

教师是园本课程实施的关键，教师的专业素养和教学能力直接影响到课程的质量和效果。在园本课程开发过程中，教师的角色至关重要。目前部分教师在课程开发方面还存在能力不足的问题。因此，幼儿园应加大对教师的培训和支持力度，提升教师的课程开发能力和教学能力。通过组织专业培训、开展教学研讨等方式，帮助教师掌握课程开发的基本理论和技能，提升他们的专业素养和教学能力，确保他们能够有效地实施园本课程，同时能够在实践中不断反思和改进自己的教学方法。

（3）园本课程评价体系的完善

园本课程评价体系是检验课程实施效果的重要手段。目前部分幼儿园在园本课程评价方面存在过于注重结果评价而忽视过程评价的问题。这导致课程评价不够全面和客观，无法准确反映幼儿在课程实施过程中的表现和发展。因此，未来的园本课程评价应更加注重过程评价，关注幼儿在课程实施过程中的表现和发展变化。同时，结合结果评价，形成更加全面、客观的评价体系，为课程的持续改进提供依据。

（4）园本课程未来的发展方向

展望未来，幼儿园园本课程的发展将更加注重多元化和个性化。随着教育理念的不断更新和教育技术的不断进步，园本课程将更加注重与社区、家庭等外部资源的整合，形成更加开放、多元的课程体系。同时，园本课程也将更加注重个性化发展，根据每个幼儿的特点和需求来设计和调整课程内容，为幼儿的个性化发展提供更加有力的支持。这将有助于提升幼儿园的教育质量，促进幼儿的全面发展。

二、当今我国幼儿园课程改革中存在的有争议的问题

自20世纪八十年代初开始的幼儿园课程改革还远没有结束。这场改革已经取得了很大成就，主要表现在教育理念的转变方面，但开发和发展与这些观念相一致的幼儿园课程，还有大量的工作要做。对幼儿园课程改革中所存在的问题和争议进行分析，有益于课程改革的顺利进行。

当今，我国幼儿园课程改革中所存在的争议主要不是在理念层面上，而是在实践操作层面上，这些争议主要有：如何使课程在真正意义上满足幼儿的兴趣和需要；注重过程的幼儿园课程在课程目标、内容、方法和评价中应如何表述和具体实施；什么是儿童游戏，它与教师的教学之间是什么关系；教师应扮演什么角色，应如何处理儿童生成的课程和教师预定的课程之间的关系；在课程实施过程中家庭和社区如何实质性地参与；等。

（一）关于幼儿园课程的综合问题

对于要不要搞幼儿园综合性课程，如何搞幼儿园综合性课程，存在着不同的看法。一些人认为，在当今幼儿园课程改革中，应该倡导综合性课程，即使将幼儿园课程分为若干领域，也要提倡领域的综合化；另一些人则认为，开发和实施幼儿园综合性课程很困难，因此主张按领域方式开发和实施幼儿园课程。

在20世纪八十年代开始的我国幼儿教育改革中，学前教育理论和实践工作者尝试过综合教育，力求使幼儿园课程实现综合化，从而改变传统分科课程的一些弊端，使幼儿园课程的内容与儿童的经验相贴近。然而，由于在思想深处没有改变重结果的倾向，仍然以目标模式的方式设计课程，在操作层面上仍然强调教师特定的目标，主要关注的是教师在活动的过程中要教给儿童一些什么，儿童应该学会一些什么，并以这些目标的实现与否作为评价的依据，结果使不少综合教育都成了各学科的"大拼盘"，使根据儿童的经验设计课程的理念仅停留在口头上。

课程的综合化可以通过领域的综合、发展的综合、专题的综合、幼儿园环境的综合等方式进行，但是，最为常见的是通过主题的综合方式进行。不管以何种方式综合，综合性课程都可以有不同的结构化程度，这就是说，将课程的各种因素加以综合化，这只是形式，而其本质是，结构化程度高的综合性课程，反映的仍然是以教师为中心，以课程的行为目标为导向，以结果为评价标准的课程特征，而结构化程度低的综合性课程，反映的则是以儿童为中心，以课程的过程、原则为取向，以活动过程为评价依据的课程特征。

幼儿园综合性课程的长处在于能够通过综合化的方式而实施较低结构化的课程，而20世纪80年代后进行的幼儿园课程改革，要解决的主要问题就是能够使幼儿园课程逐渐演变为较低结构化的课程，以更多地注重儿童、注重过程；而以高结构化的方式设计和实施综合性课程，不会很好地解决这样的问题。

具体地说，如果在课程综合过程中，主要考虑不同幼儿在同一时间达成预定的行为目标，是无法真正达成注重儿童差异、注重教育过程的教育目的的，因为每个儿童都是独一无二的个体，在一个群体中，儿童的兴趣和需要不同，他们的发展水平各异，难以有一种课程能使每一个儿童在同一时间达成同一行为目标，同时又能满足其兴趣和需要，使之在原有水平上得到发展。反之，若淡化预定的行为目标，淡化各种所谓的结构，这样每个儿童在同一时间和同一种活动中获得的是不同的学习经验，每个儿童都

能够通过自我调节，在不同的水平上建构不同的知识，那么，课程的综合就会显示出明显的低结构化的特征。

事实上，低结构化的综合性课程不可能达到知识完整性的要求。换言之，在一定程度上，这种课程是以"牺牲"知识的完整性而"换取"知识的建构性的。过多考虑知识逻辑和结构，是无法开发和发展低结构化的课程的。当然，在开发和发展低结构化的课程时，也不能完全不顾各领域之间的异同点，没有各种领域的基础，综合性课程就有可能是快乐而无意义的活动。

运用综合性课程还是领域课程，完全取决于幼儿园的教育价值取向、教育资源、师资条件等各种因素，而并不存在所谓的"正确"与"错误"，或者"对"与"错"。

（二）关于幼儿园游戏问题

对游戏重要性的强调几乎是各种幼儿园课程的共性，只是在强调程度上，它们之间存在着差异。20世纪80年代以后，我国幼儿园课程改革比任何时期都明显地突出了游戏在课程中的地位。于是，在什么是幼儿园中的儿童游戏，幼儿园中要不要教学，儿童游戏与教学之间的关系如何处理等问题上，人们存在着争议。

在幼儿园课程改革过程中，理念上，学前教育工作者明确了游戏对于儿童发展的重要意义，在实践中，他们将儿童游戏当作是幼儿园的"基本"活动，这对于改变幼儿园教育以教师为中心、以教材为中心、以教室为中心的状况是有益的。然而，也有一部分学前教育工作者由于缺少对游戏教育价值的真正理解，在操作层面上泛化甚至异化了游戏，将由教师发起的、有目的、有计划的活动都称作为是游戏，模糊了儿童自己生成的活动与教师预定的活动之间的概念界线，结果使不少幼儿园的"儿童游戏"演变成了"游戏儿童"。这样做，不仅难以获取儿童游戏的教育价值，而且也难以获得整个教学活动应有的教育价值。

在幼儿园课程改革中，为扭转"教师、教材、课堂"三中心倾向，部分教育实践者因矫枉过正，将儿童发展规律与系统教学对立，甚至出现否定教学价值的极端认知，以致于出现教师群体陷入"教"与"不教"的困境，个别园更出现取消结构化教学的误区，客观上加剧了游戏活动的泛化和异化。

近些年来，学术界对幼儿园课程的开发和实施过多地依赖于皮亚杰理论，过多地强调儿童发展和儿童游戏而忽视社会文化和知识的趋向展开批判，随着世界范围内对维果茨基理论的重视，才使幼儿园教学，特别是把握在"最近发展区"内的教学成为了必要性。

在幼儿园活动的性质上，游戏和教学是两种不同的活动，它们对儿童发展和教育具有不同的价值。但是，在幼儿园教育实践中，游戏和教学是以极为复杂的方式结合在一起的，往往难以区分，而且人为地将它们区分开来也是没有意义的。对此，学者们运用了不同的方式表述了这一现象，诸如：幼儿园中存在"儿童可以从中学习的教育性游戏"（Spodek, B. & Saracho, O. N., 1994）；可以将儿童的活动分为"'更多的游戏，或更少的游戏'，而非极端地界定为'游戏，或非游戏'"（Pellegrini, A. D., 1991）；"有不同行动、交互作用方式和交流方式的不同活动似乎是在一个从'游戏'到'非游戏'的一个连续体上来回移动，儿童在其游戏和非游戏的活动状态中经常变化着他们自己活动的目的和目标"（Gravey, C., 1991）；游戏和教学以"分离式、并列式和整合式"3种结合方式存在于幼儿园活动之中（朱家雄等，1998）；在教育目标的控制下，实现"游戏的教育化和教育的游戏化"[1]。

为幼儿园游戏"正名"，其目的是避免将游戏和教学混为一谈，或用一种性质的活动替代另一种性质的活动，从而使幼儿园的活动对儿童更有意义。

（三）关于幼儿园园本课程的问题

对于要不要搞幼儿园园本课程，如何搞幼儿园园本课程，存在着不同的看法。一些人认为，在当今幼儿园课程改革中，应该倡导每个幼儿园开发和发展园本课程；另一些人则认为，每个幼儿园都开发和

---

[1] 华爱华.幼儿游戏理论［M］.上海：上海教育出版社，1998.

发展园本课程是不可能的，也是不必要的。

幼儿园园本课程是一个课程管理方面的概念。

如果以强调教师教学的学业知识和技能为主要价值取向，幼儿园课程必然会注重课程标准的制定，注重教科书的编写，注重教师专业技能的训练，并注重按统一的标准评价幼儿园的教育质量。在课程管理的层面上，国家和地方政府会组织专家制定课程标准并开发课程。当然，国家和地方政府也会考虑给予幼儿园发展适合自身的课程的空间，可以允许幼儿园有一定的自主权，但是，前者毕竟是首要的。

如果以强调儿童的发展和一般能力的获得为主要价值取向，那么幼儿园课程必然会注重幼儿本身的活动，注重幼儿园环境的创设，注重教师对儿童发展和儿童学习规律的把握，并注重运用自然评价为主的方式评价幼儿园的教育质量。在课程管理的层面上，国家和地方政府则会将幼儿园课程决定权或部分决定权给予幼儿园，并在宏观层面上进行指导。当然，国家和地方政府在给予幼儿园相当的发展课程自主权的同时，也会通过种种措施，防止幼儿园课程的放任自流。事实上，在教育实践中，幼儿园所开发和发展的课程并不一定都是这种主要价值取向的，那么，这样的课程会受到来自政府部门的规范和制约。

政府对幼儿园课程的管理由其对课程的价值取向所决定，而影响其价值判断的因素是十分复杂的，包括社会文化、政治、经济等等。在不同的国家，在不同的历史时期，政府对幼儿园课程的管理不尽相同，反映在政府对幼儿园课程规范的一统性和给予幼儿园确定自身课程的自主权等方面也是不相同的。

例如，1981年教育部颁布的《中华人民共和国幼儿园教育纲要（试行草案）》曾对幼儿园的教育内容、要求和手段等作过规定，从国家的层面上规范全国幼儿园的教育在生活卫生习惯、体育、思想品德、语言、常识、计算、音乐、美术等方面所要达成的基准，根据该纲要编写的全国统编教材被全国各地幼儿园使用。又如，2001年教育部颁布的《幼儿园教育指导纲要（试行）》则规定了总的教育目标、教育内容和实施原则，要求地方政府制定指导意见，而以幼儿园为主确定自己的课程。

当课程的价值取向从强调教师教学的学业知识和技能转化为强调儿童的发展和一般能力的获得，那么，课程的管理也就必然从注重课程的标准化和统一性转化为注重幼儿园课程开发和发展的多元化和自主性方面了，由是，人们开始关注所谓的"园本课程"也就成很自然的事了。

有人将由幼儿园自己确定的课程称作为"园本课程"。"园本课程"是一个容易引起歧义的词。权且不去评议这个词的词义本身是否正确和合理，有些词汇被用得多了，自然就"约定俗成"了。问题并不在要不要搞所谓的"园本课程"，因为这是新一轮幼儿园课程改革在课程管理层面上的导向。问题是如何才能搞好所谓的"园本课程"，使幼儿园能真正成为课程开发和发展的主体。

应该看到，幼儿园课程改革并不容易，这也意味着幼儿园自主开发和发展课程并不容易，特别是在我国的社会文化背景下和在我国现在的师资条件下。数十年来，习惯于按国家和地方统一课程标准和统一教材实施课程的幼儿园园长和教师在课程管理转型中往往会感到困惑，感到心有余而力不足。

近些年来，我国幼儿园师资的整体水平有了明显的提高，这一变化为幼儿园课程改革的顺利进行提供了保障。但是，应该看到，幼儿园师资的总体水平还不很高，而且各个地区极不平衡。即使水平较高的教师和园长，往往也还不容易由自己开发和把握好课程。幼儿园课程是幼儿教育中最为繁难、最为复杂的事情之一，它是将幼儿教育理念转化为幼儿园教育实践的桥梁，是关于教育目标、内容、方法和评价的一个系统。对幼儿园课程开发和设计并非可以随心所欲的，也并非可以一蹴而就的。过去，由国家规定的、由专家设计的幼儿园课程虽然有大一统之嫌，难以适合不同幼儿园和不同幼儿的需要，但是毕竟还是集中了当时的各种教育资源，课程开发和设计是符合一般规范和要求的。而今，幼儿园自主确定的，或者是自主开发和发展的课程要在真正意义上变得有价值，还有赖于幼儿园园长和教师专业水平的提高，最起码也应该懂得幼儿园课程的一些基本常识。

幼儿园自主地确定课程，其目的不是为了标新立异，别出心裁和与众不同，而是为了使幼儿园课程更能适合该幼儿园的教育对象，与该幼儿园的实际情况更相符合。幼儿的兴趣和需要是不相同的，他们的发展水平和能力也不一样，幼儿园自主开发和发展的课程有可能使幼儿园教育较好地适合每一个不同的个体，但是这是不容易做到的。将所谓的"园本课程"当作一种"时髦"，去追逐，去哄抬，那只是哗众取宠；以所谓的"园本课程"标榜自己"出类拔萃"，去宣传，去张扬，那是欺骗别人，更是欺骗自己。

幼儿园自主地确定课程，这并不是说每个幼儿园都要设计和编制一整套包括课程目标、内容、方法和评价在内的课程体系，因为这是不经济的，是低效的，有时甚至是无效的。社会各个方面应该而且已经集中了许多人力、物力和财力，为幼儿园教育创造了大量的教育资源，作为一个办学实体的幼儿园，应该充分利用和进一步发掘这些社会资源和幼儿园自身的资源，实实在在地为幼儿所用。幼儿教育的改革和发展过程应该而且已经为幼儿园教师提供了大量的经验和教训，作为一个办学实体的幼儿园，应该反思过去，面向现在，展望未来，充分发挥教师的主观能动作用，让教师脚踏实地地在与幼儿的交互作用过程中研究如何聆听童声，研究如何与幼儿交流，研究如何在适当的时机对幼儿提出质疑和挑战，而不是让幼儿园教师的时间和精力主要花费在编制课程目标、设计课程内容和应付教育评价等方面。

当课程的管理从注重课程的标准化和统一性转化为注重幼儿园课程开发的多元化和自主性方面的时候，应该关注的是这种转化的程度和方式等问题。

任何国家，任何时期的课程改革的经验都已经告诉了我们，改革是一把双刃剑，改革解决了所存在的弊端，也往往产生了改革本身所带来的弊端。改革是社会发展的需要，即使存在风险，也必须"义无反顾"。应该看到，改革有时需要矫枉过正，但是矫枉过正只是改革中出现的无奈，而绝不是改革所追求的目标。课程改革，包括课程管理的改革，其真谛就在于把握好一个度。在课程管理发生转型的过程中，幼儿园应该根据自己的实际情况和条件，决定这种转变的程度，走极端的方式貌似先进，其实是不切实际的。

在课程的管理发生转型的时候，转化的方式也是值得关注的。

转化会有阻力，阻力部分地会来自惯性，即幼儿园园长和教师对按国家和地方统一课程标准和统一教材实施课程的习惯，由是，将国家和地方统一的课程看作是幼儿园课程的一个部分，将幼儿园自己设计和编制的课程看作是幼儿园课程的另一个部分，这样的看法就会产生。转化的阻力部分地还会来自功利目的，即部分幼儿园园长和教师想通过某种方式或手段获取"回报"，他们并没有懂得课程管理发生转型的含义，由是，将经过"包装"，自成"特色"的东西当作为幼儿园"园本课程"以示与众不同，这样的做法就会产生。转化的阻力更多地会来自幼儿园园长和教师的无奈，相当数量的幼儿园园长和教师确实尚未真正达到能够自己开发和发展课程的水平。

从幼儿教育应该面向未来，面向世界，面向现代化的角度思考幼儿园课程改革，课程管理走向多元，走向开放，走向自主，这也许是一种必然。课程管理转化的方式可以是多种的，但是有一点可以断言，转化应该是一种渐变的过程，对于绝大部分幼儿园而言，一步到位的转化不会是一种好的方式。每个幼儿园在课程管理方面都"突变"为自己去开发和发展"园本课程"，这似乎并不现实。使幼儿园课程逐渐实现"园本化"，也许倒是一条可行之路。幼儿园课程"园本化"是从"园本课程"这个词中"衍生"而来的，其含义是：鼓励教师充分利用和挖掘现有的幼儿教育资源（如为教师编写的参考用书、参考资料以及儿童读物等），通过选择和生成两个过程，使之逐渐成为适合本幼儿园的课程。

应该看到，幼儿园课程改革而导致的幼儿园课程管理转型的根本出路，还在于幼儿园师资水平的提高，没有这一条，任何转变的方式都是无济于事的。

可以说，这些年来，对上述一些问题的认识已经有了很大程度的改变。在改革中，我国学前教育工作者付出了很大的代价，应该说，没有这样的付出，他们对幼儿园课程改革的认识和理解不会达到如今的水平，我国幼儿园课程的理论和实践也不会发展到现今的水平。

三、我国幼儿园课程改革的发展趋势

在社会不断进步、教育理念持续更新的背景下，我国幼儿园课程改革呈现出一系列鲜明的发展趋势，旨在更好地促进幼儿全面发展，为其未来成长奠定坚实基础。

(一)课程理念的深化与更新

1. 以儿童发展为本

幼儿园课程不再单纯追求知识传授,而是全方位关注幼儿的身体、认知、情感、社会性等多方面成长,更加聚焦幼儿的个体差异与全面发展。课程设计会依据不同年龄段幼儿的身心特点,精准匹配教学内容与活动形式,设计更多以游戏为主的课程,让幼儿在玩乐中自然地探索世界,培养兴趣与能力。

2. 融合现代教育理论

积极吸纳多元智能理论、建构主义理论等现代教育理念,强调幼儿在主动探索、实践操作中构建知识体系。课程强调为幼儿提供丰富材料,鼓励他们自主探索、观察记录,教师作为引导者适时介入,帮助幼儿梳理经验,加深理解。

(二)课程目标的精准定位与全面拓展

1. 聚焦社会发展需求

随着幼儿园开设托班,课程目标需兼顾托班(2—3岁)与小班及以上年龄段幼儿的差异。如,托班课程强调感官刺激与基础认知启蒙,重生活照料与习惯养成。而对于小班及以上年龄段幼儿,课程目标逐步向语言、健康、科学、社会、艺术等综合能力提升过渡。

2. 满足全面与个性化发展需要

高质量发展要求课程目标着眼于幼儿的全面发展,同时也要尊重个体差异,满足不同幼儿的兴趣与发展速度。如,在艺术领域,既设定全体幼儿对色彩、线条的感知目标,又鼓励有绘画天赋的幼儿进行更具创造性的表达,为每个幼儿提供适宜的发展路径。

📁 政 策 窗

"托幼一体化"是指统整托幼资源,将0—6岁婴幼儿的教育与保育相互衔接,进而实现婴儿与幼儿教育的有效融合。其目的是提高0—6岁婴幼儿教育保育的质量,优化托幼资源,促进婴幼儿全面健康成长。特别需要说明的是,"一体化"并不是"一致化","托幼一体化"既强调将0—6岁婴幼儿教育保育作为一个整体,又关注这两个不同年龄段儿童教育的阶段性与差异性。"托幼一体化"具体包括管理体制一体化、财政投入机制一体化、托幼机构设置一体化、师资队伍一体化和课程体系一体化。其中,构建一体化的课程体系。一是坚持"教保一体化"的课程理念与原则,遵循儿童身心发展规律,以游戏为主要活动,合理安排一日活动,实现教保有机融合;二是加快制定一体又有差异的课程标准,0—6岁婴幼儿发展既具有连续性,同时各年龄段的发展又具有差异性和特殊性,因此一体衔接又有差异的课程才能使教育保育活动更有利于儿童身心发展。

——引自【中国教育报】在新形势下推进"托幼一体化" 作者:王红蕾 和润雨 肖宇飞

(三)课程内容的整合与优化

1. 注重传统文化传承

加大传统文化在幼儿园课程中的比重,通过故事、儿歌、手工、民俗活动等形式,让幼儿接触和了解中华民族优秀传统文化。例如在春节、端午节等传统节日,开展制作花灯、包粽子等活动,培养幼儿对传统文化的认同感与自豪感。

2. 融入STEM教育元素

随着科技发展,STEM(科学、技术、工程、数学)教育理念将深度融入幼儿园课程。设计如搭建积木城堡(工程与数学)、种植植物观察生长(科学)等活动,培养幼儿逻辑思维、问题解决和创新能力。

（四）课程实施的创新与多元

1. 强调游戏化教学

游戏作为幼儿学习的基本方式将得到更充分体现。课程实施中，教师会创设丰富多样的游戏情境，让幼儿在角色扮演、建构游戏、益智游戏中学习知识与技能。如种植植物、参观超市等，让幼儿亲身感受生活，积累直接经验，加深对知识的理解与应用。

2. 利用信息技术辅助教学

借助多媒体、互联网等现代信息技术手段，丰富教学资源与形式。通过动画、视频、互动软件等，将抽象知识直观化，吸引幼儿注意力，增强学习兴趣。例如利用虚拟现实（VR）技术，让幼儿身临其境地感受海底世界、太空等场景，拓展学习体验。

3. 强化家园共育与社区合作

幼儿园课程实施将更注重与家庭、社区紧密结合。通过家长讲座、亲子活动、家长进课堂等形式，让家长深度参与幼儿教育过程；与社区图书馆、科技馆、公园等合作，拓展幼儿学习空间与资源。如组织幼儿到社区花园观察植物，邀请社区老人给幼儿讲传统故事。

（五）课程评价的科学与完善

1. 多元化评价主体

构建教师、幼儿、家长共同参与的评价体系。教师从专业角度评价幼儿学习发展；幼儿通过自我评价与同伴互评，培养自我认知与反思能力；家长基于家庭场景反馈幼儿表现，提供全面评价视角。例如定期开展幼儿自我评价活动，让幼儿分享自己在某一阶段的进步与不足；家长参与幼儿成长档案制作，记录在家中的点滴进步。

2. 过程性与发展性评价并重

不再局限于结果性评价，更加关注幼儿学习过程中的参与度、努力程度、进步幅度等。通过持续观察、记录幼儿在日常活动中的表现，全面了解其发展轨迹，为个性化教育提供依据。如教师运用观察记录表，记录幼儿在科学实验活动中的提问、操作、思考等表现，及时调整教学策略。

思政引航

在第三十九个教师节到来之际，习近平总书记代表党中央，向他们和全国广大教师及教育工作者致以节日的问候和诚挚的祝福。习近平在信中说，长期以来，以你们为代表的全国广大教师认真贯彻党的教育方针，教书育人、培根铸魂，培养了一代又一代德智体美劳全面发展的社会主义建设者和接班人，造就了大批可堪大用、能担重任的栋梁之材，为国家发展、民族振兴作出了重要贡献。教师群体中涌现出一批教育家和优秀教师，他们具有：心有大我、至诚报国的理想信念，言为士则、行为世范的道德情操，启智润心、因材施教的育人智慧，勤学笃行、求是创新的躬耕态度，乐教爱生、甘于奉献的仁爱之心，胸怀天下、以文化人的弘道追求，展现了中国特有的教育家精神。

请思考：结合对"教育家精神"的理解，谈谈我国课程改革家是如何体现教育家精神的。

本章小结

本章主要选取了国内比较经典的幼儿园课程方案，从课程方案的背景、课程目标、内容、方法、原则以及对课程的评价等几大方面进行了介绍，主要介绍了陈鹤琴的"五指活动课程"、张雪门的"行为课程"。最后介绍了当今我国幼儿园课程变革的主要动向。

陈鹤琴五指活动课程以5个连为一体的手指比喻课程内容的五个方面，虽有区分，却是整体的、连通的。陈鹤琴提出以"做人，做中国人，做现代中国人"为课程目标，以大自然、大社会为中心选择和组织课程内容，以"做中教、做中学"为课程实施的方法。

张雪门行为课程认为，幼稚园课程应来源于儿童直接的活动，即从儿童的生活环境中搜集、选择和组织材料。可以构成幼稚园课程内容的儿童直接活动有：① 儿童的自发活动；② 儿童与自然界接触而产生的活动；③ 儿童与人事界接触而产生的活动；④ 人类智慧活动而产生的合乎儿童需要的经验。行为课程系单元教学，以行为为中心，以设计为过程，强调让儿童"在做中学"。

我国当今幼儿园课程变革的发展趋势表现为以下五个方面：① 课程理念的深化与更新；② 课程目标的精准定位与全面拓展；③ 课程内容的整合与优化；④ 课程实施的创新与多元；⑤ 课程评价的科学与完善。

✏️ 思考

1. 陈鹤琴在其"活教育"的思想体系中，其教育目标是"＿＿＿＿＿"，教育的内容是"＿＿＿＿＿"，教学原则是"＿＿＿＿＿"。

2. 张雪门认为幼儿园课程编制的原则有：＿＿＿＿＿、＿＿＿＿＿和＿＿＿＿＿。

3. 张雪门行为课程中认为可以构成课程内容的儿童直接活动有：＿＿＿＿＿、＿＿＿＿＿、＿＿＿＿＿和＿＿＿＿＿。

4. 简述我国当前幼儿园课程变革的趋势。

提示

♻️ 项目实训

2020年1月，世界经济论坛发布题为《未来的学校：为第四次工业革命定义新的教育模式》，在世界范围内遴选出16个"面向未来的教育4.0模式"，其中"安吉游戏"位居第一。请你查阅该报告，并谈谈安吉游戏的独特课程价值。

项目支持 除查阅该报告，还可进一步查阅安吉游戏的相关文献。

第九章
西方当代早期教育课程及其发展趋势

学习目标

1. 了解西方著名的幼儿园课程方案，掌握各个课程方案的主要特点。
2. 了解未来对早期儿童教育课程的挑战，理解西方国家早期儿童教育课程的发展趋向。

思政目标：开拓专业学习的国际视野，对国外经典课程方案批判性吸收。

知识框架

西方当代早期教育课程及其发展趋势
- 西方著名的早期教育课程方案
  1. Bank Street 早期儿童教育方案
  2. 蒙台梭利课程
  3. High/Scope 课程
  4. Project Approach（方案教学）课程
  5. 瑞吉欧教育体系
- 西方早期儿童教育课程的发展趋向
  1. 未来对早期儿童教育课程的挑战
  2. 西方国家早期儿童教育课程的发展趋向

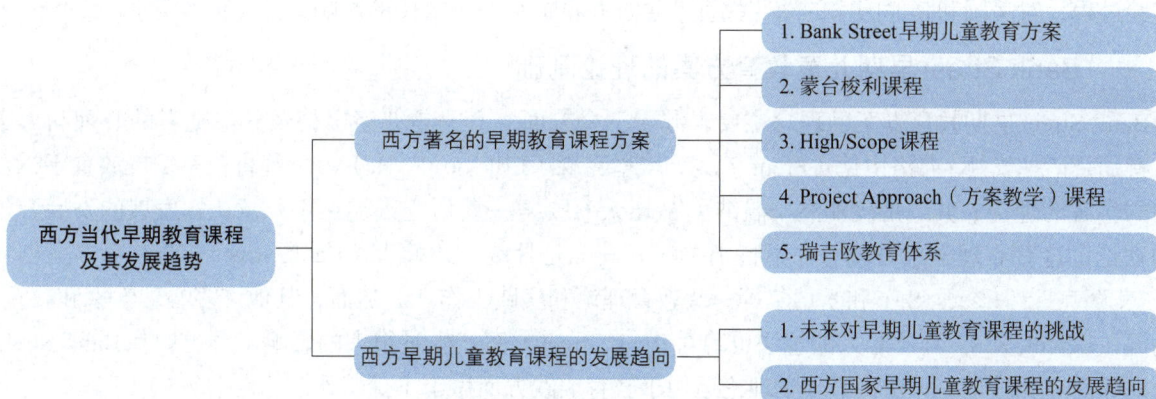

随着人们不断的研究探索，到目前为止，国内外已经出现过多种早期教育课程方案或模式，本章主要选取西方经典的早期教育课程方案进行介绍，通过分析这些课程模式和教育方案产生的背景，以及它们从理论依据到实践运作的系统，从中总结经验，抽提精髓，不仅有助于我们更加深入地理解课程的一些理论性问题，也有助于我们在实践中得到启发和提示。

情境导入

有位三十年教龄的老教师称自己是幼教的"追风者"，追过蒙台梭利的风，追过 High/Scope 课程的风，还追过瑞吉欧的风。她感慨道："不管是什么风，背后的道理终究就是要我们尊重孩子。我们还是得有自己的主见，要有自己的风采。"

你知道西方著名的早期教育课程有哪些吗？其背后的理论是什么？我们应当抱什么样的态度去学习西方早期教育课程经验？

第一节 西方著名的早期教育课程方案

在早期教育课程理论和实践的发展过程中，国外曾出现过许多种课程模式和有特点的教育方案，为表述理论到实践的演绎，或实践到理论的归纳提供了样板。尽管不可能存在一种适宜的课程模式或教育方案能适合所有社会文化背景中的所有儿童，但是这些课程模式和教育方案都明确地表述了课程和方案的编制者如何从特定的历史条件和社会背景出发，处理课程理论和实践的关系的基本思路，以及如何完成从课程理论到教育实践的转化过程。

一、Bank Street早期儿童教育方案

Bank Street早期儿童教育方案，又被称为"班克街"或"银行街"早期儿童教育方案或发展-互动模式。该方案的产生可以追溯到1916年。当时，米切尔（Mitchell, L. S.）在纽约创办了一所名为"教育实验局"的教育研究机构。1919年，米切尔和约翰森（Johnson, H.）合作，在教育实验局下面创建一所保育学校，这所保育学校就是现在Bank Street儿童学校的前身。米切尔深受杜威进步主义教育思想的影响，坚信教育的力量能影响和改造社会，儿童在学校的学习应以一种有意义的方式与其生活相联系。1928年，拜巴（Biber, B.）也加入了Bank Street早期儿童教育方案的研究。以后，该教育机构将其兴趣更多地放置于学前儿童教育，并为Bank Street早期儿童教育方案参与美国"开端计划""随后计划"等国家教育项目做了许多有价值的工作。Bank Street方案已远不止局限于一个教育机构，它通过了一个由理论到实践的长期实验过程，对美国和其他国家的幼儿教育产生过并将继续产生重要的影响。

（一）Bank Street早期儿童教育方案的理论基础

Bank Street早期教育方案的理念主要来源于三个方面：其一是弗洛伊德及其追随者的心理动力学理论，特别是诸如安娜·弗洛伊德（Freud, A.）、埃里克森（Erikson, E. H.）等一些将儿童发展放置于社会背景中的学者的理论；其二是皮亚杰、温纳（Werner, H.）等一些研究兴趣在于儿童认知发展的发展心理学家的理论，这些心理学家对教育并不特别关注；其三是杜威、约翰森（Bank Street早期教育方案创建主任）、艾萨克斯（Isaacs, S.）和米切尔等一些教育理论和实践工作者。然而，其他许多心理学家和教育家，如勒温（Lewin, K.）、拜巴等人的想法也曾对Bank Street方案产生过很大的影响。拜巴曾在Bank Street做过长期的研究和教学，并在将心理学理论运用于教育实践方面做了不少工作。

Bank Street早期儿童教育方案与其他教育方案最大的区别在于它本身的特点，即"发展-互动"（Developmental-interaction）。"发展"是指儿童生长的样式以及对儿童和成人成长特征的理解和反应的方式。"互动"包括两个方面：首先强调儿童与环境的互动，包括其他儿童、成人和物质环境的交互作用；其次指的是认知发展和情感发展的交互作用，即认知和情感的发展并不是分离的，而是相互关联的。这些概念可以运用于各种年龄的儿童和成人的教育，然而在实际运用时必须充分顾及教育对象的年龄、能力和文化背景。也许最重要的是要理解儿童不是小大人，他们与外部世界的作用方式，他们的思维和表达方式是与成人全然不同的。

Bank Street早期教育方案将儿童发展归为6条原理：（1）发展是由简单到复杂、由单一到多元或综合的变化过程；（2）早期获得的经验不会消失，而会被整合到以后的系统中去；（3）教育者的任务是要在帮助儿童巩固新知和提供有益于发展的挑战之间取得平衡；（4）在成长的过程中，儿童逐渐地以越来越多的方式主动地探索世界；（5）儿童的自我感觉是建立在与他人和与物体交互作用所获取的经验的基础之上的，而知识是在交互作用过程中反复地感知和自我检察而形成的；（6）冲突对于发展来说是不可缺少的，冲突解决的方式取决于儿童生活和社会文化要求的诸多有意义的因素的相互作用的性质。

Bank Street早期儿童教育方案的设计者们认为，儿童的发展包括身体的、智力的、社会的、情感的和审美的各个方面，"整个儿童"的概念能够表明这个教育方案的最主要方面。近年来，Bank Street早期儿童教育方案已将其关注点集中在两个更具广泛意义的概念上，它们是进步主义和心理健康。Bank Street早期儿童教育方案的设计者们认为，学校应是促进儿童心理健康的机构，它应为儿童提供创造性的和让儿童感到满意的工作的机会；它应给儿童以有意义的刺激，而不是死记硬背的、片断的学习；它应培养儿童的个性，增强儿童的社会民主意识。

（二）Bank Street早期儿童教育方案的目标、内容、方法和评价

1. 目标

Bank Street方案的基本理念是儿童认知发展和个性发展是与其社会化的过程不可分离的：第一个教育目标首先是培养儿童有效地作用于环境的能力，包括各方面的能力以及运用这些能力的动机；第二个教育目标是促进儿童自主性和个性的发展，包括自我认同、自主行动、自行抉择、承担责任和接受帮助的能力；第三个教育目标是培养儿童的社会性，包括关心他人、成为集体的一员、友爱同伴等；第四个教育目标是鼓励儿童的创造性。这些目标都很宽泛，应根据儿童发展的阶段和文化背景的适合性而加以思考和具体化。

拜巴等人将以上宽泛的教育目标细化为8条具体的目标，运用于对3—5岁的儿童实施的教育方案：① 通过与环境的直接接触和操作，让儿童去满足自身的需要；② 通过认知策略，促进儿童获得经验的能力；③ 增进儿童有关其周围环境的知识；④ 支持能提供各种经验的游戏；⑤ 帮助儿童内化对冲动的自我控制；⑥ 满足儿童应付在其发展过程中所产生的冲突；⑦ 帮助儿童发展有个性和能力的自我形象；⑧ 帮助儿童在互动过程中建立起相互支持的行为模式。[1]

2. 内容

Bank Street早期教育方案没有将课程看作是一系列活动的"菜单"，而是将课程看成帮助儿童获得加深对世界的认识和理解经验的机会。换言之，课程是这些经验的总和，它是通过富有想象的计划和决策的过程而创造的。在Bank Street早期儿童教育方案中，课程是综合性的。

由于Bank Street早期教育方案强调儿童社会性的发展，"社会学习"就成了该方案的核心。社会学习是有关人与人之间以及人与环境之间的关系的学习，它涉及人们生存的环境及其所处的位置，也涉及过去、现在与未来。因此，Bank Street早期教育方案的基础就是学校不断给予儿童探究民主生活的机会。例如，该课程方案引导儿童理解家庭，从简单的家、邻居的概念，扩展到对国家、世界的理解，注意到学什么和怎样学是内在联系的，儿童所学的有关世界的知识与知识如何获得和使用的是不可分割的，而这种教育的基本点就是从经验中学。经验、联系、关系、探究、社区和问题解决等是发展–互动模式的关键词。

Bank Street早期儿童教育方案常以"社会学习"的问题为综合性课程的主题，教师为儿童获取学习社会和掌握重要技能的经验提供机会。以社会学习为核心展开的课程，共分为6大类：① 人类与环境的互动；② 人类为生存而产生的从家庭到国家的各级社会单位及其与人的关系；③ 人类世代相传；④ 通过宗教、科学和艺术等，了解生命的意义；⑤ 个体和群体的行为；⑥ 变化的世界。学习的主题可以从对家庭的研究到对河流的研究，其主要取决于儿童的年龄和兴趣，也取决于儿童的生活经验和社会要求儿童掌握的知识、技能。例如，3岁的儿童，课程强调的是儿童对自身和家庭的学习；而对于5岁的儿童，课程则强调对社区服务和工作的学习。在任何一个学习的过程中，课程关注的是儿童在美术、音乐、数学、科学、语言、运动、搭建积木等活动中已有的经验，课程以综合的方式整合这些经验，以帮助儿童对自己的世界加深理解。Bank Street方案的设计者们相信，对于儿童而言，最有意义的经验是那些相互联系的，而不是相互割裂的经验；是那些能引导儿童进一步学习，并有益于获取新知的经验。Bank Street方案的设计者们也相信，对于儿童而言，认识世界的最有效的方法是允许他们以自己的方式作用于这些经验。

---

[1] Biber B., Shapir E. & Wickens D.. Promoting Cognitive Growth: A Developmental-Interaction Point of View ［M］. Washington, D. C.: National Association for the Education of Young Children, 1971: 10—11.

这就是说，儿童首先需要获取经验，然后，他们会通过再创造的过程，从已获得的经验中去理解这些经验的真正意义，这个再创造的过程包括讨论、想象和建构等。

以社会学习为核心展开的课程整合了这些经验：① 围绕社会学习主题的音乐、阅读、书写、数学、戏剧和美术等不同的课程经验；② 身体、社会、情绪情感和认知等儿童发展的各个方面；③ 第一手经验以及再创造这些经验的机会；④ 儿童在家庭和在托幼机构的经验。[1]

3. 方法

Bank Street 早期教育方案的课程设计和实施中常运用的工具是主题网和课程轮（Curriculum Wheel）。课程轮的中央是主题，轮辐间的空间可由教师设计各个活动区或活动种类的内容，允许教师根据需要加以更改、增加或删除。课程的实施常分为以下 7 个步骤：① 选择主题；② 确定目标；③ 教师学习与主题有关的内容，并收集资料；④ 开展活动；⑤ 家庭参与；⑥ 高潮活动；⑦ 观察和评价。

4. 评价

评价是 Bank Street 发展-互动模式的有机组成部分，它为教师了解儿童如何学习和成长提供了手段，也为教师提供了课程计划和决策的原则。与追随高水准学业成就的评价不同，Bank Street 长期主张更宽泛的评价方法，这种评价是立足于理解儿童如何了解属于自己的世界，并为儿童提供一系列的机会让他们表达自己的理解。基本技能和学科知识固然是基础，但是在与环境互动时，儿童的态度和个性特征同样重要，如儿童的独立精神和合作活动的能力、发动活动的能力，以及成为有社会责任感的社区公民，等等。

运用 Bank Street 发展-互动模式的教师必须遵从和完成教育主管部门颁布的教育测试和评估。此外，评价需要严格地和系统地依据对儿童活动行为的观察和记录，包括教师对儿童表现的观察（如阅读、数学、操作材料、与他人的互动，等等），儿童活动的文件袋（如艺术、书写、计算、建构，等等），教师为年龄较大的儿童设计的技能检测表所反映的儿童学习质量（如阅读和书写、航海日志、实验报告、编列目录、单元学习的总结，等等）。分析和总结这些资料，能使教师理解每个儿童的特点和需要，能为教师与家长沟通以及确认下一步计划打下基础。

（三）教师的作用

在 Bank Street 早期教育方案中，与教育、教学原则有关的社会情感方面的目标与认知方面的目标存在着很大的区别。因此，在说明教师在教育、教学中所扮演的角色时，将两者分别加以阐述。

1. 在儿童社会情感发展方面教师扮演的角色

Bank Street 早期教育方案深受心理动力理论的影响，特别是埃里克森和苏利文（Sullivan, H. S.）等人的影响。在儿童社会情感发展方面，教师的作用主要体现在以下两个方面：

① 教师和学校是儿童的家庭世界与儿童的同伴世界及其更大的外部世界之间的协调者，这就是说，教师能给予儿童安全感，使儿童能克服焦虑和解决离开父母而面临的心理冲突，从而较好地适应社会。

② 教师和学校的作用是培养儿童自我的发展和心理健康，这就是说，教师不仅应具备称职的母亲和心理治疗师应有的许多特点，还应具有被儿童全心信任的权威性。

此外，拜巴等人认为教师的作用还反映在其应成为刺激儿童与周围世界发生拓展性的交互作用的角色等方面。

2. 在儿童认知发展方面教师扮演的角色

在儿童认知发展方面，教师的作用主要体现在以下 4 个方面：

① 评价儿童的思维，使之将想法变为行动，或将其想法进行概括和转换；引导儿童达到掌握概念的新水平，或在控制下拓展内容的范围。

② 对儿童的评议、疑惑和行动给予口头的回应、澄清、重述和纠正。

③ 培养儿童直觉的和联结性的思维。

---

[1] Mitchell A. & David J.. Explorations with Young Children—A Curriculum Guide from the Bank Street College of Education [M]. Vancouver: Gryphon House Inc., 1992: 146.

④ 提出能促进儿童归纳性思维的问题。

（四）与家庭的共同工作

在 Bank Street 早期教育方案中，方案的设计者从儿童的立场定义家庭，家庭指的是"成人和儿童的各种组合体"，是"与儿童接近的，并受到儿童信赖的人们，他们是儿童世界的基础。家庭可以是父母中的一个人、两个母亲或两个父亲、继父母、神父、养父母、叔叔和婶婶、兄弟姊妹、堂（表）兄弟姊妹、或是曾做过家庭日托的邻居"[1]。

与家庭的共同工作旨在"能使早期教育机构的教师与儿童生活历程中对儿童有意义的其他成人之间建立起双向的关系。通过这种关系，教师能够在儿童于教室内和家庭中的时间之间创造联系"[2]。

与家庭的共同工作，包括教师深入家庭和家长参与教育机构工作等，可以有许多种不同的形式。Bank Street 家庭中心（The Bank Street Family Center）就是其中之一。

Bank Street 家庭中心邀请和鼓励家庭成员在一日中的任何时间内访问和参与该中心的活动，家庭中心创造欢迎的、家庭式的环境和气氛，保证儿童和成人感到舒适。该中心十分重视在家庭与教师之间建立起伙伴关系，并将它看成是让每个儿童获得安全感，支持其成长和发展的基础，在儿童和家长进入该中心的最初几个星期，让儿童只是自由地探索和游戏，为的是让儿童感到安全、受到尊重和得到照顾，为的是在家庭与教师之间建立起相互信任的伙伴关系。交流、支持和合作是保持这种伙伴关系的关键，家长每天都能收到描述自己孩子日常生活和活动的记录，每个月都能看到介绍中心运行情况的通讯。家长参加家长会、参加家长学校，支持由家长和教师组成的讨论家庭和中心教育问题的组织的工作。该中心还为家庭提供各种咨询和特殊教育的服务。

（五）对 Bank Street 教育方案的评价

Bank Street 早期教育方案强调让儿童进行有意义的学习，使他们感受到自己的能力；强调帮助儿童理解对他们成长而言最为重要的事物，而不是与学业成绩有关的东西。这一方案以儿童为中心，关注儿童兴趣和需要的满足，鼓励儿童主动的活动。

有些学者从不同立场对 Bank Street 早期教育方案提出了批评。例如，建构主义者德弗里斯从两个方面批评了 Bank Street 早期教育方案。德弗里斯认为，Bank Street 早期教育方案提出了将社会情感发展和认知发展整合一体的"整个儿童"的教育理论，但是，在如何选择理论，并将这些理论综合成内在统一的整体时，经常是相互矛盾的。"发展–互动理论似乎更多地像是一些从各种理论而来的、没有经过统合的观点的集合体，而不像一种完整的理论。"[3]德弗里斯还批评 Bank Street 早期教育方案在理论与实践之间存在着沟壑，例如，对许多教育实践的理论解释，要么是缺乏的，要么是不正确的。

虽然 Bank Street 早期教育方案可追溯到进步主义教育运动，但是该方案主要依据的是儿童发展理论，从儿童发展的一般规律去思考和开发课程，而较少顾及儿童生活所处的文化背景。这种教育方案所指向的教育改革为的是让儿童在早期实现社会化，以克服来自家庭和社会经验的不良因素，这样做，儿童不得不放弃自己的语言和文化，去获得所谓主流文化的东西。有人批评这种思维方式是试图建立一种白人中产阶级的能力标准，以此衡量和评价来自不同文化、不同经济水平背景的儿童。近年来，Bank Street 教育学院的一些学者通过对 Bank Street 早期教育方案的发展–互动理论和实践的回顾和展望，对该方案作了评价："运用元心理学的策略，我们回顾了发展–互动理论的主要原则，指出了近年来对该方案进行陈述中受到质疑的一些关键方面的问题。我们提出了应该通过使关注个体的发展与背景的发展达到平衡的方式来加强发展–互动理论的心理学基础，这一点在以前的陈述中虽有涉及，却没有强调。对发展的有差异性的理解和因不同文化而产生的不同反响将为教育实践提供较为坚实的基础。我们对发展–互动理论基本概

---

[1][2]　Mitchell A. & David J.. Explorations with Young Children—A Curriculum Guide from the Bank Stree College of Education ［M］. Vancouver: Gryphon House Inc., 1992: 257.

[3]　DeVries R., Kohlberg L.. Programs of Early Education ［M］. London: Longman, 1987: 366.

念的检讨能为振兴这一早期教育方案指出新的道路。"[1]

二、蒙台梭利课程

蒙台梭利是意大利幼儿教育家，被誉为在世界幼儿教育史上，自福禄贝尔以来影响最大的一个人。蒙台梭利早年从事医学工作，研究智力缺陷儿童的心理教育问题，1907年，在罗马的贫民区开设了第一所"儿童之家"，将对智力缺陷儿童的教育方法运用于正常儿童。之后，蒙台梭利在国内外相继开设了训练班，培养了许多蒙台梭利学校的教师。在1914年至1935年期间，蒙台梭利教学法盛行于欧洲，后因法西斯政权的禁止，蒙台梭利教学法在欧洲的推行受到阻碍，二战以后，蒙台梭利再次受到欧洲各国的欢迎。20世纪六十年代，由于亨特和布鲁纳等人在他们的著作中指出早期的环境能在很大程度上影响儿童的智力发展，蒙台梭利教学法在教育改革的呼声中曾风靡美国。迄今为止，蒙台梭利在幼儿教育中仍然有着广泛的影响，蒙台梭利课程在全世界许多国家仍然可以见到。

（一）蒙台梭利课程模式的理论基础

蒙台梭利的教育思想是与她的儿童发展观紧密地联系在一起的。蒙台梭利认为，"存在一种神秘的力量，它给新生儿孤弱的躯体一种活力，使他能够生长，教他说话，进而使他完善，那我们可以把儿童心理和生理的发展说成是一种'实体化'"[2]。一方面，蒙台梭利十分重视遗传素质和内在的生命力，她认为，正是这种内在的生命力，促使儿童不断地发展；另一方面，蒙台梭利也相信环境对儿童的发展能起到举足轻重的作用。

蒙台梭利坚信，遗传是第一位的，对儿童而言，生命力的表现就是自发冲动，因此蒙台梭利将对儿童的自发冲动进行压制还是引导，看成是区分教育优劣的分水岭。在蒙台梭利看来，生命力的冲动是通过儿童的自发活动表现出来的，通过活动儿童的生命力和个性得到了表现和满足，通过活动儿童的生命力和个性得到了进一步的发展。

蒙台梭利认为，生命力不仅通过自发活动呈现和发展，还表现出不同感官的敏感期。例如，儿童对颜色、声音、触摸等感觉的敏感期在两岁至四岁，而行为规范的敏感期则在两岁至六岁。这样，环境和教育就成了十分重要的事了，因为如果忽视了敏感期的训练，就会产生难以弥补的损失。蒙台梭利进一步认为，每个个体儿童有不同的发展节律，教育必须与敏感期相符合，应以不同的教育去适应不同的节律，即要实施个别化教学，让儿童根据自己的需要进行活动，因此儿童的自由成了教育的关键。

总之，"自发冲动、活动和个体自由"，这些都是蒙台梭利教育体系的基本因素。

在蒙台梭利教育体系中，感官教育占有特别重要的地位，这是因为，从心理学角度讲，感官教育符合该时期的心理发展状况；从教育学的角度讲，从感官教育能引发出算术、语言、书写、实际生活能力等。

在蒙台梭利教育体系中，自由、作业和秩序是蒙台梭利为儿童营造的三根主要支柱。蒙台梭利认为，自由不仅能使儿童的需要得到满足，而且还能使作业符合儿童的兴趣，使之专心于作业，从而达成良好的秩序。自由、作业和秩序是通过作业而协调统一起来的，而以自由和作业为基础建立起来的秩序，明显不同于以常规压制和命令训练而产生的服从。

（二）蒙台梭利课程模式的教育目标、内容和方法

蒙台梭利课程模式以培养儿童身心均衡发展的人格为目标，通过作业的方式，让儿童把内在的生命力表现出来，在作业过程中培养儿童的注意力，在自由和主动的活动中让儿童自我纠正，使儿童在为其设置的环境中成为具有特质的人。

在蒙台梭利课程模式中，教育内容由4个方面组成，它们是日常生活练习、感官训练、肌肉训练和初步

---

[1] Shapiro E. K. & Nager N.. The Developmental-Interaction Approach to Education: Retrospect and Prospect［J］. Bank Street College of Education, 1999: 29.

[2] 蒙台梭利. 童年的秘密［M］. 马荣根，译. 北京：人民教育出版社，1990：30.

知识的学习，教师通过创设环境、提供蒙台梭利教具、对儿童进行观察和引导等方法，对儿童实施教育。

日常生活练习旨在培养儿童的独立自主能力和精神，学习实际生活的技能，并促进儿童注意力、理解力、协调力、意志力的发展以及良好的生活习惯的养成。与儿童自身有关的日常生活练习主要是儿童的自我服务，包括穿脱衣服、刷牙、洗脸、洗手、梳头、洗手帕等；与环境有关的日常生活练习主要是做家务工作，包括扫地、拖地板、擦桌椅、摆餐桌、端盘子、开关门窗、整理房间等。

感官训练是蒙台梭利教学法的主要特点，旨在通过视、听、触、味、嗅等感官的训练，增进儿童的经验，让儿童在考察、辨别、比较和判断的过程中提高自己的能力。蒙台梭利设计了16套教具，用于对儿童的感官训练。每一套教具都是按简单到复杂的顺序设计的。例如，在色彩盒（Color box，有时也译为色板）系列中，儿童在操作第一个色彩盒时，只需把三种颜色的多个色板与相应的基本色红、黄、蓝相匹配。而到操作最后一个色彩盒时，儿童则需要将九种颜色的色板按最暗到最明亮的顺序排列成七个色度，如图9-1-1所示。

图9-1-1 蒙氏教具——色彩盒

在蒙台梭利的感官训练中，触觉训练最为主要，因为蒙台梭利相信幼儿常以触觉替代视觉或听觉。触觉训练有辨别物体光滑程度的训练、辨别物体冷热程度的训练、辨别物体轻重程度的训练，以及辨别物体大小、长短、厚薄和形体的训练等，触觉训练的教具有立体几何体、触觉板、温度筒、重量板、布盒等，如图9-1-2所示。视觉训练包括识别物体量度、形状和颜色的训练，视觉训练的教具有各种几何图形板、立体几何体、颜色板、圆柱体组、粉红塔（图9-1-3）、长棒等。听觉训练包括辨别音高、音响和音色的训练，听觉训练的教具有音筒（图9-1-4）、音感铃等。味觉训练包括识别不同味道的训练，味觉训练的教具有味觉瓶（图9-1-5）。嗅觉训练包括提高嗅觉灵敏度的训练，嗅觉训练的教具有嗅觉筒（图9-1-6）。

蒙台梭利将肌肉训练看作是有助于儿童的发育和健康、有助于儿童动作的灵活和协调，也有助于儿童意志的锻炼和合作精神的培养的活动。蒙台梭利设计了专门的器具，如攀登架、绳梯、跳板、摇椅等，用作对儿童的肌肉训练。蒙台梭利还设计了有音乐伴奏的走步、跑步和跳跃练习以及徒手操，用以锻炼儿童的肌肉力量，发展儿童的节奏感。此外，蒙台梭利还通过儿童的自由游戏，让儿童在玩球、铁环、棍棒、手推车等过程中得到肌肉的锻炼。

初步知识的学习包括蒙台梭利认为的幼儿可以学会的阅读、书写和算术。在算术教学方面，除了运用感觉教育的教具外，蒙台梭利还设计了一套算术教学的教具，一起用于对儿童实施的算术教学。算术

图9-1-2 蒙氏教具——触觉板

图9-1-3 蒙氏教具——粉红塔

图9-1-4 蒙氏教具——音筒

图9-1-5 蒙氏教具——味觉瓶

图9-1-6 蒙氏教具——嗅觉筒

教学教具的运用是与教学目的匹配的。例如，为了让儿童理解0—10的数字和数量，可运用的教具有数棒（图9-1-7）、砂数字板、纺锤棒和纺锤箱等；为了让儿童认识十进位的基本结构，可运用的教具有金色串珠（图9-1-8）、数字卡片等。在阅读和书写的教学方面，书写的练习常常先于阅读的练习，通过触觉的训练，儿童可以自然地练习书写；蒙台梭利还设计了字母教具，让儿童通过练习，使视觉、听觉、触觉和发音结合起来，以学习辨别语音和拼音、阅读单词和理解短句。

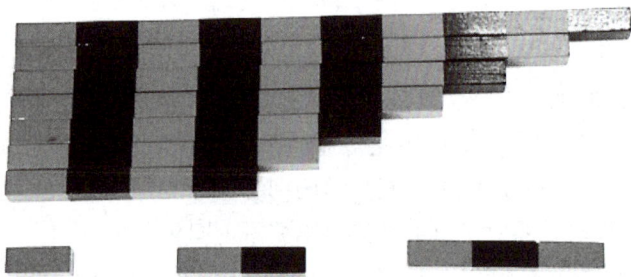

图9-1-7 蒙氏教具——数棒

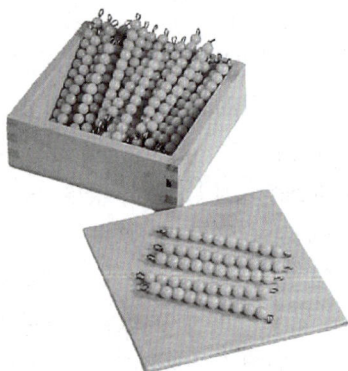

图9-1-8 蒙氏教具——金色串珠

（三）蒙台梭利课程中教师的作用

在蒙台梭利学校中，教师扮演的角色首先是观察者。蒙台梭利把教师称作"指导员"，她说应用她的方法，教师教得少而观察得多；教师的作用在于引导儿童的心理活动和他们的身体发展。蒙台梭利相信，教师要成为真正的教育工作者，就应该学习和研究一本书，这本书就是对儿童的从最初不协调的活动到自发、协调的活动的观察。蒙台梭利认为，教师的观察应着眼于儿童的成熟程度，通过对每个儿童不同刺激引起注意的时间长短的观察做出判断。当然，观察不是最终目的，观察为的是对儿童进行引导，在必要时及时给予指导或适当的刺激，为的是给儿童提供活动的环境和作业的教具，让儿童通过自己的作业，达成自我的发展。

在蒙台梭利学校中，教师的作用还体现在为儿童提供榜样。由于在活动中教师很少对儿童直接传授知识，教师的榜样就显得格外重要。教师的榜样作用需要教师的自我完善，其中最有价值的就是对儿童的爱，对儿童的期望，以及由此而产生的对儿童教育事业的献身精神。

（四）对蒙台梭利课程模式的评价

在世界教育史上，蒙台梭利是真正以优秀教师而闻名的罕见的教育家之一。蒙台梭利课程模式的长处可以粗略地归纳为对儿童的爱、信任和尊重，细致而耐心的观察，机智、及时的指导。蒙台梭利课程模式迄今为止仍在世界范围内有相当影响，说明该课程模式有其吸引人之处；例如，蒙台梭利课程模式强调了个别化的学习，特别是蒙台梭利设计的教具使个别化教学的实施成为行之有效的手段；又如，蒙台梭利课程模式强调儿童主动学习和自我纠正，能使儿童身心的内在潜能得到充分的发展。皮亚杰在评价蒙台梭利时曾经说过："蒙台梭利对于智力缺陷儿童心理机制细致的观察变成了一般方法的出发点，而这种方法在全世界的影响是无法估计的。"[1]

应该看到，蒙台梭利主要还是一个偏重于实践的教育家，从严格意义上讲，对蒙台梭利而言，还谈不上完整的教育思想，因此"蒙台梭利教学法"的提法似乎更为妥当。

蒙台梭利的教育体系决定了蒙台梭利教学法带有相当程度的机械的和形式化的色彩，该课程模式中教师的作用是比较被动的和消极的，这不利于发挥教师的主导作用。此外，还有人批评该课程模式偏重智力训练而忽视情感陶冶和社会化过程。

三、High/Scope课程

High/Scope课程，又译为海因斯科普课程，发始于1962年，当时它是美国密歇根州High/Scope普佩里学校学前教育科研项目的一部分。由韦卡特（Weikart, D. P.）等人带动的这种早期儿童教育课程，是美国"开端计划"中第一批帮助处境不利的学龄前儿童摆脱贫苦的学前教育方案，也是一个令人感兴趣的实验设计方案——儿童被随机抽取和分配，并允许研究者通过对参与该方案的儿童今后生活状况的考察来追踪该方案的作用。因此，这一研究能显示High/Scope课程对儿童的短期和长期的益处，诸如更佳的入学准备、学业失败的减少、更低的留级率、更高的就业率以及更低的福利救济率等。High/Scope课程在以后的发展过程中将美术、音乐、运动和计算机运用等纳入课程，并在全世界范围内被得以推广和运用。

在20世纪七十年代后期，美国联邦政府允许High/Scope基金会发展它的课程以适应来自西班牙语家庭的儿童，High/Scope课程也在世界其他国家申请课程教授权。至1998年，High/Scope课程中心在英国、墨西哥、新加坡等国被特许开业，训练中心在加拿大、芬兰、挪威、南非，以及中国台湾等国家和地区也得到了发展，它的基本教材及评估工具被译成阿拉伯语、汉语、荷兰语、法语、韩国语、西班牙语、土耳其语等。课程和研究都通过由官方组成的High/Scope课程国际委员会进行协调，各项工作为的都是在操作过程中形成基本能平等适用的课程模式，以适应各国、各地的文化、语言及成人。全美国和世界许多国家，数以千计的早期儿童教育机构采用了High/Scope课程。在当今，很难找到一种课程模式被学前教育机构广泛采用，但是High/Scope课程是一个例外。

（一）High/Scope课程的理论基础

High/Scope课程的设计者们认为该课程的理论基础是皮亚杰的儿童发展理论。

High/Scope课程的发展经历了三个阶段。

在第一个阶段，课程设计者将其关注点放在对儿童进小学做好准备的知识和技能方面，教师有明确的教学目标，这些目标都出自对课程内容的相当传统的看法。课程设计者在前数学、前科学和前阅读等方面制订了有序的计划，鼓励儿童按程序进行学习。

在第二个阶段，High/Scope课程设计者接受了儿童处于不同发展阶段的观点，尝试把那些代表该发展阶段水平的技能教给儿童。1963年，美国《当代心理学》杂志刊登了评论亨特著作《智慧和经验》的文章，亨特的这本书曾激起了教育在帮助儿童真正潜能获得发展中的作用的争论，文章的作者认为，亨特对当时在美国还鲜为人知的皮亚杰的研究作了出色的介绍，他们开始运用皮亚杰理论组织课程的进程，从原先强调对儿童前学业技能的训练，转变为强调根据每一个儿童的发展水平去促进其发展。但是，在这一阶段课程设计者运用的是教儿童皮亚杰式的任务的方法，通过提问那些已知答案的问题进行教学，儿童还没有获得真正意义上的主动。

[1] 皮亚杰.教育科学与儿童心理学［M］.傅统先，译.北京：文化教育出版社，1981：149.

在第三个发展阶段,皮亚杰的儿童作为知识建构者的思想在课程中得到了体现,那就是说,强调教师通过直接和表征的经验,以适合儿童发展水平的方式帮助儿童增强认知能力,而不是通过教皮亚杰式的技能去加速儿童的发展。从那时起,课程设计者将儿童看成是主动学习者,认定儿童能在其自己计划、进行和反应的活动中获得较好的学习。

(二)High/Scope 课程的目标、内容和方法

在 High/Scope 课程发展的第二个阶段,课程设计者强调的是运算要素,他们将皮亚杰的研究结果看作是课程目标的直接来源,他们制定的总目标是教"皮亚杰式技能"(Piagetian skills)。课程目标是依据日内瓦研究课题——分类、排序、时间关系和空间关系而制定的。每个方面的具体目标都是按照从简单到复杂、从具体到抽象以及从动作水平到言语水平的顺序提出的。

第三个发展阶段以后的 High/Scope 课程,其总目标依然是认知性的,但是,与上一阶段相比较,课程目标发生了3个方面的变化。① 那些被称为"认知发展的关键经验"的东西基本保留,但增加了"主动学习"这一部分,课程设计者强调他们的意图是将结构化的目标隐含在儿童活动的背景之中,这一改变是向建构主义方向的明显转变。② 具体的目标领域也发生了一些变化,如数概念的目标已从排序中分离出来,具体包括一一对应、点数5以上的物体以及数量比较;空间关系增加了装拆物体、重新安排和改变物体的空间位置、从不同的空间角度观察季节的变化、认识钟表和日历;语言目标也扩充了对别人讲述自己有意义的经验、用言语表达自己的情感等交往方面的技能。③ 考虑了儿童社会情感方面的目标。

High/Scope 课程的设计者们认定,主动学习是儿童发展过程的核心,他们根据这一信念和皮亚杰论述的有关前运算阶段儿童最为重要的认知特征,确定了49条关键经验,以此作为制定课程和进行评价的指标。这些关键经验包括创造性表征、语言和文字、主动的社会关系、运动、音乐、分类、排序、数字、空间和时间等几个方面,每个方面由一些具体的关键经验组成,以此作为有效促进课程中计划制订和评价的指标。49条关键经验如下所示。

主动学习的关键经验

- 运用所有的感官主动地探索。
- 通过直接经验发现事物之间的关系。
- 操作、转换和组合各种材料。
- 选择材料、活动和目的。
- 掌握使用工具和设备的技能。
- 进行大肌肉活动。
- 自己的事自己做。

语言运用的关键经验

- 与别人交流自己有意义的经验。
- 描述物体、事件和事件之间的关系。
- 用语言表达情感。
- 由教师把幼儿自己的口头语言记录下来,并读给他听。
- 从语言中获得乐趣:念儿歌、编故事、听朗诵和故事。

创造性表征的关键经验

- 通过听、摸、尝和闻去认识事物。
- 模仿动作。
- 将模型、图片和照片与真实场景和事物联系起来。

- 玩装扮游戏和角色游戏。
- 用泥土、积木和其他材料造型。
- 用不同的笔绘画。

发展逻辑推理的关键经验

分类
- 探究和描述事物的特征。
- 注意并描述事物的异同，进行分类和匹配。
- 用不同的方式使用和描述物体。
- 描述事物所不具有的特征或不归属的类别。
- 同时注意到事物一个以上的特征。
- 区别"部分"和"整体"。

排序
- 比较：哪个更大（更小）、更重（更轻）、更粗糙（更平滑）、更响（更轻）、更硬（更软）、更长（更短）、更高（更矮）、更宽（更窄）、更锋利（更钝）、更暗（更亮），等等。
- 根据某种特征排列物体，并描述它们之间的关系（最长的、最短的，等等）。
- 理解物体排列的模式（如ABAB模式、AABB模式等）并能复制、扩展和创造模式。

数概念
- 比较数和量：多/少，等量；更多/更少，数量一样多。
- 用一一对应的方式比较两个数群的数量。
- 点数物体和唱数。

理解时间和空间的关键经验

空间关系
- 装拆物体。
- 重新安排一组或一个物体在空间的位置（折叠、弯曲、铺开、堆积、结扎），并观察由此产生的空间位置的变化。
- 从不同的空间角度观察事物和场景。
- 体验和描述物体的相对空间位置。
- 体验和描述物体和人的运动方向。
- 体验和描述事物之间和地点之间的相对距离。
- 体验和表征自己的身体：有什么样的结构和各部分的功能是什么。
- 学习确定教室、幼儿园以及周围环境中各种物体的位置。
- 理解绘画和图片中所表征的空间关系。
- 识别和描述各种形状。

时间
- 制订计划和完成计划。
- 描述和表征过去的事件。
- 用语言推测即将要发生的事件，并为此做好适当的准备。
- 按信号开始或停止一个动作。
- 识别、描述不同的运动速度。
- 在讲述过去和将来的事件时，学习使用惯例的时间单位。
- 比较时间的间隔（短、长、新、旧、年轻、年老、一会儿、长时间，等等）。

- 注意观察把钟表和日历当作时间消逝的标记。
- 观察季节的变化。

事实上，这些关键经验并非课程的目标，它们可以通过适合儿童不同发展水平的多种活动得以获取，这些活动可以由教师组织，也可以由儿童自发开展。所包含关键经验的活动不是相互排斥的，任何一个单独的活动都可以包含几种关键经验。事实上，关键经验不是作为教学的日程，或是特定活动的"菜单"，而是教师了解儿童活动中的知识内容和智力活动过程的提示物，它给教师实施课程提供一种方式，把教师从对工作手册和工作程序表的服从中解脱出来。总之，关键经验可被教师用作安排和解释课程的一种组织化的工具，是教师指导儿童活动以及评价儿童发展的框架。

High/Scope课程的实施是由"计划—做—回忆"三个环节以及其他一些活动组成的。"计划—做—回忆"这三个环节是课程实施的最重要部分，通过这些环节，儿童有机会充分表达自己所参与活动的打算，也能使教师密切地参与到整个的活动过程之中。

在"计划时间"，教师给予儿童表达自己想法和打算的机会，通过让儿童做他们自己决定做的事，使儿童体验独立工作的感受以及与成人和同伴一起工作的快乐。在计划制订出来以前，教师与儿童反复讨论计划，帮助儿童在其头脑中形成自己的想法，以及如何实施其计划的概念。对教师而言，与儿童一起决定计划，也为他们鼓励儿童的想法，提出更好的建议，并了解和估计儿童的发展水平和思维方式等提供了机会。

"做时间"是占日常活动时间最多的环节，在这段时间中，儿童开展他们计划的项目和活动，对材料进行探究，学习新的技能，尝试自己的想法，教师则是鼓励、指导和支持儿童的活动，设置问题情景，并参与儿童的讨论。

"回忆时间"是三个环节中的最后一个环节，通常在整理和收拾时间之后。在回忆时间中，儿童与教师一起，回忆和表述工作时间的活动。回忆可以通过讲述活动的过程，重温儿童在活动中所遇到的问题，通过绘画表现活动中所做过的事情等方式进行。

除了"计划—做—回忆"这三个环节，High/Scope课程中还有其他的活动。例如，在小组活动时间里，儿童运用教师选择和提供的材料进行活动，在此活动中，教师根据特定的关键经验观察和评价儿童；户外活动时间，除了活动身体以外，还可以让儿童在户外尝试工作时间的想法；集体活动时间，给儿童提供参与大组活动、交流和表达思想、尝试和模仿他人想法的机会，如唱歌、律动、演奏乐器、讨论问题等。

（三）High/Scope课程中教师的作用

在High/Scope课程中，教师的作用主要是儿童解决问题活动的积极鼓励者。课程的设计者们根据皮亚杰理论中已被广为接受的原理，认定经验是由儿童自己在主动的活动中获得的，主动学习是儿童发展过程的核心，因此他们将儿童主动活动作为编制课程的中心。在这一前提下，教师作为儿童主动活动的鼓励者是合乎逻辑的。

具体说来，教师可以通过以下方法鼓励儿童主动地去解决问题：

① 提供丰富的材料和活动，使儿童能对材料和活动进行选择。

② 明确要求儿童运用某种方式决定计划和制定目标，并在完成目标的过程中找到和评判不同解决问题的办法。

③ 通过提问、建议和环境设计，为儿童创造与其思维发展、语言发展和社会性发展有关的关键经验的活动情景。

由于High/Scope课程并没有结构化的教学内容，因此对教师的要求很高。教师必须在教师组织的活动与儿童自发的活动之间求得平衡，这就是说，既要使活动符合每个儿童的兴趣，又要能有力地支持儿童获得课程关注的各种关键经验。

（四）对High/Scope课程评价

与其他一些课程模式不同的是，High/Scope课程不要求购置和使用特殊的材料，作为典型的教育方案，它唯一的花费在于为儿童设置学习环境。在发展水平较低、缺少资源的国家，材料可以来源于自然、家庭废弃物及其他一些"开发性"材料。对教师来说，虽然课程的实施最初很难，但一经掌握，教师则会很自如和轻松。High/Scope课程依据发展理论和早期儿童教育实践，多年来，在众多的学前教育方案中，它是一种一直能高质量地服务于儿童的有系统、有组织的教育方案。High/Scope课程被人认为是"适宜儿童发展的教育实践"的一个例证，对早期儿童教育作出了理想的陈述，并通过六十多年的深入研究，已经取得了明显的成效。也许更重要的是，这一课程能使教育者自身得到很好的教育和训练。

对High/Scope课程有效性的评价，最初起始1962年。在沛利幼儿学校中，曾以123名出生在美国的来自贫苦家庭的3至4岁的儿童为对象，进行了长期的追踪研究，旨在说明High/Scope课程是否会对儿童未来生活产生积极的影响作用。这些儿童被随机地分在实验组和对照组，实验组的儿童在两年的时间里在实施High/Scope课程的学校里学习。在对课程是否具有有效性进行检验时，研究者发现，在学龄前期，两组儿童智商出现了差异，实验组的儿童比对照组的儿童平均高11分，但是到了小学三年级，两者已无差异。在学业成绩测验方面，实验组的儿童比对照组儿童始终具有优势，而且这种优势随着时间的推移而更趋明显。当这些儿童年龄达到27岁时，对95%的人进行了调查，发现早期通过High/Scope课程学习的儿童在社会责任性、经济状态、受教育状况等方面明显优于对照组的儿童。对High/Scope课程的经济投资进行效益测算，发现对High/Scope课程项目的投资所产生的效益高于对其他社会性项目的投资。

另一个长期追踪研究对High/Scope课程与其他课程在对人的未来生活产生的影响方面作了比较，研究结果表明，High/Scope课程有其明显的长处。

四、Project Approach（方案教学）课程

Project Approach，即方案教学，不是一种教育儿童的新方法，它是进步主义教育运动的一个重要组成部分。

凯兹（Katz, L. G.）认为，"方案"一词有多种含义，但是一旦被用于"方案教学"，"方案"一词的含义就被特定化了，"一个方案是一个值得作更多学习的主题的深入探究。探究通常在一个班级中以小组的方式进行，有时以整个班级的形式进行，偶尔也以个体的方式进行。方案的最重要特征是着重地将活动的努力放置于寻找问题的答案，而这些问题是由儿童、教师或师生共同对主题的探究而提出的"[1]。

（一）方案教学的历史渊源和教育理念

在杜威进步主义教育思想影响下，克伯屈于1918年发表了《方案教学法》（我国多译为"设计教学法"）一文，倡导这种教学模式。克伯屈在他的文章中写道，"方案"一词并非他的发明，也不是由他首先引入教育领域的，他不清楚这个词已经存在多少年了。但是，由于他对方案教学的倡导，使当时许多学校都争相采用这种教学法。从20世纪二十年代起，伦敦大学学者艾萨克斯（Isaacs, S.）已主张运用方案教学实施教学，六七十年代在英国幼儿学校中曾被广泛运用，英国著名的普劳顿报告提及的英国幼儿学校教学的核心部分就是方案教学。20世纪七十年代，美国的开放教育也是以方案教学为其主要特征的。对方案教学所具有的价值的兴趣，由凯兹等人在20世纪八十年代后期重新唤起。20多年以来，引起全世界学前教育界广泛关注的意大利瑞吉欧教育体系，其主要的特征之一也是方案教学。

美国著名的早期儿童教育家凯兹倡导方案教学。她与查德（Chard, S. C.）于1989年合写了一本题为《探索孩子心灵世界》（*Engaging Children's Minds: The Project Approach*）的书，曾产生了很大的影响。在这本书中，凯兹和查德认为："方案教学不只是教学法、学习法，也包括了教什么，学什么。就教的角度而言，方案教学特别点出教师要以符合人性的方式，鼓励孩子去与环境中的人、事、物发生有意义的互动；从学的观点来看，方案教学强调孩子要主动参与他们的研究方案。"[2]她们认为，方案教学能丰富儿童

[1]　Katz L. G.. The Project Approach［J］. ERIC Digest. Champaign, IL: ERIC Clearinghouse on Elementary and Early Childhood Education, 1994.

[2]　凯兹，查德.探索孩子心灵世界［M］.陶英琪，等译.台北：心理出版社，1998：6.

的心灵世界，让儿童通过自身的经验认识外部世界，鼓励儿童提出问题，解决问题，并积极地与环境发生交互作用。方案教学还有平衡课程、产生教室社区化、教育机构生活化的效果。此外，方案教学还能对教师的心智提出挑战，从而提高教学效果。

凯兹和查德曾在儿童的学习动机、活动的选择权、专家的归属和学习成就等方面对结构性教学与方案教学进行过比较，详见表9-1-1。

表9-1-1　结构性教学与方案教学进行比较

	结构性教学 学习技能　外诱动机	方案教学 应用技能　内发动机
动　机	为教师、奖赏而工作	儿童的兴趣与投入，提升努力与动机
选择权	教师根据教学进度，选择活动、提供教材	儿童由教师所提供的诸多活动中，选择适合自己的挑战
专家归属	教师是专家，关注儿童能力不足之处	儿童是专家，教师强调儿童已经会的
学习成果	教师负责儿童的学习与成就	师生共同为学习与成就负责

（二）方案教学的组织和实施过程

方案教学的组织和实施过程没有固定的程式，一切应根据时间、地点和条件而灵活地确定活动的操作步骤。一般而言，方案教学可以包括以下3个阶段：

1. 方案的起始阶段

（1）方案教学主题的选择

主题可以来自许多方面。教师可以根据幼儿园计划，安排设计适合班级的主题，可以参考课程指导手册而选择相关的主题，也可以通过观察儿童的兴趣和需要而确定主题，教师还可以通过与儿童一起协商和讨论而产生主题。不管如何，方案活动主题的选择应遵循以下的一些原则：

- 选择的主题应与儿童的生活相贴近，并能被用于他的日常生活。
- 应能引起儿童的兴趣，并能运用已学的技能。
- 应能为儿童未来的生活做准备。
- 应有益于平衡幼儿园的课程。
- 应能充分运用幼儿园和社区的资源。

方案教学的主题可以选择的范围十分广泛，凯兹和查德在其《探索孩子心灵世界》书中介绍了一种基本的分类方法：

- 儿童的日常生活：家、食物、游戏等。
- 当地社区：医院、商店、交通工具等。
- 当地大事：重要节庆、市节、名人等。
- 地理：道路、河流、山丘、住家附近。
- 时令：钟点、日历、季节、历史事件。
- 自然：水、风、植物、动物、恐龙。
- 抽象概念：颜色、形式、对称等。
- 普通常识：太空旅游、车船等。
- 其他。

（2）方案教学主题网络的编制

主题网络是由许多与主题相关的下位主题编织而成的，教师可以使用他人设计的主题网络，也可以凭借自己的教学经验编制主题网络。

凯兹和查德在她们的《探索孩子心灵世界》一书中以"医院"这一主题为例，介绍了"头脑风暴"，为缺乏经验的教师编制主题网络提供了具有可操作性的方法：首先，准备一些小纸条，将与"医院"这一主题有关的东西，如救护车、担架、医生、病房、光、护士、候诊室、挂号病人、病床、绷带、针筒等，分别写在小纸条上；然后，将同类的纸条放在一起，成为一组；再取不同色的纸条做成每一组的标题，如果同一标题下的内容太多，可再细分为数个标题；最后，在大的纸张的中央写上主题，在主题周围画上辐射状散出的短线，使之与每一组的标题相连接，再与这些标题下的内容相连接。

"拉近技术"（Zooming in）是一种用来放大主题网内某一内容的一种技巧，借此，主题网络内的某一内容可成为一个新的主题网。以"医院"的主题网为例，救护车可以被"拉近"成为另一新的主题网，即可以从中分化出发动机、轮子、指示灯、喇叭、紧急救护设备等。

在确定各相关主题的特征时，可按从特殊到一般的原则依次排列，例如：① 帽子—衣裳—衣物；② 乌龟—爬行动物—野生动物；③ 我的房间—我的房子—我的城市；等等。对幼儿而言，尽可能避免从脱离现实生活的、太抽象的主题中衍生出细节。

在讨论某种概念的时候，可将概念具体化。例如：直接讨论"食物"不易理解，赋予"食物"一个特定的情境，如改为买食物、准备食物等，那么就容易理解了；又如：将"商店"改为逛街、街边的商店或开店，也会使儿童容易理解。

2. 方案活动的展开阶段

在方案教学主题网络编制完毕以后，即可开展方案活动了。方案活动开始时的讨论，应给儿童深刻的印象，激发儿童的好奇和兴趣，引发儿童开放式的讨论；提供儿童相当比例的与主题有关的非结构化活动对于帮助教师了解儿童的发展水平及其已有的经验也是十分有益的，这些非结构化活动包括戏剧扮演活动、绘画等。

在方案活动进行的过程中，教师和儿童双方始终处于积极互动状态之中，多种类型的活动保证了这种互动。凯兹等人按活动目的将方案活动分为三类，即建构活动、调查活动和戏剧扮演活动，它们融合语言、数学、科学、音乐、美术等方面的学习。

家长的参与和社区资源的充分利用，在方案教学中占有重要的地位。家长和社区各类人员能为儿童提供大量的物品和信息，这些对于主题活动的展开和深入都有好处。

方案活动不拘形式，各种活动也没有规定的次序。一个方案可在较短的时间内完成，也可持续数月，在活动过程中，还可通过班级聚会、参观活动、展示成果、报告研讨等各种形式，使方案活动更具活力，对儿童产生更大的吸引力。

3. 方案活动的总结阶段

在方案活动行将结束的时候，回顾儿童在方案活动进行过程中运用过的技巧、策略以及儿童的探索过程，这对教师和儿童而言都是有用的。教师可运用多种方式对活动进行评估，以维持和强化幼儿理解的活动，并使儿童更自信地将自己的能力运用于新的方案活动中去。

赫尔姆和凯兹在《培养小小探索家：幼儿教育中的项目课程教学》一书中，用图表形式将方案活动3个阶段的各个主要步骤以及它们之间的相互关系作了表述（见图9-1-9）。

案例 9-1

方案活动：鞋子[1]

下面描述的是一个主题为"鞋子"的方案活动。这个主题源于儿童对鞋子的讨论，其中一些儿童在新学年买了新鞋，那些鞋子有许多有趣的特征：有的会发光，有的有声音，有的有着不同式样和颜色的

---

[1] 莉莲·G.凯兹，西尔维亚·C.查德.方案教学：一篇综述［A］.收录于贾珀尔等.学前教育课程［M］.黄瑾，等译.上海：华东师范大学出版社，2005.

第1阶段：方案起始　　　　第2阶段：方案展开　　　　第3阶段：方案总结

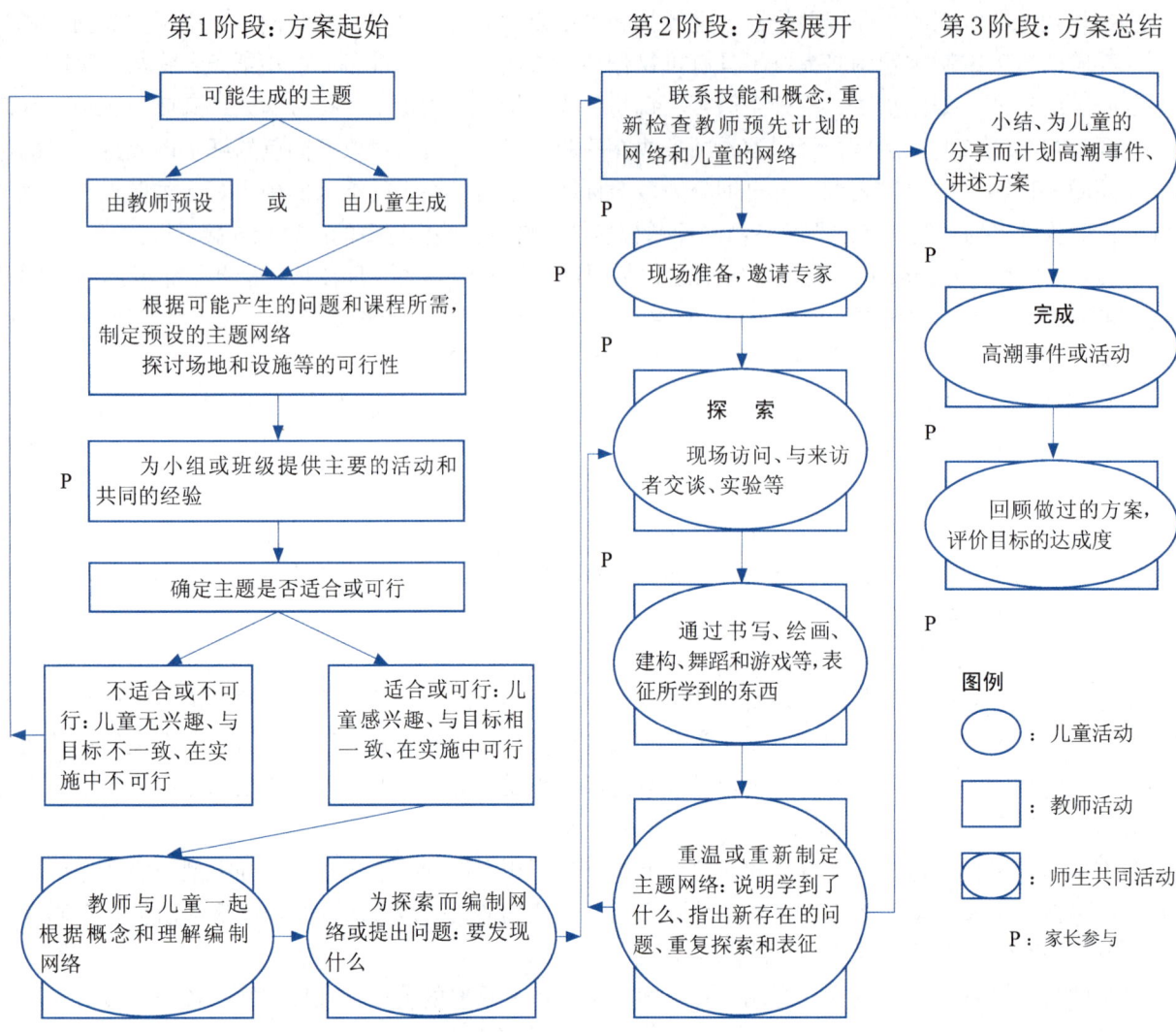

图9-1-9　方案活动的3个阶段[1]

花边，于是就引发了该主题。通过研究鞋子儿童的兴趣会走向何方，对此教师和她的助手设想了许多。他们在一起提出了很多主意，然后做成了一个主题网络。

以下是方案活动的进行过程（共包括3个阶段）。

阶段1：起始阶段

儿童在教室里谈论他们的鞋子和他们买鞋子的经历。儿童开始对鞋子产生疑问，提出了一些问题。教师开始将他们的问题汇编成一个目录，并在方案活动的最初一个星期里不断对该目录进行补充。儿童则画画，画下他们的鞋子，画下他们买鞋子的经历。教师就鼓励儿童去向他们的父母、朋友和邻居要来各种鞋子，因为班级要收集鞋子以供研究之用，儿童或许也得为这个收集出一份力。教师则从她十六岁的女儿的壁橱里拿来了一些鞋子，并把它们放到了表演区角里。

他们在表演区角里设立了一个简易的鞋店，并在那里试穿不同的鞋子。告诉家长这个研究的主题，邀请他们与孩子一起讨论鞋子。也可以邀请他们把他们所知道的有关鞋子的任何特定知识告诉给班级里的儿童。在第一个星期结束时，教师安排了班级里的一个儿童把他的小弟弟带过来，向全班儿童展示小弟弟的第一双布鞋。

阶段2：方案活动发展阶段

教师和儿童一起讨论他们应该做些什么以解答他们所提出的关于鞋子的问题。那些问题有：鞋子是用什么做成的？他们值多少钱？你怎么知道你穿几号的鞋？

---

[1] Helm J. H. & Katz L.. Young Investigators: The Project Approach in the Early Years [M]. New York: Teachers College Press, 2002.

当儿童开始讨论钱时，他们讨论商店店员是如何处理人们买鞋时所付的钱的。一些儿童认为店员把钱送给穷人，其他儿童认为他们把钱带回家使用，有的则认为老板保管了所有的钱。儿童针对问题所预测的各种答案增强了儿童的好奇心，也促使儿童渴望能更详细地了解在鞋店里发生的事情。教师安排儿童去一家鞋店，这个店就在他们所在的城市里。儿童花了一个星期来为这个旅行做准备。他们确定要调查这家商店的哪些部分，谁负责把商店的这些部分画下来，谁负责向老板和店员问问题和问哪些问题。他们计划通过这个实地远足获得更多的必要信息，从而在他们返回之后把教室里的鞋店弄得更加精美。

围绕特定兴趣，儿童分成五组。他们的兴趣如下：

（1）现金出纳机，一天卖出多少鞋，每天一共收集到多少钱。

（2）鞋子怎样展示在商店橱窗里，在商店里面如何把鞋展示给顾客看。

（3）贮藏室，如何分类整理放鞋的盒子（如男/女/儿童，尺码，正规型/运动型，等等）。

（4）鞋店店员的职责，所做的事情。

（5）那里有的不同种类的鞋。

（6）所储藏的鞋的尺寸、颜色和数目。

（7）这些鞋从哪里来，在哪里提货，提货的频率。

（8）研究儿童带到教室来的鞋子，研究它们的材料，它们的特殊功用，及风格、式样、生产厂家的名称。

教师和她的助手轮回和每组儿童进行谈论，谈谈他们想问的问题以及他们想从这些问题中发掘什么。儿童在商店里将会收集到一些信息，这些教师就帮助儿童形成一些记下这些信息的方式。

教师事先与这家鞋店的员工沟通，使他们为这次参观做好准备，告诉他们她对这次实地体验的期望。她简要地讲了儿童希望他们回答的问题，描述了儿童计划要作的画，告诉他们儿童期望在他们工作时对他们进行观察并描述了这些观察，同时描述了儿童想仔细察看的物品。

当这重要的一天到来时，鞋店里的三个员工与每组儿童在一起待了20分钟。儿童返回学校时，也有了很多要思考的东西。教师和她的助手引导儿童以大组和小组的形式进行讨论，询问儿童这次参观的情况。

每一组向整个班级介绍他们获得的信息。然后，他们打算在教室里设立一个鞋店。小组和个体儿童找出他们要了解些什么，从而明确他们想补充些什么到鞋店里。在接下来的3个星期里，教师与各组儿童讨论他们的进展情况，儿童互相倾听各自的观点，互相提出建议。

孩子们制作了到达鞋店的汽车。他们做了一个在笼子里的鸟，就像他们在那家店里看到的一只鸟一样。他们做了一台电视设备，与他们在鞋店里看到的那台类似。他们为他们鞋店里的鞋做了价目表。他们在鞋盒上做记号，以便让他们自己能够知道哪些盒子里装哪些鞋。教师提供了一个小小的现金出纳机，一些儿童为此制作了一些钱。他们绘制了鞋子的轮廓图，是为了让他们商店的顾客能够知道他们自己的鞋码。他们制作了一本书，告诉新店员怎么卖鞋。他们做了一张木凳，让儿童坐在那里等候招待。有时，以上的东西还出现了数个版本，这是因为个别儿童想为鞋店贡献自己的特殊力量。例如，他们还做了许多鞋子价目表。一个被邀请过来的土耳其工人还帮助两个同样来自土耳其的孩子在这个方案活动的背景下使用他们自己的语言，他们用土耳其语制作了鞋子价目表，贴出用土耳其语写的广告牌和指示牌。儿童在调查和制作他们想放在鞋店里的东西期间，邀请了一些参观者来到教室里。这所学校的另一位教师是跳舞的，她向儿童展示了跳踢踏舞的鞋和跳爵士舞时用的特殊鞋子。有一位幼儿的父亲是警员。他帮助儿童理解在寻找罪犯时犯罪现场的鞋印是很重要的证据。过来的另一位家长展示了她在自行车比赛时用的特殊鞋子。其中一个幼儿的祖父在工作时修过鞋，他能告诉孩子鞋子是怎么做成的以及它们是用什么做的。在这位知识丰富的老人帮助下，儿童能够察看鞋的各个部分以及皮革、线、鞋钉、胶水这些做鞋时要用的东西。哥哥姐姐则向他们展示了其他不同种类的运动鞋：溜冰鞋、轮滑滑冰鞋、马丁博士鞋、滑雪靴、捕鱼时用的防水靴、系鞋带的高尔夫球鞋、来自尼德兰的木鞋、芭蕾舞鞋、来自德克萨斯的牛仔鞋、足球鞋。

在实地远足中，儿童观看到了把一双鞋卖给一位顾客的过程。他们密切注意卖/买，从卖者的角度和买者的角度来注意整个过程的步骤。他们在自己鞋店里开展买卖鞋的角色游戏时,能把这些步骤运用进去。儿童很自豪地把几双鞋拿给可能会买鞋的顾客看,测量他们脚的尺寸,就他们想要的鞋的种类、颜色、他们的心理价位和他们攀谈。然后,他们决定买卖是否成交,在买卖结束后把没有卖出的鞋放回盒子里,放回储存架上。

制作美钞的那些儿童设立了一个银行,这样别人就能用他们做的钱在鞋店里买鞋。他们在钱上标了一行数字,帮助愿意用这些钱的儿童数出他们想花的钱。他们还把价格补在了鞋盒上。

阶段3:总结方案活动

几星期以后,孩子们开始对新游戏感兴趣。他们想探索汽车旅行,这种想法在鞋的方案活动中就已经有了,当一些顾客借助当地的交通系统来到镇上买鞋时,儿童就产生了这种想法。老师安排家长来学校参观孩子们的鞋店,看看孩子们在建造鞋店和玩鞋店游戏的过程中学到了什么。家长还有机会在鞋店里买鞋,接受孩子们的服务。

家长可以观看孩子们的绘画作品。家长可以阅读方案活动的相关记录,也可以阅读标注在表征作品和照片上的文字标签和标题,这些标签和标题是教师和儿童写上去的,而那些照片则是为记录下儿童学习的亮点和学习的各个方面而在整个方案活动中抓拍的。在方案活动中,孩子们运用的技能有数数,测量,使用专业词汇,认识颜色、形状和大小,以及访谈和其他技能。他们获得的知识则涉及设计、生产、销售鞋子的过程,而在用于制造不同鞋子和鞋子不同部分的各种材料方面,他们也获得了许多相关的信息。他们懂得了商店的工作,领会到有不同人员都在致力于使人们能够穿上鞋子之类的基本物品,而各种人员的数量则是相互依赖的。最终一起分享儿童活动成果的家长们,毫不怀疑在过去八周的方案活动中儿童进行了有价值的深入学习。

(三)方案教学中教师的作用

对于方案教学中教师的作用,在表9-1-1中大致可以看到。具体地说,在方案教学中,教师的作用体现在创设环境和条件,激发儿童的兴趣,提升儿童行为的动机,使儿童能积极投入到活动中去;体现在关注儿童已有的经验,尊重儿童自己的选择,以此作为组织和实施教育活动的出发点,在与儿童互动的过程中不失时机地介入儿童的活动,并对儿童提出挑战;体现在与儿童一起学会共同生活,相互交流,认同和欣赏他人的工作;等等。

思政引航

在2022年教育部印发的《幼儿园保育教育质量评估指南》中明确指出:"坚持以促进幼儿身心健康发展为导向,聚焦幼儿园保育教育过程质量,对教育过程进行评估。包括活动组织、师幼互动和家园共育3项关键指标,旨在促进幼儿园坚持以游戏为基本活动,理解尊重幼儿并支持其有意义地学习,强化家园协同育人,不断提高保育教育质量。"

请思考:结合你对《幼儿园保育教育质量评估指南》和方案教学中教师作用的理解,谈谈在幼儿园教师如何做到"理解尊重幼儿并支持其有意义地学习"。

(四)对方案教学的评价

学前教育既要顺应儿童的自然发展,又要有效地将儿童的发展纳入符合社会需要的轨道,这是一个两难问题,也是东西方幼教工作者共同追求的目标。方案教育较好地解决了这一两难问题,使教育应有的两种功能,即为社会服务的工具性功能和为人自身充分发展创造条件的功能得以较为完美地结合。

凯兹等人基于对当代研究儿童复杂的认知过程的了解,重申了方案教学对幼儿教育的潜在价值,她们认为,"对幼儿进行正式教学,可能会有合乎常模的终结效果,但却牺牲教育上长期的、动态的目标"[1]。由此，她们建议，儿童年龄越小，课程应越不正式，越具有统整性，而方案教学正是这样一种课程。

然而，方案教学的运行过程具有较大的弹性，没有统一的操作模式，需要教师在与儿童互动的过程中运用智慧去把握教育、教学过程，因此对于没有经过专业训练的教师，甚或专业水平欠佳的教师，都难以在真正意义上去运用，并取得良好的效果。

五、瑞吉欧教育体系

瑞吉欧艾米里亚（Reggio Emilia，又译雷焦艾米利亚）是意大利北部的一个小镇，在过去的30多年里，建立了一个公共的儿童保教体系，形成了一套特殊的、创新的教育哲学和教育理念、学校的管理方法以及环境设计的想法，成了一个有机的整体，称之为瑞吉欧艾米里亚教育体系，它被视为欧洲教育改革的典范，并对当今世界各国的学前教育产生了重要影响。

加德纳（Gardner, H.）在《一百种儿童的语言》前言中是这样介绍瑞吉欧教育体系的："它是一系列的幼儿学校，在这些学校中，每个孩子的智力、情感、社会性和道德潜力都得到精心的培育和引导。学校的主要教育手段和工具吸引着孩子们在一些诱人的长期方案中流连忘返，这些方案都是在优美、健康和充满爱意的环境中进行的。杜威书写进步主义教育写了几十年，但是他的学校仅仅延续了4年。与此形成鲜明对照的是，马拉古兹的主要成就是瑞吉欧社区，而不仅仅是其哲学或方法。世界上还没有其他任何地方在学校进步主义哲学与其实践之间有如此紧密而又融洽的关系。"[2]加德纳认为，瑞吉欧教育体系的创始人马拉古兹（Malaguzzi, L.）的名字"值得与他的同行名人福禄培尔、蒙台梭利、杜威和皮亚杰相提并论"[3]。

瑞吉欧教育体系的创造者们并不同意将他们的体系称作为一种课程模式，他们认为，一旦被模式化了，那么就会与该体系的"动态性"和"生成性"的品质不相符合，而他们希望他们的教育实践能在实验和接受反馈中不断得到改善和更新。

（一）瑞吉欧教育体系的理论基础和文化背景

瑞吉欧教育体系的理念来自3个方面，它们是战后意大利的左派政治改革、欧洲和美国的进步主义思潮、皮亚杰和维果茨基的心理学理论。

1. 意大利特有的文化和政治

从一个大的背景中去看待瑞吉欧这个城市以及在这个城市中酝酿起来的教育系统，有益于了解瑞吉欧教育的独特性。

坐落于亚平宁半岛的小城市瑞吉欧是艺术和建筑珍品的故乡，除了富有以外，瑞吉欧还有悠久的政治解放、民族独立的传统，当地政府机构和官员享有很高的声誉，市民们尊重他们的文化传统和大众组织，不同社会阶层常通过政治活动或经济合作解决问题，居民有强烈的民主参与和公共社区观念。在这样的社会背景下，马拉古兹提出："儿童有强大的不可估量的力量；儿童应受到绝对的尊重；教师在教儿童之前必须先了解儿童。"也就在这样的社会背景下，马拉古兹的这一思想才有可能真正得以实现。30多年来，瑞吉欧市民强烈的参与意识使人们就早期教育服务质量不断地开展对话，也使瑞吉欧成为得到当地市政大力投资的项目。

意大利是世界上人口出生率最低的国家之一，虽然每个家庭的人口越来越少，但是家庭与家庭之间却保持着日益亲密的关系。在大部分意大利社区中，儿童在这种大家庭式的环境中体验和理解合作与分享，这一价值观也体现在瑞吉欧的教育系统中。在瑞吉欧陈列的照片中，很少见到个人的照片，这种现象显示了儿童合作的人际关系，而这种合作关系也体现在教育者之间、教育者与儿童之间以及家长和社区公民的积极参与之中。这些构成了瑞吉欧成功的基础。

---

[1]　凯兹，查德．探索孩子心灵世界［M］．陶英琪，等译．台北：心理出版社，1998：80.

[2][3]　Edwards C., Gandini L. & Forman G.. *The Hundred Languages of Children*［M］. Ablex Publishing Corporation, 1998: Ⅹ, Ⅵ.

人类学家长久以来认为物理环境是影响人的生活方式的重要因素。意大利人善于将现代的技术和古代建筑的设计有机地结合起来，意大利人高品位的生活方式中包含着这一文化的价值和传统。去过瑞吉欧学校的人都会被那里优雅的物理环境所吸引，这是意大利特有的，是瑞吉欧特有的。

许多著名的学者在评论瑞吉欧的学前教育时都认为，这样一种理想的学前教育系统出自意大利的瑞吉欧并不是偶然的，瑞吉欧是属于意大利的。一种特定的文化、一种独特的价值观念孕育了瑞吉欧学前教育系统，因此瑞吉欧能够吸引和打动人的绝不只是一种教育策略或者方法。

2. 进步主义教育思潮的影响

瑞吉欧教育体系的创始人马拉古兹认为，该体系的建立曾受到过许多思想家、教育家的影响，其中主要有杜威、克伯屈、艾萨克斯等一些欧洲和美国的进步主义思想家的影响。

杜威从实用主义哲学出发，主张教育即生活，教育即生长，教育即经验的改造，由此而导出了"从做中学"的命题，导出了使用问题教学法让儿童在生活中去发现问题和解决问题的思想。杜威认为，在课程设计和教材选择中，应以儿童的兴趣和自由为导向，但也不可忽略逻辑地组织经验的价值，应将学科的知识融入儿童的经验之中。杜威的进步主义和民主主义的教育思想影响了当时整个世界的教育，克伯屈提出的"设计教学法"（the Project Method），艾萨克斯的"英国幼儿学校"（British Infant School）教育实践等，都是在这一思想影响下的产物。可以说，瑞吉欧教育体系从理论根源到实践运作，都不难找到杜威的进步主义和民主主义教育思想的影子，也不难找到在进步主义教育运动中一些教育家们所倡导和实施的改革性活动的影子。

3. 建构主义理论的影响

马拉古兹认为，该体系的建立除了曾受到过杜威、克伯屈、艾萨克斯、布鲁纳、布朗芬布伦纳、布鲁纳等人的影响外，还受到过皮亚杰和维果茨基等人的建构主义理论的影响。

马拉古兹认为，皮亚杰理论对瑞吉欧教育体系产生了最大的影响。他认为，"皮亚杰是第一位基于长期对儿童进行观察，并和他们交谈，通过对儿童的深入分析而赋予儿童地位的学者"[1]。他赞同加德纳、霍金斯（Hawkins, D.）和布鲁纳等人对皮亚杰的褒扬，认为"在瑞吉欧，我们知道幼儿可以把创造性当作一种探索、要求和超越已有意义图式的工具（皮亚杰在晚年认为，即使很小的儿童也有此能力）。在充满需要和可能性的世界中，他们还能够用创造性作为自己进步的工具"[2]。他还说："带着一种单纯的贪求，我们这些教育工作者常常想从皮亚杰的心理学理论中借鉴一些观点，这些观点他可能从来没有考虑是否对教育有什么用处。……然而，许多直接或间接来自皮亚杰著作的建议都反应并巧妙地运用在教育的意义上。"[3]

但是，马拉古兹认为皮亚杰理论在运用时也存在一些问题，诸如"低估成人在帮助幼儿认知发展中的作用；不重视社会交往和记忆；将思维和语言割裂；建构主义中僵化的、直线式的发展；以分开的、平等的轨迹来对待认知、情感和道德发展的方式；过分强调结构化的阶段；自我中心主义和分类技巧；对不同能力缺乏认识；过分重视逻辑数理思维；过多使用生物学和物理学的研究模式；教师在促进儿童发展中的作用，人为地将思维和语言割裂，过分地强调发展的阶段；等等"。马拉古兹指出："现在许多建构主义者已开始将他们的注意力转移到认知发展中社会交往的作用上来了。"[4]

马拉古兹赞同维果茨基关于"最近发展区"的假说，他认为，"维果茨基的建议至今仍有价值，它使教师的广泛参与合理化。在瑞吉欧，维果茨基的方法与我们对待教与学这一两难问题的态度，以及个体获取知识的生态学方法是一致的"[5]。马拉古兹还指出，"维果茨基告诉我们，思维与语言是如何在形成想法，计划行动，然后去执行、控制、描述以及对行动进行讨论这些过程中共同起作用的。在教育上，这是一个宝贵的见解"[6]。

[1][2][3][4]　Edwards C., Gandini L. & Forman G.. The Hundred Languages of Children［M］. Ablex Publishing Corporation, 1998: 81.
[5][6]　Edwards C., Gandini L. & Forman G.. The Hundred Languages of Children［M］. Ablex Publishing Corporation, 1998: 84.

近些年来，瑞吉欧教育系统也在不断地发展自己的理念和观点。受当今社会建构主义理论的影响，瑞吉欧教育系统的研究进一步提出了关于个体和集体学习关系问题。正如卡拉·勒诺笛（Rinaldi, C.）所说："集体式的情感和认知的学习为个体儿童创造了全新的机会。儿童不仅学会怎样适应社会，而且通过这个社会化的过程，学到怎样成为不同的个体。"未来的社会要求能把儿童培养成为"不同的个体"，而这些"不同的个体"应该懂得如何去聆听、尊重和承认他人的观点，包括与自己相反的观点，能与他人共同解决问题，能通过更为复杂的方式和途径去解释和理解世界。

首先，瑞吉欧教育系统的"集体学习"中的"集体"，不仅仅指的是儿童，还包括成人，如家长、教师、他校的成员、社区成员等，成人和孩子在一个学习集体中尽管扮演不同的角色，但都致力于一种教与学的文化建设。例如，教师要会聆听、观察儿童，为儿童提供各种各样的机会，让他们去探索，感受探索带来的快乐；又如，教师要会判断什么时候是儿童学习的关键时刻，适时适度地介入和参与儿童的活动；等等。其次，在瑞吉欧的"集体学习"过程中，强调了记录儿童学习过程的重要性，也强调了儿童和教师重温学习时刻的重要性。再次，"集体学习"的内容能把认知、情感、美学等各个方面的学习联系起来。最后，"集体学习"会超越个体学习，创造了一个获得知识的集合体，集体内部的比较、讨论、修正等途径，可以使个体达到独自学习不能达到的效果。"集体学习"过程能够产生有益于解决认知冲突的社会交往，而这是在儿童与物体发生交互作用所不可能产生的。

在这种背景下，瑞吉欧学校也特别注重家庭-学校关系的建立和社区的参与，将教育机构的教育放置于更为复杂的关系之中。瑞吉欧学校运用多种方式推进学校-家庭互惠关系的发展以及社区对教育的参与。家长和社区公民们有很多机会参与到瑞吉欧学校的课程计划和实施过程中去。每个班级的家长、教师和社区其他人员会就他们认为对班级、小组是特别的事件，举行单独的会议或者全班级的集体会议；很多家长经常在晚上或是周末一起为学校添置一些设备，或是做一些别的贡献。整个学校范围内的会议常集中讨论教育学的问题（诸如语言的学习和早期读写能力的培养等）以及与儿童发展有关的话题（诸如父亲在儿童发展中的作用等），或是与学校资金有关的问题，等等。

对于瑞吉欧学校而言，家庭参与是与教育目的直接紧密联系起来的。在教育过程中，三个主要的参与者——儿童、教育者和家庭——被认为是平等的、紧密相连和缺一不可的，如若他们中的任何一方状态良好，就会促进另外两方的参与。瑞吉欧教育体系对儿童、教育者和家庭三者之间关系的这种解释超越了传统的关于家庭、学校关系的解释。此外，参与的概念还包括要求教师与学校其他部门承担起责任，以保证家长和公民主动参与教育的过程，使公民（大多数家长）主动为教育服务和效力。

（二）瑞吉欧教育体系的课程

1. 瑞吉欧教育体系课程的特征

在谈及瑞吉欧教育体系的课程时，马拉古兹直言不讳地说："我们确实没有什么计划和课程。如果说我们靠的是一种值得让人羡慕的即席上课的技巧，那也不正确。我们也不依靠机会，因为我们深信，我们在某种程度上可以期待我们尚未了解的事物。我们确实知道的是，与幼儿在一起，三分之一是确定的，三分之二是不确定的或新的事物。三分之一确定的东西使我们了解或可以帮助我们了解。我们想探讨学习本身是否会变化；学习时间和地点是否合适；如何组织和鼓励学习；如何布置适于学习的情景；哪些机能和认知图式值得支持；如何发展幼儿词汇、图像、逻辑思维、身体语言、象征语言、幻想、描述和论证等潜能；如何游戏；友谊如何形成和消失；个体和集体的同一性如何发展；以及差异性和相似性如何出现；等等。……我们可以相信的是，幼儿随时准备帮助我们，他们可以为我们提供想法、建议、问题、线索和遵循的路线。……幼儿所有的帮助，加上我们对情境的付出，形成了一种十分完美的宝贵资源。"[1]

应该说，方案活动（Progettazione）是瑞吉欧教育体系的课程的主要特征之一。瑞吉欧教育体系中的方案活动有其自身特点：儿童以小组活动为主的形式与教师一起合作探索他们感兴趣的问题，这类方案

---

[1] Edwards C., Gandini L. & Forman G.. The Hundred Languages of Children ［M］. Ablex Publishing Corporation, 1998: 62.

活动可以起始于儿童对物质世界或社会的好奇心（如：影子有什么性质？为什么有那么多人？），或者出自儿童的某种主张（如：我们能不能为鸟造一个乐园？），或者发源于儿童对哲学两难问题的思考（如：敌人能否成为朋友？）。此外，教师也可以在观察儿童的基础上提出问题，发起方案活动。瑞吉欧教育体系中的方案活动与方案教学（the Project Approach）和生成课程（an Emergent Curriculum）有不少相近之处，但是瑞吉欧教育体系中的方案活动有其自身特点，主要表现为以下3个方面。

（1）创造性表现和表达是知识建构的基本要素

马拉古兹认为，只要成人能为儿童安排促进其创造性发展的环境，儿童就有可能运用多种符号系统（马拉古兹称之为"儿童的一百种语言"）表现和表达自己。在课程实施过程中，教师鼓励儿童运用各种符号系统，创造性地表现和表达自我。马拉古兹指出，儿童创造性潜能的发展是与教育环境不可分离的，应为儿童提供机会，让他们去探索自己的和别人的想法，去作用于材料，并有所发现和发明。瑞吉欧学校为儿童提供大量的材料，鼓励儿童通过各种可表达的、交流的和认知的"语言"，探索他们周围的环境并自由地表现和表达他们自己。这些语言可以是谈话、运动、绘画、建造、雕刻、皮影戏、拼版、戏剧表演或者音乐等。

例如，在瑞吉欧一个颇具典型性的一个方案活动"人群"中，孩子们试图表现出"人群"的样子。以下是其中一个活动环节，在这个过程中，孩子就运用到了借助幻灯片进行戏剧表演、绘画、拼贴、制作黏土模型等多种创造性的表现表达方式：

> 几天后，活动的幻灯片制作出来了，并投射到墙上，教室的墙壁变成了一个城镇广场的背景。孩子们也扮演起各种不同角色，玩起进入广场和墙上的人群相互交往、交流的游戏来。教师不断地鼓励儿童做各种有关"人群"的游戏，以各种方式来重复、加深孩子对"人群"这一概念的认识。一些孩子又想出了新花样：把剪下来的人物贴到先前的画中，重新组合成"人群"。而另一些孩子则用流水作业的方式分工合作，制作黏土人物模型，并组合成了一个立体的、规模庞大的团体——人群。

瑞吉欧的每个学校还都有一个美术活动室，并配有专职的美术教师（Atelierista），儿童以小组的形式，在美术活动室内进行方案活动。

（2）共同建构在方案活动中有重要的地位

瑞吉欧教育体系强调儿童学习和发展中社会交往的重要性，相信儿童在作用于材料的过程中有与他人进行交流自己想法的需要，并在与他人相互作用的过程中与他人共同建构知识。方案活动多以小组方式进行，儿童可作自由选择，方案活动的网络本身并不重要，儿童本身的发展水平和兴趣，以及儿童与他人的合作、分享、交流和协商被赋予很高的价值。

马拉古兹相信，对于儿童而言，最好的学习发生在儿童之间以及在儿童的家庭中。瑞吉欧学校有3个突出的特点：其一是注重发展人际关系，让儿童不仅在自己与同龄儿童间和与成人间形成良好的人际关系，并且让儿童懂得建立这些人际关系的重要性，如教师常通过让儿童与人分享自己家庭活动这样一种方式，以增进儿童对人际关系重要性的意识；其二是注重让儿童学会如何与人协作，通过方案活动，为儿童提供机会，去认识协作的益处；其三是注重让儿童学会接纳和欣赏别人的思想和观点，使他们能从各种角度来审视世界，在与他人的协同工作中弥补自己知识和经验的不足，在检查和评价别人的工作中获益。在瑞吉欧学校中，相互尊重、与人分享的价值观被融入课程纲要和具体实施方案之中。

（3）记录既是学习的过程，又是学习的结果

瑞吉欧学校教室的墙上贴满了记录儿童活动过程的各种材料，特别是他们参与长期方案活动的材料。运用文字，特别是运用录像和照片等视觉记录材料，教师与儿童、家长一起重温活动过程，不仅为教师和家长懂得儿童、理解儿童创造了机会，也为儿童共同建构知识提供了机会。在瑞吉欧学校中，教师在儿童活动的过程中听取和参与儿童的交谈，时时用录像和照片记录儿童的活动过程，以获取有关儿童所想、所知和所感的有关信息，从而更好地实施课程。

瑞吉欧教育体系中，角色游戏、建构游戏、粗大动作和精细动作活动以及其他活动也是课程的一些重要组成成分。儿童在材料丰富的室内户外环境中，可以有足够的机会玩积木、玩偶、娃娃家、操作性材料等。

瑞吉欧教育体系在其哲学观和教育学理念、方法和管理等方面发展了一整套独具特色而又富有创意的体系，让幼儿教育的理论和实践工作者从不同的角度和立场都能感受到它对幼儿教育的价值，而这些价值正是当今世界幼儿教育改革所关注的东西。

2.瑞吉欧教育体系课程的目标

瑞吉欧教育体系追求的目标是儿童愉快、幸福、健康的成长，其中，主动性、创造性被视为愉快、幸福、健康的前提与核心。瑞吉欧教育颇具人文主义特色的课程目标，也许用他们所描述的今天儿童的内在特征来表述更为合适，这就是：让儿童"更健康、更聪明、更具潜力、更愿学习、更好奇、更敏感、更具随机应变的适应能力，对象征语言更感兴趣、更能反省自己、更渴望友谊"[1]。

3.瑞吉欧教育体系课程的内容

瑞吉欧没有明确规定的课程内容，更没有固定的"教材"或预先设计好了的"教育活动方案"。课程的内容来自周围的环境，来自儿童生活中儿童感兴趣的事物、现象和问题，来自他们的各种活动。

日常生活是取之不尽的课程内容的资源。瑞吉欧的课程实践表明，并非经验的新颖或奇异决定儿童的兴趣和学习的意义；恰恰相反，充分地揭示日常生活的意义对幼儿更具深刻的价值和趣味。广场上的狮子雕像、城市中的雨和雨中的城市、人群、影子……都是儿童探索的好题目。

除了围绕自己感兴趣的事物和问题开展研究"方案活动"外，儿童，尤其是年龄小一些的孩子还从事许多其他活动：积木游戏、角色游戏、听故事、游戏表演、烹调、家务活动以及穿衣打扮等自发性的活动，还有许多如颜料画、拼贴画和黏土手工等。[2]

4.瑞吉欧教育体系课程的组织与实施

瑞吉欧教育体系的课程与教学主要是以"方案活动（Progettazione）"或"项目工作"的方式展开的，方案活动是瑞吉欧教育方案的灵魂与核心。

所谓方案活动，指的是这样一种课程组织形式：儿童在教师的支持、帮助和引导下，像研究人员一样，围绕某个大家感兴趣的生活中的"课题""主题"或"题目"或认识中的"问题"进行研究、探讨，在共同的研究探讨中发现知识、理解意义、建构认识。方案活动主要采取小组活动的方式，有时也有个人或全班集体的活动。[3]

方案活动的实施：（1）创设一个学习的班级环境；（2）制定一个适宜的研究方案主题；（3）课程的实施。有系统地着重于符号的呈现，以培养幼儿的智能发展，教师鼓励幼儿经由他们随手可得的"表达性、沟通性、认知性语言"来探索环境和表达自我。[4]

（三）瑞吉欧教育体系中教师的作用

在瑞吉欧教育体系中，教师是儿童的伙伴、养育者和指导者。

费利皮尼（Filippini, T.）在论述瑞吉欧教育体系中教师的作用时，曾将"聆听"的动作行为作为瑞吉欧教师角色的中心。聆听指的是对儿童全心全意的关注，指的是通过实录的方式将所观察的事实作为与儿童和家长沟通的依据，聆听的真正含义是能导致儿童主动地学习。费利皮尼认为，教师应该成为"时机的分配者"，是儿童学习活动的"资源提供者"，而不是法官。教师应以一种游戏和尊重的精神对待儿童的学习，满腔热忱地"接住儿童扔给教师的球"。

在瑞吉欧，无论是从教师与儿童和家长之间的互动关系，还是从时间的发生方面说，教师所采取的行动都是螺旋式进行的。例如，瑞吉欧的教师们一般采用一种范围较大的时间单位（星期、月份，甚或整个年份）中的每日时间循环评价儿童的所作所为。教师所采取的行动并不期望依照顺序发生，也不期

[1][2][3]　冯晓霞.幼儿园课程［M］.北京：北京师范大学出版社，2001：194—195.
[4]　刘华，时萍.几种课程模式的介绍与分析［J］.早期教育，2002，（08）：7—9.

望只发生一次，而是持续不断地重复进行，并重新检验和评价。这种螺旋式的想法和做法已成为瑞吉欧教师的一种特征，不论他们是将理论与实践融合一体时，还是他们在描述儿童学习和发展的过程时，还是在教师思考和设计教学时，他们都是这样做的。

在学习活动中，教师和儿童是共同建构者，这是瑞吉欧教师的一个重要角色。这种角色承担着极为复杂、精细和多层面的任务。例如，教师应从集体成员中的每个个体的想法出发，构架出集体的活动，并能引导小组儿童进行学习；又如，教师应记录儿童的活动过程，分析儿童的行为，并能在与儿童共同讨论、商议、合作和妥协的过程中寻求教育契机，推动有意义的活动的进行。

当然，瑞吉欧的教师们并不认为他们的角色是容易扮演的，或者能有明确的条例说明教师应该做些什么和应该怎么做。然而，他们是有信心和有安全感的，他们认为，他们是属于整个教育体系的一分子，而瑞吉欧教育体系是建立在儿童的共同行动之上的，因此他们深信这是一种良好的学习方式。

（四）对瑞吉欧教育体系的评价

从20世纪70年代末起，一些国家的教育工作者开始关注瑞吉欧，特别是一个题名为"如果眼睛能跃过围墙"（后改名为"一百种儿童的语言"）的展示，瑞吉欧儿童教育成就的展览在世界许多国家和地区获得成功，使瑞吉欧教育体系声名大噪，参观者络绎不断。1991年，美国《新闻周刊》将瑞吉欧艾米里亚市市立幼儿园——戴安娜学校（Diana School）评为世界上最先进的幼儿教育机构。诚如加德纳所言："在人类这些冲动和压力之间有许多协调的方法。以我之所见，现在世界上还没有哪个地方像瑞吉欧艾米里亚地区的学校做得这样出色。当1991年美国《新闻周刊》杂志以其一贯保守的风格评选出'世界10佳学校'时，瑞吉欧艾米里亚名列早期教育行列榜中，这完全名副其实。瑞吉欧在我的印象中留下的教育是行之有效的和具有人性的，儿童在此所受的充满人文色彩的教育将使其受用终身。"[1]由于瑞吉欧教育体系的出色成绩，1992年马拉古兹被授予LEGO奖，以后，其他各种奖项也接踵而至。1994年，瑞吉欧儿童中心（Reggio Children）——保护和发展儿童权利和潜力的国际中心正式成立，以推广瑞吉欧教育体系的理论和经验，出版有关瑞吉欧教育的书籍和资料，帮助有意向运用瑞吉欧教育体系的学前教育机构。

著名的美国教育心理学家布鲁纳（Bruner, J.）在评价瑞吉欧教育体系时将它看成是发生在"一个小城市里的奇迹"，在访问了瑞吉欧以后，他曾说："眼中所见实在出乎意料，并非它们是我所见过中最为优秀的缘故，最打动我的地方是它们如何培养孩子的想象力，同时在这个过程中，如何强化孩子们对'可能性'的认识与知觉。我认为瑞吉欧艾米里亚市现在有责任向全世界更广泛地推广过去和现在的经验，必须开拓一种世界性的合作方式，支持这种对儿童、对童年和对教育的反传统思想。"[2]

当今，瑞吉欧教育系统涉及了后现代主义的各个主题，它抛弃了现代主义的统一的观点，抛弃了被认可的一般性、连续性、确定性，以及通过客观的方法论去发现可证实的真理；接受并倡导差异性、复杂性、不确定性，以及通过多种视角，历史地和强调情景特异性地思考和评价问题。瑞吉欧教育系统反映了早期教育工作者的这种世界观的变化，并向人们展示了他们对儿童、儿童期、早期教育机构、成人与儿童的关系、教师的职业身份等问题的崭新的理解。

多年来，瑞吉欧教育系统在努力寻找多元语言和共同建构的教育实践，在努力创造着一种以参与、反思、团结、愉快和奇迹为特征的新文化；换言之，瑞吉欧教育系统通过参与者的对话和互动，以及通过教育的记录扩大自我影响，正在建立一种共同建构的学习文化，在这种文化中儿童的要求和权利成为人们做选择的中心。

在瑞吉欧，早期教育机构被看作是价值和知识传递的地方，被看作是价值观和知识被建构的地方，还被看作是发展个人和集体文化的地方。瑞吉欧教育工作者认为，价值观虽然是最为多义的词汇之一，但是这是一个与背景相连的词汇，它只能从文化、历史和政治的背景中才能被加以说明。价值观一旦成为判断事物和行为的参照点，人们就会形成涉及社会群体（教育机构、社区、社会、文化）的关系网。

[1] Edwards C., Gandini L. & Forman G.. *The Hundred Languages of Children*［M］. Ablex Publishing Corporation, 1998: X , VI .
[2] Malaguzzi L. 等. 孩子的一百种语言［M］. 张军红，等译. 台北：光佑文化事业股份有限公司，1998：扉页.

因此，价值观只是相对的，是与其所属的文化相关联的，它决定着文化，也被文化所决定。事实上，教育所涉及的一切问题都与价值观有关。

在涉及主体性的价值时，瑞吉欧的教育工作者认为，主体性和主体间性的关系是根本的，这不仅是在心理学或教育水平上，更重要的是在文化和政治的水平上，每个主体都是自我建构和社会建构的产物，而建构过程发生在特定的背景和文化之中。在瑞吉欧教育工作者看来，存在于个体与他人之间的关系是教育最为关注的问题，正如马拉古兹所说，应该把儿童看成是有潜力的、强大的、有能力的，最为关键的是与成人和其他儿童相关联的人。他还说，在瑞吉欧教育系统中关系是如此重要，所以瑞吉欧是不讲以"儿童为中心"的。"儿童为中心"暗示了把儿童看成是一个能动的、与背景无关的个体。瑞吉欧把关系——儿童之间的关系、儿童与家长之间的关系、儿童与教师之间的关系、儿童与社会之间的关系看成是教育系统中一切的中心，把托幼机构当作是一个整体的活动机制，在这个机制中分享成人与儿童的生活与关系。

主体性的价值的这种判断认定，作为主体的人在建构过程中有其独特性和不可重复性。由此，主体性的价值引出了差异性的价值，差异在于性别、种族、文化等方面的不同，差异是因为每个人都是与别人不同的个体。应该看到，差异本身并不是价值，但是当人创造了不同的背景、文化、策略和学校，它就可以成为一种价值了。瑞吉欧的教育工作者面对传统的教育一直关注将被教育者培养成为合乎一定标准的人的习惯性倾向，将差异看成是一种挑战，时时在思考"面对差异，我们能做些什么""我们如何避免统一性和一致性的影响""所有的差异都能被接受吗""所谓目标，是使每个人都相同，或者给以每个人机会，经由与他人的交互作用去发展自己的主体性（差异），那么哪些是共同要素，哪些是不同要素呢"等。这些思考和做法，反对的是"常态文化"，这种"常态文化"是以给予"常态""规范"和"标准"，鼓励和促进文化单一性的形成为其基本特征的。

在重视差异性的价值的同时，瑞吉欧教育工作者也发现了参与的价值。民主的价值着床于参与，获取归属感和参与意识是文化变迁的必然。教育机构已经不再仅限于文化传递，而且具有了文化建构的功能，那么机构中每个成员的参与就显得特别重要。

在瑞吉欧教育实践中，参与已经不局限于家庭对教育机构的参与，而将参与看成是整个教育机构的特征和价值之所在，为参与式的教育提供空间、运用多种语言和组织的策略和方式等，使参与成为可能。瑞吉欧教育工作者认为，教育者必须激发儿童自己的活动，并为儿童提供与他人交换自己经验的机会，找到与儿童交流的方式，使用儿童的百种语言，通过交往，使儿童获得从属感和参与感，获得从他人的角度看待自己的经验等。

在以上的国外幼儿园课程方案中，有不少课程方案对我国幼儿园课程产生了影响，有些幼儿园甚至就实施了其中的一些课程方案，如蒙台梭利课程、方案教学、瑞吉欧的课程对我国都产生了较大的影响。要指出的是，尽管国外的幼儿园课程能为我国幼儿园教育实践提供启示，但是这些幼儿园课程方案的产生和实施都有其特定的社会文化和历史背景，因此如果在我国实施这些课程方案，我们应该立足于我们的社会文化，进行修正和调整。

第二节　西方早期儿童教育课程的发展趋向

一、未来对早期儿童教育课程的挑战

（一）来自未来的挑战

1. 来自科学技术的挑战

在人类发展的历史上，科学和技术从来没有像现在这样显示出它们的威力和潜在力量。教育历来被

看作是传授知识的场所，科学技术的迅猛发展使教育受到了前所未有的挑战。

20世纪，整个世界，特别是西方社会，明显受到了工业和后工业的影响，人类的文明发生了空前的变革，社会的运行进入了人类有史以来最为辉煌的时期。科学技术的进一步发展，知识总量的快速增长，促使社会的范型发生变化，21世纪被预言是信息时代，人类正在从工业社会迈向知识社会。

有人对工业时代与信息时代的特征作过比较：① 工业时代的核心是有动力装置的机器，而信息时代的核心是计算机；② 工业时代生产出来的商品是可以被消耗掉的，而信息时代的产物——信息——是用之不竭的；③ 工业时代的推动力是能量（石油、煤、原子能），而信息时代的推动力则是教育。

1996年至1998年，德国曾进行了一项名为"科学社会的潜力和规模——对教育进程及结构的影响"的调查研究，对以后25—30年中社会对科技和教育的期望作了问卷调查。这个研究的结论是，在一个知识越来越占中心的知识社会中去理解社会，将是人类理解共同目标、确保经济发展、认同社会行为和个人地位的前提，如果知识成为影响人类社会和行为的最重要力量，那么它将不仅对科学产生影响，而且也必然对思想文化的定向、经济状况等产生影响。调查报告指出，在未来，知识将越来越系统地作为广泛的工具而被用于解决问题；知识的产生将越发有赖于各种需要解决的问题；逻辑知识在单独学科领域的发展中扮演重要的角色，并迫使精神文化定向的变化；等等。调查报告进一步指出，在信息日益激增的社会，让人去吸收社会所需的全部知识已经不再可能，与某专业的专门知识相区别，更重要的是人在复杂社会中辨明方向，并能随机应变的能力，是人实现知识复合性的能力。

在一个知识为中心的社会中，承担传播知识任务的教育机构的角色也有了相应的变化，这就是说，教育机构应能使受教育者获得能胜任未来生活任务的知识，应能促进有益于革新的知识的循环，使受教育者能获取学习的动机，善于观察，学习有用的知识，同时会提出质疑，直至能独立提出解决问题的新方法，并得到批评性验证。

2. 来自社会关系变化的挑战

近些年来，社会的各种关系，尤其是家庭和儿童的生活条件发生了迅速的变化。全球经济状况以及由此而引起的失业问题、对妇女和儿童权利的认同问题以及儿童虐待等问题都对教育产生了影响作用。

自六七十年代起，西方社会的家庭结构已发生了根本性的变化。离婚率的上升、单亲家庭和重组家庭的增加、儿童出生率的下降、旁系亲属少而垂直多辈人的家庭增多等等，使家庭的发展出现了非连续性，使家长与儿童之间的关系发生了复杂的变化，使家庭和社会产生了新的生活模式，个体家庭以及整个社会的关系网络都发生了改变和重组。

社会关系的这些变化，要求教育系统对越来越难以预测的社会以及冲突和变化日益增多的家庭做出反应；要求教育系统更早地将不连续性引入儿童的生活，使他们能够获得克服社会关系变化而带来的适应困难的能力。

3. 来自人口流动的挑战

由于经济结构的变化，家庭面临较高的地理、人口的流动性和文化、语言的多样性，这也将导致社会网的重构和家庭生活的不断变化。人口的流动性不只是局限于一个国家的范围，而是发生在广泛的国际范围之内。来自其他国家和文化的儿童必然遭遇到难以与其所在国家的文化取得一致性的压力，而这个国家的儿童则面临如何去宽容外来的儿童，以及如何去应对随之而来的文化的挑战等问题。

对于成长在这样一个复合、异质的社会中的儿童而言，社会传统的规范失去了约束力，家庭教育的观念和方法也在价值观的转变中发生了变化。由于社会对儿童自主权的承认和强调，家长与儿童的关系越来越成为了伙伴关系，这种从教养关系到伙伴关系的变化，会表现为对传统的伙伴关系的弱化，表现为对新的伙伴关系的建立。这种变化必然带来传统的教育目标的调整和变化，以适应新的社会规范的要求，而这种新的社会规范更多强调的是竞争的个体以及具有批判精神的自主权。

（二）脑研究的新进展对早期教育课程的影响

近些年来，人类神经系统，特别是脑的发展研究的新进展对人们思考包括早期教育课程在内的学前教育问题产生了重大的影响。虽然说，迄今为止尚无十分有说服力的有关研究报告能够说明教育实践能与脑研究的新发现相匹配，有关脑发展的研究主要还是以鼠为其研究对象，有关脑研究成果在教育运用方面的问题尚有很多争议，但是脑研究的新进展让西方学前教育工作者开始在宏观层面上以一种全新的视野审视学前教育的问题。

凯兹认为，脑研究的新发现至少可以对学前教育提供以下4个方面的启示[1]：

① 对神经系统发育的新研究成果表明，人的神经通路的建立在0—6岁期间已经完成了将近80%—85%，在这些年内神经生长的速率是最大的。

② 神经系统的问题或损伤并不像人体任何其他组织那样容易自动修复或再生；神经通路的修复或改变的可能性是会变化的，此变化会随人发育的成熟而逐渐减小。

③ 人脑是"搜索样式"（pattern-seeking）的器官，而不是"接受样式"（pattern-receiving）的器官，因此早期教育应以让儿童在丰富和安全环境中积极地探索为其特征的，换言之，高质量的早期教育方案应为儿童提供足够的与同伴、成人和环境交互作用的机会，在更具知识的成人帮助下，支持儿童与生俱来的辨别因果关系、认识事件次序和其他方面需要。

④ 在进入小学以前，儿童所需要的最重要的经验是与那些有价值接触的成人、同伴和年龄较长的儿童之间的交互作用。布雷亚（Blair, C.）强调他所谓的儿童与其抚养人之间"相一致的"交互作用，这种交互作用存在着已经被证实的次序，即每一方的行为是与对方的反应联系在一起的。布雷亚强调，儿童早期的这些与人交互作用的经验能有益于建立起杏仁核和前额皮层之间的神经联系，这种联系与儿童以后参与和进行有目的的学习任务有着密切关系。儿童需要与成人之间的这种丰富的交互作用的机会。但是，对教师而言，应该有内容与儿童去进行交互作用，而这些课程内容对儿童而言应该是紧要的和有趣的，应该是有价值的，而不是愚蠢的。

（三）后现代主义对学前儿童教育未来的观点

自启蒙运动以来，人们的思想受到了现代主义的极大影响，结构化、系统化、中心化、一致性、标准化、连续性，以及通过客观的方法论发现可证实的真理，这已成为人们思考问题的基本点。这些观点都受到了后现代主义的质疑。后现代主义倡导的是复杂性、矛盾性、差异性、多视角，以及历史和情景的特异性，抓住的是由于认识到多元、另类和不可预期性而带来的巨大机会。

"现代主义的贫困表现为万物皆以西方传统特有的、根深蒂固的偏见出发，即认为概念、公式、观点等，总是一劳永逸地作为现实，最终指向某种固定的、封闭的、可命名的东西。这种随柏拉图、基督教和笛卡尔而产生的西方式决心，旨在让事物正确，不仅只是认识论上（获得正确知识）正确，而且要充当正确，要把各自的生命宣称为正确。从哲学上讲，这类做法是先让自己的观念和思想形成条理（如关于自己的童年的理论），然后让它们作为客观现实发挥作用。从教育领域看，现代主义的这些冲动导致了臭名昭著的理论与实践的分离，因为现代主义总是从智力和认识活动出发，而未将注意力放在实在的日常生活上。将他者客观化为公式化的、可操作的、理论的范畴，便意味着自我与他人之间任何必要的联系被切断了。"[2]

在学前教育领域内，现代主义同样使人们关注到西方的思维方式，把价值的问题归结为事实的问题。现代主义以其特定的世界观创造了儿童发展、成熟度、早期介入、学业表现、发展适宜性教育实践、成绩、标准、教育质量等这样一系列词汇，并将它们用于学前教育之中。例如，"教育质量"被一小组专家所确定，并将它当作是客观的、可被触知的、结构上或过程上的某些特征（质量评定标准），以此评价教育对儿童产生的影响作用。从后现代主义的立场出发，质量是不可能通过脱离背景的标准加以衡量的，构成质量的要素在不同的背景中是不相同的，对于质量的思考应该是开放的，应该在相关的流派之间进

[1] Katz, L. G.. Issues of Quality in Early Childhood Education［C］. Presentation at Asia Pacific Early Childhood Conference, Singapore, 2002.

[2] 大卫·杰弗里史密斯. 全球化与后现代教育学［M］.郭洋生，译.北京：教育科学出版社，2000：146—147.

行讨论。

对学前教育而言，后现代主义对整个世界的看法，极大地影响着人们的知识观、儿童观和教育观。

概览当代西方的早期儿童教育课程，知识常被看成是客观存在的真理，它们或是被儿童复制的，或是由成人诱导而来的，或是儿童自己建构的。后现代主义则认为，在快速变化的未来，儿童要能够高度适应事物的复杂性和多样性，由于过去所学得的东西并不能保证未来有用，生活越来越趋向成为每个人必须自己建构的方案。知识不再被看成是客观的，可以积累的，并在实际中可以普遍运用的东西；相反，知识被看成是多视角的和具有多种含义的，是与背景密切相连的和局部化的，是没有完成的和似是而非的，并可以由多种方式产生的。

概览当代西方的早期儿童教育课程，以儿童为中心的教育理念似乎占了上风，尽管在学前教育机构还能看到以教师为中心而展开的、重学业成就的教学活动，但是以儿童为中心的概念已经被认为是理所当然的，它可能与现代社会将儿童看成是世界的中心，而可以与其所处的背景相分离的观点有关。皮亚杰的建构主义理论为此提供了理论基础。现代主义的以儿童为中心的教育理念，其基本出发点是儿童需要受到保护，使他们免遭当今世界乌烟瘴气的现实的毒害，使他们纯真的天性能得到发挥。"具讽刺意味的是，这种颇为多愁善感的观点同样将儿童置于脆弱不堪的境地，从某种意义上讲，是放任自流，使他们无法获得大人身上具有的人生阅历的教育。儿童失去了向导，与纷纭复杂的大千世界隔离开来。"[1]此外，以儿童为中心还可能引发儿童与成人之间的矛盾，因为儿童会感到成人是阻碍他们实现自己计划和愿望的拦路虎。

从后现代主义的观点出发，在所谓的后现代主义社会中生存，意味着个体儿童必须要适应高度的个体化和差异性，要具有应变能力。在快速变化的社会，未来对于人的要求是难以预料的，如果过去不能为未来提供保证，那么人就不得不通过自己不断的努力去建构。简言之，后现代主义社会的一个典型特征就是高度的反映性。后现代主义是不讲以"儿童为中心"的。"儿童为中心"暗示了把儿童看成是一个能动的、与背景无关的个体。后现代主义对儿童的观点与现代主义十分不同，儿童不再被看作是一个可以测量的各个领域（如社会发展、认知发展和动作发展等）分离的个体；儿童也不再被看成是孤立的和自我为中心的，而是被看成是有潜力的、强大的、有能力的，最为关键的是与成人和其他儿童相关联的人，那就是说，应将儿童看成是存在于特别的背景之中的，是通过与其他人或事物的关系而存在的个体；应将儿童看成是知识、人格和文化的共同建构者，而不是它们的产物。

从后现代主义的观点出发，学习不是孤零零的认知过程，而是一种合作、交往的活动，在此活动中，儿童与同伴和成人共同建构知识，理解世界。学习不再是儿童获得预先的结果，儿童不是空的容器或知识的复制者。儿童是积极的，儿童拥有的理论和观念不仅应该被倾听，而且应该被仔细研究，在合适的时候予以质疑和挑战。儿童是通过与物体的、事件的、成人的和同伴的关系而学习的。当"人处于关系之中"成为了教育的基础，交往则被看作是儿童学习的关键了。因此，教育者必须激发儿童自己的活动，并为儿童提供与他人交换自己经验的机会，找到与儿童交流的方式，使用儿童的百种语言，通过交往，让儿童获得从属感和参与感，获得从他人的角度看待自己的经验等。

在后现代主义的背景下，建构主义理论逐渐地被社会建构理论等一些其他的理论所取代。

在当今，建构主义理论在西方学前教育课程中具有相当影响。建构主义理论认为儿童是主动的，要求教育起始于儿童每天对其所处的环境的理解和建构。但是，建构主义理论将知识似乎看得过分绝对化和不可变化的了，知识成为了与儿童分离的、存在于文化和历史真空中的一些事实。建构主义理论避开了知识的社会建构性质，它基于自身的理论，让儿童通过解决问题的各种策略去内化知识。

社会建构理论与建构主义理论在将儿童看成是主动体等方面是一致的，但是，社会建构理论并不将知识看成是具有普遍性的和标准化的，它要求儿童形成和塑造自己对世界、对知识、对人格和生活风格的认识，这种个性化的过程意味着需要对自己的行动有高度的选择，既要个别化，又要群体化。社会建

---

[1] 大卫·杰弗里史密斯. 全球化与后现代教育学［M］. 郭洋生，译. 北京：教育科学出版社，2000：149.

构理论认为，概念的同一性是在特殊的背景中建构和重新建构的，而背景总是在变化的。儿童会在动态的过程中共同建构多重的同一性。在儿童共同建构知识、人格和文化的过程中，会发生对话、交谈、商量、冲突、对抗等。社会建构理论批评"儿童为中心"将儿童当作是自主的、孤立的和与背景无关的人，它认为，关系是最为重要的，儿童、家长、教育机构和社会之间的关系是儿童所作所为的中心，没有一个人和一样东西能够存在于背景和关系之外。

（四）对面向未来的早期儿童教育发展的思考

面向未来，人类发展的挑战和机遇并存，人类应付和驾驭自己命运的希望，在于当今的教育。学前儿童教育是基础教育的基础，面向未来，学前儿童教育应通过不断改革和更新，使之能为人的教育打下扎实的基础。

在未来的时代，每个人都必须以自己的方式去适应和改造变化多端的世界。知识性质的变化，使教育不再将价值放置于知识的传递和积累，而是将价值放置于知识的共同建构和创造，放置于人文精神的加强，换言之，教育要让儿童学会生存、学会学习、学会生活，教育不仅要将人培养成为成功的人，而且要将人培养成为幸福快乐的人。

强调在背景中的学习，在关系中的创新，从学前阶段就应该开始。由于重视关系和交往，面向未来的学龄前儿童教育，势必产生一种"聆听的教育"，这就意味着聆听儿童的观点、问题和他们的回答，努力去理解儿童的语言，摒弃和驱除那些所谓"正确的"或是"合理的"价值判断。加强人文精神教育，促进人的身心健全发展，其关键期在儿童早期。面向未来的学龄前儿童教育，应着眼于将儿童培养成有良好的人格品质和有发展潜能的人。具体地说，学龄前儿童教育应为儿童人格的建构播下种子，使之今后逐渐发展成为对世界充满爱心的和自我认同的人；成为既有独立自主性，又有合作精神的人；成为有创新精神和实践能力的人。

二、西方国家早期儿童教育课程的发展趋向

面对未来的挑战，西方国家早期儿童教育课程的发展主要呈现以下6个方面的趋向。

（一）课程多元文化化

科学技术的发展、社会关系的变化以及人口的流动等因素使社会向多元文化方向发展，这种发展趋向不仅反映在社会人际关系、生活方式、政治运作、经济运行和文化意识形态等方面，也必然会反映在儿童教育方面。向多元文化方向发展是西方国家早期儿童教育课程发展的一个趋向。

当今，文化价值、信仰和目的对儿童发展的影响作用已经确认，人们认识到儿童能够从成人那里学得大量的东西，这不仅是直接教学和其他计划好的学习机会所产生的结果，而且也是儿童通过日常生活和惯例而学得的。"换言之，儿童所受保育的方式以及儿童在早期教育环境中所受到的成人和其他儿童的影响，如同他们通过正式上课一样，明显地影响着他们的发展过程。儿童所获得的经验和建立的关系，是受到与社会文化背景紧密相连的一整套价值观念和信仰的影响的。"[1]

窦曼-斯巴克（Derman-Sparks, L. et al., 2000）等人在解释美国的早期教育课程向多元文化方向发展时作了这样的阐述："我们是一个人口众多的国家，拥有各种不同的种族、文化、宗教、阶层、生活风格和历史。在这里我们每个人都有权利在'生活、自由和追求幸福'等方面获得'不可剥夺的权利'，为此，我们曾爆发了独立战争，但是我们尚未做到人人平等。从最初踏上这块土地到接管政权，欧洲殖民者遇到了在种族、文化、宗教和历史方面与自己有极大差异的人们。随着他们政权的巩固，这些欧洲人建立了一系列自相矛盾的机构和法律，具体表现在：他们一方面努力为自己建立一个民主的、自由的共和政体，另一方面则在实践中对其他群体进行征服或抑制。这种二元性构成了我们国家的历史，例如，从法

微课
西方早期
儿童教育
课程的发
展趋向

---

[1]　New, R. S.. An Integrated Early Childhood Curriculum: Moving from the What and How to the Why, in Seefeldt, C. (ed.) The Early Childhood Curriculum ［M］. New York: Teachers College Press, 1999: 280.

律上和未经法律制定就极力排斥来自亚洲和拉丁美洲的移民，增加经济上的差异，这些做法都是种族主义的。当我们步入21世纪，这些价值观和实践的矛盾继续对所有的机构尤其是教育机构提出挑战。当许多儿童成了种族主义和其他歧视主义的受害者并生活在贫穷中时，教育者该如何担负起充分开发每个儿童的潜能，使之将来能成为有效行使民主社会职责的成员并承担这样的重任呢？教育者又将如何在应对人们的文化差异的同时，又要形成建立统一的国家所需要的共同的基础？"[1]

窦曼-斯巴克等人回顾了美国教育史上的各个时期对这些问题有一些主要的回应和教育取向，这些回应和取向的差异，其核心是哲学上和政治地位上5个方面的分歧，具体如下。

第一种回应和教育取向为压抑甚至镇压与欧裔美国人不同的文化，教育每个儿童如何同化到欧美文化中去。这种教育取向是对文化多样性的压抑，带有强烈的种族主义的色彩，即认为欧美文化优于其他文化，倡导在欧裔美国人和其他民族/种族之间建立一种不平等的权力关系，其最终目的是让所有儿童适应单一的文化模式。这种取向的课程只反映了符合欧美人的印象、气质、行为以及心理的和物质的环境，教师们实际上在阻碍儿童保留他们自己的文化和语言。二十世纪六十年代，曾出现过一种打着"文化理论"和"补偿教育"幌子的新的文化压迫形式，将在非欧美文化中生活的儿童定为文化缺陷儿童，而教育上的解决办法是为这些儿童和父母制定特殊的教育计划，以帮助他们同化到欧美的主流文化中去。

第二种回应和教育取向是将各种文化融合到欧美文化的大熔炉中去，创造一种共同的"美国文化"，并通过教育体系传递给每个儿童。在二十世纪的前半部分，这种理念的提出包含着一个期望，即所有的文化都将对这一共同的混合做出贡献，然而实际上所谓的"共同的文化"是由西欧/北欧的民族的文化融合组成的欧美主流文化，这种单向的同化，是在鼓励移民与他们祖先的价值观、语言断绝关系，成为与处于统治地位的盎格鲁撒逊人相似的人。这种取向一直在左右课程和教学实践，使教育环境、材料和方法反映欧美文化而否定文化多样性的事实，保留了社会偏见。

第三种回应和教育取向是在以欧美价值观为基础的课程中加入一点从其他文化中抽取出来的脱离其精神的文化元素，并声称这些文化的精华已被添加到欧美社会中来了。二十世纪六十年代开始形成了一种多元文化教育，其根本假设是认为社会是由多种人组成的，因此需要学会尊重自己和彼此尊重，由是，教育有责任支持所有儿童的文化，教育儿童尊重自己和他人，与更广泛的人友好相处。这种建议的初衷也是在于减少偏见和歧视，但是有一种名为"添加"多元文化主义，成了最常被运用的方法，在这种多元文化教育形式中，教室环境和课程仍然建立在主流的欧美文化的基础上，而其他文化则经常通过特殊活动被带入课程之中。例如，教室里可能有一块特别的宣传多元文化的黑板；或者可能通过特殊的节假日学习文化的多样性；或者用一周时间介绍某种特殊的民族和文化，以后又回到"平常"的课程去。这种形式的多元文化主义已受到了强烈的批评，批评者将此做法视作"观光者"的方法，抨击这种取向保持了欧美文化的中心和标准地位，而将其他文化视作卫星，或偶尔造访的领域，使民族权力不平等的状态更为不朽，他们认为，添加的或观光者的方法不能充分表达多样性，不能有效地支持儿童同一性的健康发展或养成对他人尊重的态度。

第四种回应和教育取向是对少数民族儿童进行双语和二元文化的教育，鼓励各个民族群体培植他们自己的文化，并成为懂两种文化的人，从而建立文化民主。这种教育取向的根本假设在于儿童能够也应该通过学习成为他们自己文化群体和更广泛的主流社会的有能力的成员，旨在创建一个所有的群体都有公平和平等的机会的真正民主社会，要求各民族、种族和宗教群体在保持自主地参与自己的传统、文化和特殊的兴趣的同时，也能成为共同拥有的国家的一分子。反映这种取向的早期教育计划，在培养儿童学习讲母语和本族文化的同时，学习主流社会的语言和文化行为规则。联合国的《儿童权利公约》（1989）已将双语和二元文化的学习看成是儿童的基本权利。全美早期教育协会也在1997年提出了文化和语言多样性问题，认为早期儿童教育计划必须既要教育儿童朝着美国学校文化的方向发展，又要保存和

[1] Derman-Sparks. L. & Ramsey. P. G.. A Framework for Culturally Relevant, Multicultural, and Antibias Education in the 21st Century, in Roopnarine, J. L. et al (ed.), Approaches to Early Childhood Education［M］. Upper Saddle River, NJ: Merrill/Prentice Hall, 2000: 379.

尊重儿童自己的母语和本民族文化。

　　第五种回应和教育取向是教育所有儿童在与人交往时尊重来自不同文化背景的人，鼓励儿童对文化偏见和歧视，以及对不公平的社会、经济、政治结构提出挑战。这种取向的目标是确保个体公平地参与社会生活的各个方面，使人们在保持自己文化的同时也能一起参与到所生活的共同社会中去。反对偏见的多元文化方案有其实际的和理想主义的倾向，这种教育取向体现了对社会的基本矛盾的深刻认识和批判，并承诺要改变学校和社会的不公平的权力关系，同时也包括尊重自己和他人的多元文化教育的内在目标。反偏见的多元文化教育由来已久，到了二十世纪90年代，更清晰地融合了社会建构主义的思潮，这种思潮认为，建立一个公正的社会需要根本改变机构的结构、政策和那种妨碍所有种族和民族群体平等参与的行为。

　　这些回应和教育取向出现在不同历史时期，并继续影响着不同教育水平的早期儿童教育课程。西方国家早期儿童教育课程的多元文化方向的发展主要表现为接纳后两种教育取向，即将多元文化的影响"注入"课程和活动设计之中，或者设计和发展"反偏见课程"。

　　"注入"指的是将多元文化的教育渗透到课程之中，以改变或影响幼儿和教师看待不同问题的方式。从一个较大的视角看，注入策略被用于保证多元文化成为托幼中心、学校和家庭的一部分。被早期儿童教育方案运用的注入过程，包含了一系列能反映以下理念的教育实践：① 培养文化的认识；② 促进和运用解决冲突的策略；③ 教会儿童学习的风格；④ 欢迎家长和社区的参与；⑤ 鼓励合作性学习。"[1] 在"反偏见课程"中，诸如稳定的自我概念的形成、能理解人的不同文化背景并能进行沟通、对偏见持批评态度、对于差别性言论和行为有明确的立场等等，都被作为课程的主要目标。

📁 政策窗

　　习近平总书记指出，在各国前途命运紧密相连的今天，不同文明包容共存、交流互鉴，在推动人类社会现代化进程、繁荣世界文明百花园中具有不可替代的作用。为此，习近平提出全球文明倡议。

　　我们要共同倡导尊重世界文明多样性，坚持文明平等、互鉴、对话、包容，以文明交流超越文明隔阂、文明互鉴超越文明冲突、文明包容超越文明优越。

　　我们要共同倡导弘扬全人类共同价值，和平、发展、公平、正义、民主、自由是各国人民的共同追求，要以宽广胸怀理解不同文明对价值内涵的认识，不将自己的价值观和模式强加于人，不搞意识形态对抗。

　　我们要共同倡导重视文明传承和创新，充分挖掘各国历史文化的时代价值，推动各国优秀传统文化在现代化进程中实现创造性转化、创新性发展。

　　我们要共同倡导加强国际人文交流合作，探讨构建全球文明对话合作网络，丰富交流内容，拓展合作渠道，促进各国人民相知相亲，共同推动人类文明发展进步。

　　——引自习近平总书记在北京出席中国共产党与世界政党高层对话会上发表题为《携手同行现代化之路》的主旨讲话

（二）保育和教育相整合

　　课程既有教育功能，又有保育功能，两者完全整合一体，这是西方早期儿童教育课程的一个发展趋势。为培养"保教教师"（Educare Teacher）的计划要求能使教师设计和发展全新概念的课程，这种课程需要拓展，日常生活活动应被设计成学习的资源。

　　事实上，这类课程与麦克米伦（Macmillan, M.）早年在英国保育学校运用的课程并没有什么不同，

---

[1]　Morrision, G. S.. Early Childhood Education Today［M］. Upper Saddle River, NJ: Merrill/Prentice Hall, 2001: 422.

麦克米伦运用了"养育"（Nurturance）这个词概括了这种课程的特征，意味着在课程计划时应认真考虑整个的儿童。在西方国家，早期儿童教育课程的这种发展趋势与单亲母亲和职业母亲数量的增加有着密切的关系，这种社会状况要求社会为人们提供既有教育功能，又有保育功能的教育机构。在冰岛，在公立学校中设有"游戏"学校，为儿童和家长提供既有教育功能又有保育功能的服务。在日本，幼儿园和日托中心的课程是相同的，并有在同一大学的同一课程中培养这两种教师的趋势。在美国，虽然这类学校并不多见，但是有增加的趋势。

近年来，一些西方国家从教育理念到教育实践，在保育与教育整合方面有了新的进展。

从概念上讲，"早期儿童保育"（early childhood care, ECC）和"早期儿童教育"（early childhood education, ECE）这两个具不同涵义而又相互关联的词汇，开始被"早期儿童保育和教育"（early childhood care and education, ECCE）这一整合性词汇所替代。"'早期儿童保育'的原意不含教育成分，在发展中国家，它常与对儿童的健康、营养和卫生的关注联系在一起；而在发达国家，它则通常被认作为是为参与工作的母亲而设立的社会服务；从历史的观点看，它也与为障碍儿童而设立的社会服务机构有联系。'早期儿童教育'则被看作是完全关注儿童早期学习过程的一种服务。""'早期儿童保育和教育'是'早期儿童教育'涵义的拓展，加入了保育的成分。这个词也可以在次序上作一颠倒，成为'早期儿童教育和保育'（ECEC），以示对教育的强调。"[1]

在教育实践中，不少国家开始大力发展"早期儿童整合性服务机构"（Integrated services for young children）。例如，由英国国会和教育部资助的一个研究项目正在澳大利亚、德国、希腊、葡萄牙和英国进行，并已扩大到美国、日本和中国，此项目旨在探究和发展"早期儿童整合性服务机构"。在英国等国家，已经建立起许多"早期儿童整合性服务中心"，为儿童及其家庭提供教育、保育和健康服务，包括为0—5岁儿童提供的教育和保育、为5—11岁儿童提供的校外活动服务、为家庭提供的初级健康服务和其他支持性服务、为少女怀孕者提供的服务、为成人提供的教育，有的还为家长、教师以及其他社会人员提供有关早期教育的专业训练。

（三）课程全纳化

课程全纳化，以服务于所有的儿童，包括一般儿童和有特殊需要的儿童，这也是西方早期儿童教育课程的一个发展趋势。全纳性早期儿童教育课程综合了哲学和实践，其要旨为：所有的儿童都是有价值的；所有的儿童都有权利，并能从高质量的和适合年龄发展的早期教育中获益；通过范例和相互作用，会发生有意义的学习；在集体中，教师和家长之间的合作关系是有益于早期儿童教育课程的中心；等等。全纳课程中的核心活动是采用传统课程，其目标是创造出一个所有儿童和成人都能够学习并体会自己价值的全纳社会，使所有儿童确信自己会获得成功。

在早期，让儿童接受适合其发展的教育和接受特殊教育的训练是一致的，两者都强调每个儿童独特的水平和发展，因此全纳课程是对儿童当前技能水平和兴趣的反映。一个有效的全纳课程整合了儿童发展的所有层面，即身体的、社会情感的、语言和认知技能，在一个教育集体中，接受并正确评价具有不同能力和发展水平的儿童，通过集体的变化培养能被社会接纳的每个成员。

一些国家制订了有关的教育法案和法规，为全纳教育的实施提供了保证。例如，美国于1975年通过了PL 94-142号"残疾儿童教育法案"（1990年重新命名为"个体残疾教育法"），该法案中提出：① 所有的儿童应该入学；② 残疾儿童应能得到适合他们个体需要的教育；③ 这种教育应该基于对儿童公正的评价；④ 残疾儿童应尽可能和正常儿童一起接受教育；⑤ 家长应积极、有效地参与自己子女的教育。[2]以后，越来越多的新的法案和法规引发了这样的理念，即幼儿的年龄应延伸至从出生开始，并特别强调作为基本单位的家庭是各个早期干预和教育计划的重要组成部分。在1997年，美国议会通过了一项被称作

---

[1] Early Childhood Care? Development? Education? UNESCO Policy Briefs on Early Childhood, No.1/March 2002.

[2] Turnbull. H. R. & Turnbull. A. P.. Public Policy and Handicapped Citizens, In Haring, N. G. (Ed.), Exceptional Children and Youth［M］. Upper Saddle River, NJ: Merrill/Prentice Hall, 1982: 21—44.

为"个体残疾教育法"（IDEA）的新法案，该法案将父母参与早期评价、做出适当的决定，以及个别化教育计划的发展和修正放到了重要位置；该法案提出确保在"自然环境"中为儿童提供帮助的新观点。

（四）课程综合化

尽管在有些西方国家，教育受到"回归基础运动"的影响，但是杜威进步主义教育的思想仍然深深地根植于早期儿童工作者的头脑之中，帮助儿童懂得通过课程所有领域而整体地去学习，并将它们运用于生活，这是西方早期儿童教育课程改革的一个方向。

例如，全美幼儿教育协会的发言人曾经指出，美国正在实施的国家课程标准会给早期儿童教育带来一些负面的影响，"包括对综合课程和生成课程产生威胁；存在不顾个体和社会文化的差异，而将对儿童的期望变成标准的危险以及存在建立不适宜的课程操作性标准的可能"[1]，全美幼儿教育协会的发言人坚持将综合教育看作是学前教育"最为重要的发展趋势之一"[2]，并努力尝试将数学、健康、美术、音乐、社会、体育和语言等科目的国家标准转换成适合儿童发展的综合性教育方案。

纽斯（New, R. S.）认为，综合性课程的设计应反映课程设计者的一些基本理念，它们是：① 相信儿童有权利以某种方式去学习他们感兴趣的东西，而这种方式也能保证儿童获得对他们未来参与社会生活是重要的技能和知识；② 教育目标和策略，成人（教师和家长）有去协调能反映不同观点中的共同点的责任；③ 尊重教师运用他们所理解的儿童的知识去教育儿童的能力，也尊重教师运用他们所相信的有关早期儿童教育的目标去教育儿童的能力。

（五）课程个性化

只有高度个性化的儿童，才会富有创新精神和创造力，才能在未来适应复杂多变的社会。个性化的儿童需要个性化的课程进行培养，课程越来越趋向能使每个儿童在一定的学习背景中以自己的方式建构知识，并作用于外部环境和受外部环境的影响。因此，课程的个性化也是西方早期儿童教育课程的一个发展趋势。

课程的个性化的发展趋势并非意味着只是去适合儿童之间在发展水平上所存在的个体差异；相反，西方的早期儿童教育课程开始越来越多地关注儿童所处的社会文化对儿童的影响作用，强调课程对儿童与成人共同构建文化的作用。

课程个性化的关键在于教师设计和把握课程的能力，这就是说，教师要有先进的、能适应社会文化背景的教育理念，能根据教育对象和教育情景的特点，为每个个体儿童设计和实施能适合个别需要的教育方案，并能运用集体的力量，帮助每个儿童成为更有个性特点的个体。

（六）课程科技化和信息化

在二十世纪八十年代，甚至在九十年代早期，对于学前儿童运用高科技，特别是运用计算机还有诸多异议，许多议论都是由于对理论的误解和对计算机用途的无知所引起的，有的甚至认为计算机会过度催熟儿童，会剥夺儿童有意义的社会交往活动，会迫使儿童进行结构化的学习以及会替代绘画、阅读等儿童传统的活动等。也许对计算机运用的最大阻力来自对皮亚杰理论的错误理解，一些学者认为，对于年龄低于7岁的儿童，认知的发展只能通过用手操作材料的途径，而不可运用计算机一类的工具去学习符号一类的内容。

以后的研究从各个侧面都证明了学前儿童运用计算机是有益的，特别是克力门茨等人（Clements. D. H. et al.）认为："对于儿童而言，所谓'具体'，就是给以儿童富有意义的和可操作的事情去做，而不只是

---

[1]　Bredekamp. S. & Rosegrant. T.. Reaching Potentials: Transforming Early Childhood Curriculum and Assessment［J］. Vol.2, NAEYC, 1995: 11.

[2]　Bredekamp. S. & Rosegrant. T.. Reaching Potentials: Transforming Early Childhood Curriculum and Assessment［J］. Vol.2, NAEYC, 1995: 10.

某事物具有些什么物理特征。"[1]计算机的图像能被儿童运用"老鼠"一类的操作工具，像任何真的物体一般，通过他们的手而获得。从此，计算机对于学前儿童是否适合的问题变成了如何才能使计算机最好地增强学前儿童的学习能力的问题。

　　未来的计算机会变得越来越小，功能变得越来越强，价格变得越来越便宜，在学前教育机构会越来越多地被运用。随着计算机软件的进一步开发，计算机将与课程整合一体。计算机的学习并不在于让儿童懂得如何操作机器，而是在于让儿童将计算机当作具有强大功能的工具，去学习如何进行学习。在计算机软件的开发方面，专家们提出软件应充分体现学前儿童的发展特征，即"无标准答案的，儿童能够自己控制的，具有公正性的和用多元文化作表征的"[2]。

　　"学前儿童生活在计算机时代，他们不仅必须从计算机中学习，而且还需要学习计算机。"[3]

📰 本章小结

　　本章主要选取了当代西方著名早期教育课程方案，从理论基础、方案的目标、内容和方法、课程中教师的作用以及对课程的评价等方面进行了介绍。主要介绍了Bank Street早期教育方案、蒙台梭利课程、High/Scope课程、Project Approach（方案教学）课程、瑞吉欧教育体系。最后介绍了西方早期儿童教育课程的发展趋向。

　　Bank Street早期儿童教育方案以儿童为中心，关注儿童兴趣和需要的满足，鼓励儿童主动的活动，与其他教育方案最大的区别在于它本身的特点，即"发展—互动"（developmental interaction），"整个儿童"的概念是该教育方案的最主要方面，其基本理念是儿童认知发展和个性发展是与其社会化的过程不可分离的。在该方案中，课程是综合性的，"社会学习"是该方案的核心。课程设计和实施中常运用的工具是主题网和课程轮（curriculum wheel），同时该方案强调教师在教育、教学中所扮演的角色有不同侧重。

　　蒙台梭利教育体系中，自发冲动、活动和个体自由是其基本因素，自由、作业和秩序是其三大支柱。蒙台梭利课程模式以培养儿童成为身心均衡发展的人为目标，教育内容包括日常生活练习、感官训练、肌肉训练和初步知识的学习四大方面。在蒙氏课程中，教师的角色应作为幼儿发展的观察者、指导者以及提供榜样。

　　High/Scope课程设计者将儿童看成是主动学习者，认定儿童能在其自己计划、进行和反应的活动中获得较好的学习。同时，根据这一论点和皮亚杰论述的有关前运算阶段儿童最为重要的认知特征，确定了49条关键经验，以此作为制定课程和进行评价的指标。该课程的实施主要是由"计划-做-回忆"三个环节以及其他一些活动组成，教师在课程中的主要作用是儿童解决问题活动的积极鼓励者。

　　Project Approach（方案教学）课程让儿童通过自身的经验认识外部世界，鼓励儿童提出问题，解决问题，并积极地与环境发生交互作用。方案教学的组织和实施过程没有固定的程式，一切应根据时间、地点和条件而灵活地确定活动的操作步骤。一般而言，方案教学可以包括3个步骤：方案的起始阶段（包括主题的选择、主题网络的编制），展开阶段，以及总结阶段（回顾儿童在过程中运用过的技巧、策略以及探索过程）。在方案教学中，教师的作用主要体现在创设环境和条件，激发儿童兴趣，恰当介入活动，向幼儿提出挑战。

　　瑞吉欧教育体系的课程与教学主要是以"方案活动（progettazione）"或"项目工作"的方式展开的，方案活动是瑞吉欧教育方案的灵魂与核心。方案活动的实施主要包括三大步骤：创设一个学习的班级环

[1]　Clements. D. H.. & Nastasi. B. K.. Electronic Media and Early Childhood Education. In B. Spodek (Ed.), Handbook of Research on the Education of Young Children［M］. New York: Macmillan, 1993: 251—257.

[2]　Shade. D. D. & Davis. B. C.. The Role of Computer Technology in Early Childhood Education［M］//In Isenberg, J. P. et al. (Ed.), Major Trends and Issues in Early Childhood Education. New York: Teachers College Press, 1997: 97.

[3]　Spodek. B. & Saracho N. S., New Directions in Curriculum Development, IN Saracho N. S. & Spodek, B. (Ed.), Contemporary Perspectives on Early Childhood Curriculum［M］. Information Age Publishing, 2002: 271.

境、制定一个适宜的研究方案主题、课程的实施。在瑞吉欧教育体系中特别注重家庭—学校关系的建立和社区的参与，教师是儿童的伙伴、养育者和指导者。

西方早期儿童教育课程的发展趋向主要包括来自未来对幼儿园课程的挑战：科学技术、社会关系变化、人口流动等，脑研究的新进展对幼儿园课程的影响以及后现代主义对幼儿园课程的冲击。面对这些挑战，西方国家对幼儿园课程的发展主要呈现以下趋向：课程多元文化化、保育和教育相整合、课程全纳化、课程综合化、课程个性化、课程科技化和信息化。

✎ 思考

1. Bank Street早期儿童教育方案与其他教育方案最大的区别在于它本身的特点，即_____。

2. Bank Street早期教育方案强调儿童社会性的发展，_____就成了该方案的核心。

3. Bank Street早期教育方案的课程设计和实施中常运用的工具是_____。

4. _____、_____和_____是蒙台梭利教育体系的基本因素。

5. 在蒙台梭利教育体系中，_____、_____和_____是蒙台梭利为儿童营造的三根主要支柱。

6. 在蒙台梭利课程模式中，教育内容由4个方面组成，它们是：_____、_____、_____和_____。

7. High/Scope课程的设计者们认定，_____是儿童发展过程的核心。

8. High/Scope课程的实施是由_____、_____和_____三个环节以及其他一些活动组成的。

9. 方案教学的实施一般包括3个步骤：_____、_____和_____。

10. _____是方案教学中用来放大主题网内某一内容的一种常用技巧。

11. 瑞吉欧教育体系的课程与教学主要是以_____或_____的方式展开的。_____是瑞吉欧教育方案的灵魂与核心。

12. 请根据对Bank Street早期教育方案中"社会学习"的阐述，谈谈你对幼儿社会性培养的理解。

13. 请根据蒙台梭利课程中对教师作用的阐述谈谈你对幼儿教师角色的理解。

14. 请比较结构性教学和方案教学的不同。

15. 请梳理瑞吉欧教育体系中方案活动与方案教学课程的区别。

16. 请尝试以"天气"为主题撰写相关方案教学的方案，包括方案教学的三个阶段：方案起始、方案展开、方案总结。

提示

♻ 项目实训

查找瑞吉欧项目活动"人群"，并进行分析。

"人群"项目分析

课程理念：

课程资源：

教师支持：

幼儿的发展：

你的启示：

项目支持　可进一步阅读书籍介绍瑞吉欧教育的相关书籍、文献了解瑞吉欧教育实践。如：屠美如.向瑞吉欧学什么——《儿童的一百种语言》解读［M］.北京：教育科学出版社，2002.

图书在版编目(CIP)数据

幼儿园课程概论/胡娟主编. -- 3 版. -- 上海：
复旦大学出版社,2025.5. -- ISBN 978-7-309-18039-8

Ⅰ. G612

中国国家版本馆 CIP 数据核字第 2025TU1741 号

幼儿园课程概论(第三版)

胡　娟　主编
责任编辑/夏梦雪

复旦大学出版社有限公司出版发行

上海市国权路 579 号　邮编：200433
网址：fupnet@ fudanpress. com　http://www. fudanpress. com
门市零售：86-21-65102580　　团体订购：86-21-65104505
出版部电话：86-21-65642845
常熟市华顺印刷有限公司

开本 890 毫米×1240 毫米　1/16　印张 13.75　字数 426 千字
2025 年 5 月第 3 版第 1 次印刷

ISBN 978-7-309-18039-8/G・2701
定价：49.00 元